吉野作造選集

12

随筆

岩波書店

編集
松尾尊兊
三谷太一郎
飯田泰三

凡例

一　本巻には、吉野作造の随筆を、「自分を語る」「知友・先達を語る」「信条を語る」「見聞を語る　その他」の各項目に分類し、項目ごとに発表年代順に収録した。本文は原則として初出の新聞・雑誌等を底本とした。編者の判断により著者生前の単行本を底本としたものもあるが、その場合は巻末「解題」に底本を記した。なお、各篇の末尾に初出紙誌とその発表年月を記した。

二　底本を可能な限り尊重したが、次の諸点については整理をおこなった。

1　漢字は原則として新字体を用い、異体字等はおおむね通行の字体に改めた。

2　合字は通行の字体に改めた。

3　句読点については基本的に底本のあり方を尊重したが、特に必要と認められる箇所に限り補正した。傍点については原則として省いた。

4　底本の明らかな誤字・誤植は正し、脱字は〔　〕を付して補った。誤記等によって文意が通じ難い箇所には、行間に〔　〕を用いて注記を加えた。

5　振りがなについては、原文を尊重しながら、編者によって新かなで付した。

6　底本にある引用符は慣用に従って整理したが(引用文や論文名などは「　」、書名・雑誌名などは『　』)、引用符が原文にない場合はそのままとした。

三　本巻では、巻末に「解説」のほか特に詳細な「解題」を付した。

目　次

知友・先達を語る

目　次

信条を語る

見聞を語る　その他

自分を語る

評論家としての自分並《ならびに》佐々政一先生のこと

一

私は元来公の紙面で自分一個の私事を述ぶるを欲しない者である。併《しか》し公人として多少世上の問題に上つたこともあるとすれば、其中の重大なる誤解に対しては時として何等かの機会に弁明したいと思ふ事もある。けれども従来陰〔隠〕忍して自から弁明するの挙には出でなかつた。併し事他人の上にも係はり又は著しく世を誤るものある以上、多少弁明を敢てしても差支《さしつかえ》あるまいと信じつゝ、次に二三の弁明を試みることにする。

近頃二三の新聞や雑誌に出た私に対する批評の中に、私が雑誌などに余り筆を取り過ぎるので、大学の学長から警告をうけ、之に対して私は学長に或る種のいや味を述べて忠告を郤《しりぞ》けたと云ふやうな風説が伝へられてをる。之は全然事実無根である。先輩たる学長に対しては気の毒であつたが、余り馬鹿々々しいから弁明はしなかつた。却《かえつ》て学長から「君が迷惑に思ふなら私から正誤しようか」と云ふ親切な注意があつたが、自分には其の必要がないと断つたのであつた。

学長から警告をうけたと云ふことは事実無根だけれども、余り書き過ぎると云ふ所から密かに私の学問上の本分に対して危惧不安の念を抱いてくれる先輩友人の少くないことは亦事実である。且つ斯《か》くの如き危惧不安の相当に理由ある事も私の認むる所である。乍併《しかしながら》世上の批評が指摘して居るが如く、筆を取ることが微力なる私の生活の一手段たることも自白せざるを得ない。但し私は未だ曽《かつ》て一回も生活の資を得んがために自から進んで筆を取つた事はない。多くは皆永い間の約束を履行せんがために已《や》むを得ずして筆を取つたものである。尤《もつと》も私自身から云へば頼まれるのを好機会に書くと云ふ事が必要でもある。何となれば私の専門とする現代政治の研究は、其資料を毎日々々の新聞雑誌の報道に取る、而《しか》して是等複雑なる報道を彙類《いるい》し整頓し、歴史の背景によりて之に一定の判断を下し、時々之れを一つの論文の形にまとめる事が必要だからである。故に一ケ月に一度位請はるるまゝに是等の材料を整頓して一小論文の形に書かして貰ふのは、私の研究に取つて必要なのである。之に依つて私の本務を怠るのではない。且《かつ》又之に由つて費す所の時間も人の想像する程多いものではない。

たゞ世間から非常に多く書き過ぎると云はるるに就《つい》ては、中には随分剽窃《ひようせつ》偽造も少くないと云ふことを弁明して置かなければならぬ。私の講演若《もし》くは演説を筆記して無断で出されたり、又一度他で発表したものを剽窃変造さるることは今日までに屢々《しばしば》見た。中には全く私の考へた事すらないものを偽造して載せたものもあつたには一驚を喫した。現に東京の新聞雑誌に於て今日まで私の眼に触れたものでも十数篇の多きに上るが、聞く所によれば地方の新聞等には随分頻繁に現はれるとのことである。今更ながら操觚界《そうこかい》の不徳を歎ぜざるを得ない。

二

序《ついで》を以て今一つ玆《ここ》に告白せねばならぬ事は、私の発表せる研究の材料は多く新聞雑誌の断片的報道の編纂であつて、之れに裏付けるものは私自身の世事に関する見識と貧弱なる基礎的研究の知識とである。私は曩《さき》に戦乱勃発後間もなく、バルカン方面並に西欧諸国の形勢を説いて戦乱の来歴を論じた。而して世上では直に私を以て此方面の専門家と見做《みな》したのであつた。私が此方面の研究を初めたのは、当時僅《わず》かに三四年の星霜を経たに過ぎなかつた。而も猶《な》ほ専門家を以て目《もく》されたので、私は冷汗背を湿《うる》ほすの感があつた。今日亦《また》世人は私を目して支那の事情に通ずる者としてゐる。今より十年前三年間支那に滞在したことはあるけれども、当時私は心を西欧の留学に寄せ、英語独逸《ドイツ》語の研究には夫《そ》れとなく骨折つて居つたが支那の事は余り研究しなかつた。従つて今日私が支那を論ずる智識の大部分は、此三年間の滞在にて得たものではない。殊《こと》に支那革命の研究は大正五年の春第三革命勃発してよりの事であつて、今日まで僅かに満二年を経たるに過ぎない。自から顧みて到底《とうてい》根柢のある研究の出来よう筈《はず》のない事を自覚して居るが、斯《か》くても一廉《ひとかど》の支那研究者を以て目さるる丈《だ》け私は自から一種迷惑の感を抱かざる〔を〕得ない。従て私は常に不安の念を抱き乍《なが》ら所論を発表しつゝある。且絶へず研鑽を怠らず世の期待に背《そむ》かざらんことを努めては居る。けれども猶ほ一方に於て二年や三年の研究に依て覚束《おぼつか》なき議論を吐くものを専門家と観る所の我国学界の貧弱さを憐まざるを得ない。西欧の事は暫《しばら》く置き、支那の事なぞは我国に於て既に立派な研究が出来てゐなければならぬ。支那に就ては各方面の立派な専門家はある。乍《しかしなが》併ら支那革命に就て昨今私が説いて居る位の事は、あれは何も専門的智識と云ふ程のものではない。隣邦の民として日本人の常識はあの位の事は疾《とく》に知つて居るべき筈であると思ふ。支那の事に就ても西欧の事に就ても、吾々同胞が浅薄なる研究に満足して、二三年の研究者に専門家の名を与ふるが如きは決して吾々の名誉ではない。或意味に於て日本程学者の名を成し易い所はない。夫《そ》れ丈《だ》け又学問を以て任ずるものに非常な誘惑と危険とがある。私は自から顧みて是等の誘惑に対し、一種戦慄の感を催ふすと共に、我国学界の貧弱を憐んで、今後大《おおい》に熱心に研究する人の各方面に輩出せん事を希望せざるを得ない。

三

一月号の『大学評論』に大山君と併《あわ》せて私に対する評論が載つて居た。其大部分に対しては、過褒《かほう》敢《あえ》て当らずと云ふの外はない。而して「政治学者として」大山君と併立せしめられたのは私の甚《はなは》だ恐縮する所である。何故なれば私は時々政治学上の問題を論ずる事はあるけれども、元政治学者を以て立つて居るものではない。而して政治学上の造詣《ぞうけい》に至つては、素《もと》より大山君に及ばざる事遥かに遠きを自覚して居るからである。唯だ私が時々政治学上の問題を論ずるのは、無論多少の政治学的研究の素養にもよるけれども、主として基督《キリスト》教的教養の結果たる、一家の見識から発源するものである。特に基督教を振りまわすために「基督教の為めに」政治論をすると云ふのではない。唯だ基督教によりて養はれた人生観、社会観が現在の政界並に政論に満足するを得ずして、自ら発する不平が政治上の議論となつて現はれるのである。従つて広き社会学上の根底もなければ、また深き哲学上の基礎もない。私の政治論の根底に哲学的基礎の有無を論ぜらるる度毎《たびごと》に、常に心中忸怩《じくじ》たらざるを得ないのであつて、同時に又此《この》点が私の学問上の重大なる弱点の一として今日猶《な》ほ修養を努めてやまざる方面である。故に私は北昤吉君が、私の議論を基督教的人道主義から出発したと見られたる炯眼《けいがん》に全然敬服するものである。其他の人の批評は半ば以上出鱈目《でたらめ》として実は余り重きをおかぬ。少くとも私に対する批評の部分に於て北君は全く能《よ》く云ひ当ててをる。従てまた北君は私の議論を玆処《ここ》まで叮嚀《ていねい》に読んで呉《く》れたに違ひないと心中密かに感謝の念を持つて居るのである。

　私の書いたものを真面目に読まず、世間の噂を種にして尤《もつと》もらしく評論せられるのは、甚だ迷惑千万である。併《しか》し之れ等を一々弁明して居つては際限がない。之れに対する最良の手段は曰《いわ》く「黙殺」これである。けれども余り馬鹿々々しいので一つ弁明してをきたいのは、私の支那論に対する二宮氏の評論である。第一に氏は私の支那論は二三年袁世凱の家庭教師をして居つた時の貧弱なる経験以外には何等の根底もないと断定せられてをる。私は之に対して敢て云ふ、私の三年間の滞支経験は成程《なるほど》今日の私の支那論に何の根底をも与へてゐない。私の支那論の材料は、今日支那全部に亘《わた》つて活動して居る人々からの直接の報道、若《も》しくは之れを直接に見聞した人の直接の報告に基くもので、この点に於ては私以上に確実にして広汎《こうはん》なる材料を得てをるものは、今のところ日本に余り多くないと確信して居る。若し私の最近の支那論を注意して読まれ、而《しか》して私の断定と支那の時々刻々に変動する形勢の推移とが、如何によく適合してをるかを注意せらるるならば、決して二宮氏の如き妄断はされない筈である。私の斯《か》く云ふのは、私の自負心が傷けられたことを憤慨して弁ずるのではない。私が熱心に支那のために弁じて我国民を警醒せんとするの誠意が、幾分でも軽んぜらるるなら、是《こ》れ日本に取りても又東洋全体のためにも甚だ憂ふべき事であると信ずるからである。

次に二宮氏は私が寺内内閣の北方援助を非難したるに対して内田良平氏が大に怒つて私に決闘状をさしつけたと云ふ噂を書き立てて居る。之れが事実無根なるは云ふを俟《ま》たない。私は内田氏と個人的に知らざるも決闘状を人にさしつけるやうな狭量の人でない事は予《かね》て聞き及んでをる。勿論《もちろん》同氏の支那論には私は全然服することは出来ない。之れ丈は明白に断言しておく。又二宮氏は私の支那論は内藤湖南氏及矢野文雄氏からヒントを得たと云ふ風説を書き立てて居る。他人からヒントを得て臆面もなく時務を論議するなどとは、学者に対する重大なる侮辱である。内藤博士には一面の識がある。其《その》支那に関する議論に於ては同氏と私との間に可《か》なりの溝渠ある事は、私の論文を読んでくれさへすれば分る筈である。若《も》し夫れ矢野氏に至つては全く面識がない。故に二宮氏が更に進んで、私が北輝次郎君の意見を反駁《はんばく》せんとした際、矢野氏の一喝《いつかつ》にあつてやめたと云ふ説も、全然無根たるは弁明するまでもない。唯だ北輝次郎君の事に就ては玆《ここ》に序《ついで》を以て一言しておく。北君は二宮氏の書いてをる如く、第三革命の始つて間もなく長文の意見書を発表したが、其一本の寄送に与《あずか》つた私は、反対どころか同君の見識の高邁なるに敬服して態々《わざわざ》同君を青山の隠宅に往訪して謹んで敬意を表したのである。尤も北君の意見書の後半には全然承服し難い点はある。けれども其前半の支那革命党の意気を論ずるの数章に至つては、恐らく此種類の物の中北君の書を以て白眉《はくび》とすべきであらう。終りに二宮氏の余りに私の書いたものを読んでゐないと云ふ証拠は、私自身の相当に得意とする支那論を無価値とし、私自身の密かに自から最も不得意とする政治学上の議論を比較的に揚《あ》げてをる事である。氏は私が曾《かつ》て『中央公論』に掲げた憲政論を私自身で最も得意として居ると伝へてをり、又之れが私の代表作と見てもよいと云つてをるが、あんな欠点に富んだ論文を代表作と観て居るのは、全然同氏の誤解である。私自身実は該論文の欠点多きを恥ぢて、本年一月改めて別の憲政論を『中央公論』に公けにした。併し之とても私自身の得意とする壇上ではない。

　唯一つ二宮氏に敬服する点は、同氏が私を以て「思索の人にあらずして表現の人である」と観られた点である。私は自ら全然思索の人にあらずとは思はないが、其思想を発表する方法に於て偶々《たまたま》多少の特色があり、之が世人をして私を実価以上に認めしめて居るのではないかと、実は自分自身でも懸念しをるのである。斯くして私は常に世間の過褒に対して時として一種の誘惑を感じ、又時として一種の苦痛を感じ、戦々兢々《せんせんきょうきょう》として唯だ所謂《いわゆる》表現の人たるに止らざらんことを務めてをる。乍併《しかしながら》又一方に於て私は所謂表現は単純なる表現に止まるものにあらずして、同時に之れには思想整理の心的作用を伴ひ、斯くして精密に思索するの一助ともなるものと考へて居る。表現に成功するの第一歩の条件は思索を精密にせねばならぬ事である。思索と表現とを区別して考ふるのは正当でない。と云つたからとて、多少表現にまさる所あるが故に思索もうまいのだと誇らんとする積りはない。

　思想発表の方法といふ問題に関連して、私は図《はか》らず恩師故佐々政一先生の懇切《こんせつ》なる薫陶をおもひ出す。筆のついでに此人の事を少し語らして貰はう。

四

前段に於てはからずも恩師故佐々政一先生のことに触れたが、私が先生の薫陶を受けたのは高等学校に入校した当時、僅々《きんきん》一年余りの事である。国語作文の先生で、極めて熱心親切な人であつた。此点に於て得る所素《もと》より少からずあつたが、就中《なかんずく》私の感謝して措《お》かざる点は、作文を二度も三度も書き直させられた事である。たしか一年生の時であつたと思ふ。教科書の外に第一学期に於て鴨長明の『方丈記』を自修せしめられ、それから「方丈記を読む」と云ふ課題で文章を作らしめられたのである。当時私はまだ信者ではなかつたけれども、基督教の楽天的な積極的な人生観にかぶれて居つたから、『方丈記』の全文にも劣らぬ程の長い論文を草して、自分丈けの考では痛快に長明の所説を反駁した積りであつた。佐々先生も或点に於ては楽天的、又積極的の人であつたから、私の態度に素より反対ではなかつた。けれども先生は長明の論拠と私の駁論の根拠とを極めて精密に対照して詳細の批評を朱書せられ、議論としてはまだまだ重大なる欠陥があると指摘せられた。而《しか》して最後に先生は、こんな不精密な不徹底な論拠で長明と戦はうとするのはをこの至りである。本当に君が其主張に忠実ならんとするなら、今一度よく考へて書きなほせと云ふ批評で、且又口づから今一度書きなほせと命ぜられた。そこで初めて成る程議論をするには余程精密に思想を練らねばならないナと大いに啓発されて、更に一生懸命勉強して前とは全然面目を改めたつもりの新論文を先生に呈出した。所が先生は之れをも極めて親切叮嚀《ていねい》に対照批評せられ、特に此の二度目の論文では私の文章の論理上の欠陥を極めて痛烈に指摘せられた。而して又之れでも成つてゐないから、今一度書き直せとの注意を与へられた。そこで私は又再び多大の啓発を得て今一層奮励して第三の論文を書いた。之れも亦先生は極めて精密に通読されて極めて細い朱書の批評をせられた。けれども大体に於て前よりも余程満足のやうであつたが、最後の批評にこんな文字があつた。

「之れで君の論拠はよくわかつた。しかし長明は一方の極端に立つて自分の人生観を歌ひ、君は又他の極端に立つて君の人生観を歌つて居るのだ。まだ議論にはなつてゐない。本当に論ずるのならば君はもつと深く突込んで長明の思想を研究し給へ。さうして又もツと精密に君自身の思想を整へ給へ。双方銘々自分の立場を歌つて居るのでは、傍観者は下手な君の方よりも遥かに文章の巧い長明の方に団扇《うちわ》を上げるであらう。」

話は唯之だけの事であるが、一体中学や高等学校辺の作文の先生は、今日はどうか知らぬが、吾々の書生時代には、一ケ月に一度、甚しきは一学期に一度位、当世とは何の係りもないやうな題を与へて作文を求めらるるが、碌々《ろくろく》添削もせずに返すのが常で、甚しきはまるで返さないものもあつた。稍《やや》親切な先生でも字の誤りや仮名遣ひを訂す位に過ぎぬ。其の最も親切な人と雖《いえど》も、添削の方針は文字句章の修飾に止り、一個の議論として成立つか、一個の議論として力あるものとなつてをるか、と云ふ様な点を顧慮してくれる人は殆《ほと》んどない。わが佐々先生に至ては我々の作文をあれ丈け叮嚀に読んで批評せられた。其親切と労苦とを多とすべきは云ふ迄もないが、之を一個の議論として成り立たしめようと云ふ見地から我々を指導されたのは、今より顧みて非常な卓見と感服せざるを得ない。而も同じ文を三度も書き直させたと云ふ見識に至つては実に感歎の外はない。のみならず、私自身は之れによつてどれだけ啓発せられたか分らない。三度迄叮嚀に批評せられたと云ふ事から受ける利益(之れとても非常に大なるものであるが)ばかりでない、更に先生の態度見識を心読玩味する事によつて、私はどれだけ利益を得たか分らない。私は自ら顧みて此時を機として私の作文する時の態度や心持が一変したことを自覚する。私は小学校時代から文を作る事が好きであつた。中学時代にも作文の先生からは可愛がられたと思ふ。けれども若し私が今日自分の思想を文に表はす上に於て多少得る所ありとすれば、其功の大部分は之を佐々先生薫陶の功に帰せざるを得ない。生前之れを先生に告げ且つ謝するの機会を得なかつた事は、今日私の深く遺憾とする所である。

〔『新人』一九一八年一―三月、初出の表題「自己のために弁ず」〕

所謂《いわゆる》「私共の理想郷」

○好いことをやつて悪《あし》ざまにいわれることには慣れて居るが、下らないことをやつて結構なことをやつて居るように云《いわ》れるのは、今度がはじめてである。伊豆の畑毛《はたけ》に私の発起で理想郷を拓くと云ふ、クスグツタイ風説は即ち之れである。尤も全然嘘ではない、理想郷と云ふほどのものになるか、ならぬか、兎《と》に角《かく》一つ変つた、気持のいゝ遊び場を造ろうとして、一生懸命になつて居ることは、事実である。

○先づ、畑毛の地理に就いて語る。東京から汽車に乗つて西の方へ三四時間、三島駅で駿豆鉄道に乗換へ、二つ目の大場《だいば》駅でおりて、更に馬車若《も》しくは人力車で二十分ばかり左へ入つて、畑毛温泉がある、熱海線が開通になると、隧道を出てすぐ停車場が建つと云ふ話だが、さうなると其処《そこ》から十五町の距離になるだろうと思はる。だから数多い伊豆の温泉の中で、此処《ここ》が一番東京に近い。西北に富士が見えるが、此の霊山の眺めとして、おそらく畑毛ほどの景色はなからう。而已《のみ》ならず、背には老松参差たる石山を控え、右手には箱根二子山、左には韮山を控えて、遠近それぞれ快活な気分の眺めに富んで居る。頼朝時代の名所旧蹟が附近に散在して居ることは云ふまでもない。地形は大体に於て南に開け、三方或は遠く或は近く、山に囲まれて居るので、冬の暖いことは格別だ。斯《こ》う云ふ点から云つても、此の土地ほどいゝ条件の備つた処は、稀れだと自信して居る。

○此地に温泉宿が五六軒ある。言伝へによれば、七百年このかたの古い温泉場ださうだ。湯は透明で非常に綺麗であるが、何分微温《ぬるく》て夏分でもウツカリすると風をひきさうだ。元来が温まるたちの湯だと云ふことであるが、それであまり微温《ぬるい》ので、之れが久しく顧みられなかつた原因である。それに皮膚病にいゝと云ふ間違つた言伝があつたので、不潔な客が多いだろうなど云ふ想像も、伝つたのだろう。事実客はかなり多いが、その割に一般に知られない。吾々の仲間の一人たる木下医学博士の鑑定によれば、皮膚病に特効のあると云ふ性質は毛頭ないとのことだ。兎に角、従来は温泉場として余り認められて居らず、又現在の温泉場は小山の影で富士の景色をさえぎつた処にあるので、一寸行つただけでは、全体の風景がいゝと云ふことはわからぬ、こんな処から不思議に此の土地は、世間の人から見残されてあつたのである。

○それが計らずも私達が行つて色々研究することになつて、湯も熱いのが出ると云ふ確信を得た、それに就ひては片山理学士平林工学博士の詳細なる研究を煩はした。そこで現今已《すで》に出来上つたのが二本ある、何れも立派な温泉で、然も分量は極めて豊富である、目下第三本目を掘つて居るが、吾々の団体の発展に連れて、更にも少し掘るかも知れない。

○私共の、此の土地に、着眼したのは一昨年の暮れであつたが、始めはほんの数名の人と、本を読みに行く処を造ると云ふに過ぎなかつたのだから、何も隠す訳ではないがコツソリやつて居た、それがだん〳〵人の知るところとなり、理想郷を造るなど、云ひふらされ、理想郷と言へば直ちに武者小路君などの新らしい村が聯想され、又対照され如何なる理想で此の村を経営するかと云ふ質問を受けるやうになつた。斯《か》くして二三度新聞に書かれたこと等もある、そのうちに吾々の仲間はだん〳〵ふえて、此頃では可成《かな》り大きな村になつた。『国本』と云ふ雑誌の六月号には可成り詳細な紹介があつたので、世間の注目をひくようになつた。『国本』の紹介は、部分的に誤りもあるが、大体に於てよく書いて下《くだ》さつたことを感謝する。斯ふして、兎に角、世間の問題となつた以上は、本来何も内証にすべき事柄でもないから、進んで吾々の方から計劃を明らかにした方が適当であり、且つ同様な計劃をなさる方々の参考にもなるかと思ひ、雑誌『改造』の請ふまゝに茲《ここ》に一文を草することになつた。

○先に陳《の》べたる如く、始めの起りは、極く規模は小さかつたのである。実は、友人の大村和吉郎氏が、私の日常生活が余りにせわしさうなのを心配されて、何処《どこ》か静かな保養場を造つてやらうと云ふ厚意から起つた話である。同君の郷里大場は、畑毛の入口であるから、自然畑毛のことは同君はよく知つて居たのである。富士のよく見える畑地の売物がある、故老の話によると、そこを掘ると湯が出ると云ふから、買つて別荘をたてないかと云ふ相談であつた。単独で買ふ力はないが、二三の友人を誘つてだん〳〵見に行くと云ふことになつたのが、話のはじめだ。折角の、友人の厚意に対して、実は初め乗気にならず二三ケ月グズ〳〵して過した。少し真面目に考え出したのは三月頃からである。四月には数名の友人を誘つて実地検分に行つたが、其の時友人は既に吾々の着眼して居る畑地の外に、この方面の高台の一帯が実に絶勝の地だと云ふことを教えてくれた。そこでそれを買ふには少し仲間をつくる必要があるので、段々に規模を大にする計劃を進めた。

○其際はからずも、河合武雄君との交渉が始まつた。『国本』には、河合武雄君と僕等との交渉が、大村君の奥さんによつて出来たと書いてあるが、あれは全然誤まりである、河合君は兼々別荘地を探して居たので、吾々の計劃を私の旧学友真山青果君から聞いて、仲間に入れてくれと云ふ話が起つた。俳優としての河合君の立場のことは、吾々茲に論ずる限りではないが、個人としては誠に話のわかつた人で、吾々の別荘経営の理想と云ひませうか、又、抱負とでも云ひませうか、それを非常によく了解して呉《く》れたので、私共は悦んで同君を友人として迎ゆることにしたのである。

○そのうちに、別荘を持つには番人がいるとか、番人をたゞおくより何か仕事をさした方がよいとか、又折角別荘が開けても在来のよりは、少し体裁《ていさい》のいゝ宿屋も必要だと云ふ処から、だんだん話が進んで、河合君の親戚に多少さうした経験のあるものが居ると云ふので、その人に上品な気持の好い旅館をやらせようと云ふことになつたのである。之れが、河合君が旅館を経営すると云ふ話のも〔と〕である。河合君の旅館経営の結果が、在来の旅館の営業を圧迫するといふ非難があるが、之れは在来の車屋サン連の生業を奪ふおそれがあるから、汽車や電車の開通に反対するのと同じ論法だろうと思ふ。私共の考えでは、それ〴〵の計劃が、愈々《いよいよ》実現して、あの陜《せま》い土地に百軒足らずの別荘でも出来れば、宿屋が今の倍あつても足りなかろうと思ふ。

○斯《か》くして、段々規模が大きくなり、吾々の仲間に加はる数も増えた。さうなると吾々は普通の別荘地に有り勝ちな弊風の起らない様にと云ふ処から、色々の考えを廻らすやうになつた。そこで一つ理想的のものをつくろう、それには第一人を選ばなければならない、又吾々の造つて居る別荘の近所に異分子が入つては困ると云ふ処から、其辺の別荘地として適当な全地域を買占めようと云ふ計劃を立てた。併し買占めるには金がない、素寒貧《すかんぴん》の吾々のやる仕事であ〔る〕から、まとまつた金を整えて先づ以つて地面を買占ると云ふことは出来ぬ、さればと云つて、只だ金を出す人なら誰れでも歓迎すると云ふ訳にはいかぬ、現に金持で加入を申込まれた方に、此方から辞退した人も少なくはない、斯く一方では人を選択して居るものであるから、それ丈金の調達に困る、此の際吾々の仕事を此の方面で大いに助けたのは、河合武雄君と、木下正中博士、今村繁三君である。此間志立鉄次郎氏の直接間接の援助も忘るゝことは出来ない。

○之等諸君の厚意によつて得た金を基金にし、大略吾々の着眼した地面全体の買収を着々完成した、色々の非難と悪評を甘《あまん》じて受け乍《なが》ら、一年以上も専ら此の事に当つたのは大村君である。大村君の意を諒としてその持地を提供してくれた村民諸君の非常の厚意も、又私共の大いに感謝する処である。地面は一旦皆な私が買取つたことにしてある。仲間になつた諸君が大金を私に預けられ、長い間全部の土地所有名義を私にさしておかれた、その信用に対しても感激せずには居られない、昨今段々それぞれ所有者名義に書換えつつあるが、未だ大部分は私の名義になつて居る。全部買占め終る為めに、別荘団に関係のない数名の友人から、多額の負債もした、只だ一片の証文に対して、数万の金を立替えて呉れた隠れた数名の友人の厚意も、又此の仕事の成就《じょうじゅ》の上に、非常な貢献をして居るのである。

○此の別荘地は、単に風景のよいばかりでなく、温泉があると云ふのが一つの欠くべからざる要素になつて居る、吾々は土地の買収に着手すると同時に、温泉の掘鑿《くっさく》に従事した。始めて着手したのは去年の三月で、之が為めに、大村君は万余の金を徒費せられたことだらうと思ふ、去年の秋更に方針をかへてやつたのがうまく当つて、現在二本の温泉を有するに至つたのである、之から掘る分についても深く確心〔ママ〕する処があるので、温泉の問題は先づ解決されたものと見てよい。其処で去年の暮、今年の初から、愈々確実なる温泉地として公表することが出来たのである、之れと同時に高井治〔兵〕衛、徳田興平の両君が、吾々の仲間に加入され、且つ非常な熱心を以つて吾々の仕事を助けられるので、昨今は事が誠に順潮に進んで居る。

○全体の地面は約二万坪もある、此処に別荘を持うと云ふ仲間は、約五十人ある、はじめは所有名義は私で、専ら経営の衝に当るものは大村君であつたが、――尤もその影に主となつて助けてくれる人は沢山あつた、――愈々五十人も仲間が増えたと云ふことになれば、皆の考えをよくまとめて、気持のいゝ別荘を造りたいと云ふ考えなのである、皆と共に計劃したいと云ふ当初からの考えであつたから、加入者の申込に対しても可成り厳重な撰択をした、斯くして各々の意見を聞いた結果、色々細《こまか》い点に就いての希望はあるが、要するに全体共同の力で、別荘地を経営しようと云ふことになつた。

○其処で只今、ほぼ纏《まとま》つて居る点は、此処に別荘地を持つ人、又之れから持うと云ふ人を総て網羅して、一つの社団法人を造ると云ふことである。此の法人が協力して道路を造り、下水、水道の設備をなし、又温泉の配給をもやらうと云ふのである、温泉の掘鑿には可成り金がかゝつたが、出来たものは又大した財産である、団員で使用して余りあれば他に売ることも出来る、之等の利益は、皆な団員全体のものにしようと云ふのだ。凡《すべ》ての財産は此の社団法人のものであり、又此の社団法人が、将来電灯も経営したり、或は小病院も造つたり、又倶楽部や庭球場その他遊園地をも造る考へである。差し当り共同浴場は目下建築中だ、追ては之れにレストランを附設し、二三の寝室をつけ加え、吾々が単身で行く時は、此処で寝食することが出来る様にしようと云ふ考えだ。

○しかし、之等の仕事には可成り大金がかゝり、俄《にわ》かに凡ての人が出資をすると云ふことも出来ない、当分数名の有志が全体の利益の為めに之等の経営に当つて居る。温泉については、十名ばかりの有志から成る温泉掘鑿組合が之れをやつて居り、道路其の他の経営に就《つい》ては、之れも十数名の有志よりなる別荘団組合がその衝に当つて居る、斯ふして之等の組合が、早晩全体を網羅する法人の出来上ると共に自から解散して、一切を之れに引継ぐことになつて居る。

○別荘地をどう経営するかと云ふことに就ては、色々議論がある、建物の様式につき、めい〳〵の宅地の区劃につき、又交通機関のことや、生活品供給の方法について色々な注文もある、普通の別荘にありがちな奢侈淫卑の風を厳禁すること、快活な上品な気分を満たさしむること、全体が公園である様な趣きを呈せしむること、等種々の案がある、私が発起人の一人だと云ふ処から、プロレタリア的のケチな別荘だらうと想像されては誤りである。私は、私自身は貧乏人だが、仲間には金持が多いので、世間から見たら『国本』記者が評されたように、道楽半分の平民主義になるだろう。私の平民主義は、今日実際の世の中での最低の生活まで、凡ての人の生活を下げると云ふのではなく、凡《およ》そ之れからの人間は、人間らしい生活としては此の位の程度であつて欲しいと云ふ処に、標準を置かふと云ふのだ。無用の贅沢は断じて許されないが、温泉場に別荘を持つて気持よく一日を過さうと云ふことは、少なくも吾々の理想する将来の社会に於て、凡ての人に許さるべき最低の生活だらうと思はれる。今日の社会から見ては閑人の贅沢の様に見えるだらう。が、吾々は一つ畑毛に行つて人間らしい生活をして見ようと云ふのである、此の点に於いて吾々の仲間になつて居る人々は、皆な同じ感想を持つ。

○吾々の別荘地域は二つの村に跨《また》つて居る、即ち函南村と韮山村とである、字《あざ》でいえば函南村の畑毛と韮山村の奈古屋とに跨つて居るのである、別荘地の大半は奈古屋にある。温泉は奈古屋にもある、しかし畑〔毛〕の方が主である、が従来畑毛温泉として知られて居るから、私共の掘つた方は畑毛新温泉と云つて居る、新と云ふ字をつけたのは、従来の様に微温《ぬる》い湯でないと云ふことを表示するためである、別荘地の大部分は、奈古屋の方にある処から、吾々の組合は特に韮山別荘団と称することにして居る。現在の畑毛温泉は、在来の湯では営業を栄えしめて行くことが困難であらう、吾々は何等か便宜の方法を設けて、之等の人々の将来の計劃をも、助けて行く考えを持つておる。

○全体の総面積約二万坪のうち、一万二三千坪は已に売約済みとなり、残りの地面は之れを別荘団組合に引継ぎ、別荘団組合は之れを時価に売却してその利益を、道路其の他の費用の一部に当てるつもりだ、道路は幹線を四間幅に、支線を二間幅とし、当分の間は重い車は入れないことにしようと申合せて居る。之等のことは最近やつときまつたので、別荘建築は之れからのことだ、今建てつゝあるのは、河合君の親戚の人が、別荘団援助の下に経営せんとする旅館と、共同浴場丈だ、共に七月の半ば過ぎには落成するだらう。秋にはかなり別荘も出来る筈《はず》である。

○仲間のうちには、いろ〳〵の専門家が居る、めい〳〵分担して計劃を立てる考えである、衛生上の事には木下正中博士と其令弟木下藤作博士之に当り、建築のことは佐藤成一博士、機械のことについては畠山一清学士、温泉のことに就ては前に挙げた平林博士片山理学士が骨折られつつある、実際の色々の経営の事務は、木下正中博士、高井治平〔兵衛〕、徳田興平両氏と、私とが取扱つて居るが、実地につひては最も多く働ひて居るのは大村君である。

○最後に一言したいのは、土地の売買によつて生ずる利益金の処分問題である、湯が出て、場所がよいので、土地の値はドン〳〵上つて行く、買つた値段はさう高くはない。その間生ずる之等の利益は、別荘団全体の利益に帰するのである、其の以前の利益金は表向き名義上の所有者たる私の処得に帰する。之等は過去の一切の損失及び実地経営者の此の仕事の為めに要した実費、隠れたる出資者に対する謝礼等を払つて尚ほ余りあるものは、一部を当初からの関係者に分配し、他の一部は何等かの方法で公共の事業に使用したいのだ、金銭上の問題に就ひては、最近組合に引継ぐまでは凡ての責任を私一人で背負つて居る。

○右の様な次第で、大体の輪廓はきまつて居るけれども、愈々どんなものが出来上るかは今の処はつきり明言しがたい。只だめい〳〵皆な気持のいゝ上等な、快活な保養場を造ろふと云ふ点には、一致して居るのであるから、多少贅沢の非難は免れまいが、一寸変つた一つの村が出来たことは疑を入れる余地がない、私共の抱負としては此処に一つの模範的のものをつくり、一つには之れまでの別荘地にありふれた弊風を革正し、又一つには之れから新らたにつくる別荘地に一つの雛形を与えようと云ふことを、ひそかに考えて居るのである。之れが為めには、物質的にもいろ〳〵新らしい設備を充分に利用するつもりであるが精神的にも、大いに緊張した気分で真面目に研究し相談し合つて行かふと考えて居る。

○要するに道楽半分の仕事と見ゆるであらう、けれどもやつて居る吾々は至つて真面目で、至たつて真剣である。少しも遊蕩気分を持つて居るものゝないことを明に断言することが出来るのである。

〔『改造』一九二一年七月〕

村芝居の子役

……子供時代の思出の中で、今でも時々憶ひ出してはフヽンと笑ひたくなる変つた経験が一つある。私の父親の友達で田舎で料理屋を営み傍ら芝居相撲等の興行物の勧進元をつとめる顔役があつた。ある時この男の建元《たてもと》で、舞台で役者は身振り丈けを演じ台詞は一切床の浄瑠璃に任せるといふ変つた青年一座が掛つた。当時之を「身振り芝居」と云つた様に記憶する。年の頃は孰《いず》れも廿歳前後でもあつたらうか。開場に先立つて一座は腕車《わんしゃ》に乗り、其の町は勿論《もちろん》、重なる近郷の市場《しじょう》を太鼓を先き立てゝ流し廻るのが土地の習慣であるが、其際子役の小童《しょうどう》も一二加はると景気がいいといふので、父親に内証《ないしょう》で私が借りられた。料理屋の御酌に使はれてゐた小娘も一人引つ張り出されたやうだが、男の児は私の外にもう一人ある。或る役者の膝の上にのせられて終日田舎の町々を流し廻つたことを今以て鮮かに記憶して居る。名もない役者であつたらうが、何かの縁で今時ひよツと遇ひでもしたら飛んだ大笑ひだらうと思ふ。夫《それ》から千代萩《せんだいはぎ》の御殿の亀千代に是非貸して呉《く》れとて、一度料理屋の坐敷での稽古には引つ張り出されたが、父親の承諾を得べき見込もなかつた為であつたらう、之れ丈《だけ》は実現しなかつた。……

〔『婦人公論』一九二三年一月〕

予の一生を支配する程の大いなる影響を与へし人・事件及び思想

（一）人　好学の志向を起させし人としては、小学校時代の校長山内卯太郎、中学校時代の校長大槻文彦の両先生に負ふ所多く、今の専門の学問に就き兎も角も略《ほ》ぼ一定の見解を立てる様になつた事に関しては、大学生時代に於ける小野塚博士の指導を感謝せざるを得ぬ。更に信仰の師として海老名弾正先生を戴いたこと、又友人として内ケ崎作三郎、今井嘉幸、佐々木惣一、故小山東助の諸君を有《も》つたことは、僕の一生に決定的の影響を与へたものである。

（二）事件　僕の生涯は今から振返つて見て我ながら極めて平凡なるに驚くのである。因《もと》より悲喜両面の雑多な事象に遭遇はしたが、一生を支配する程の痛切な影響を与へられたといふ覚へはない。強て探せば一つある。僕は生来極めて弱く、子供の時代には年中薬ばかり呑んで居つた。中学に入つてからも病気欠席が頗《すこぶ》る多かつたが、四年生の頃不図した先輩の忠告が因となり、健康などは気の持ち様一つで如何様にもなるものだと考ふる様になり、夫《そ》れ以来見掛けに依らぬ健康体になつた。あの時の心気〔機〕一転が無かつたら、今頃斯《こ》うして人並に活動して居られるかを思ふ時、之も矢張り僕に取つては重大事件と謂《い》つてよからうと思ふ。而して先方では何れ程の積りで云つたのか知らぬが、不思議な響を当時の僕に与へたその忠告の主は木下淑夫君である。其後かけ違つて遇ふ機会も少いが僕は絶へず同君に感謝の意を有つて居る。

（三）思想　僕の今の思想の基底となつて居るものを今古の聖賢に求むるなら、嗚呼〔烏滸〕がましいがカントと云ひたい。

但し之は之からも大に研究したいので、過去に於て僕の一生に多大の影響を与へた思想として挙示するには不適当のやうだ。そこで僕の思索生活に最も大なる影響を与へた具体的の事実はないかと反省してみると、大学生時代に聴いた海老名弾正先生の説教が夫れであると思ふ。日曜毎の説教に依て僕は信仰上に得る所も尠《すくな》くなかつたが、先生が宗教上の神秘的な問題を、科学的に殊に歴史的に、快刀乱麻をたつの概を以て解いて行くのには教へらるゝ所非常に多かつた。斯うした先生の態度に依て僕の学問上の物事の考方が著しい影響を受けて居ることは、今以て先生に感謝して居る。斯んな方面で感謝されては先生も御門違の感を催さるゝだらうが、今の僕の様なヤクザ者が人格生成の上にも御厄介になつたとはどうしても云ひ切れぬからこの方はも少し年取つてからの勘定に残して置かうと思ふ。

〔『中央公論』一九二三年二月〕

新人運動の回顧

新人は明治三十三年の創刊と思ふが、それより今日迄殆《ほと》んど二十四年、日本の思想界は幾多の変遷をして居るが、其間新人が自由なる宗教上の見地に立つて、宗教界の問題は勿論《もちろん》、政治文学、社会問題其他の方面に向つて貢献したる処は決して尠《すくな》くない。私は明治三十三年に上京したが、其頃海老名師より伝道苦心談を聞いた事がある。海老名先生以前にも横井時雄其他高等の学生を目標として宗教運動をした者もあつたが余り振はなかつた。従つて海老名先生が東京に出た時も初めは殆んど手がつかなかつた。それが明治三十年頃から形勢が変つて来た。其迄《それまで》はたま〳〵会ひに来る者があれば攻撃に来るだけである。それが次第に転じて謙遜な態度で教を乞ふやうになつた。明治三十四五年頃、帝国大学の学生が本郷教会で洗礼を受けた。これは私の記憶して居る処では大学生の洗礼を受けた初である。私の如きも三十二〔一〕年に仙台で洗礼を受けた者であるが、高等学校迄来て洗礼を受けた馬鹿者と云はれた。沢柳政太郎氏は其頃二高の校長であつたが、態々《わざわざ》我々を自宅に呼び寄せて、怎《ど》う云《い》ふ訳《わけ》で洗礼を受けたかと尋ねられて、高等学校迄来て洗礼を受くると云ふは不思議な現象であると云はれた。かやうな次第であるから、明治三十年頃の景況では基督《キリスト》教は殆ど手のつけやうの無い有様で、先輩などの回想談を聞いても当時は苦心惨憺たるものがある。それが三十年頃から次第に変化しつゝあつたのである。

怎《ど》うして其頃が変り目かと云ふと、教育ある有為の青年の間には浅薄な科学思想が横行して居た。明治以前には迷信流行であつたのが、維新の大業と共に所謂《いわゆる》開化の時代となつて、森羅万象《しんらばんしょう》、何一つ不思議なものは無いと云ふ事になつた。其考は時に多少の変化を免れぬが、三十年頃迄は教育界の主潮であつた。従つて宗教を信ずるなど云ふ事は教育ある有為の青年の問題でなかつたのである。それは丁度《ちようど》最近に於《おい》て社会の圧迫に、苦しみに、苦しみ抜いて居た人々が、西洋思想の影響も受けて、精神主義などでは可《い》かん、社会の制度組織を改めなければ人間の幸福は得られぬと考へて唯物的になつたのと似て居る。明治初年にも社会改良と云ふ叫びがあつて、浅薄な考から宗教に反対した。所が此頃の社会改造論も昨年の春か夏頃から少し反動が現はれて社会改造の根柢として宗教を認めやうとする傾向がある。明治以前又は初年に於て、福沢諭吉先生は科学思想を鼓吹したが、これは西洋には偉い物がある、其機械の術は到底《とうてい》日本の及ぶ所でないと考へたからである。福沢といふ人は別に科学の研究をしたと云ふ訳ではないが、観察の奇抜な人で、洋行中到る所質問を発して常識から一通りの考が出来たので帰来之を伝へた。例へば西洋には汽車といふものがある、それで行けば東海道は一日で旅行が出来る。それから隧道《トンネル》といふものがある。自分がロンドンに行つた時、汽車に乗つたら、いつの間にか暗い穴の中に入つてしまつた。何処へ行くのかと思つて居ると明るくなつた。振り返つて見ると川がある。それで初めて自分は今川の下を通つて居た事が分つたので吃驚《びつくり》したなど、云ふ事を書いて、世の中を驚かせた。そこで著者は小幡篤次郎氏の名になつて居るが、実は福沢氏の書かれたと云ふ『天変地異』や、福沢氏の『窮理図解』など、云ふ書物が出ると世人は森羅万象、何でもこれでわかると思つた。従つて人々は口癖のやうに窮理々々と云つたが、時に言葉の用る処が飛んだ処迄行つた滑稽談も尠くない。

其後二十年前後、例の条約改正から基督教は一時盛になつたが、間もなく国粋熱が現はれて宗教排斥が起つた。其中最も有名なのは明治廿六年に井上哲次郎氏が公にした『宗教と教育の衝突』である。これは内村鑑三氏が一高の教授であつた時、御真影を拝さなかつた事が問題となつて、現はれたのである。一体日本には耶蘇《ヤソ》教反対は随分沢山《たくさん》あつて、書物として現はれたものも決して尠くないが、耶蘇教〔反対〕の国民運動といふと変だが、猛然として反対の起つ〔た〕事が三回ある。最初のはフランシス・ザヴイエの来た時代である。尤《もつと》も彼の時代の初は、大名は葡萄牙《ポルトガル》人を招いて、兵器弾薬を輸入するの考であるが、それには宣教師が居らぬと落ち着かないと云ふ政策から歓迎したもので、無論宗教の事も分つて居らなかつたから、耶蘇教も亦《また》仏教の一派と信じて居た。それでポルトガル人を南蛮々々と云つた、其頃の考ではポルトガルは支那の南と信じて居た。従つて異教を持つて来たと云ふ考はないので、寺で耶蘇教の話をさせた。何か珍らしい話があると思つたのであらう。丁度今日の我々がアインスタインとかラツセルとか云ふ学者を歓迎するのと変らない。それから盛に宗論が其処《そこ》、此処《ここ》で行はれた。けれども根本が違ふのであるから話がトンチンカンになる。

初めはそんな訳であるが、何せザヴイエは欧洲の歴史にも輝く人傑であるから、早くも日本人の欠陥を看破して、僧侶の腐敗、大名の堕落、民間の堕胎等を痛烈に攻撃した。当時の寺院には男色などが盛に行はれて居たので痛い所を突かれて、僧侶も憤り大名も兵器弾薬は欲しいものゝ、さりとて一身の攻撃をさるゝのもつらく、痛しかゆしになつた。そこで有機的の連絡はないが、期せずして一斉に起《た》つて耶蘇教反対を為すに至つた。

次は明治〔維新〕前後の反対である。此時は神道からも、儒教からも、仏教からも起つた。伝通院の住職であつた桐生道順の如きも盛に耶蘇教攻撃をやつたが、其オーソリチイーは仏典で、これに無いから間違だと云ふ論方であるから畢竟《ひつきよう》水かけ論である。儒者の側で、安井息軒であつたか、会沢正志であつたかの反対論の中には

物総て自然の形体の無いものは無い、世界の中、日本は頭で、支那は腹、西洋は背だから、背から智慧の出る筈《はず》は無い。

と云ふ奇論がある。其後二十年、三十年と立つて、漸次科学思想が普及すると共に、余り乱暴な事は云はなくな

つた。けれど、今度は科学万能の西洋の智識で耶蘇教攻撃をする。彼等は科学で何もかもわかると云ふが、わからない。西洋奇術狐狗狸《こつくり》怪談と云ふ書物がある。これは益田孝氏の弟で益田英作と云ふ人の米国土産に出たものである。

一時此狐狗狸が流行したが、怎《ど》うして出来るかと云へば人心電気の術と説明する。けれども其理は未だ明にせずと云ふて居る。其処が浅薄な所である。分らんがいけないいけないと云ふ。現代の人々が宗教は資本家の犬であると云ふ。けれども実は自分にも分つて居らない。然し分らんでも四方から響く声は勢を為す。それから第三の耶蘇教反対は先頃の羅馬《ローマ》使節反対運動である。

明治三十年頃迄宗教は迷信々々で通つた。私の始めて基督教に接したのは明治廿八年で未だ中学時代であつたが、其頃の大問題は科学と宗教であつた。これは独り自分ばかりでなく、当時の青年に取つての問題であつた。此事実を見ても、所謂科学思想の横行がわかる。併《しか》し科学と宗教の衝突を通して漸次反省の機運に向つた。此時代に当つて本郷教会は海老名先生を中心として、花々しき戦を開いた。

科学と宗教など云ふ問題のある時、先生の透徹せる解説は青年に非常なる光明を与へた。心の中に煩悶矛盾なしに、のんびりと宗教上の問題を考ふるやうになつた。例へば普通には耶蘇が死して三日目に甦《よみがえ》つたと云ふ事を信じなければクリスチヤンで無いと云ふて居た。然るに先生は猶太《ユダヤ》思想から見れば、義にして苦しみ、不義にして栄ゆる筈が無い。若《も》しそれで終れば天道が是か非かである。ユダヤ人には正義の勝利が信ぜられて居た。そして基督の死は刑罰であるに拘《かかわ》らず、弟子の尊崇の念が変らなかつた。其処に復活の信念が現はれたと云ふ風に説明されて復活の伝説よりも伝説を生じた信仰を高調せられた。処女降誕に就《つい》ても、イエスはヨセフの立派な子であるが、其伝説から拾ひ上げる真理は其頃は男女の交はりを汚ないと見た時代であるから、男女の関係から基督の如き完全な人格の生れる筈は無いと考へた。尊崇の余り如斯《かくのごとく》信じた弟子の心理観察に意味があると云はれた。かくして我々の苦んだ科学と宗教の問題は何等衝突する事のない説明を受けて、我々は信仰生活に満足した。一つには先生の見識にもよるが、在《あ》り来《きた》りの疑に悩まされつゝ内面的の問題に入つた、其時代に本郷教会が生まれ、新人社が生れたのは時代の勢もあると信ぜられる。新人社は初め明道会と云ふ思想研究の会合から出来た。これが本郷教会の古代に於ける新人運動であるが、更に最近に至つて、新人の同志が講演会其他の方法に於て活躍せんとして居るのを見て新人発生の時代と同じではないかと思ふ。

現代は人間の環境を如何《いか》にして改む可《べ》きかを考へて居る時代である。私は私一身の事から考へても環境の如何に重大なるかを思ふ。同一機会を総ての人に与へて人生に意義あらしむる事は極めて大切である。併し何もかも調《ととの》はなければ出来ないと考へるのも間違である。フランスには此頃ビール瓶を投げたり机を叩いたり、どうかするとピストルを相《あい》の手《て》に打つと云ふやうな甚だ物騒な音楽があるそうだが、それは余り整ひ過ぎた近代社会の反動ではないかと思ふ。新人の同人である岡上守道君が黒田礼二の名に依つて、大阪朝日に出して居る露西亜紀行は興味あるものである。ダツタンで歌をうたふとき、譜もない、楽器も無い。唯ウム〳〵と呻《うな》ると云ふやうな事を書いて居たが、同君のやうに音楽の素養のある者から云ふと嘸《さぞ》変に感じた事であらう。けれど道具立てがなければやれぬと云ふも浅薄である。制度組織の改造もいるが、それ丈《だけ》で足るものではない。一人の労働者が私に刷物を送つてよこした。それを見ると、宗教より先に労働問題を考へよ、貴重な時間を潰してわからん事をやる必要はない、宗教は道徳の基礎であると云ふやうな事を云ふが、罪悪の根本は資本主義である。それを破らなければ罪悪はなくならない、今日の宗教家は資本家の犬であると、こんな事を述べて居る。私はこれを思想として争ふ考はない。けれども此等の人々が社会改造に目醒めたりとして勢を為す。我々の仲間からも理想主義で行かうとして行き切れずして、渦中に巻き込まるのを見ても、如何に唯物的な考の横行せるかが見らるゝと思ふ。唯物論者は畑さへよければよいと云ふ。然るに従来の宗教家は種さへよければよいと信じて物質的基礎を等閑に附した嫌ひがあつた。そこにも間違がある。けれども物は価値の本質に於ては心の次である。我々は社会組織の改造に重きを置くが、人格の完成に最も必要なものは神と人との関係である。凡《すべ》ての生物は太陽の光と熱とを受けなければ生命が現はれない。動植物は神の愛を意識する力は無い。けれども人は神の愛に依つて本体を意識する。即ち自分の中に神を見、神の中に自己を見るのである。自己の本体を神に還元する所に社会問題、労働問題を置かずしては附刃に過ぎない。理論上怎《ど》う恁《こ》う云ふても真の熱は湧かない。明治維新の開明と共に、未だ封建の薄暗い中に居つた者が、初めて白日を戴いて有頂天になつたやうに現代の唯物的改造論者は何もかもこれで出来ると思つた。所が稍《やや》内面的になつて幾分反省し初めた。そう云ふ状態を見ると今日は明治三十年当時と姿は違ふが、根本条件を同ふして居ると思ふ。かゝる際に当つて新人運動の起るのは縁因があると思ふ。

〔『新人』一九二三年四月〕

軽佻なる批議

二月下旬僕は大阪朝日新聞社主催の神戸講演会で一場の演説を試みた。題は「我国憲政発達の歴史的背景」といふので、其の大要は其後朝日社で出版した『時局問題批判』に載つて居る。其の中に維新当時の五ケ条の御誓文を悲鳴だといつたといふことが一部の人の間に問題となつて、果ては不敬呼ばゝりする者さへあつた。誠に物騒な世の中である。

話の筋道は斯《こ》うだ。維新当初流石《さすが》に徳川三百年の治世の惰勢で、一般士人は将軍や藩公を差しおいて直接天朝に忠義を尽すべきだといふ観念は甚だボンヤリして居つた。此際徳川に背いて天朝に仕へるのは武士道の本筋でないといふのが寧ろ士人間の輿論で、一旦誘はれて京都政府に仕官した者でも、やがて所謂《いわゆる》勤王御免の願を差出すといふのが決して少くはなかつた。否、腹の底を割つて見れば京都政府は薩長の野心家が天朝を挟んで天下を奪うものだといふ考の方が強かつたかも知れない。若《も》し夫《そ》れ京都と江戸との争覇戦に於て果して何れが最後の勝利者たりやに至ては、殆んど民心の帰嚮する所がない。啻《ただ》にそればかりではない。折角《せっかく》大政の返上を受けても、京都政府の兵力的並に財政的基礎は御話にならぬ程貧弱を極めたものであつた。そこで斯ういふ難局に立つて、乗りかけた船を首尾よく彼岸に達せしめやうといふには、当時の政治家の苦心といふものは並大抵のものでない。彼等は実に之が為に心を悩したのである。今日の盛世に生を楽むものはこの先輩の惨憺たる苦心を決して忘れては成らぬ。

先輩政治家は此の難局に処して実に色々苦肉の策を廻らしたものだ。其の一つにかの五ケ条の御誓文がある。成る程五ケ条の御誓文は明治天皇の御詔勅に相違ない。併し之が起草に当つた者が由利公正福岡孝弟二子であることは公知の事実ではないか。然らば由利福岡二子が何の動機で之を作つたか、又は何に促されて之を作るに至つたか。この内面的事蹟は亦一歴史的事実として今日之を闡明《せんめい》するに一向差支《さしつかえ》はない。否寧《むし》ろ大に必要ではないか。之を冷静に研究してこそ始めて維新当時の先輩政治家の苦心が明になり、今日我々が彼等に感謝し又ことに明治天皇の御威徳を讃へまつる所以《ゆえん》もはつきりする。斯ういふ立場から五ケ条御誓文公布の内面的来歴を観ると、之は正に当時の政治家の窮余の悲鳴であるといふことになる。僕は斯く説明することの上に些《すこ》しも良心の煩悶を感じない。

○今日我国憲政の発達を説く者、動《やや》もすれば何の苦もなく憲法政治はスラ〳〵と出来上つた様に教へる。憲政創設の大方針は早く既に五ケ条の御誓文に胚胎し、それが斯《か》く〳〵の順序をへて十四年の憲法発布予告の大詔に華を開き、二十三年の国会開設に実を結んだといふ。表向きは成る程全くその通りだ。併し其の玆処に到るには実は幾多の紆余曲折《うよきよくせつ》を重ね、時々また波瀾重畳《ちようじよう》の難境もあつたのだ。而《しか》して之等の事情をよく知らなくては、今日の憲政の実状は本当に解らないのである。就中《なかんずく》憲政有終の美を満すべき方策に至ては、這般《しやはん》の内情に徹底的の明識を持たなくて如何《どう》して之を樹てることが出来るか。此点に於て僕は今日の月並な憲政史家に向つて常に大なる不満を有《も》つものである。

金持の息子はどんなに利口でも金の有りがた味がよく分らないものだといふ。やゝもすれば金は独りで湧いて来るものゝ様に考へる。苦労をしない若い御嬢さん達の中で、所謂独立独行に目覚めたといふ方々から、能《よ》く食つて行く位のことはどうにでも出来ますなどゝいふのを聞く。その度毎に僕はつく〴〵その安価な処世観を寧ろ気の毒に思ふ。体験のない人に之を責むるのは無理ではあるが、そんな人程父祖の辛苦艱難をよく聞かして置く必要がある。此の意味に於て僕は、今日の青年に維新当時の先輩の苦心を出来る丈け深酷に教へ込んで置くことを大切だと思ふのである。僕が五ケ条御誓文発布の動因を説明するに悲鳴なる字を使つたのは、畢竟明治天皇を始め奉り其の左右に侍せる廟堂の大官が新国家組織を築き上げるに如何に苦心されたかを明にせんが為めである。訳もなくスラ〳〵出来上つたものと思はれては大変だと憂へたが為に外ならない。

○斯く長々と神戸の講演のことを述べ立てるのは、必しも僕に対する世間の誤解を弁明せんが為ではない。僕は従来誤解されるに慣れても居るし、又故《ことさ》らに悪声を放つ人の多いことも承知して居るから、今更自己弁解に急ぐ程野暮ではない積りだ。夫《それ》にも拘《かかわ》らず斯くも長々と弁ずるのは、之を機として今日社会の一部に存する軽佻《けいちょう》なる人事批議の弊風を警戒せんと欲するからである。

○僕の講演にしても其演述の内容を系統的に味つて見れば、不敬どころか不穏当とさへ解せられる道理は毛頭ないと思ふ。只冷静なる省察を欠き悪意を以て片言隻語を切れ〴〵に迎へると不敬だの不穏当だのといふ問題は起る。言葉尻を捉《とら》へるのならどんな忠臣義士の言説の中からでも不当の言語を見出すに難くはない。併し夫れでは啻《ただ》に事理を明にして世論を整へることが出来ぬばかりでなく却《かえつ》て社会の思想感情を無用に惑乱するのことはないか。斯んな悪風こそ社会の公安の為に断然斥排すべきものと信ずる。

○この軽佻なる悪風はこれまで随分多くの公人を苦めた。尾崎行雄氏の有名な共和演説もこの種のものであつたらう。田川大吉郎氏の筆禍事件も全然別種のものではなかつたらしい。ことに最近に起つた此種不幸な出来事の最大なるものを挙ぐるなら、多少趣は違ふがかの朝鮮人殺害事件がある。即ち一片の流言蜚語《りゅうげんひご》に狼狽《ろうばい》して前後の事情を冷静に省察するの余裕なく、徒《いたず》らに感情の興奮するに任せてあゝした大失態を演じたのは、畢竟平素の訓練を欠く結果ではないか。朝鮮人を虐殺したのも僕を不敬呼ばゝりするのも、つまり皆事物の批判に軽佻にして冷静に成行を省察するの雅量は乏しいからである。僕は我が同胞を必しも本来公平でないとも思はねば、又頑迷だとも考へてゐない。只慎重省察の余裕がなく、感情の興奮する儘《まま》に軽信盲動する所に、根本的情弊の存するを思ふのである。此欠点は御互深く警《いまし》める必要がある。ことに此種の軽卒が近来頻繁に繰り返さるゝ事実に鑑《かんが》み、格別声を大にして之を読者諸君に訴ふる必要を感ずるものである。

〔『文化生活の基礎』一九二四年四月〕

悪者扱さるゝ私

某日さる私立大学の学生数名の来訪を受けた。此人達はこの夏私が故ありて朝日新聞社を辞した時すぐ私の宅を訪ねて其の大学へ講義に来て呉《く》れぬかと多数の学生を代表して懇請に来られた方々である。其時私ははツきりした御答をしなかつたが強《しい》て御辞《おことわ》りしたといふ訳でもなかつた。其後夏休みも過ぎて何の音沙汰が無かつたが、今度突然また同じ顔触れの諸君が来訪されたのである。色々面白い雑談を交へたが要件は頗《すこぶ》る簡単だ。曰《いわ》く、学生達は先生の御出講を熱望してゐますけれども何分学校当局者は承知して呉れません。本校は資本家の寄附を仰いで成立つて居るのだから吉野博士の様な危険人物を招聘しては学校が立ち行かないといふのですと。

資本家の鼻息を窺て辛うじて成立つて往くといふ学校も変なものだが、学校の当局者までが招聘すべき学者の鑑別に斯《か》くまで軽卒だとは一寸呆れて物は云へない。御招きを受けると受けざるとは私に於て何等痛痒を感じないが、人を議するなら少しは私の書いたものでも読んで見たら良からう。所謂風声鶴唳《かくれい》に神経を尖らすことの余りに甚しき最近の世情は、危険人物其ものよりも一層危険な現象である。

若《も》し夫《そ》れ為にする所ある者より蒙らさるゝ私の悪声に至ては、不快を催すと云ふを通り越して寧《むし》ろ滑稽なのが多い。何とかいふ陸軍少将はよく田舎を講演し廻つて、私が露西亜《ロシア》より金を貰て居ると公言するとやら。又先輩の某博士は確なる筋よりの内報として、私が亜米利加《アメリカ》から金の供給を受け陰に各方面の社会運動を助成して居ると、去る人に告げたのを聞いたこともある。某省の公文の一つに、私が屢々《しばしば》某国公使と会見し我国政界の内情を通報して居るとかいふ一項のあつたことも知つて居る。一部の人の間には私を謀叛人の大将のやうに思つて居る向もある相《そう》だが、悪評も此処《ここ》まで来ると腹が立たなくなる。

友人某君最近『軍事警察雑誌』といふを送つて呉れた。憲兵とかの機関雑誌だとか、詳しいことは知らぬ。送られた本年一月号を見ると、中に野村昌靖といふ人の作琵琶歌「甘糟大尉」といふのが載つてある。文字の素養なき人と見えて歌は頗《すこぶ》る拙い。只私に関係がある様に思ふから爰《ここ》に引く。先づ一方に甘糟大尉の為人《ひととなり》を極度に讃美し、他方に「社会主義又共産主義や、無政府主義にデモクラシー」の勃興を嘆ずる。其頭目の大過境《おおすぎさかえ》は、同志を糾合し革命的手段に訴へて国基を覆へさんと謀つたのだが、之を探知せる甘糟は「国家を思ふ鉄石心、思ひ迫りて止みがたく」、遂に彼を手に掛けた。夫《そ》れから彼は「其場に座して胸寛《ひろ》げ、軍刀引抜き逆手に持ち、宮居の方を伏し拝み、犯せる罪科拝謝して、腹掻切つて死せんとせしを」、同腹の盛《もり》曹長は抱き止めて刀を奪ひ取り、自分も同じ覚悟だが時期まだ早い、「早まり給うな大尉殿、大過夫《おおすぎ》妻のみにては、主義者の根絶思ひもよらず、博士阿久森《あくもり》始めとし、残党どもの根を絶やし、其後死なんも遅からじ、しばしの命ながらへて、後図を計り給はんや」と忠告した。そこで大尉もげに尤もと恥を忍んで一時犯跡をくらましたのだといふのである。全体の調子や之を軍人の公会に節面白く歌ひ聞かせるの事実などにも言ひたいことは沢山あるが略する。私としては吉野を博士悪森ともぢツたことに微苦笑を禁じ得ない。

斯程《かほど》までに悪者にされて居るのだから、私立大学に嫌がらる、位は当然の話だ。寧ろ今日怪我もせずに無事に活《い》きてゐる丈を僥倖とすべきであらう。

〔『文化生活の基礎』一九二四年一一月、初出の表題「公人の常識」〕

〔吉野先生のために妄をひらく〕

吉野先生は明治十一年〔一月〕二十九日を以て宮城県志田郡古川町に生る。父某は綿あきんどで多少の産を興し、祖父某は駄菓子屋でやり損つて家屋敷を失ふ。其の先遡ること数代、寺の過去帳を繰て各《おのおの》厳めしき法号を知ることを得れども、固《もと》より何処《どこ》の馬の骨やら分つたものにあらず。蓋《けだ》し神武天皇以来の土百姓に相違なし。父某、勤倹力行、やゝ徳望あり。晩年挙げられて町長となる。田舎商人に珍しく、利の為に曾《かつ》て嘘を吐《つ》かず。従てまた、三十年の力行にかち得たるもの、僅《わずか》に九尺二間の小店舗のみ。故を以て其家太《はなは》だ郷党に重きを為さず。先生偶々《たまたま》錦を着た積りで郷に帰る。年の若い者は、流石《さすが》に目を聳《そばだ》てゝ仰ぎ見るが如きも、故老に至ては、ハ、ア吉野屋の作造さんかと鼻も引ツ掛けず。

先生誤て帝国大学に職を奉ぜしことあるも、素《もと》より学徳の深く身に積む所あるに非ず。先生自ら其の足らざるを識る。而《しか》もいさぎよく世上の買ひ被りの妄《もう》を釈《と》いて有《あり》の儘《まま》の作造さんに復《かえ》り能《あた》はざる所以《ゆえん》の者は、虚名を売ることに依て僅に一家の口を糊するが為のみ。よく先生を識る者ひそかに先生の為に深く之を憫《あわれ》む。

買被り党の一人増田君、何処からか先生の肖像を持て来て壁間に飾る。先生の為に栄するが如しと雖《いえど》も、斯《か》くして虚名の二重売りするは、聊《いささか》も先生の素志に非ず。乃《すなわ》ち先生の為人《ひととなり》を赤裸々に裏面にしるして、先生の素志に奉じ、一には世上の妄をひらくと云ふ。

十四、六、十七、　後学　野古川生　識

〔増田道義氏に与えた写真（本巻口絵）の裏に〕

転地先から〔抄〕

発病から入院

本年一月十日軽い肋膜炎に罹つて東京帝大病院に入院した。病気とわかつて寝込んだのは去年十一月の末である。十月頃風ひいて馬鹿にセキをしてゐたが其間に発病したものと見える。ふだん熱に関する神経が鈍いのか、三十九度位になつても知らずに済ますことが常なので、今度も知らずに居て病気をわるくした気味がないでもない。十二月に入り稍《やや》小康を得たので癒つたと思つて油断したのが間違のもと、月末にいたり再び昂熱し、年を超へて下熱せず、果ては入院治療となつたわけである。

しかし私の病気は熱があるといふ外痛くも苦くもなかつた。一時食慾が減退して弱つたが、全体を通して苦痛といふものを知らなかつた。たゞ病気の性質上絶対安静を必要とするといふので、面会謝絶などの大げさな掛札を病室の前につるした所から重態に陥つたなどの評判も立つたさうだ。其の為か色々の人からいろ〳〵な特殊療法など教へて下さるのがあつた。親切な御見舞を賜つたのは数限りなくある。中には貴様のやうな奴は之を機会に早々死んでしまへなど、いふ猛烈なのもあつた。

教へて下さるまゝ、所謂《いわゆる》特殊療法にも注意して見たが一つも実行はしなかつた。それは一つには病院の手当に十分の満足を感じて居つたし又一つには之等の療法に共通の一欠点を認めたからである。その欠点とは、之等の療法はみな病患其ものばかりを見て居ることである。病院の手当が病患其ものゝみを見ず病患を有《も》つてゐる人を着眼してゐるといふと対比してこの欠点は益々著しく感ぜられたのであつた。私の場合にして見ると、単に肋膜炎をなほすのでは十分でない、現に肋膜炎に罹つて居る人の健康を全体として恢復して呉れるといふのでなくては完全といへない。此点に於て病院の手当は至れり尽せるものがあつたので、特殊療法などを顧《かえり》みる気になれなかつたのである。腹が痛いときモルヒネでも注射すればすぐ直るが、之丈では根本の健康が護られるのではない。迂遠《うえん》なやうでも、結局表通りを悠々と歩く方が勝だ。あんな軽い病気に半年も病院に居たのは馬鹿々々しく長い様だが、私は結局此方が得であつたと今現に確信して居る。

悪魔尊敬論

私は生来からだが非常に弱い。学校時代の体格検査はいつも丙であつた。それだのに物心づいてから嘗《かつ》て病気といふ程の病気をしたことがない。前にも云つた通り、三十九度位の熱なら知らずに居ることが多い、少し悪寒気を覚へる気分も変だなと感ずる時は、大抵九度五分を超へて居る。今度も九度六分になつて始めて気がついた。夫《そ》れでも机に対して本を読んだり物を書いたりするに懶《ものう》くない。大抵の風邪なら夜好きな釜揚うどんの一杯を腹につめて寝れば翌朝はきつと直る。別に無理押をするつもりはなかつたが、案外からだには自信があつた。そして自分で斯《こ》んなことを考へて居た。人間は活きものだ。従て必要なものを自ら創造する、だから医者が三日かゝつてなほる筈《はず》とみた病気も一日でなほるのであらうと。今までは此流儀でどん〳〵押して行けたのである。

病院にゐたとき、木下尚江君が見舞に来られた。右の様なことを話したら、「そんなこと君の著書にも書いてあつたつけ」と笑つて居られた。『斯く信じ斯く語る』の中にそんなことを書いてあつたのだ。熱があつても押して行つたり風邪も釜揚うどんで追つ払ふなどの我儘が嵩《こう》じたから斯んなことになつたのだ、チヨイ〳〵と来る警告を無視して思ふ存分に当り散してゐると、去年のやうな筆禍事件も起る、今度の病気もつまりあれだネと木下君は附け加へた。だつて警告する方が間違つてゐるんで、己の方が正しいんだよ、からだの事だつて平素弱いと知つてゐるので人一倍の注意はしてゐたんだが、と答へたらそれだテ、自分が正しいだけでは通らぬよ、うまく世渡りをするには悪魔も時に尊敬せざる可《べか》らずサ、と木下君は気持よげに呵々《かか》大笑した。

無知より来る冒険

とは云ふもの丶、病気になつてから私もだいぶ神経過敏になつた。主治医の人からふだん熱はどの位おありでしたときかれて、返答が出来ぬ程ふだん熱などを気にかけなかつたのが入院してから之が馬鹿に気になり出し、一日に十回以上も規則正しくはかつたことがある。其外万事につけて過敏になり、可笑《おか》しい程気が弱くなつたとひそかに歎息したこともあつた。併《しか》しよく考へて見れば従来の様に無謀なことをするのが決して賞めた事ではない。羹《あつもの》に懲りて膾《なます》を吹く様でも困るが、相当の知識を備へて無益な冒険を避け、道理に外れぬ勇往邁進を、確信を以て敢てすることになれば甚だ結構である。して見れば病気になつて一時神経過敏になるのも進歩の一階段と観てい丶わけであらう。

無知は冒険の母である。人間をめちやくちやに気荒く育てるには、教育は寧《むし》ろ何よりの禁物だ。病室にひとりで、無聊《ぶりよう》に苦みつ丶私はこんな事から図らず軍事当局の(若《も》しくは軍人一流の)教育方針に思ひ及した。彼等は曰《い》ふ、教育が進むと兵が弱くなると。又曰く、教育の高いもの程兵としての素質がわるいと。良兵は多く無知低能の農民から起るとて、しきりに日新月歩〔進〕の教育を呪うて居るものがある。

現代の教育を呪うの結果、彼等は軍人志望者を普通の教育機関より隔離し、特に馬鹿になる様に育てる為め特殊の教育機関を設くることにした。士官学校などはまだい丶として、幼年学校などいふものは、正に変態性格を鋳造する外何の役に立つものではない。之などはどうしても良兵の須要資格は無知蒙昧なりとの信条に根ざすものとしか思はれない。

幼年学校辺でどんなに高い障壁を築いても世上開明の風はどん〳〵吹き捲つて襲ひ来る。無知で通して来ただけ適当に之に処する方策もわからない。是《ここ》に於て斯界《しかい》の策士は飛んでもない無鉄砲な謀略を按出するに至つた。それは所謂源泉に遡て禍根を絶つの筆法によつて教育界全体を我が思ふ様に左右せんといふことである。此点に於て文相の椅子に岡田良平氏をもつことは彼等に取て勿怪《もっけ》の僥倖《さいわい》であると思つて居るらしい。

めちやくちやに荒れ廻るには無知に限る。何も知らないときには私も随分からだを疎末にした。之に懲りて一時は過敏臆病にはなつたけれども、段々知つて来ると其処から本当の勇気が出て来るやうに思ふ。国民の真勇も実は無知からは湧いて来ない。無知の暴勇を喜ぶは軍人と資本家に多いと云ふさる人の非難も、無下《むげ》に之を軽視し去るわけにはゆかない様である。

〔『文化の基礎』一九二五年九月〕

本屋との親しみ

私が本屋の店頭に立つとき、いつも若い婦人が化粧品屋の店頭に立つ時の心持が分るやうな気がする。彼等が好んで新しいものを売る店を択ぶのに、私はつとめて古い本屋をあさり廻るのがたゞ一つ違ふ。

——大正一四・八・一八——

私がまだ小学校にも這入《はい》らぬ頃、私の家では新聞雑誌の取次を片手間にやつて居た。人口一万足らずの町ではあるが、当時新聞を取る家は十軒となかつたやうに思ふ。番頭に蹤《つ》いて一緒に配つてあるいたことを憶えて居る。新聞ばかりではない、宣伝用の政治的小冊子などの取次も頼まれたものと見え、その売れ残りの数十冊が日清戦争前後まで土蔵の中にうづ高く積まれてあつた。斯《こ》んなことが私をして子供の時から格別書物に親しましめた因《いん》縁《ねん》ではあるまいかと思ふ。

小学校に這入つたのは明治十七年だ。入学のとき束修《そくしゆう》のつもりか一升徳利を提げて校長に謁し、其後暫くは年長の姉のそばに机をならべて居るを許された程だから、昔の寺小屋から脱化したばかりの不整頓極まる学校であつた。二十年頃から段々学校らしい学校となり立派な教師も来たのであるが、其の中に特に私共に書物趣味を吹き込んだ一人の先生を今なほ忘れることは出来ぬ。それは宮崎県の人で山内卯太郎といふ人格者だ。今も御郷里に健在で居られること丶思ふ。そんなことから私は子供の時から可《か》なりの蔵書家であつた。書物道楽の相棒に清野金太郎君といふがある。今は平壌の育英界に名校長として令名を恣《ほしいまま》にして居る人だ。私は清野君と共に『小国民』の熱心な愛読者で、石井研堂先生の大の崇拝家であつたのだ。

其頃になると段々世の中も開け新聞雑誌の読者も殖《ふ》えて来、従て独立の商売として立ち行く様になる。私の家では既に取次をやめて外に新しい一軒の書店が出来て居た。そして其の書店に私は清野君と共に学校の帰り毎日のやうに入りびたつて居たものである。本屋との腐れ縁は子供の時からなか〳〵濃厚であつた。

二十五年中学に入るべく父母の膝下をはなれて仙台に出た。当時中学は全県に一つしかなかつた。時の校長は大槻文彦先生、部下の教員は今の一高教授今井彦三郎先生、府立一中教諭人見泰三郎先生、女子高師教授森岩太郎先生なんどいふ粒揃ひだつたので、私の書物趣味はいやが上にも燃えざるを得ぬ。かくして私は仙台のあらゆる古本屋の上得意となつた。中にも通称馬鹿本屋と呼ばる丶者とは格別親しかつた。そこの主人は中々馬鹿でない、余りに不愛想なので馬鹿とあだ名されたのだが、本を値切ると「そんな心掛けでは貴様は出世しないぞ」など丶罵倒するのが振《ふる》つて居た。云ひ値で買へば代価はいつでもい丶と云ふ。半年でも一年でも貸して呉《く》れる。而《しか》も曾《かつ》てそれを帳面に附けたことがない。夏休み後母の臍繰りなどを貰つて帰り突然借りを払はうと云ふと、彼はちよつと目をつぶツてすぐ総計幾らと云ふ。それを私共は些《いささか》の懸念なしに黙つておとなしく払つたものだ。頗《すこぶ》る気前のい丶痛快の男だつたが、惜しいことに早く死んでしまつた。其のあとは今に本屋として繁昌して居るさうである。

三十三年の秋東京に来た。大学生時代もよく神田辺の古本屋をあさつたが、余りに店が多いので特別に親しみを覚えるまでに深入りしたものはなかつた。其後支那へ往《い》つたり西洋へ往つたりして自然古本屋との縁が遠くなり、帰朝後も丸善の新刊物に応接するのに忙殺されて無沙汰して居つたが、大正十年の夏からまた不図《ふと》古い疾《やま》ひの古本道楽が燃え出した。尤《もつと》も今度は明治の文化、殊にその政治的方面、就中《なかんずく》それが西洋文化に影響された方面と研究の範囲を限定して掛つた。斯《こ》うした方面の資料を集めて置きたいといふことは小野塚法学博士のサゼツシヨンにも因《よ》る。どうしたはづみか十年の夏急に思ひ出した様にあさり始めたのであつた。それから遂に東京中の古本屋は固《もと》より、名古屋・京都・大阪の本屋とも親しくなつてしまつた。昨今は東京に居て一ケ月に少なくとも一度位宛《ずつ》あちこちの本屋を一巡しないと気がをさまらぬ感がする。御幣《ごへい》かつぎの善男善女が日を決めて神社仏閣をお詣りするのと同じ気持かとも思ふ。尤も詣づる先きは神でも仏でもない、本屋の主人諸君には失礼だが、よい椋鳥《むくどり》が引つ掛かればい丶がと待構へて居る連中といつて差支へあるまいが、此方《こつち》だツて油断もすきもない飛んだ善男善女なんだから、まあ五分五分の勝負だらう。それでも永く取引して居ると敵味方ながら遇《あつ》て憎くも思はれない。時たま旅をしてひよツくり行く先で見知り合の本屋にでも遇《あ》ふと、どういふものか、下らぬ友達に遇ふよりも余ツ程親しみを感ずることが多い。高いのボルのと悪口を云ひながら、本屋さんは矢ツ張り私共に取て一種の親しみを覚えしむる友達である。

かうした意味の一友人たる一誠堂主人から其の編輯せる書目集に何か書けといふて来た。乃《すなわ》ち取りとめもないこの拙文を以て責《せめ》を塞ぐことにする。主人の努力を飾る何の役にも立つまいことを只管《ひたすら》恐縮する次第である。

〔『一誠堂古書籍目録』一九二五年一一月〕

小学校時代の思ひ出

風俗に関する特輯号を出すことになつたが、斯《こ》う云《い》ふ方面になると私はまるで門外漢だ。一切万事を他の同人諸君にまかせても無論安心して居れるのだが、前号にも所用にかまけて休んだのに今度も無精しては済むまいと責めらるゝので、已《や》むなく自分の経験二つ三つを書いて見ることにした。風俗と多少の関係はあるが、本号のねらつて居る点と直接の縁故のないことは諒として貰ひたい。

私は明治十七年に小学校に這入《はい》つた。郷里は仙台市を去る北の方に十一里、田舎の小都会ではあるが国道筋に当る比較的繁華な宿場で、所謂《いわゆる》寒村僻邑《へきゆう》ではない。それでもこの頃は文字の読める者が案外少かつたと見えて、私の記憶では、学校は立つたが先生になり手がないといふのであつたらう、人並に手紙でも書けさうなものはみな臨時に教鞭を取るべく狩り出され〔た〕もの丶やうに思ふ。私の借家に長屋住ひしてゐる駄菓子屋のおやぢ、場末に刻み煙草を製造して居る老職工などが半日は学校の先生で半日は真黒になつて働いて居たのを覚えてゐる。此《この》種類のあやしげな先生はまだ外にもあつた様に思ふ。

従て先生の服装も大抵は着流しで、駄菓子屋のおやぢなどは仕事着の儘でやつて来たこともあつた様だ。私の入学した二年目か三年目かに尋常科といふ今日の称呼に改まり（初めは初等科といつた）、私は二年生に編入されたが、其頃から段々正式の教員を他郷から迎へ、始めて羽織袴で出勤することになつたやうだ。其頃からまたポツ〳〵洋服を着る人なども出て来た。

其頃私共は洋服をダンブクと呼んでゐた。維新頃の呼び方を其儘伝《そのまま》へたものであらう。最も岡蒸汽が通じたからと赤毛布《あかゲット》をきて三里の雨道を先生に連れられて汽車見物に往つたこともあるし(二十二年頃)、県庁の御役人が出張してうつし絵を見せて下さると今日から観ると極めて幼稚な幻灯にびつくりしたこともある(二十一二年)程のことだから、ダンブクと云つたとて深く怪むにも足るまい。序《ついで》に云ふ、私の初めて活動写真を見たのは高等学校に入つてからである。三十二三年頃であつた。それも頗《すこぶ》る幼稚なものであつた。

洋服で思ひ出すのは、之も明治二十年頃と記憶するが、一時私の郷里の田舎に変な洋服がはやつたことがある。今考へて見ると西洋の寝衣《ねまき》に違ひない。はつきりと記憶せぬが、新に着任した若い二人の女教師が都から之を着て来てはやらしたものと思はれる。随分沢山の生徒がその型に倣《なら》つて寝衣見たやうなものを着たものである。無論夏だけのことであつた。女児はそれ程でもなかつたが、男児には之を着るもの沢山あつたやうだ、私もそれをハイカラな洋服だと思つて得意で着てゐた記憶がある。地《じ》は無論普通の浴衣《ゆかた》地であつた。

夫《それ》から間もなく本当の洋服がはいつて来た。私の父は其頃商用で横浜と往来して居たので、古着屋で一揃みやげに買つて来たのが私の郷里に於ける始めての洋服らしい。上着に金モールなどがついて居たから西洋の軽業師か何かの使つたものでなかつたらうか。古着だから固《もと》よりからだに合ふ筈《はず》はない。私も何となしに之を着たがらなかつたが、それでも三大節などに之を着て学校の式場に臨んだことは屢々《しばしば》ある。今見たら変な大笑ひものだつたらうと思ふ。

文明の侵入は早いもので間もなく洋服屋の店が開けるといふまでになつた。其店で小倉の霜ふりの夏服を作つて貰つたことを覚えて居る。上下一揃で代価は一円弐拾銭であつた。尤《もつと》もその頃白米は一升六七銭であつた。段々洋服を着るものはふえても、洋服に関する知識は無論皆無であつたらしい。洋服は官員様の着るもの、従て羽織袴より位の高いものときめられて、洋服でさへあれば、どんなにきたなくとも立派に礼服として通用したやうだ。今ではフロックに限るのモーニングでなければいかぬのと云ふが、二十年代の私の郷里などでは、脊広であらうが詰襟であらうが、洋服の格好をしてさへ居れば、どんな八釜《やかま》しい式場へでも文句なしに通れたのである。人の立身したことを「あの人も洋服を着るやうになつた」などといふ老人の言葉を今に記憶して居る。

その洋服に就《つい》て面白い話がある。私を可愛がつて呉《く》れたある小学校の先生、夏の休みに私を連れて仙台に往つた。その時先生は仙台市の洋服屋といふ洋服屋を家並《やなみ》に探し廻つて臍当《へそあて》がないかと聞かれる。何処《どこ》でもございませんといふので、到頭《とうとう》買はずに帰られた。その時はそれ丈《だけ》のことで別に変だとも思はなかつたが、後に至り其のわけを知つて大笑ひしたことがある。そはその先生は太つた出ツ腹の人で、出来合《できあい》の古着で買つた洋服が身に合はぬ。チヨツキが格別小さかつたと見えて之とズボンとの間からよく臍が見えたさうである。マサカ臍を露出したわけでもあるまいが、臍の辺でズボンとチヨツキがうまく合はなかつたものと見える。それを悪戯好きの同僚の一先生が、さういふ場合には臍当といふものを着けるもんだと教へたのを真《ま》に受けて、さてこそ都に上つたを幸ひ臍当を探し廻つたのであつたさうだ。と洋服に関する知識の如何に浅薄であつたかが想像されやう。

この臍当の先生から始めて私は音楽といふものを習つた。尋常三四年の頃であつたらう。それまでは音楽も体操もなかつた。学校で教はるものは読書と習字と作文と算盤《そろばん》とだけであつた。始めての体操のことは今記憶にない。音楽については、臍当の先生が選抜されて仙台市に伝習を受けに行き、二三ケ月で帰つて来た。その時先生が大枚金三円を投じて買つて来たといふ手風琴といふもので音楽を教はつたのである。手風琴の始めての披露《ひろう》のときは父兄も沢山招待されたが、果して妙音に感じ入つたかどうかは知らぬ。オルガンの持ち込まれたのは更に数年の後である。始めて教はつた唱歌は「見渡せば青やなぎ」とか何とかいふのであつた。学校で歌を教へるとは怪しからぬといふ物議が一部の父兄の間に起つたこともある。それでも音楽は直に大に流行したが、其頃私共の大に喜んだのは何と云つても軍歌であつた。「我は官軍我が敵は」など丶大道をうたひあるいたものだ。尤も其頃私共には西南戦争の影響は可《か》なり強く、動《やや》もすれば「新政厚徳」の旗を押し立て丶軍《いくさ》ごつこをしたものである。交通機関が不備のために詳報の伝はるまでには数年か丶つたのであらうが、其代りその印象も亦《また》十年間位消えなかつたものと見える。

〔『新旧時代』一九二六年二月〕

投書家としての思ひ出

一

私は東北の片田舎の一商賈《しょうこ》のせがれである。少年時代の家業は綿屋だが、如何《どう》いふ縁故か、父親は新聞雑誌の取次をもやつてゐた。私の記憶は明治十五六年即ち私の五ツ六ツの頃まで遡り得る。此頃《このころ》新聞雑誌の取次は未だ一個独立の商売とはなり得なかつたらしい。読者は極めて少いからである。夕方馬車が着く。仙台市の前日の新聞が届けられる。それを番頭が配達するのによく私がついて歩いたものだ。行く先き〴〵で煎餅位を貰へるからである。戸数千以上の宿駅だが、配達する紙数は十枚以下であつたやうだ。無論東京の新聞などはない。否、之は直接郵便で取つたのであらう。東京の出版物では自由民権といつた風の小冊子は取次いだやうだ。売れ残りの斯《こ》うしたものが私の大学生時代まで沢山土蔵の中にあつたのを覚えて居る。

新聞だの雑誌だの又書物などに私が興味を有《も》つたのは、或は斯んな因縁からでもあらうか。

二

新聞取次の縁故でよく私の店に出入する隣村の一青年があつた。百姓のせがれだがどういふわけか文筆が好きで、絶えず新聞に投書などもしてゐたらしい。今考へると私より年は六つ七つしか多くないのだが、馬鹿にえらく見えたものであつた。所が此人が私の小学三四年の頃丁度《ちょうど》私の級の先生になつて来た。前々からの顔馴染でもあるので、よく私を可愛がつて呉れた。其のうち自宅で本を教へてやるから来いと誘はれ、二十町あまりの田舎道を毎日のやうに通つたものだ。『商業小学』とかいふ書物を読まされたやうに思ふ。賣といふ字は買といふ字の上に十一を添えてある。故に物を売つて一割をもうけるのが商人の道だと書いてあつたことだけを今に記憶してゐる。さてこの先生の宅に出入して著しく私の興味を惹《ひ》いたことは、先生が東京の雑誌へも盛に投書することであつた。『貴女の友』『いらつめ』の名が今でも私の頭に残つて居る。もと〳〵新聞雑誌に対する興味は既に私に十分に在《あ》る。この先生の投書——殊にその人の名と文章が立派に印刷されるのを見て、子供ながら私の意も大に動いたものと見える。斯んなことがやがて私も雑誌などへ投書して見る気になつた原因ではあるまいかと考へる。孰《いず》れにしても此人の感化を無視して当時の事を考ふることは出来ない。併《しか》し何しろ私の十歳位のことだ。明治二十年前後即ち今より四十年も前のことだから、詳しい記憶はない。先生姓は蓮沼名を甚三郎といふ。其後新聞記者を本職とする様になられたと聞くが、不幸にして久しく音信を欠いて居る。未だ六十にはなられぬ筈だから、今なほ健在で居られることと思ふ。覇気のある而《しか》も後進には至て親切な先生であつた。

三

私が始めて投書した雑誌は『三余之門』といふのであつた。仙台市で発行したもので、小学校生徒相手のものである。今考へると、各小学校の当局者を利用して生徒に売りつけたものらしい。見ると小学生の投書が沢山載せてある。そこで私もやつて見る気になつたのであつたらう。やり方は蓮沼先生を見て先刻御承知である。年はいくつだか覚へて居ぬも、自分の投稿の載つたことだけは明白に記憶に残つて居る。但し題も何も忘れてしまつた。一時は嬉しかつたが、間もなく小室宗修といふ先生から、あんな下らぬものを出してはいかんと叱られて、大に悄《しよ》げたことも覚えて居る。

それから間もなく学校の先生方が投書をすゝめられるやうになつた。私も之に応じたか否かは今はつきり記憶にないが、同級の三浦吉兵衛君が、谷地森きわといふ女生徒と共に、一等賞を得て、教場でみんなの羨望をあびつゝ、送つて来た賞品を校長から手渡しされたのを嫉ましくも思つたことを覚えて居る。今は第一高等学校の三浦教授は、私の尋常三年以来の友達である。この人の記憶のいゝのと文章のうまいのには、子供の時から私は大に畏敬して居た。

四

三浦君は読書好きの父君を持たれたので中々の物識りであつた。博文館の『世界百傑伝』などを繙《ひもと》かれてるの〔を〕見て、私も負けずに盛に本を買ひ集めたものだ。其頃は私の内でも取次はやめ、新聞雑誌をはじめ新刊の書物などを商ふ一軒の店が新しく出来て居た。私は学校の帰り半日を丸で此の店で過したものだ。盛に雑誌を読んだ。一番に愛読したものは『小国民』であつた。是れ石井研堂君が私に取り久しい間の懐しい名前である所以《ゆえん》である。如何に『小国民』に執着したかは、やがて博文館から『幼年雑誌』(?)といふ競争者が現はれたとき、烈しい反感を覚えたことでも分る。其外に当時読んだものに『少年園』がある。又『日本之少年』がある。併しこの二者は少し六つかしいので熱心に熟読はしなかつた。又単行本では、巌谷小波の『こがね丸』と紅葉山人の『二人椋助』を非常に面白く読んだ記憶がある。

その頃同好の友にもひとり清野金太郎といふ人があつた。今は朝鮮平壌の某学校長を勤めて居るが、此人と一緒に雑誌を作ることを始めたのであつた。同君は絵心があるので口絵やら何やら画く。私が文を綴る役で、随分いろいろのものを作つたやうに思ふが、それの思ひ出になるものは今日何も残つてゐない。而《そ》して此頃には自分で作る方に忙しく投書には頓《とん》と興味がなくなつたやうに記憶する。それでも『小国民』に一二度投書した覚《おぼえ》はある。

小学校の上級になつて『文庫』の愛読者になつた。はじめは『少年文庫』と云つたかと記憶する。当時は小学校は八年だから、上級といへば十四五歳のことになる。小学校時代『文庫』に投書したかどうか覚えてゐぬが、あの頃流行した、紙上を通しての誌友交際といふものを自分も人並に試みたことを思ひ出す。私も数名の人と文通し、写真なども交換したが、其中で今でも記憶に残つて居るのは鳥海金蔵といふ名だけだ。たしか千葉の人でなかつたかと記憶する。書かれる字も老成を思はせるに十分であつたが、写真を見ると二十を越したらしいので吃驚した。当時私は僅に十四の子僧であつたから。但し私の父は、どういふものか此年、お前は来年は大人になるのだから今から頭髪を分けろと私に申渡した。そこで私は嫌々ながら髪をのばし真中から綺麗に分けた。身丈は馬鹿に小さかつたが、写真を見た遠方の人にはそれでも十七八には見えたかも知れぬ。今考へると吹き出したくなる。

小学校時代私は可《か》なり文章が上手な積《つも》りで居つた。卒業前後の校長に山内卯太郎といふ人がある。宮崎県の方で、今でも応問の礼を取て居るが、和漢の学に通ずる人格者で、此人より受けた良い感化は今日に至るも忘れ得ない。此人から落合直文小中村義象共著の『歴史読本』をよく読んで聞かされた。曾我兄弟の話を読んで先生まづ涙をふくんで声をくもらせ、私も三浦君と共に流涕禁じ得ざりしことを覚へて居る。此先生から能《よ》く文章を書かされては賞められた。併し私は到底《とうてい》三浦吉兵衛君にはかなはないと思つてゐた。従つて私は作る方よりも読む方にヨリ多くの熱心を捧げたやうに思ふ。今から考へると、子供の時から私は可なり豊富な蔵書家であつた。

五

十五の年、小学校を卒業して新設の中学に入るべく仙台市に出た。其頃宮城県に中学は一つしかなかつた。私の町から遠く遊学に出掛けるものは之がはじめてだといふので、小学全校の生徒は町端《はず》れまで習〔見〕送つて呉れた。私の父が父兄総代の嚮導者《きようどうしや》で、同行は三浦君の外他に一二名あつた。時の中学校長は大槻文彦先生であつた。当時の人達は、この新設の学校を昔の藩黌《はんこう》の延長とでも考へたのであらう、旧藩時代の養賢堂の頭領たる大槻磐渓の跡をつぐ文彦先生は是非とも来つて新設中学の釆配をふるべきだといふので、嫌がるのを無理に招聘したのだといふことを後できいた。校長が大槻先生であつた為めか、部下の先生には中学によすぎる程の人が多かつたと思ふ。今の一高教授今井彦三郎先生の如きも当時の重《おも》なる先生の一人である。

小学の上級以来私は数学に興味を有ちはじめ、中学に来ても之に多分の力を注いだやうに思ふ。そこで久しく文筆に遠《とおざ》かつて居つた。所が這入《はい》つた翌年即ち明治二十六年に至つて、不図《ふと》した事から雑誌熱が私の胸中に復活した。そのわけは斯うだ。

時の宮城県参事官(上に知事あり、其下に書記官あり、書記官の次席が参事官だ)に林通故といふ人があつた。土浦藩士である。此人は其前久しい間私の郷里の郡長をして居つた。其関係上私の父はこの人に私の監督を頼んだものと見へる。二十六年の春、同郷の先輩永沢小兵衛氏の処を辞して林氏の邸に移つた。所が林氏の書生部屋には、私より先きに県庁の雇をしてゐる西脇秀といふ人がゐた。年は二十前後、東京の中学を卒業したが、学資がないので林氏を頼り、県庁に勤めてゐるのだといふ。此人の中学時代の同窓にまた英健也といふ人がある。第二高等学校医学部に入りて丁度仙台に来てゐた。しよツ中西脇氏の所に遊びに来る。来ると二人は必ず文学談をするのであつた。段々一緒《いつしよ》に居つて見ると、此二人の外、学生の誰れ彼れ、また県庁の誰れ彼れ、それに若い新聞記者なども交つて、廻覧雑誌を作つて居ることが分つた。西脇君は美妙張りの小説を書いて居たことを覚えて居る。私は子供で固《もと》より相手にはされなかつたけれども、小学時代にやつたことでもあり、子供ながらに食指大に動いたのである。そこで間もなく私も亦《また》学校で級友数名とはかり、廻覧雑誌を作ることを始めた。最初の相談相手は今の二高教授阿刀田令造君であつたと記憶する。中学二年の夏のことであつた。

因《ちなみ》に云ふ。英健也氏とは私は直接に話したことはない。只えらい人だなアと傍《かたわら》で仰ぎ見て居つただけだ。学校もよく出来、やがては首席で卒業され直《ただち》に軍医になられた。其後それとなく注意して居ると、トン〱拍子に出世され、現に軍医監の職に居られるのではないかと思ふ。あの頃の記憶を呼び起すと、才子肌の美男子で、長い煙管《キセル》で煙草をスパ〱吸つては甘ツたるい調子で話をさるゝ。何《いず》れかといへば少しにやけた風の人で、当時の私をして山田美妙を連想させたのであつた。併し同氏には、西脇君の傍に小さくなつて黙つて気焔を拝聴してゐた青白い貧弱な小僧を、恐らく記憶には留めて居られまい。西脇君に関しては其後不幸にして何等《なんら》聞く所がない。

〔『文芸春秋』一九二六年六月〕

少年時代の追憶

一

之は去る六月号の本誌に寄せた随筆〔前出「投書家としての思ひ出」〕の続きを為すものである。下らぬ私事を書いて読者を煩《わずらわ》すのは誠に申訳がない。

数日前図《はか》らず昔の日記を取り出して見た。回覧雑誌を始めて作つたのは廿六年十一月で、名を『常盤文学』と呼んだとある。無論西脇秀君の感化に依るものであるが、同じ様なことは西脇君と相識《あいし》る前から始めて居たことが書いてある。

二十六年一月数名の学友と雑誌購読会を作り、数月の後此《この》仲間で教師の悪口などを書き集めた毎週二三回の新聞を作つたのである。それは夏休みまで約一ケ月ばかり続いた。阿刀田君と相談したのはこの方である。そして『常盤文学』となつたのは、この新聞から発達したものなるは言ふまでもない。

常盤文学は二号でやめた。段々会員が殖《ふ》えたので、陣容を新にし、もつと華々しくやらうとの相談が纏《まとま》つたからである。

二十七年紀元節を以て発会式をあげ、同時に雑誌『中』を作つて回覧に附した。無論筆写である。之が翌年の三月まで続く。仲間の中で三浦吉兵衛君は最も異彩を放つものであつた。今文部省に居る青木存義君も熱心なる会員であつた。毎月一回の発行で編輯庶務一切は私が担当したのである。

当時同級生であつた能勢三郎、橋本忠夫の両君も所謂《いわゆる》文名嘖々《さくさく》たるものであつたが、私達の仲間には這入《はい》られなかつた。私達の『中』より後るること数月、右の両君を中心とする一派は別に『闘光』といふ雑誌を作つた。之と『中』と両々相対抗する形になつたが、内容は『闘光』の方が遥に立派であつたに拘《かかわ》らず、経営(?)がうまくなかつた為めか、案外に振はない。『中』の盛容に圧倒され勝であつた。二十八年四月に至つて両者合併の議が持ち上る。媒介に尽力したのは矢口親平君である。斯くて新に会員四十余名を包容する文光会といふが出来、雑誌『文光』は始めて蒟蒻《こんにやく》版に印刷されて刊行された。所がやつて見ると刷り出しに骨の折れること夥《おびただ》しい。初めの筆写に復《か》へらうかとの説もあつたが、寧《むし》ろ会員を広く全校に募つて活版に附するに若《し》かずと、衆議一決し、『文光』は一号だけでやめた。それから会員を全校に募る。二百六十余名を得た。大槻校長を会長にいたゞく。松本胤恭・斎藤惇の二先生に監督をお願する。会の名「如蘭会」は松本先生の命ずる所。雑誌編輯には能勢三郎・小山東助の二君と私とが当つた。三浦吉兵衛君は会計、橋本忠夫・矢口親平の両君は庶務を掌《つかさど》つた。この如蘭会雑誌は後に校友会雑誌のやうなものに変つてしまう。

小山東助君は私より一級下であつた。此人のことは今日でも知る人は少くない。橋本忠夫君はつい此間まで松本高等学校の教授であつた。三浦君と共に独逸《ドイツ》文学の専攻者として知られて居る。能勢三郎君は今は姓を若杉と代へ、現に名古屋八高の教授であるが、一時は草野柴二の名を以て文壇知名の人であつた。私の中学時代所謂文学青年として此人は一番えらかつた。

二

学友と学校の中で斯んなことをしてゐる間に、中学三年頃ちよい〳〵『文庫』や『学生筆戦場』に投書したことがある。『文庫』には多く匿名でやつた。お恥しいからその名は内証にしておく。『学生筆戦場』の方は臆面もなく本名で出掛けた。そのお陰で二三の誌友なるものが出来た。よく文通した人で今で〔も〕はつきり私の頭にあるのは、千住の上原益蔵君、浅草馬道の太田孝之助君、日本橋の藤田喜代芝君である。私が其頃自分の作文を集めて作つた一冊に、現に三君から送られた漢文の序が附いて居る。今読んで見ても堂々たるものだ。一時の出来心の交際と云つては済《す》まないが、其後知らぬ顔で済まして居るのが気に懸つてならぬ。現に上原君は史家として相当に知られて居るし、当年の孝之助君は私の推測にして誤らずんば今の医学博士太田孝之君だ。独り藤田君の消息は不幸にして聞く所がない。前回の寄稿を縁に図《はか》らず西脇君の今向島の日活に居らるるを知つた様に、いつか藤田君とも再び相識るの機もあらうかと考へる。

この頃の私の雑誌投稿の動機は、今想ひ出せぬが、間もなくやめた様だ。中学四年以後は全く之に遠ざかつたと思ふ。

茲《ここ》にも一度能勢君のことを語つておきたい。当時を回想して同君の名は一番忘れ難いものだからである。私は小学時代から『文庫』を愛読し、仙台の人「孤舟生」の名文には多大の憧憬を寄せたものであつた。而して孤舟生の何人なるやは全く知らなかつたのである。所が私の中学三年の時、中途特別編入で這入つて来た一人の青年があつた。病気でおくれたとかで、年は私共より三ツ四ツ多かつたが、極めておとなしい、何れかといへば内気そうな、口数の少い而《しか》も能《よ》く出来る人であつた。間もなく能勢三郎と呼ぶこの青年が孤舟生其人《そのひと》だと聞いて、私は多年夢寐《むび》の間に焦れて居つた恋人にでも遇《あ》つた様に狂喜した。それから馬鹿に仲よしの友達になつた。同君も当時よく私が彼に附き纏うたことを回想されたら成程そんなわけかとうなづかるる事もあらう。「孤舟生」はやがて「葉桜新樹」と名を替へる。『文庫』寄稿中の錚々《そうそう》たるものであつたことは、今に記憶さるる人も尠《すくな》くはあるまい。

能勢君を語つてどうしても逸することの出来ないのは、私が君の手引に依て芝居を見覚へたことである。当時仙台座には尾上多賀之助・中村十昇・市川市孝などの一座がゐた。後に多賀之助の師匠多賀之丞も参加する。狂言は十日毎に代るが、一つの芝居を二度見たことも珍らしくない。木戸銭は平土間の後の方が五銭、弁当代りに五銭で堅パンを買ふ。つまり十銭で芝居が見られたのだ。学校の帰り、制帽の儘《まま》で木戸口をくゞる(制服はなかつた)。幕の間には包を拡げて翌日の下調べをセツセとやる。六《むず》かしい代数幾何の宿題を、苦もなく幕間《まくあい》にやつて退《の》けたのは、今から考へて感心だとも思ふが、あたりの人は嘸《さぞ》変な子供と思つたかも知れない。だが私も能勢君も大まじめであつたのだ。就中《なかんずく》能勢君は一種の鑑賞眼で見られるので、同君の説明に依り私の啓発を受くる尠らざるものがあつた。併し大体に於て私のは享楽である。そしてその数年間に能勢君の手引で、ともかくも古典的な芝居は大抵見つくしたのであつた。

三

中学四年頃から私の趣味が段々変り始める。此頃まで、雅文まがひの文字を並べたり、歌や俳句のまねをしたり、新刊の小説を濫読したり、殊に徳川時代の稗史《はいし》小説をあさつたりしたものの、将来の方針としては理科大学へ往つて数学をやる積りで一貫して居た。小説濫読の仲間に松田彦三郎・木村毅など云ふ親友があつたが、今はどうして居られるやら。但しこの木村毅は、昨今売り出しの木村毅君ではない。矢口親平君などからは大に近松を鼓吹されたものだ。近松だの、馬琴だの、其他その頃復刻された古文学類は、読まぬまでも、大抵私の文庫の中に収められて在《あ》つた。而して私の文庫は、之等の文学書と共に又可《か》なり沢山な数学書類もあったのである。所が中学四年頃から考が変つた。急に文科の哲学へ這入らうと云ふ考になつたのである。

私の先輩の某君は、高山林次郎が仙台二高教授としてやつて来たので自然之にかぶれたのだらうと云つた。併し自分では一年上級の土井亀之進君の感化だと信じて居る。此人は土井晩翠兄の従弟で、非常な天才肌の人であつた。高等学校在学中不幸肺を病んで夭折されたが、生きて居られたら偉い物になれたらうと惜まれてならない。高山林次郎の二高赴任は大変な評判であつたが、私の精神上には大した関係はない。寧ろ此時高山樗牛と一所に来任した佐々醒雪氏の方が、私に取ては重大の関係がある。但し之は私が二高に這入つてからの事だ。

明治三十年九月私は二高の法科に這入つた。文科の哲学に入るべく決心した私が急に法科に移つたのは、偶然の事からである。永く鉄道の方に勤めて幾多の功労を残され、地震の年物故された人に木下淑夫君といふがある。此人が梅蔵と云つてまだ二高に在学されてゐた頃、偶然私と下宿を同《おなじ》うした。彼が二高を卒《お》へて大学に行つたとき、私は中学の四年であつたと思ふ。仙台に居る時から彼は私に頻《しき》りに法科に行けとすゝめて居た。さて私が卒業して二高の文科に這入ると云つてやると、彼はわざ〳〵東京からやつて来て、熱心に法科をやる気はないかと勧める。其の理由には色々あるが玆《ここ》には述べぬ。余り熱心なので、嫌々ながらウンと云つたら、同君自ら直に高等学校へ往《い》つて私の願書を法科志望と改めたものと見へる。九月学校へ往つてそれを知り一寸驚いたが、強《しい》て嫌なら又移れると思つて、遂にその儘法科をやつてしまつたのである。斯《こ》んなことから一生の方針がきまるとは、人の運命も変なものだ。因《ちなみ》に云《い》ふ。当時私は無試験入学の特典を有して居た。勝手に願書を書き換へることの出来たのはその為めでないかと考へる。

さて高等学校に這入ると国語の先生に佐々政一氏が居る。作文も同時に受持たれた。国文の講義にも何となく旧套《きゅうとう》を脱した新味があつて大に感服したが、就中私の今日猶《な》ほ同先生に感謝して措《お》かざるは、同一課題の作文を三度も書き直させられたことである。題は「方丈記を読む」といふのであつた。私は自分の楽天的人生観の立場から長明に喰つて掛つた。すると佐々先生は一々私の議論の文字上並に論理上の欠点を指摘し、最後に斯んな纏らぬ頭で長明の立場をくぢかうとはをこがましいとの批評を加へられた。のみならず、も一度陣立を直して再攻撃をやつて見よとの命令である。従来学校の作文などいふ者はい丶加減なもので、碌々《ろくろく》直しても呉《く》れぬのに佐々先生のは、精密に読んで毎紙朱筆が一杯《いつぱい》である。之に感奮して私は更に想を練り句を按じ、全く面目を新にして提出した。所が又々散々に直され且罵倒される。も一度やり直せといふので、三度目を出したら、君の議論もやつと筋だけは通る様になつた。けれども君の拙い文章を読まされたのでは、人は矢つ張り名文の長明に加担するだらう、一心を込《こめ》てもつと〳〵苦労しろとの批評だ。考へて見れば実に親切を極めたものである。今日私のこの悪文は、先生の親切なる教導に背《そむ》くこと甚しいものであるけれども、兎《と》も角《かく》も私は、先生のこの誘掖《ゆうえき》に依《よつ》て、始めて論文とは一体どんな風に書くものかと覚へたやうな気がする。要するに同先生は、私の一生の上に深甚の感化を与へた者の主《おも》なる一人である。

　高等学校在学中、佐々先生を部長に戴いて私が雑誌部委員の一人であつたことがある。内ケ崎作三郎・島地雷夢両君の後任として、小山東助君と私とが推挙されたものである。当時の同人の中には、某高等学校の教授をして居る岩付環君や、安田を双肩に担つてゐる財界の飛将結城豊太郎君なども居た。其頃結城君は筆も口も双方達者で且極めて生まじめな人格者であつた。

〔『文芸春秋』一九二六年九月〕

初めて読んだ書物

私のはじめて読んだ漢文の書物は『皇朝史略』である。九ツ位の頃二人の姉から代る〴〵教はつた。一人は私より五ツ、モ一人は四ツの年上だから、今でいへば小学校の上級生に当るのだが、皇朝史略はその頃の小学校の教科書であつたらしい。それから一二年あとの事と思ふが、学校で夏休みの朝稽古といふのに出席して正式にこの本の素読《そどく》を授かつたことを覚えて居る。毎朝十枚位を一ト息に棒読みに読むだけのことであつた。

『皇朝史略』を終つてから『日本外史』を読まされた。日本外史は半分位でやめた。その後小学校の上級生に進んで『近古史談』を読まされた。これは素読だけではない。が、外に読むものがないといふので二度も三度も繰り返して読まされた。

因《ちなみ》にいふ、私の小学校を卒業したのは明治二十五年である。

*

はじめて読んだ数学の本は何であつたかと回想して見るに、『塵劫記』などいふ和算の書物を買つたことをうろ覚へに覚へては居るが、いま内容をまではつきり記憶して居ない。高等科一二年の頃ある先生の私宅へ毎晩通つて教はつた『算術三千題』といふ本は、不思議に今以て所持して居る。著者の上野清といふ名は、この本に題字を書いた神田孝平の名と共に、早くから私の頭にこびりついて忘れ得ない。高等科四年の時この同じ先生から幾何を教はつた。その時の教科書も上野清著の『初等幾何学』とか云つた赤いクロース表装のポケット型の本であつた。

中学へ入つた一年級では、長沢亀之助著『算術教科書』、高橋豊夫著『幾何学初歩』、二年に進んでは、菊池大麓著『幾何学教科書』、チヤールス・スミス原著『初等代数学』が教科書であつた。代数学の訳者は佐久間なにがしといつたやうに思ふが今その名を忘れた。しかし生徒仲間は大抵《たいてい》英文の原書を使つてゐた。四年級からは同じスミスの代数の大きい方を原書のまゝ矢張り教科書として使はせられた。

*

私が始めて手にした英語の本はスペルリング・ブツクで、今でもよく古本屋で見る瑠璃色紙表装の薄い小冊子である。明治二十年頃であつたと思ふ、大学を放逐された(とあとで聞いたのであるが)斎藤秀三郎氏が、窮迫の結果(?)流れ流れて私の郷里に来り、私の実家の筋向ふへ私塾を開かれた。勧めらるるまゝに入門したが、短気な先生の態度がおそろしさにたツた一日でやめた。尤《もつと》も先生の方から余り年が若くて外の者と一緒にやりにくいからとて断られたのであつたやうにも思ふ。その時ともかくも買はされたのがこのスペルリング・ブツクである。

高等科一年のとき始めて英語を教はつた。教科書はナシヨナル・リーダー巻一であつた。アルフアベツトはアー、ベー、セー、ドーと教はつた、教へた人は郷里の先輩である。後年この事を話したら己《おれ》は英語など全く知らない、自分で知らないものを人に教へる筈《はず》はないと否定されて居つた。それ程当時は変な人が先生となつたのである。高等科三年の時から始めて専門の英語の先生が来た。横浜からわざ〳〵招聘したとかいふ話であつたが、吹野宗助といふその人の名は今に記憶に残つて居る。約四十年も昔のことだが、この人のことは今でも時々憶ひ出すことがある。

*

歴史の本では小学高等一二年の頃何とか史略といふ五六冊続きの書物を読んだが、いまその正確な書名を覚へて居ない。函館戦争の結末を描いて、武揚の武も揚るに由《よし》なく榎本の一党が降参したといふ風の文字があつたのを記憶にとどめて居る。高等三年になつて松井広吉著『新撰日本帝国史』といふを読まされた。博文館発行の歴史叢書(?)の第一編であつた。教科書ではなかつたがその第二編の北村紫山著『支那帝国史』といふのも父親にねだつて買つてもらつた。が、六づかしいのでよくは読まなかつた。

中学に入つて一年級の歴史教科書は冨山房でだした普通学全書とやらの第一編『日本歴史』であつた。地理は前橋孝義著『日本地理』といふのであつた。西洋史では磯田良著『世界史』、支那史では市村瓚次郎著『支那史要』がそれぐ〳〵初見参《はつけんざん》の書物である。磯田氏の本では地名人名のドイツ流の呼び方に異様の感を催したことを覚へて居る。四年級からはスヰントンの万国史の原書が教科書であつた。万国史の原書はこれよりさき小学校の上級でパーレーを読まされたことがある。

＊

下《くだ》らぬ長談義に終つたからこの辺で筆を擱《お》く。最後に思ひだすまま、はじめて日本文法を学んだのが関根正直著『国語学』(中学二年のとき)、博物学では村松良粛著の『登高自卑』(小学高等科二年のとき)、始めて持つた英語字書がイーストレーキ棚橋一郎合著の小形本、始めて読んだ英語の小説がラセラスである(中学三年頃)ことを附記しておく。

〔『東京朝日新聞』一九二六年一一月一七日〕

青年学生の実際運動〔抄〕

青年時代に於ける私の一経験　明治三十六七年頃の事だ。当時帝大の一学生であつた私は、岡部長職・島田三郎・横井時雄・浮田和民・海老名弾正等諸大家の間に伍《ご》して朝鮮問題研究会といふを作つたことがある。而《しか》も私は当時早稲田大学の一学生であつた千葉豊治君（現満鉄技師）と共に事実上の発企人であつたのだ。会員には同輩としては故小山東助君の外に現大毎記者の加藤直士君あるのみで、他は前記の堂々たる大家のみであつた。当時私は斯《こ》う云ふ大家と肩をならべ議論を上下すると云ひ得る境遇に立つたことをば心中ひそかに大得意であつたのだ。が、間もなく私は之を以て修養時代の青年に取つての一大誘惑だと考へ直し、遂にいさぎよく脱退してしまつた。脱退したのがよかつたか或は留つて居るべきであつたかの判断は別として、私はこゝに当時の私の気持を語つて今日の青年学生諸君の参考に供したいと思ふ。

朝鮮問題研究会を作るに至つた来歴は斯うだ。当時海老名弾正先生の牧する本郷教会の義勇事務員として会計の整理を担当してゐた私は、図《はか》らず朝鮮人の李殷徳君と相識つた。教会員でもないのに、毎日曜の朝きつと私の控えて居る机の上に若干の金を寄附して行く。少額ではあるが規則正しく之を繰り返さるるので、或る時私はこの青年に「お名前は？」と訊いてみた。「李殷徳と申します」と彼れはしとやかに答へる。それが縁で相識の間柄となつたのだ。そして私は彼れから始めて朝鮮のことをくさぐさ聞いた。その結果私は、朝鮮のことは我々青年の今後大に研究すべき問題なることを考へ（当時の学生は一般に学校の教科目以外には殆んど無関心であつたのである）、之を教友でもあり同郷の親友でもあつた千葉君に語つた。その頃千葉君はよく島田三郎先生の家に出入して居た。斯んな関係からであつたと記憶する、間もなく島田先生を聘《へい》して本郷教会は朝鮮問題に関する講演会を開いた。その要領を私が千葉君と協力して筆記したものが、本郷教会青年信徒の機関たる『新人』に載つて居る。講演の筆記を立派な論文に仕上げる為に千葉君と二人で数日間油汗を流したことを今以て記憶して居る、それ程島田先生の講演は私共に異常の感動を与へたものであつた。それから丁度《ちようど》李君と云ふ朝鮮の青年が居る、この人を招いで委《くわ》しく彼地の事情を聴かうではないかと云ふ事になり、先づ之を小山君に諮《はか》り、次で当時教会の伝道師であつた加藤直士君の賛同をも得て、乃《すなわ》ち研究会の組織を島田海老名の両先生に相談したのである。無論賛成とあつて千葉君と私が幹事の役を引き受ける。第一回の相談会を本郷教会楼上に開いた時は、更に岡部・横井・浮田三氏の顔も見へたのであつた。横井・浮田の二氏は海老名先生が誘つたものであつたらうが、岡部子爵の参会は横井氏の誘引ではなかつたかと思ふ。詳しいことは忘れた。岡部子は朝鮮に広大な地面を有《も》つて居り、従て利害関係もあるが又朝鮮人に格別の同情もあるのだと云ふ話もその時聞いた様に思ふ。とにかく斯くして朝鮮問題研究会なるものが組織されたのである。この研究会がどんな事をしたかは茲《ここ》に之を説くの必要はない。只之が右の様な事情で出来たのである丈《だ》け、私が特にこの会に執着をもつ理由のあつたことを知つて貰へばいゝ。然るにも拘《かかわ》らず、二三回会合を重ねた後、不図したことから私は突然この会をやめたのである。やめて間もなく支那へ往つたので、他の方々の中には、支那に往く為にやめた様に思つた人もあつた様だが、実はさうではない。この会をやめた事と支那行とは偶然に時を同うしたけれども、二者の間には実は何の関係もなかつたのである。やめた時の心持は小山君にしみ〴〵打ち明けたので、今日でも鮮かに記憶して居る。

私は之より先き中学時代に、東京の新聞で、西園寺侯を中心として演劇改良会とやらが作られ、その会合の席上で文科大学生高山林次郎が中幕不必要論を主張したと云ふ様な記事を読み、書生に似合はず高山と云ふ人は偉いと感服したのであつた。そして後日東京に出て知名の大家の間に伍し物の一言も云へたら嘸《さぞ》面白からうなどと考へたこともある。然るに今や丁度斯うした機会が私に与へられたのだ。そこで私は朝鮮問題研究会の成立に於《おい》て、単に朝鮮に関する智識慾の満足せらるるばかりでなく、天下知名の士に親しく見《まみ》ゆることが出来ると云ふので、二重の満足を感じたのであつた。私は熱心に会の世話をした。従てみんなから調法がられて色々の事を頼まれもした。今から振り返つて私は之を馬鹿気たこととも思はねば、之に依て何の得る所もなかつたとも考へない。けれども私は斯うして島田横井等の実際政治家の驥尾《きび》に附して或種の関係を続けて行くのが私の為に得策であつたかどうかを疑ふものである。併《しか》し当時私は頗《すこぶ》る得意になつて益々深みに進む様な傾向に在《あ》つた。此《この》時私に或る暗示を与へて夙《はや》く一種の迷より私を醒《さ》まして呉《く》れたのは亡友小山東助君であつた。

或る日小山君は私に斯う云つた。朝鮮のこと聞けば聞く程捨てては置けぬ。併し已《や》むに已まれずして起つのは志士の任だ。君は学問を以て身を立てるのだから、暫く陰忍して大に養つて呉れ給へ。魂の躍るが儘《まま》に軀《からだ》を動かしては修養は駄目になるぞと。この一言は実に私の胸にヒシとこたへたのである。そして今までの自分の態度や気持を赤裸々に胸中に描いて見ると、私は急に恐ろしき誘惑に引つ張られて居るのではないかと感ぜられてならない。斯くして遂に私は決心した。朝鮮問題の研究は今後も大に努めよう。併し之を天下に呼号して或る種の影響を社会に与へんとの仕事は自《おのずか》ら別に其人がある。少くとも今の自分は斯うした仕事に没頭するには早過ぎると。研究会から手を引いたのはそれから間もないことであつた。

さて斯んな話を長々と書き綴つたわけは、(一)昨今の青年学生のうちには、学生の分を超えた実際運動に没頭して折角《せっかく》の修養時代を棒に振り、他日小さい型の人間になり了《おわ》ることに気附かざるものの多いことや、又(二)或る種の実際家のうちには、青年の這《こ》の感激性を利用し巧《たくみ》にその運動の手先に使ふと云ふ辣腕家もあるの事実に、無垢《むく》の青年を警戒せんが為である。と云つて私は、島田先生等に私達を利用する考が少しでもあつたとは夢にも思ふものではない。たゞ相手が島田先生の様な人でも、実際運動を共にすることは考物《かんがえもの》だと思ふのである。況《いわ》んや故意に純良の青年を利用せんとする者知名の人の間にも昨今頗る多きに於てをや。尤《もっと》も私は今日必しも一概に青年学生の実際運動をわるいと云《い》ふのではない。私自身学生時代から今日まで色々の運動に携《たずさわ》つて来た。只之に係はるに就《つい》ては、常に之が為にもツと大切な修養を蔑《ないがしろ》にすることなきやに、お互大に反省するの必要あることを注意したいのである。どんなに仕事が忙しくとも睡眠は十分に取れ。之を識つて而も余儀なく十分に眠り得ぬのはまだい丶として、頓《とん》と睡眠の必要を忘れてしまう様になつては、その人が仕事に忠実であるの結果だけに、傍《かたわら》から不断の警告を発して呉れる人が必要になると考へる。

因《ちなみ》に云ふ。李殷徳君はその後間もなく札幌の農科大学に入つた。卒業後郷国に帰り、朝鮮農業の開発の為め尽力して居らるる筈《はず》だ。内地人の養子になつて富藤殷徳と呼んで居らるるさうだが、久しく音信の礼を欠いて居るので、残念ながら昨今の動静を審《つまびらか》にしない。朝鮮問題に関し最初に私の眼を開いて呉れた恩人として、私は永く同君のことを忘れ得ない。

新人会成立当時の回顧　今度は大正七八年頃の話に移る。欧洲大戦の影響を受けてか、その頃民主主義乃至《ないし》社会主義の議論に対し青年学生の多数は、異常の昂奮を見せて来た。私共の学生時代は、帝国主義的の議論にこそ共鳴はすれ、自由平和など云ふ文字はあまり流行《はや》らなかつたものだ。戸水寛人先生のバイカル以東占領論が帝大学生の人気の中心であつたことを回想すると、実に今昔の感に堪へぬものがある。日露戦争前後に於て、既に自由主義の政治論を以て立つ人を数へるなら、早稲田の浮田和民先生の外には一寸見当らない。それが大正となると丸で面目が変つて来たのである。一々人の名は挙げぬが、恰度《ちょうど》冬枯れの寒空から百花爛熳の春に入つた趣があつた。従つて青年学生の魂も之につれて浮かれ出した。浮かれたと云ふ言葉が穏《おだやか》でないと云ふなら、熱情に燃えたと云つてもいゝ。斯くして各学校の学生間にいろ〳〵の団体が簇出《そうしゅつ》した。やゝ遅れて帝大に新人会の出来たのも、矢張《やは》り斯うした流れの一結晶に外ならぬ。

新人会の成立に対しては、私は可《か》なり深い関係を有つものである。私が直接にその組織を奨慂《しょうよう》したのではないが、私の身辺に起つた或る一事件が実にその設立の直接の動機をなしたからである。その事件とは外でもない、浪人会との立会演説である。この事は当時私と最も接近して居つた麻生久君が小説の形で詳述して居るから玆には略する(同君著『黎明』参照、その前年の作『濁流に泳ぐ』も亦《また》時代の側面観として大に価値がある)。序《ついで》ながら云ふが、麻生君のこの小説は、或る意味に於て、青年学生の参加に因《よ》り我国初期の社会運動の段々促進発展して行く模様を語る参考資料として真に貴重なる文献である。要するに、当時すでに十分の熱情を自由思想に傾けて居つた数名の学生諸君は、あの事件に多大の感激を覚へてか奮然として起つたのである。而して帝大に於ける新人会の存在が我国爾後《じご》の社会的進運に対して如何《いかん》の意義を有するかは、深く問はずして明であらう。尤も人に依つては之を国賊の集団の如く罵る者もある。無論彼等青年客気の言動には批議すべきことも多々あらう。併し冷静に考へてその功罪には俄《にわか》に断じ難いものがあると思ふ。孰《いず》れにしてもこの会の成立が我国の将来に重大の意義を有することだけは、何人に取つても疑を容《い》れまいと思ふ。

さて私は、之れ程の意味を認めて居るに拘らず、当初その計の相談を受けたときは、直《ただち》に之に賛同はしなかつたのである。私は発企人たる諸君の誠意と熱心とに信頼して必しも強く反対はしなかつた。併し好ましいことではないと遠慮なき卑見を陳述したことを覚へて居る。そは一種の運動に足を踏み出すことに依て、青年学生としての若々しさ――真理に対する柔軟性――を失ひはしないかと恐れたからである。操守の堅確ならざるは固《もと》より賞めたことではない。けれども或る一事に拘泥《こうでい》することは、修養時代の青年に取つて何よりの禁物である。故に私は出来ることなら特殊の傾向に釘づけにされた団体――仮令《たとえ》それは全然私の主張と同一であり、或る意味に於ては私の立場を支持するものであつても――の発生することは心から希望しなかつたのである。併し彼等は之を思ひとゞまるには余りに熱誠に燃えて居た。強《しい》て抑ふべきでもないと考へて、私は傍観の態度を執《と》ることにした。乃ち私は自分の魂を何物にも束縛せしめざらんが為め――是れ実に学者の貴重なる義務だと私は考へたのである――さうした運動に進んで参加せざるべき旨を告げ、彼等と私と本来の志を同うし乍《なが》ら各々独自の道を踏むべきを約したのであつた。由来私は形式上新人会とは何の関係もない。彼等は彼等で勝手な道を進み、私は私で勝手な道を歩いて来た。従て時にまた無遠慮な酷評を彼等に浴せて傍観者にハラハラさせたこともある。今日と雖《いえど》も私は、彼等の友でもなければ敵でもない。その献身的奮闘に多大の敬意を表しつゝ、学生として必しも好ましいものと思はぬことは、今以て同一である。

新人会成立当時私が消極的留保の態度を執つたことに就ては、今日から回想して見ると、モ一つの理由があつた様に思ふ。それはあの頃多数の学生中には、流行に駆られて無批判に盲動するものも尠《すくな》からずあつたからである。例へばあの頃私に対して公私両面から各種の迫害があつたとする。之に憤慨してまた私に多大の同情を寄せると称するものが出て来る。遇《あ》つてよく話して見ると、意外にも私の立場を少しも理解して居らぬものが多い。能《よ》く考へて動くのではない、或る立場を軽く受け容れて無暗に之を振り廻すのである。之れでは反動主義者が国家の名に於て横暴を逞《たくまし》うすると何の変りもないではないか。政党が有象無象《うぞうむぞう》をかり集めてその「大」を作り上げるに腐心する様に、味方だと云ふからとて之をその盲動する儘に放任しては済まない。斯くして私は時勢の段々自由主義に帰向するのを喜び乍ら、此間《このかん》に処する青年学生間の傾向に大なる危機の潜むを恐れずには居れなかつた。時として老婆心に過ぎぬと自ら制しても見たが、真に青年の友たらんとするの誠意は、遂に私をして彼等の活動を牽制する方面に多少の努力を致すの必要を感ぜしめたのである。而して斯の態度を執つたことを私は今に悔いてはゐない。古い新人会の諸君も恐らくはこの私の態度を今以て諒《りょう》として居らるるだらう。

〔『中央公論』一九二六年一二月〕

帝大青年会の寄宿舎に始めて這入つた頃の事ども

私の帝大基督《キリスト》教青年会の寄宿舎に這入《はい》つたのは明治三十三年の九月である。その頃寄宿舎は本郷台町の眺望のい丶高台の出ツ鼻にあつた。天気のい丶時は真正面によく富士が見えた。

三十三年の七月仙台の二高を卒業した私は、二年前に卒業した先輩栗原基内ケ崎作三郎の両君、一年前の先輩深田康算君などの手引で、帝大青年会の寄宿舎に入れて貰ふことが出来た。仙台を立つたのは凡《およ》そ九月十日前後であつたらう。同行は今は故人となつた小山東助君、小山君のことは知らぬが、私に取ては実は之が東京への初旅であつたのだ。

今考へると可笑《おか》しい話だが、余り旅に出たことのない私は、東京への汽車旅行を大変な長道中とでも思つたものか軀《からだ》が疲れるといけないとて小山君と相談して二等の切符を買つたのであつた。今でこそ二等の切符は贅沢といふ程のことではないが、その頃の書生に取ては之は素敵《すてき》な贅沢であつた。否、書生だけに止らない、一般社会の人達でも、少くとも東北方面の汽車では、その頃二等に乗る者は非常に少かつた。現にこの時も二等車室は殆《ほと》んど小山君と私とで独占し通しであつた様に思ふ。斯《こ》んなことを今に記憶して居るのは、其後小山君と私とは冗談半分に友達の間に二等車に乗つたぞと誇つたり、又友達からあべこべに此事《このこと》をからかはれたりしたからである。それ程に当時の書生は二等車とは縁遠いものであつた。

水戸に着いた時、小山君は窓から顔を出して変なものを買つた。私には丸《まる》で見たことのないものである。皮をむいて喰べろと云ふ。馬鹿に酸つぱい。砂糖をつけて食ふとうまいんだと小山君は教へて呉れた。之れが私の夏蜜柑を見且《か》つ食べた始めである。小山君は姉さんが早くから東京に遊学されてゐた為めか、斯《こ》んな事には私よりも遥かに物識りであつた。

汽車は今程早くなかつた。仙台から東京まで十三時間も掛つたやうに思ふ。東京へ着いたのは九時過ぎであつたが直に人力車に乗つて本郷台町の青年会に入り、栗原内ケ崎諸君の親切なる厄介になつて出京第一日の夜を心安く眠ることを得たのを今以て記憶に留めて居る。

その頃の青年会の寄宿舎は十一室あつて、一室二人宛《ずつ》の定めであつた。私にあてられた部屋は入口の玄関の真上で同室の人は一高在学中の片山久寿頼君であつた。中々の勉強家であつたが、君の今日の盛名は考へて見ると蓋《けだ》し偶然ではない。

部屋割りは一学期毎にくじ引きで変るのであつたが、其後同室であつた人には石川林四郎君、矢田七太郎君などがある。或る年水戸の中学生の一団が基督教青年会の聯合大会か何かに出席する為めに上京して我々の寄宿舎に泊つたことがある。丁度《ちょうど》私の室に泊つたのはなか〳〵元気のいゝ、朗かな感じのする青年であつた。之を縁にその後親交を続けて居るが、これは今外務省に居る沢田節蔵君である。

その頃の青年会の生活は私に取て今なほ最も愉快な思ひ出の一つである。寄宿舎は全部二階にあるが、下の食堂は二十畳敷あまりの広い室で隅に囲炉裏《いろり》が切つてある。冬の日の夜その周囲に集つての漫談笑話は中にも最も楽しいものの一つであつた。

三階に小さい祈禱室があつた。我々一同は毎朝そこに集つて歌ひ且つ語る。讃美歌の声が近所の下宿屋にも響いて時々学生諸君の安眠を妨害するといふ噂であつた。此方《こちら》の方では讃美歌で四隣を圧する位に得意でゐたのだが、外では他人の迷惑も顧《かえり》みぬ失敬な仕打ちと心ひそかに怒つてゐる人もあつたさうだ。一日隣の下宿に居る一人の法科大学生からこの事に付て厳談に来た。軀は小さいが武骨な身装《みなり》に太いステツキを持ち、肩をいからし鋭い眼で我々をねめつける。応接したのは当時の理事内ケ崎君であつた。どんな話が交換されたか分らぬが、讃美歌をやめて呉れと談じ込んだこの青年は、内ケ崎君の説明に胸襟《きょうきん》をひらき、結局彼れから進んで我々に交際を求むることになつた。やがて彼は教会にも出入するやうになり、又求道者として我々の寄宿舎に入つて来た。大学の卒業間際《まぎわ》彼は遂に本郷教会で海老名先生から洗礼を受けた。この水の如き清明の心の持主である青年は、誰あらう、今の法学博士今井嘉幸君である。

今井君で憶ひ出すのは、その頃既に大学は卒業されて居たが時々昼食を取りに来らるる鵜沢聡明君や吾孫子勝君の若々しいゼントルマン姿である。鵜沢君は当時まだ学生であつた岡慶治君などを摑《つかま》へては頻《しき》りといろ〳〵の気焔をはく。同君の博識は後進の我々をしてひそかに畏敬の念をいだかしめたものだ。従て同氏の談話は遠くの方から一語も聞き洩らすまじと熱心に耳傾けたものであつた。吾孫子勝君は卒業後も暫くは明《あ》いてる室に陣取て我々と寝食を共にされたことがある。非常に勉強家で、座臥行住法律を忘れぬ人のやうであつた。我々は六法全書を黒焼にして呑んだ人などと冷やかしたものだ。斯んな話がある。一夕食堂で見慣れぬものが小皿に盛つて出された。何であるかゞ忽《たちま》ち我々の問題になる。或人は豆の一種だといひ、或人はいやさうでない、芋の種類だらうと主張する。すると横からうどん粉でかためたものの様だから菓子のカテゴリーに入るものだと哲学者で通うつた人が馬鹿に六《むず》かしい言葉を使つたので笑ひさゞめいた。所へ丁度よそから帰つた吾孫子君が食堂へ入つて来たので、誰れかが「吾孫子君！　君は之を何だと思ふ？」と問ふと、同君は訳もなく「それは動産サ」と平然として済ましてゐる。一同どツと笑つたのを、さも不思議そうにキヨロ〳〵あたりを見廻して居られた同君の顔は今以て忘れ得ない。

　私は自分が法科だけに法科出身の人を多く記憶にとゞめて居るが、外の方面にも随分変つた人がゐた。「売淫は何故に罪悪なりや」といふ奇抜な論文を公にした加藤弘之先生の所説に馬鹿に共鳴して、一晩中下の食堂で栗原基君と議論を闘はした天文学の故一戸直蔵君、試験になるとサルマタ一つの真ツ裸で頭に糸でつるした氷嚢を戴きながら一生懸命勉強に余念なき社会学の小林郁君などは、中にも最も特色のある方であつた。

〔『開拓者』一九二七年二月〕

民本主義鼓吹時代の回顧

一

私が所謂《いわゆる》民本主義の鼓吹を目的とする論文を中央公論に書いたのは大正五年一月である。「憲政の本義を説いて其《その》有終の美を済《な》すの途《みち》を論ず」と表題も長いが紙数も百頁にあまるあの頃としては珍らしい長い論文であつた。併《しか》し内容には固《もと》より別段の新しみもなければ特に識者の注目をひくに足るべき創見もない。故に一部の人からは徒《いたず》らに冗漫を極めた且《かつ》浅薄な駄論として誹《そし》られたのであるが、併し一般の論壇は案外之を重視したものと見え、いろ〳〵の人からいろ〳〵の評論が書かれたばかりでなく、私の論文を中心として更にまた幾多の波紋がえがゝれ、爾来《じらい》斯《こ》うした方面の政治評論は頓《とん》と隆盛を極むるに至つた様である。是れ併し乍《なが》ら私の論文に何等卓抜の見あるが為に非ず、たゞそれが丁度《ちょうど》あの頃政界の問題になり掛けて居た殆んど凡《あら》ゆる点に触れ、且之に相当詳細なる釈明を与へつゝ、当時欧洲先進国等の提示せる諸解決をやゝ分り易く書き列ねたからではなかつたらうか。故に若《も》し私の論文に多少の取るべき所ありとせば、そは其の学的価値に存するに非ず(この点は寧《むし》ろ今日私の大《おおい》に慚《ざん》愧《き》する所である)巧《たくみ》に時勢に乗つてその要求に応ぜんとした点にあるのだらう。従つて私があの論文に於《おい》て何を語つたかを吟味するは、また一面に於てあの時代の要求の何であつたかを明《あきらか》にする所以《ゆえん》にもなると考へる。以下当年の時勢を語らんとして少しく私自身を語るに過ぐるを許されたい。

二

あの論文に於て私の主張せんとした所は、要するに次の数点に帰する。但しいま手許に原文を持つて居ないから一々精密に対照するわけには行かぬが、記憶を辿《たど》つて書いても大した誤りはない積りである。

一、近代の政治は人民の意嚮《いこう》を枢軸として運用される又斯《か》く運用されなければならぬ。この意味に於て輿論は則ち政界に於ける最終的決定者だ。

二、所謂輿論は形式上人民の多数に依《よっ》て作らるる。之を逆に云へば、如何なる思想も一人でも多くの賛同を得ることに努めなければ「輿論」と云ふ特別の地位を占め得ない。従て「輿論」の生成の実際的過程に在《あっ》ては、常に諸思想の生存競争が行はれる。而《しか》してこの生存競争の正当に行はれる限りに於て、多数の支持協賛に依て生れる輿論に道徳的価値が認められ得る。之と同時に、合理的に行はるる生存競争が一般民衆に対して多大の教育的効果あることも亦《また》申すまでもない。

三、「輿論」となるべき思想そのものは、概して云ふに、現代の民衆の直接に与《あずか》り作る所ではない。それの実質的創成は常に少数の哲人に待たねばならぬ。従て政界の進歩を掌《つかさど》る指導的原理は、少くとも現代に在ては、必ず少数哲人の作る所である。故に例へばモツブに由る一時的政権専占と云ふが如き例外変態の場合を除けば、凡ゆる形態の政治は内容的には皆哲人政治だといへる。

四、たゞ近代の政治は、少数哲人の思想を直に指導原理として之に最高の形式的地位を与へぬ点に於て、旧時の専制政治と違ふ。専制政治に於ては、何が最高最善の思想であるかを機械的に決め、之に反対する考の存在を絶対に許さず、而して一切の問題の解決を之に托して安《やす》じ得べしとする。之に反して所謂近代政治に在ては、最高最善と称するものの多数存在するの事実を認め、その孰《いず》れを以て真に採るべしとするかは、直接に利害の影響を蒙る一般民衆の明知に依て判断せしめんとする。故に所謂輿論を実質的に創成するものは少数哲人だけれども、之を形式的に確定するものは民衆だといふことになる。

五、この点に於て近代政治の理想とする所は絶対的民衆主義とは相容れない。十八世紀末の欧大陸に一時流行した様な而して昨今或る一部の人が宣伝的に云ひ触《ふ》らす様な、一般民衆それ自身が直に総ての問題の決定者たるの能力を完全に具備すと為すが如き説明は、到底《とうてい》その納得し得る所ではない。実際の運用から観ても、今日の民衆は常に少数専門の指導者を必要とし、所謂指導者はまた民衆とふだんの接触を保つことに依て益々《ますます》自らの聡明をみがいて居る。要するに民衆は指導者に依て教育され、指導者は民衆に依て鍛練される。彼此《ひし》巧みに相連るの斯《こ》の関係を表示せんが為に、私は故《ことさ》らに貴族的平民主義だの平民的貴族主義だのと云ふ言葉を使つたこともある。

六、斯く論じて私は、近代政治の理想は要するに最高最善の政治的価値の出来る丈《だ》け多くの社会的実現を保障する所にあると説いた。而してそれの数ある特徴のうち最も著しいのが民衆の意嚮を重ずると云ふ点に在るので、仮りに私は之に民本主義の名称を与へたのであつた。

茲《ここ》についでに一寸ことわつて置きたいのは、民本主義といふ言葉は私の作つたものではないことである。民主主義と卒直に云つては其筋の忌諱《きい》に触れる恐《おそれ》がある、之を避けて斯んな曖昧《あいまい》な文字を使つたのかと非難されたことも稀《まれ》でないが、そんな非難は敢《あえ》て気に掛けるにも当らぬとして、事実私の作つたものでないことだけは一言之を明白にしておきたい。私がこの文字を使つたのは、当時既に之が多くの人から使はれて居つたからなのだ。最も多くこの文字を使つて居られたのは茅原華山君であつたと記憶する。欧洲留学から帰りたての私は突如斯うした用例に接し、成る程便利だと思つて一寸踏襲して見たまでの話、実は余り適切な表現とは信じてゐなかつた。

故にその後の論文には必しもこの例に拘泥《こうでい》せず、卒直に民主主義と書いたことも度々ある。民本主義なる文字の創唱に関しては曾《かつ》て茅原華山君が自分で俺が作つたのだと名乗られたことを記憶して居るが、同じ様なことを上杉慎吉君の書かれたものの中に見たこともある。

七、さて右の趣旨を貫徹する為の制度として、現今開明諸国に通有なる立憲代議制は適当かと云ふに、之には種々の異説がある。本質的に駄目だと云ふ説もあり、さうでないとしても今のところ到底改善せらるべき見込は立たぬと云ふ説もある。所謂議会否認論も昨今なか〳〵優勢だが、併し私は在来の憲政運用に幾多の欠陥あるを認めつゝ尚《な》ほ之に改善を加へて理想的状態に向上せしめ得るとする通説の立場を執《と》り、この見地から主として我国の現状を批判し二三の改革意見を述べたのであつた。当時仏蘭西《フランス》などにてはサンヂカリズムの運動が段々頭を擡《もた》げつゝあつたけれども、全体として大した勢力ではなく、露西亜は未だ帝政の下に在つたので、議会否認の見地に立つ諸説明には当時として実はそれ以上深き攻究を払ふ実際的必要もなかつたのである。

八、今日の立憲代議の制度の下に於て、前述の理想を貫徹せしめんには何よりも先きに下院の地位に深甚の注意を払はねばならぬは論を待たぬ。この点に於て一番に問題になるのは普選の実行だ。但し普選と謂《いっ》ても其処《そこ》には種々の段階がある。何が最もよく下院を少数有産階級の独占から救ひ出し之を完全に多数民衆の利害休戚の発現所たらしめ得るか。這《こ》の目途を明瞭に意識してのみ、始めて最も正しき形に於ての普選法が獲《え》られ得る。独乙《ドイツ》では只普選と云つたのでは間違が起るとて、「普通・平等・直接・秘密の投票権の獲得」を叫んで居つた。選挙権の単純なる拡張だけでは何にもならぬのである。次に大切な問題は民衆をして正しく投票せしむるやう細心の注意を施すことである。選挙期は、理想的に進行すれば国民一般に対し驚くべき程深刻な教育的効果を伴ふものであるが、一歩を誤ると之と正反対に取り返しのつかぬ大弊根を植え付けることにもなる。甲乙いづれになるかは主として固より国民自身の問題だけれども、国家の力を以て多少干渉の出来ぬこともない。之と同時にまた教育された国民が何者にも邪魔されず良心の命ずるまゝ自由に投票し得ることでなければ是亦《これまた》何にもならぬ。之が為にも相当に国家の力の活《はた》らく余地はある。斯くして私は普選の実行と共に選挙取締規程の特に慎密の攻究を要する所以《ゆえん》を説いたのであつた。蓋《けだ》し之が無ければ下院は真に民衆意嚮の発現とならず、爾余《じよ》の改革は畢竟《ひつきよう》沙上の楼閣に過ぎぬことになるからである。

九、さて一切が注文通りに運んで下院が完全に民意を表現する機関となつたとする。さすれば下院の意思決定は国家内に於て最高最善の価値を要請し得る地位に立つのだから、其中の多数党が進んで内閣を組織すると云ふ慣行を生ずるは自然でもあり正当でもある。私は政党内閣又は議院内閣論を支持して、所謂大権内閣説なるものの謬妄《びゆうもう》を指摘するに随分と骨を折つた。今となりてはあんな問題に力瘤《ちからこぶ》を入れたのが気恥しく思はれる程だが、之も時勢だから仕方がない。大隈内閣の漸く影が薄らいで来た時とて、斯んな幼稚な憲政論が実際上なか〳〵の大問題であつたのだ。多少身辺の危険を覚悟せずしてはあの程度の論陣でも張り通すには困難であつたと聞いたら、当節の青年諸君は定めし不思議に感ぜらるることであらう。

十、下院の多数党が政権を掌握するとなつても、若《も》し之が他の対立機関に依て不当に障碍《しようがい》される様では未だ以て十分に民意の暢達《ちようたつ》は期し難い。玆に不当にと云ふは、貴族院並《ならび》に枢密院の如き憲法上の諸機関は、之を存置すべきや否やの根本論は姑《しばら》く措《お》き、今日の制度に於ては矢張り一種必要の牽制機能を期待されて居るからである。但し斯かる牽制機関は動《やや》もすればその特殊な優勝の地位を奇貨として兎角《とかく》その権能を不当に濫用《らんよう》したがるものだ。ことに我国にこの憂《うれい》あるは人の知る所。之をどうにか始末せでは折角の民本政治も歪《ゆが》められ勝《がち》になる。斯くして一方は貴族院に対し他方は枢密院に対し、政府及び下院は果して如何なる態度を以て臨むを可とするか。其間に難問題を生じたとき、之を解決する為に果して如何なる政治的慣行の成立を希望すべきであるか。是れ亦慎重に研究せなければならぬ。私はあの論文に於て特に上院に対する関係をや丶詳しく論じたと記憶する。

十一、公制度としての牽制機関に対してすら右の如しとせば、私が制度に依らざる牽制機関の存在を許さざるは申すまでもない。それの随一に軍閥があるが、之にもあの論文では深く言及しなかつた。枢密院と軍閥との事は後年別の論文に於て私の所見を発表したことがある。

十二、それから専制政治の排撃に関聯して帝国主義に鋭鋒を向けたこともあるが、之も詳しくは述べない。

三

以上述ぶる所に依てあの当時何が政界の問題であつたかの大要は分るだらう。さて今日はどうかと云ふに、普選は既に実行された。併しそれが私の提唱したものとは似ても似つかぬものなるは既に読者の推知せらるる所であらう。大権内閣などいふものの今後再び出現する見込は全くなくなつたとしても、政党内閣は今日果して民意暢達の実を挙げて居るか。何よりも大事な選挙界の潔白は依然として甚だ頼りなしとせられて居る。然らば大正五年代に問題となつた諸点は今日猶《な》ほ依然として解決されずに残つて居ると謂《い》つてい丶。只今日は識者机上の理論としては以上の諸問題は既に略《ほ》ぼ十分に研究し尽された様である。性急な青年は今や更に躍進して次代次々代に実用を見るべき問題の考察に没頭して居る。是れ今頃憲政改革論などを云々するのが如何にも時代遅れらしく見ゆる所以であらう。併し忘れてはならない、実際問題としては之れがまだ〳〵新しい題目として常に我々の解決を迫つて居ることを。

四

大正五年代私の所謂《いわゆる》デモクラシー論の如きが一般世上の賑やかな話題となつたのは、一つには時勢の要求に応じたのと共に、一つには其頃まださう云ふ方面の研究が普及乃至《ないし》流行して居なかつた為めではあるまいか。之も手ツ取り早く私自身の経験を語つてその説明に代へよう。

私が初めて大学の門を潜《くぐ》つたのは明治三十三年である。その頃の書生は、先生の講義を忠実に理解するのが精一杯で学校以外の事には全《まる》で興味を有《も》たなかつた。多少社会的に交渉あらんと努める仕事としては、せい〴〵教室を借りて演説の稽古をする位が関の山であつた。之を思へば昨今の学生の気魄には涙の出る程嬉しいものがある。教授諸先生も政府の顧問的の仕事が忙しかつたと見え、休講も多かつたし学生に接近する機会などは殆んどなかつたやうだ。一年生のとき一木喜徳郎先生の国法学講義に心酔し、一日大に勇を鼓して(当時私は格別内気で臆病であつた)先生を九段上の私邸に訪うて教を乞ふたことがある。遇《あ》つては下すつたが、君は独逸《ドイツ》語が達者に読めるか、でないと話にならぬと云つた風の簡単な問答に辟易《へきえき》して這々《ほうほう》の体《てい》で引き退り、迂《う》つかり教授訪問などをするものではないと悔ゐたのであつた。斯んなわけで、どうしても学問が我々の活きた魂に迫つて来ない。夫《そ》れからどう云ふものか私は早くから政治学に興味を有つてゐたと見え、一日こツそり上級のその講義を偸《ぬす》み聞きして見た。講師は木場貞長氏、駄洒落《だじゃれ》まじりに一冊の洋書を机上に開いて政治は術なりや否やとか何とか述べて居られた。その時は何とも気がつかなかつたが今考へるとブルンチユリーの紹介であつたらしい。之で以《もっ》て見ても、当時の最高学府の青年が近代政治の理解を全然欠いて居つたことに何の不思議もないだらう。

私自身の眼を此方面で大に開いて呉れられた第一の恩人は小野塚教授である。同博士は三十四年欧洲の留学から帰られ、私の二年生のとき私共にその最初の政治学の講義を授けられた。この講義で私の受けた最も深い印象は、先生が政治を為政階級の術と視ず、直に之を国民生活の肝要なる一方面の活動とせられたことである。先生は盛に衆民主義といふ言葉を使はれた(因《ちなみ》に云ふ先生はデモクラシーを衆民主義と訳されたのである)。斯んなことは現代の人達には何の不思議もないことだらうが、実は斯程《かほど》までに専制的政治思想があの頃天下を横行して居たのである。憲法布《し》かれてやツと十年にしかならないのだから、考へて見ればまた怪むに足らぬことかも知れぬ。翻《ひるがえ》つて実際の政界を観ると、明治三十四年六月出来た桂内閣に継いで同じく三十九年一月には西園寺内閣の成るありて僅に政党内閣の端を開いたとは云へ、所謂情意投合の文字は両者の間に奇怪至極の連鎖あるを露骨に表白して、未だ以て政党内閣制の慣行的成立を謳歌するを許さず、やがて日露戦役の勃発を見ては、こゝ暫くは海外発展の盛容に陶酔して国民は自《おのずか》ら専制的政治思想に追随せざるを得なかつた。明治の末期頃から流石《さすが》に暫く世運の動き始めを見せたとは云へ、斯《こ》う算《かぞ》へて来ると、欧洲大戦の起る頃まで我々は、実は眼前の政界に対し、その当《まさ》に有るべき理路の上に厳格なる検討を加ふる余裕を有たなかつたのである。

併し我国にも早くから民主的政治思想はあつた。明治十五六年代の自由民権論は姑《しばら》くおく(当年の自由主義者の殆んど悉《ことごと》くが後年専制思想の走狗《そうく》となつた事実を見ても最近に於ける我が自由思想が直接に往年の伝統をつぐものでないことは明白だ)、近年に於ける斯うした方面の開拓者は何と謂《いっ》ても所謂社会主義者の一団であると云はなければならない。之にも種々のグループがあつて一概には云へぬが、之等は他日の論究にゆづることにする。只後年の自由思想並《ならび》に運動が概して直接間接にこの方面に淵源《えんげん》するの事実は、始めから明了に之を認めないわけには行かぬ。斯く申す私からが先づその一つの例を為すものである。

私をして社会主義の研究に眼を開かしめた恩人は故小山東助君である。彼は私を無理に引ツ張つて文科の故中島力造教授の講義に侍せしめた。社会倫理の講義と云ふのだが、内容は徹頭徹尾ソシアリズムの講釈であつた。机上に携へ来られた本をそつと覗《のぞ》いたらフリントの『社会主義』である。そこで私も直に之を丸善に求めて読んで見た。余りいゝ本とは思はなかつたが、併し中島教授の口から聞いたロドベルツスとマルクスとの学説の関係などは今に些《すこ》しは憶へておる。その中に段々之だけでは満足出来なくなる。けれども不幸にして大学の講義にはその頃社会主義を説明して呉れるものは外には頓《とん》となかつたのである。坪井九馬三先生の政治史の講義では少しばかりバクニンとクロポトキンとを聞いた。金井延先生の経済学では独乙《ドイツ》のゾチアリステン・ケゼッツの話を聞いた。いづれも社会主義と社会党とは不正不義なものと押し付けられる丈けで、私の要求するものとは大分距離が遠い。之が遂に是亦《これまた》小山東助君の手引に依て屡々《しばしば》社会主義者の講演会に出席し、ひそかに安部磯雄木下尚江の諸先輩に傾投《けいとう》する因縁《いんねん》を作つた所以《ゆえん》である。

其頃早稲田大学の浮田和民先生は毎号の『太陽』の巻頭に自由主義に立脚する長文の政論を寄せて天下の読書生の渇仰の中心となつて居た。私も之には随分と惹《ひ》きつけられた。そして膝もとの帝大の先生はと見れば、穂積八束先生は申すに及ばず、外の先生でも、例へば英国も選挙権の拡張後著しく議会の品位が墜《お》ちたなどの出鱈目《でたらめ》を憶面もなく公言するの類で、どうも頼るべき師表が見出せぬ。只小野塚教授とは間もなく格別の親しみを覚へる様の間柄になり、一年間の講義を聞いた後も引続きいろ〳〵の機会に薫陶を受けたのは、私の終生忘る能《あた》はざる所である。

序《ついで》に云つておくが、恰度《ちょうど》その頃(三十四五年頃)から大学の諸教授も割合に緩《ゆっ》くりした気分で学生に接する様になつたと思ふ。今から回顧するに、それ以前に在《あっ》ては政府でも条約の改正だ法典の編纂だ弊制の改革だと新規の仕事に忙殺され、従て学者の力を藉《か》る必要も繁かつたので、帝大の教授は陰に陽に大抵《たいてい》それ〴〵政府の仕事を兼ねさせられて居たものらしい。今日は閣議がありますからとて講義半途に迎《むかえ》の腕車《わんしゃ》に風を切つて飛んで行く先生の後姿を羨《うらやま》しげに眺めたことも屢々《しばしば》ある。所が明治三十四五年の頃になると、政府に於けるそれ等の用事も一ト通りは片付いたばかりでなく、少壮役人の中に段々学才に富む人物が輩出して、為に大学の教授の助力をかる必要がなくなつて来た。中には役人であり乍《なが》ら専門の学者を凌駕《りょうが》すると評判される様な人も輩出する。今の文相水野錬太郎君　前首相若槻礼次郎君の如きはその中の錚々《そうそう》たるものであつた。斯う云ふわけで帝大の教授と政府との腐れ縁は漸を以て薄らいで来るのであるが、茲処《ここ》から私は自ら二つの結果が生れて来たと考へる。一は前にも云つた様に始めて教師と学生との間の親密の連鎖を生じたことで(之も段々学生の激増のために永くは続き得なかつたが)二は教授の境遇を独立にし意識的にも無意識的にも何等の拘束を感ずることなく自由に研究し公表するを得しめたことである。その以前の教授の立場が自然政府の弁護者たるの臭味に富みしは疑なき事実であるとすれば、日本の学界に於ける自由思索の発達は、一方に於て斯うした妙なところに隠れたる連絡を保つことをも看過することは出来ぬのである。

斯くして私は大学卒業(三十七年)の前後可《か》なり自由主義の訓練は受けた。所が社会主義の研究に至《いた》つては当時未だ決して便宜ではなかつた。世間が一般に社会主義を危険視したからでもあるが、第一恰好《かっこう》の書物を得ることが六《むず》かしかつた。併し何よりも私の社会主義研究の熱意を薄からしめたものは、所謂社会主義者の放縦なる生活であつた。回顧するに、私がまだ学生であつた頃故小山東助君とシエツフレの『社会主義大綱』を会読し、その解し得ぬ所を質《ただ》さうといろ〳〵の主義者を訪ねたのであつた。一々姓名は挙げぬが中には現存の人も多い。斯くてそれからそれと種々の人に遇《あ》ふ機会を得たが、当時一方に於て清教徒的基督教信仰に燃えて居た私には、彼等の或者の行動に、服し難き多くのものを見出したのであつた。そんな所から私は一度私共の出して居た或る同人雑誌の上で彼等に論戦を挑んだことがある。それは如何に社会問題の解決の為の一致共同が大事だとて、安部磯雄木下尚江石川三四郎諸氏(当時私はこの三人を特に名指したと記憶する)の如き人道主義者が幸徳君の様な無神論者と平気で事を共にして往ける筈がない、自分の仕事を本当に貴いと思ふなら、以上三君の如きは速《すみや》かに幸徳君等と袂《たもと》を分つべきであると云ふのであつた。之に対し木下君は『直言』誌上で真面目に相手になつて呉れた。数次論戦を重ねて居るうち、木下君の声言にも拘らず、社会主義の一団は遂に分裂の危《あやうき》を免れなかつた。之を縁に私はやがて島田三郎先生の仲介で木下君と相識り、私が大学を卒業した翌年の夏には、小山東助君の肝入《きもい》りで、同じ年に早稲田大学を卒業した大山郁夫永井柳太郎の二君を本郷台町の小山君の下宿に請じ、木下君を中心として一夕懇談会を催さうとしたこともある。木下君と小山君とには何等かの目論見《もくろみ》があつたのか知れない。小山君が間もなく東京を去り私も支那に往つたので此会合は何等の結果をも産まずして消滅に帰したのは、今でも時々憶ひ出して遺憾の情を覚へて居る。

日露戦争が一方に於て国民を帝国主義的海外発展に陶酔せしめたと共に、他方国民の自覚と民智の向上とを促して自らデモクラチツクな思想の展開に資したことは、既に人のよく云ふ所である。私は明治三十九年の一月から支那に赴《おもむ》いて満三年を彼地《かのち》で暮し、日露戦争の直接の影響として起つた中国の立憲運動の旺盛なるに驚いたのであるが、明治四十二年一月日本に帰つて来て民主思想の大に興隆しつゝあるに一層の驚きを感じたのであつた。帰朝後久し振りで学生に接して更に意外の感に打たれたのは、彼等が普通選挙だとか政党内閣だとかの実地の問題を多大の興味を以て研究して居ることであつた。私が学生であつた頃のこと大学の向ひの喜多床から出て来る途端《とたん》一枚の印刷物を貰つたのを何かと読んで見ると「普通選挙期成同盟会の檄《げき》」と題してある、よく新聞を騒がすのは之だなと思ふ間もあらせず後ろから来た警官に二の腕を取られ本富士署に同行を求められたのを回想すると、実に隔世の感がある。それでもまだこの頃社会主義の研究は今日の様に安心して大ビラには出来なかつたのだから堪《たま》らない。

斯う云ふ雰囲気《ふんいき》を脱け出でて私は四十三年四月欧米留学の途に上つた。留学三年にあまる幾多の見聞が後年の私の立場の確立に至大の関係あるは勿論《もちろん》だが、中に就き特に茲《ここ》に語つておきたいのは、(一)英国に於て親しく上院権限縮少問題の成行《なりゆき》を見たこと、(二)墺都維納《ウィーン》に於て生活必需品暴騰に激して起《た》つた労働党の一大示威運動の行列に加はり、その秩序整然一糸みだれざるを見て之でこそ国民大衆の信頼を得るに足るなれと大に感服したこと、(三)一九一二年の白耳義《ベルギー》の大同盟罷業《ひぎよう》を準備時代から目《ま》のあたり見聞し、秩序ある民衆運動の如何に正しく且《かつ》力あるものなるかを痛感せしこと等である。大正三年春の中央公論に寄せた「民衆的示威運動を論ず」るの一篇は主として右の見聞に基くものであつた。猶《なお》右の外《ほか》私は仏蘭西《フランス》に於て屢々《しばしば》サンヂカリストのストライキをも見た。目的の為に手段を択《えら》ばぬことに肚《はら》を決めれば、如何に最少の努力で最大の効果を奏し得るものかを如実《によじつ》に見て、将来の労働運動に一転化の来るべきを予想させられたのであつたが、私の性分《しようぶん》として之にはどうしても好意を寄せ得なかつた。組合運動の遅れた仏蘭西の労働界が、英国などと異り、著しく精神的訓練も物質的準備を〔も〕欠くとすれば、所謂直接行動に走り勝になるのも已《やむ》を得ぬのであらう。ニヒリストが圧迫の極度に獰猛《どうもう》なる専制露国の特産物である様に、サンヂカリスト的行動方針も実際的環境と離しては考へられぬのかも知れぬ。果して然らば之れが仏国に発達せるは已むを得ぬとして、少くとも直《ただち》に我国にも之を入るべきや否やは大に考究を要する点であらう。

其外云ひたい事は沢山あるが直接の関係がないから略する。概言するに、欧米留学中に在て私は特に力を容れて、従来虐げられて居た階級が如何にしてその正当なる地位を恢復《かいふく》せんとしつゝあるかの方面を観察攻究したのであつた。蓋《けだ》し西洋に在つては帝国主義漸く行き詰りの色を見せ、之よりは弱者の再び息を吹き返す時節の到来すべきを思はせて居たからである。

私は大正二年の七月に帰朝した。仮令《たとえ》かの憲政擁護運動なるものが其実まじめな根蹄《こんてい》を欠くものだとしても、明治と大正との政界は、この世代の移りを境として、実に重大の変異がある。一時寺内内閣の高圧政策に由て自由思想に加へられる威圧の頗《すこぶ》る強烈なるものありしとはいへ、民間に於ける潑溂《はつらつ》たる機運の醞醸《うんじょう》は何人《なんぴと》の目にも隠し得なかつた。而して欧洲大戦が之に勃発の好機会を与へ遂に今日の時勢を作るに至つたことは今更事新しく論ずるまでもあるまい。それでも大正七八年の交《こう》まではまだなか〳〵思想の自由は十分与へられたのではなかつた。之に対する拘束は官憲側から来ないとしても、社会的制裁の形を取つて厳しく迫り来ることが稀でない。私の身辺に起つた浪人会一件の如きは先づその最後のものと算《かぞ》へても差支《さしつかえ》なからう。其後の変遷は別の方の説くにまかすとして、只最後に私は、あの頃から今日に至る六七年がまた実に思想と運動との進展に関し実に著しい飛躍の時代を為すものであることを一言するにとゞめておく。

〔『社会科学』一九二八年二月〕

資料の蒐集
——明治文化研究者として——

古本の話をしろとの注文であるが、古本にもいろ〳〵ある。古本蒐集家といへば稀覯《きこう》の珍籍を聯想しがちだが、かういふ見地からすれば、私などには到底《とうてい》その仲間に伍する資格はない。しかし私は多年古本を買ひ集めて居り又現に一生懸命集めても居る。中には稀覯の珍籍といひたいものもないではないが、一般古書鑑賞家の折紙をつけた類《たぐい》の珍籍はほとんど一冊もない。何となれば私の蒐集するものは主として明治時代——多くの古蒐集家の顧《かえり》みざる——に限られて居るから。

私の蒐集の目的は、明治時代の政治の実相を語り、併《あわ》せてまたその間の政治思想の発達を語る根本資料を取そろへて置かうといふ点にある。明治時代を正しく理解するためには西洋文化の影響を閑却することは出来ない、この点から我国における洋学の発達といふ事は又特に力をいれて研究するの必要がある。この限りにおいて私の蒐集は自《おのず》から維新前数十百年にも遡《さかのぼ》らざるを得ない。かく洋学の発達を考へる段になると興味は勢ひ東西の交通の問題にうつり、遂に明治時代とは直接の交渉はないのだが遠く織豊時代の吉利支丹《キリシタン》関係にも心をひかれる。かくして私の蒐集は東西交通の問題に関する限り三四百年の昔に飛ぶ。前にも述べた様に洋学の事に関してはまた二百余年前にも遡るのだが、しかし主として力を注ぐ所は矢張《やは》り明治時代——中にも維新前後から日清戦争頃までなのである。

私は大正二年帰朝して教壇につき引続き政治史の講座を担任したが、最初は専《もつぱ》らヨーロッパの事を講義してゐた。早晩日本の事を講義せねばならぬと覚悟して、多少の用意はしたが、従てちよい〳〵資料なども集めては居たが、今から考へるとお話にならぬ程貧弱なものであつた。急に馬力をかけて集めだしたのは大正十年の六月からである。これはある事に感じた結果である(この事はまた別の機会に譲りたい)が、六月の某日神田南明クラブの古書展覧会へ行つて一挙に数百冊を買つたのが病みつきの始まりといはばいへる。

昨今は古本屋仲間も分裂を重ね中心点が幾つも出来て古書展覧会は毎月の様にあちこちで開かれるが地震前は大体二つに分れ、主としてクラシカルな和漢書を取扱ふ方は毎年二三回南明クラブで展覧会を催し、新古取り交ぜの雑本を取扱ふ連中は同じく毎年二三回西神田クラブを会場としてゐた。その都度《つど》端書の案内状がくるが、私は永い間往つて見よう見ようと思つては行かなかつた。それが急に思ひ立つて六月某日南明クラブに往つて見てまづその盛況に驚き、兼ねてまた展覧の書によつて私の専門に属する根本資料の意外に豊富なるに驚いたのである。

こんなに沢山面白い本があるなら一刻も早く探し求めて買ひ揃へたいものだ。これは南明クラブから帰つての第一の感想であつた。間もなく西神田クラブの案内がくる、朝早く出かける、こゝでも沢山の買物をしたことはいふまでもない。早く次の展覧会がくればいゝがと念ずるが、遂にこれが待ち切れず、毎日昼食後には大学附近の古本屋を、又毎日曜には東京中の古本屋をあさりまはることにした。それ丈《だけ》でも満足出来ず、自分の集めたもの、外に一体どんな本があるかを知りたい点から、その道の先輩を訪問して話も聞き蔵書も見せてもらうことにした。段々心安くなつたある古書肆につき、該方面の蒐集家の氏名と住所とを聞き片《かた》ツ端《ぱし》から訪問した。今記憶に残つてゐるだけを挙げると岡崎桂一郎博士、林若樹氏、内田魯庵氏、尾佐竹猛君、小野秀雄君、宮武外骨翁、渡辺修二郎翁等である。

東京始め大阪・京都・名古屋等の古書肆の年一二回発行する目録も、大に私の蒐集を助けた。私の蒐集着手は至《いた》つて新しいのだけれども、買ひ込む分量の多いためか直ぐ書肆の注目をひき、以来目録をドシ〳〵送つてくる。これによつて私のコレクシヨンは段々と整つて来た。

私共に取て意外の幸運は十二年の大地震であつた。地震で土蔵が毀《こわ》れ今更金をかけて修繕してまで保存して置く必要もあるまいとて、数々の旧大名やら公卿華族やらの蔵書の払下が沢山あつた。その中の半分は明治初年の新聞その他の刊行物で、丁度私の目指して居るものであつた。地震後約一ケ年の間に、如何に多くの珍品が私の手にはいつたか分らない。そればかりではない同じ理由で旧公卿やら大名華族から学校等に向けて蔵書の寄附がある。私共帝大に関係あるものはこの方面からも大いに知見を広めた。最後にもう一つ。地震で図書館が焼けたといふので、一時東京方面には書物の跡が絶つた様なうわさが立つた。利に敏い東京の本屋は田舎へ買出しに行く、田舎の本屋は旧家を見込んで土蔵の扉を開かせる。値段がいゝので本がどし〳〵東京にいり込んだ。この中からも私共は沢山の珍品を発見したのであつた。

そんなわけで大正十三年は古本蒐集家に取つてもつとも忙しい年であつた。どんな珍品が現れるか分らないので、展覧会などは一度だつて欠かすことは出来ない。この年二月私は大学を辞して朝日新聞社にいり各地に講演旅行をやつて居つたが、東京に展覧会ある場合はプログラムを遣繰《やりく》つてもらひ、甲地の講演を終つて夜行で帰京し、展覧会で半日暮らした上又夜行で次の講演地へ行くといふ風に努めたのであつた。

この三四年前頃から展覧会へ行つて見ても目録をもらつても(昨今は目録をだす本屋が非常に殖《ふ》へた)段々私の

注目をひくやうなものは少くなつた。それだけ私は一通りは集めつくしたのかも知れない。明治時代といつてもさう無尽蔵に本をだしたのでないから、十年も馬力をかけて集めた者には大抵見落しはないといつてい丶。

右の様な次第で始めは予備知識も何もなく無我夢中で集めたのであつたが、数年の後には形勢が独《ひと》り手《で》に分つてくる、かういふ問題についてはどんな本があるとか、この本はよくある本だとか又滅多に出て来ぬ本だとか、従つて値段がどの位が相当かといふやうな事も明瞭に分つてくる。本当のいはゆる古書になると世に定評ありで相場も略《ほぼ》決まつて居るが、明治ものになると研究者の鑑識によつて始めて価値が定められ、書肆としては従来扱ひ慣れたものでないだけ相場は皆目《かいもく》分らぬが多いやうだ。だから甲の店で五十銭で売つてる物が乙の本屋では五十円の正札をつけ堂々とシヨウ・ウヰンドウに飾つてあつたといふ滑稽事もある。一方で一円といふが他方で十円と出てゐるといふ様なことはザラにある。

最後にことわつて置くが、私が一通り集めつくしたと威張つてもそは僅に法政経済の一面に過ぎない。文芸や科学の方面でもついでに集めたものはあるが、それの完璧は固《もと》よりその方の専門家に譲つておく。私共の仲間の中で宮武外骨、石井研堂、尾佐竹猛、藤井甚太郎、斎藤昌三、柳田泉等の諸君の所蔵を一緒にすれば、あるひは完備した明治文化研究資料が出来るかと思ふ。外にも同様の骨折をやつて居られる方は沢山あると思ふが、特に経済の方面では高橋亀吉君、明治堂若主人三橋猛雄君のコレクシヨンに敬意を表しておきたい。

〔『帝国大学新聞』一九三一年六月二四日〕

日清戦争前後

日清戦争前後の事を回想すると、現代とは大部様子が違ひ、子供心にも外国の侮りを受けたと聞かされて憤慨したり、国威を海外に輝かしたとの話に昂奮したことなどを憶ひ出す。福島中佐の西伯利《シベリア》単騎横断(明治二十六年)はあの頃西洋でどんな風に見られて居たか知れぬが、我国では破天荒の冒険に西洋人のどぎもをぬいた痛快事として吹聴され、私共子供の眼には中佐は一個世界的英雄として映じ、その一挙一動の報道には毎に熱血をわかしたものである。新聞の断片的報道を丹念に集め、地図によつて覚束なき旅行談でもするとなると、学友会などは満場立錐の余地なき盛況であつた。その頃これにも増して我々の胸をおどらせたものは郡司大尉千島遠征の壮挙である(明治二十六年春)。千島の孤島に移住して北門警備の任に当らんと、予備海軍大尉郡司成忠が同志の退職下士百余人を率ゐ端艇五隻に分乗して北行するといふのである。大尉が幸田露伴の長兄だなどいふことは知らなかつたが、新聞が書き立て世間が騒ぐので私もじツとして居られない気分になり、学友の間を奔走して若干の寄附金を集めなどしたのであつた。仙台(当時私は同地中学の二年生であつた)を去る二里程の小漁港に立寄ると聞いたときは学友の多勢と歓迎に出掛けたものだ。短艇の航行なのでか予定の如く来ない、二三度待ちぼうけを喰つた、一度は夜遅く着くときいて暗い道を夜露にぬれて出掛けたこともある。袴《はかま》に草鞋《わらじ》、握飯を持つて行く。金を使ふことを知らないから緩《ゆっ》くり温い茶をのむでなし、今日は来ないと聞けばその儘《まま》二里の道を仙台に引き返すのである。大尉一行は予定より二日おくれての昼過に着いた。小学校の庭に集つて一場の訓話を聴いた。内容は憶へてゐないが、非常の感激を覚えたことだけは今に記憶に残つてゐる。

こんな気持でゐるところへ日清戦争の勃発だ、昂奮せざるを得なかつたわけだ。仙台の第二師団も出征した。多くは真夜中に出発する。私共は学業そつち退《の》けにして毎回停車場に見送りに出た。期せずして駅前に集る幾千人とともに幾回か万歳を繰りかへしたのであつた。

その頃仙台に沼沢与三郎といふ奇行の士がゐた。年配は五十位でもあつたらうか、裕福な士族で平常は極めて温厚篤実の紳士だ。たゞ徹頭徹尾復古的愛国主義者たるところに特色がある。毎年五月の伊達政宗を祀《まつ》る青葉神社の祭礼には、陣羽織陣笠といふ封建時代の武装その儘で御輿の行列の先頭に立つ。招魂祭とかいふやうな場合にも必ずこの服装を見せぬことはない。明治時代となつてはたしかに異形の身拵《みごしら》へだが、本人は一向平気である。余りに当然と心得て居ると見へ、傍人に説明しようともせぬ。この点が変つてゐるので奇行の士と云はれたが、その外には平凡な好々爺であつた。さて日清戦争となると、この翁は赤色の陣羽織に身をかためて停車場に詰め切りである。始めは又かと多少心に軽侮もしたが、後にはその至誠に感じて我々も甘んじてこの翁のリードに服することとなつた。今でも私はこの翁を憶ひ出して一種の懐しみを感ずる。翁の歿後その奇行の一部をまねた第二世が出たとか聞いたが、気障《きざ》で生意気で鼻持ちがならぬといふ評判であつたとやら。

戦に勝つと今度は祝捷《しゆくしよう》の提灯行列だ。これも幾度やつたか覚えてゐぬ。当時私達は洋服は着なかつた。学校には制服制帽の定めはある、制帽は冠つたが制服は持たぬ人の方が多かつたらう、その為めか持つてゐてもふだん和服で登校するといふ風であつた。従つて靴も持たない。そこで提灯行列などいふと、すぐ袴を裾《すそ》短かに穿《は》いて草鞋をはく。はじめて野球といふものが這入《はい》つて来たとき、矢張《やは》り草鞋をはき袴のもゝ立《だち》を取り襷《たすき》がけでフヰールドに立つた人もある位だから、当年の学生に如何に草鞋の縁が深かつたかを想見すべきである。

出征するときの師団長は中将佐久間左馬太、旅団長は少将山口素臣であつた。凱旋のとき師団長は乃木希典に代つてゐた。どう云ふ理由であつたか乃木師団長は凱旋来着する前から新聞などで大変評判がよかつた。凱旋の日私達は停車場に迎に出たが、師団長は馬上から前後左右に馬首を廻しつゝ一々群衆に丁寧な答礼を換されたのに、非常な好感をもつたことを憶へてゐる。

*

当時、仙台の中学校長は大槻文彦先生であつた。明治二十五年創立と同時に迎へられたのである。昔し中学校といふのがあつたがそれが廃校になつてからは其時まで宮城県に官立の中学はなかつたのである。尤《もつと》もその代りをつとめるものはあつた。不完全な私塾は別として、第一に第二高等学校附属の補充科があり、第二に組合教会の東華学校、日本基督教会の東北学院がある。東華学校長に市原盛宏あり東北学院長の押川方義と相並《あいな》んで東北の天地に活躍したことは特筆に値する。その東華学校は二十五年春に廃止された。廃止されたので県立中学が建つたのか、県立中学が建つといふので東華学校がやめたのか、その辺の消息を詳《つまびらか》にしないが、兎《と》に角《かく》東華学校の跡に宮城県尋常中学校といふのが設立されたのである。

初代の校長に大槻先生を迎へたのは其人を得てゐる。当時先生は『言海』刊行(明治二十四年)の業を了《お》へ名声学界に嘖々《さくさく》たるものがあつた。俗情から云へば東京に幾らもいゝ地位があつた筈《はず》といへるし、又先生好学の志望から云つても帝都を離れることは不便であつたらうと察せられる。果して先生の来任は頗《すこぶ》る先生の迷惑とするところであつたそうだ。併《しか》し仙台の故老は県立中学の新設を以て旧藩学「養賢堂」の再興位に心得て居る。養賢堂は大槻家代々の主宰するところであつた。乃《すなわ》ち今度の中学にも大槻家が来りて創設の功に竭《つく》すのが当然の義務だといふのである。この理窟にもならぬ理窟に抗すべくもなく、多分苦笑して文彦先生は東下りを諾《だく》されたものだらうと思ふ。

先生は恐《おそ》らく謂《い》ふところの教育家ではない。併し最もよく教育の骨《こつ》を心得て居られた人であつた。不慣れな事務にも熱心鞅掌《おうしよう》して三年あまりを仙台で過ごされた。先生の声望のお蔭と思ふが、今考へて見ても中学の教師には良過ぎるやうな立派な先生を沢山東京から連れて来られた。それでも人手が足りず、一時の間に合せに仙台で雇入れられた先生のうちに多少のインチキもあつたことは致方《いたしかた》がない。アルファベットをアー、べー、セー、ドーと発音する数学の先生を私共は一学期で逐《お》ひ出したことがある。併し概して先生方はみな熱心であつた。その中でも数名の方には私は今に感謝の情を寄せてゐる。

大槻先生は毎週一時間倫理を受持つて居られた。教室が狭くて事実上合併講義を許さなかつたから、先生としては教場に出られる時間は毎週八九時間に上つたらうと思ふ。よく支那の古諺《こげん》などを題にして実地修養の工夫を教へられたが、或る年全学年を通じて林子平の伝記を講ぜられたのが今に耳底《じてい》に残つて居る。先生は何か寓意するところありて講ぜられたのか否かを知らぬが、私共はたしかにこれによつて偏狭な島国根性の蒙《もう》をひらかれたと思ふ。教壇の先生はまじめで而《しか》も親しみ易《やす》く、如何にも頼もしい慈父のやうであつた。全校の生徒挙《こぞ》つて先生に心服して居つたのは、たゞに学界の盛名におどかされた為めばかりではなかつた。

創立の当時は三年級まであつた。その三年級から今日の海軍大将山梨勝之進君が出て居る。私は創立当時の一年生だ。真山青果、千葉亀雄の両君は間もなく飛び出して東京へ往つてしまつたのだが兎に角私の同級生であつた。外にも当時の学友で文学方面に名を成した人は多い。

大槻先生は年に一度位各組全体の生徒を連れて遠足を試みられた。一年級は人数が多いので幾組かに分れ一組に四十名位づゝ居る、その一組を別々に誘はれたのである。生徒は殆《ほと》んど全部よろこんで招ぎに応じた。例に依つて和服に草鞋だ。大槻先生も同じ装ひで生徒と一緒《いつしよ》に一二里の道を黙々として徒歩された。目的地につくと宿屋で簡単な食事が出る。一トくさり先生得意の其地方の郷土史話が説き聞かされる。思ひ〳〵に遊び廻つて夕方また一緒に徒歩で帰るのだ。たゞそれ丈けの事で、その時は格別何とも思はなかつたが、今にして想ふと先生としては能《よ》くもつとめられたものと敬服の外はない。

＊

県立中学が明治二十五年まで無くて済んだと聞いて不思議に思ふ人もあらうが、それは不思議でも何でもない。当時上級の学校に入らうといふ者は至つて少なかつたのである。現に県立中学創立の際にも、三年級入学志願者は十数名、二年級は三十名足らず、一年級は二百二三十名に過ぎなかつた。志望者の多数は官公吏並に旧士族の子弟を主として、農工商の生産階級からは案外に少ない。蓋《けだ》しこの階級は当時なほ出来るだけ早く学校を退がるを誇つて居つたのである。私自身の経験を云へば、小学校で尋常科から高等科へ進むと女生徒は殆んど一人も居なくなつた。四年級を通じたつた一人ゐたが、それは郡長のお嬢さんであつた。やがて一二年すると男生〔徒〕でも相当富有の良家の子弟はどん〳〵学校をやめる。宛《あた》かも学校をやらなくとも飯が食へると、誇るものなるかに見へた。私が高等四年を卒業するときの同窓は八人であつたが、中二人は隣村の農家の子で師範学校入学志望者、二人は他所《よそ》から来た官吏の子、二人は他所から流れ込んで落魄し子供を上級の学校へでも入れなければ身の立たぬ家庭の出、更に他の一人は土着の人ではあるが早く生業をすて前者と同様の境遇にあるものだつた、さうすると純粋の土着の人で代々の家業をつぎ不足なく暮して行ける家庭の児としては私一人だけなのである。小学校時代を過した私の郷里は国道筋に沿うて仙台の北十里ばかりのところに在《あ》る人口壱万足らず可《か》なり殷盛《いんせい》な市場であるが、それだけ小学校を半途でやめるといふのが少くとも家運繁昌のための淳風美俗とされてゐたものと見へる。

私がひとり学校にふみ留まることについて父はこの町には医者がないから幸ひ分家させる身分でもあるし旁々《かたがた》医者に仕立てて町のために尽させるつもりだなどと弁解して、辛うじて周囲の誹謗を防いでゐたやうだ。尤も時勢が時勢で私のあとからは続いて上級の学校へ行かうと云ふ子弟も沢山出たが、私の前は皆中途退学者ばかりで、私はこの点では自然町の先覚者になつたわけである。

仙台には高等学校がある、高等学校を見倣《みなら》つて中学生生活もだん〳〵愉快なものになるべき筈だのに、設備の整頓に手が届かぬためか当時の中学は全然田舎ものであつた。第一スポーツがない。たすき掛け草鞋ばきの野球の真似《まね》は一両年にしてはじまり、やがてこれだけは間もなく普通の形にまで発達したけれど、テニスは私が卒業するまでなかつた、柔道も剣道もない。銃槍といふのを一年ばかりやつたことがある。兵式体操と機械体操とだけでは若い体は承知せぬ。自ら陰気にならざるを得ぬ所以《ゆえん》文学熱の比較的盛んなりしは一つにはこの為めであらう。会費五銭で蒸菓子屋の楼上で談話会を開いたり、年に一回位大枚二十五銭を出し合つて鰻屋に酔歌乱舞する位が関の山だつた。割合に弊害はなかつたやうだが、当時の学生生活は今日程快活なものではなかつたと思ふ。

（七、十二、五）

〔『経済往来』一九三三年一月〕

知友・先達を語る

僕の観た河上君

河上君と識つたのは今より十七八年の昔である。歳は僕と大した違ひはない。老《ふ》けて見ゆるけれども、普通の人よりは、三四年若くて大学を卒業したと記憶して居る。従つて僕にとつては二年ばかりの先輩で、君《くん》が国家学会の雑誌委員として盛んに新法学士の溌溂たる生気を発揮して居つた頃に初めて相識つた。勿論《もちろん》僕は其時法科大学の上級生であつた。やがて僕も卒業して同じく雑誌委員となり、河上君と共に美濃部博士指導の下に国家学会雑誌の編輯に携《たずさ》はり、支那に行くまで約一年半の間親しく往来した。其間に同君の学風にも接し、其人となりをも知つた。無論よく知つたとは云へないが、短日月の交際のわりには割合によく相識つた積りである。蓋《けだ》し君と僕との間には専門とする方面は違ふが、何処かに何か共通な所、所謂《いわゆる》肝胆《かんたん》相照《あいてら》す所があつたからかも知れない。

〔初〕最近逢つた頃の僕の印象を今から追懐して見ると、君はよく疑ふ人であつた。どんな問題でも、先づ一旦は疑つた上でなければ承認しないといふ風な人であつた。従つて又よく考へる人であつた。然しながら根が精密に物事を刻んで考へるといふよりも、何《いず》れかといへば、よく疑ひよく考ふるといふ態度の人としては余りに直感力に富んだといふ風に僕には考へられて居つた。従つて其頃君の書かれたものにはよく結論に於て、其着眼点に於て、多くの啓発と暗示とを受けたけれども、議論の遣《や》り方には時に敬服しない点もなかつたではない。併《しか》しよく書き、よく談じ、とにかく囚《とら》へられざる一個の擢《ぬき》んでた見識を以て健闘せられた事は僕の敬服して措《お》かざる所であつた。尤《もつと》も同君は物を書くといふ事に特別趣味を有《も》つて居たと思はるる。文章も初めからなか〳〵達者であつた。温潤の中に辛辣《しんらつ》を包み、謙遜のやうでなか〳〵思ひ切つた無遠慮な所がある。漫《みだ》りに人を傷けないが、又他を顧《かえり》みて卒直を掩《おお》ふといふ事はない。此点に於いて君の文章は君の人となり其儘《そのまま》であると僕は見て居る。

が、然し当初の君の述作はどちらかといへば、余りに学究的の臭ひが勝ち過ぎて居つた。其頃福田博士も随分有益な研究を公《おおやけ》にして学界を賑やかにして居つたが、同博士の論文は有名な分《わか》り難いものであつた。今は極めて平淡を旨として居らるるやうになつたけれども、今と此当時との同博士の述作を比較すると、少くとも文章の体裁《ていさい》丈《だ》けに於ては殆《ほと》んど別人の感がある。之にかぶれたと云ふ訳《わけ》では無いが、河上君の段々専門的になつて行く其頃の論文は、余程当時の福田式になり進む傾向があつた。明治三十八年頃公にされた経済原論(?)の如きは其最も著しき代表である。併し斯《こ》う云《い》ふ方面は怎《ど》うしても同君独特の得意の壇場ではない。何れにしても福田博士が陥つた――陥つたと云つては失礼かも知れないが――誤りに当時河上君も陥つて居つた事は疑を容《い》れない。

あゝ云ふ貴族的文体から今日の平民文学者と云つても宜《よ》いやうな所まで変つたのは、或意味に於ては君が其本来の立場に復《かえ》つたものと云ふ事が出来るけれども、さう変るに就《つい》ての外面上の段階をなすものは、無我愛宗に入つた頃の同君の精神的激変であらう。君が内面的にどんな痛烈な経験をされたか知れないが、経済学の研究を投げ捨てゝ無我愛に依る人類の救済に志した事は、君にとつては非常な真剣であり、我々学友の間に於ても非常な大問題であつた。夫《そ》れから後の事は僕も支那に行つて了《しま》つたので委《くわ》しい事は知らない。帰つて見れば君は再び経済学界の人となつて居つた。而《しか》も君の所謂経済学は最早《もは》や昔の学究的経済学ではない。一旦無我愛の洗礼を受けた君に相応《ふさ》はしい経済学となつて居つた。否、僕をして言はしむれば、河上君本来の経済学が飾る所無く現はれて居つた。

と云ふ意味は前の経済学が誤りで、後の経済学が正しいと云ふのでは無い。前の経済学は謂《い》はゞ本の十冊も読めば誰でも説ける経済学である。後の経済学は河上君でなければ説けない、又河上君にして初めて説き得る経済学である。其議論の中には温い血が流れて居る。学問としての値打附けに仮令《よしんば》多少の文句はあつても、君の経済学は其温き血に依つて我々の実生活の何処かの欠陥に触れて行く。此点に於て僕は君に於て少し趣きは違ふが、サン・シモンを憶ひ出さゞるを得ない。

河上君は博士であり、大学教授である。学者として認められ学者としての批判を要求し得る人である。同君の学殖に就いても我々の間には既に定評がある。特に伝ふる如くんば最近マルクスの精密なる研究に依つて同君の学説に一段の強みと深みとを加へたとの事である。而して之に依つて同君は愈々《いよいよ》社会問題の解決を提《ひつさ》げて起《た》たんとすとの事であるが、之れ実に同君にとつて極めて適当な事業である。適材適所とは此事を措いて外に無い。併し乍《なが》ら同君を僕が適材と見る所以《ゆえん》は、社会問題に関する其《その》該博豊富なる学殖よりも、河上博士の人格其物が自《おのず》から一個の社会問題の解決の精神である点にある。

〔『中央公論』一九一九年三月〕

小山君の思ひ出

八月廿五日朝小山君は死んだ、之を知らずに病気見舞の積《つも》りで午後鎌倉に駆けつけて、図《はか》らず生けるが儘《まま》の微笑を帯《ふく》んだ君の亡骸《なきがら》に対して、僕は感慨無量のものがあつたが、翌日質素なる葬式を終つて、愈々《いよいよ》君の亡骸を火葬場に送つた時は、本当に何とも言ひ知れないがつかりした傷みを感じた。余の今日までの生涯の間に、あれ程力を落したといふ感じを浸《し》み〴〵と経験したことは無い。君は僕に取つては何物にも換へ難い無二の親友であつたからである。

顧《かえり》みれば、小山君との交際は僕の中学時代から始まる。同県だけれども郷里は遠く隔《へだた》つて居つたから、中学以前のことは知らない。君は僕よりも一年後れて中学に入つて来たが、相知つたのは更に二三年の後である。中学の二年頃から、僕は十数名の友人と共に回覧雑誌を作つて、其の幹事をして居つたが、多分僕の三年生の頃であつたと思ふが、小山君はそれに入つて来た。誰の紹介であつたか、それは覚えて居ない。其の頃から中々綺麗な文章を書かれたので、其の仲間の間に嶄然《ざんぜん》頭角を擢《ぬ》いて居つたが、併《しか》し僕と君との交際は只だそれだけで、且《か》つ級も違つて居つたので、それ以上特に親しい関係は無かつた。然るに更に同君と僕との間にもつと立入つた深い交はりを結ぶやうにならしめたのは、僕の五年の時に起つた或る特別の事件からである。それは何かといふに、其の回覧雑誌の紙上で、僕は仲間の数名の文章に対して、頗《すこぶ》る過激な罵倒を加へたことがある。今から思へば、無論立派に公平を失した多少毒を含んだ冷評であつたことは疑ひ無い。其の頃僕は人の前に出てものを言へない程の内気な質《たち》で、仲間から「黙り屋の吉野」と悪口されたことであつたが、筆の尖《さ》きでは相当に罵倒屋であつた。口の割合に筆癖は悪いといふ定評であつた。それを自分でも多少公平を欠くと思はれる程に罵倒したからたまらない。其の筆端に上《のぼ》つた諸君は非常に憤慨した。而《しか》してそれ等の連中はより〳〵相談をして、僕に制裁を加へるなど、いふ噂があつた。さうすると一方には又僕を擁護する団体があつて、それが大に激昂して、そこに学友の間が二派に分れて可《か》なり大きな喧嘩が起り掛けたことがあつたが、其の際に小山君は其の双方の間に立つて、非常に心配せられて仲裁の労を取つた。其の時の小山君の態度が非常に公平であり非常に熱心であつて、向ふも亦《また》感奮し我々の方も亦感激して、而して事が無事に収まつた。それは只の宜い加減な妥協や仲裁でなくして、真に熱誠を籠《こ》めたものであつた。どういふことがどう運んだといふことは、廿四五年前のことであるから、今覚へて居ない。只だそれ以来小山君は友誼に富んだ私の無い又極めて公平の而も熱情ある友人であるとして、深く我々の脳中に刻まれたのである。それ以来僕は大に小山君に傾倒した。小山君はどういふ印象を僕に対して有《も》つて居つたか知らないが、それ以来普通の友人といふ関係が、段々深い交りに変るやうになつた。

やがて僕は中学を卒業して高等学校に入つた。小山君は卒業前に入学試験を受けて合格した。而して高等学校に於て図らずも同級生として、君は僕と机を並べることになつた。これが又一層我々の交際を深からしめたのである。小山君に取つては又無二の親友、僕に取つても相当親しかつた斎藤野の人も、其の時同級生であつた。

内ケ崎君は我々より二年の先輩である。氏は当時雑誌部の委員をして居つたが、氏の推薦に依つて僕と小山君とが、又新たなる委員として雑誌部に迎へられた。これから小山君と僕とは、法科と文科とに分れて居つたに拘《かか》はらず、高等学校と大学の三年を通じて、色々事を共にしたのであつた。精《くわ》しい記憶は無いけれども、其の間随分色々のことで往来した。且つ又其の頃僕は席は法科に置いても、寧《むし》ろ興味は文科の方面にあつたから、小山君其の他文科の人々と共同の研究をしたり、其の他個人としても相当親しく往来した。今でも運動の為めと称して、能《よ》く僕と小山君とは撃剣の道場に入つて、打合ひをしたことを覚へて居る。真剣に稽古したのでも何でもなく、只だ無茶苦茶に打合つたのである。身長が低い為めだらう、比較的当時強かつた君は、羸弱《ひょわ》い僕に能く打据へられて閉口して居つた。

当時の小山君は、何《いず》れかといへば詩人肌であつた。氏の晩年に見るが如き国士の風丰《ふうぼう》は、まだ現はれて居なかつたやうに記憶する。あつたのかも知らないが、僕は知らない。只だ詩人文学者としてのみ見て居つた。君が一種経世的意気を以て僕の目に映じて来たのは、学校卒業の間際である。愈々高等学校を卒業して大学に来るといふ頃であつた。一日《いちじつ》君は僕の宿に訪ねて来て、僕に向つて、君は将来何をやると尋ねた。其の頃僕は経済をやる積りであつたから、其の旨を答へた。すると君は自分は社会学をやる。といふ意味は、将来国家の色々の実際問題に触れて世の中に貢献しようと思ふのだ。それには経済学とも大に関係があるから、今後は学問上に於ても、互に聯絡を取らうといふことを云はれた。而して当時高等学校の二年生の英語の教授であつた佐々木多門先生、此の先生は経済学のことに就いて特別に僕に色々の指導をして居つたが、二人で之を訪問したことがある。今話の内容は記憶して居ないが、佐々木先生から色々二人が奨励の言葉を受けたやうに記憶して居る。それから愈々東京に来るまで、屢々《しばしば》往来して色んな問題で議論をしたやうに記憶して居るが、どんなことを言つたか今覚へて居ない。唯《た》だ今でも頭に残つて居るのは、小山君の訪問は自分の最も歓迎する所であると同時に、又小山君との会話に於て、僕は色々新たなる暗示と刺戟とを得たことを覚へて居る。

そんな関係から、東京に来る時には一緒に行かうといふことになつた。前の晩仙台の僕の家に泊つて、一夜を語り明かし、翌日の朝の汽車で東京に向つた。途中水戸に下りて、一緒に公園を見物したことも覚へて居る。何処かの停車場で見馴れない大きな蜜柑を買つて、其の甘味の無い馬鹿にぱさ〳〵したのに驚いたことも記憶して居る。今考へれば夏蜜柑で、甘味の無いのは何の不思議も無いが、其の頃はまだ夏蜜柑など、いふものは、余り我々に知られて居なかつた。僅《わず》か二十年の前のことであるが、如何にも隔世《かくせい》の感があるやうであるけれども、活動写真といふものが而も極めて幼稚なのがやつと入つて来た時で、さういふ時とすれば又怪しむに足らない。バナ、など、いふものは、其の後四五年過ぎてから後に始めて見たり聞いたりしたのである。

東京に来ては、先輩の内ケ崎君や栗原君などの居つた青年会館に入つた。此処《ここ》で小山君と僕とは親しく寝食を共にすることとなつた。此《こ》の間《かん》で僕の印象に今日もまざ〳〵残つて居ることは、上京以来小山君は一層《いつそう》国士的面目を発揮し、僕等は大学生になつたといふ子供らしい誇りに酔ひ、学校のノートに齷齪《あくせく》して居る間に、同君は学校をそつち除けにして、能く政談演説やら各種の講演などを聴きに歩いて居たことを覚へて居る。政談演説には特に島田三郎先生に私淑《ししゆく》して島田先生の演説があるといふと、何事を置いても駆けつけて居つたことを記憶して居る。

其の頃青年会館でも、頻《しき》りに演説の稽古をすることが流行つた。小山君は其の内で一方のチヤンピオンであつた。而して其の演説口調が何から何まで島田先生そつくりであるといふことは、当時頗る評判のものであつた。僕等が多少人の前に出て喋《しや》舌べることを勉《つと》めるやうになつたのも、小山君等の感化を受けた結果である。今日雄弁家として人に知られて居る内ケ崎君の如きも、当時小山君に比すれば遥に後輩であつた。基督《キリスト》教信者の集りであつた青年会館の中に、政治的若《も》しくは社会的空気を入れたといふことに就いては小山君の隠れた力が最も与《あず》かつて力あつたと思ふ。而も此の空気たるや極めて、真面目なものであつて、能く世間普通の学生に見るが如き軽薄の風といふものは少しも無かつた。是《こ》れ皆な小山君の賜物であると謂《い》はなければならない。

三十六年に小山君は文科大学の社会学科を卒業した。間も無く島田先生を社長とする毎日新聞に入つた。これに就いても色々のゆきさつがある。世間では余り知らないが、僕は親しく之を知つて居るから、此に其のゆきさつを語らう。何年であつたか、能く記憶して居ないが、小山君も僕もまだ学生であつた頃、一時島田先生は、議員としての生活と新聞記者としての生活と両方を完全に尽《つく》すことが出来ないといふ所から、何れか一方を罷《や》めるといふ説が伝はつたことがある。さうすると世間の青年は、議政壇上に先生を失ふのは惜いといつて、新聞を棄てよといふものもあつたし、又他方には殊《こと》に当時島田先生は星亭を攻撃して随分青年崇拝の中心となつて居つた際であるから、あの鋭利なる筆を操觚《そうこ》界《かい》から失ふのは惜いといふので、議員を罷めても新聞を罷めるなといふものもあつた。斯《こ》ういふ世間の注文に対して、余程去就《きよしゆう》に迷はれたらしい。それが又青年会館の食堂辺で、大に我々の間の問題になつた。而して平素島田先生を非常に尊敬して居つた小山君に取つては、非常の問題であつたらしい。処が其の頃図らず誰かゝら、今は新宿の方に居られるが、其の頃大学前に中村屋といふ麵麭《パン》屋を開いて居つた相馬君といふ篤志家が、島田先生に手紙をやつて、議員を罷めるな、新聞社も罷めるな、其の代り自分は営業のことに心得があるから、新聞社の営業の方は大にお援《たす》けするといつてやつたといふ噂が伝はつた。それを聞いて小山君は、営業で援ける人があるなら、自分達は文筆で援けよう、若し我々が多少助力をするといふことに依つて、新聞を罷めなくても可いならば、現状の儘にして貰ひたい。議員を罷めていけないといふことは、固《もと》より初めから問題にならない。さういふ考で或る晩此の事を僕に相談されたことがある。僕は固より小山君程立入つて新聞を援けるといふ考は無かつたけれども、若《も》し小山君がさういふ考で島田先生を援けるなら、多少の力は我々でも捧げ得るといつたやうなことを話し合つたのが本で、慥《たし》か小山君が其の旨を認《したた》めて、未見の先輩たる島田先生に書面をやつたと記憶して居る。之を受取つた島田先生は非常に感激されて、而して其の間に多少いきさつがあつたと記憶して居るが、或る晩小山君と僕と其の外にまだ二三人あつたと記憶して居るが、島田先生の宅に晩食に招ばれた。其処には確か木下尚江君も居られたと記憶して居る。それから後にも色々のことがあるが、斯《か》くして小山君は卒業以前、既に島田先生と密接なる関係を結ぶやうになつたので、卒業後直ちに毎日新聞に入つたのは此の結果である。それから小山君の公生涯が始まる。

其の後僕は大学を卒業し、間もなく支那に行き、帰つてから又間もなく欧羅巴《ヨーロッパ》に行つたので、日本に居つて、小山君と公けの問題を共にしたことは無い。けれども小山君は新聞から教職に、教職から又文学にと、色々其の歩趨《ほすう》を転々したけれども、併し社会国家の為めに尽さうといふ当初の経世的態度は、初めから毫《ごう》も改められない。此のことは今此に管々《くだくだ》しく述ぶるの必要は無からう。

これは大学に入つて間もないことであると記憶して居るが、或る晩青年会館の一室で、内ケ崎君と小山君と僕と三人遅くまで話しあつたことがある。内ケ崎君は頻りに英国に於けるスコツトランドの使命を説き、国家の精神的開発は、どうしても東北の人間が之を掌《つかさど》らなければならないと大気焔を吐いた。それにつひ釣り込まれて、といふと如何にも不真面目のやうであるが、其の当時三人は少くとも真面目であつたと記憶して居る。然らば我々三人が東北精神を代表して、日本の精神的開発の為めに一身を捧げようといふやうなことを話合つたことがある。そんなら次手《ついで》に同じやうに名前まで変へやうじやないかなどゝいつて、子供らしい企てをも話合うたことがあるが、其のことは無論実行されないで、今以て三人とも百姓名を以て通して居るが、唯だ其の当時話合つた志だけは、兎《と》も角《かく》も今日まで共に貫いて居る積りである。而して其の内で、此の点に於て最も真面目に最も純な考を以て終始一貫したものが小山君であることは言ふを待たない。小山君に就いては世間に多少誤解して居る人もあるけれども、併しあれ程物事を公的に考へた人は無い。今度死なれる間際でも、丁度《ちょうど》前日弟君を呼んで、色々言ひ遺したことがあるけれども、一言も自己の私事に渉《わた》つて居ることが無い。僕が最後に会つたのは今年の夏であるが、其の際医者が接客を禁じて居るにも拘《かか》はらず、特に僕を病床に呼入れて、三時間許《ばか》り語り合つたが、談悉《ことごと》く社会、国家問題である。文字通り君は所謂志常に天下にある人であつた。これは偽言でも何でもない。

小山君が死んでから、僕は同君の手紙を捜した。一体僕は友人の手紙を一々保存して居ない性分であるが、偶然に去年あたりの手紙を二三ケ月分だけ保存して居つたのがあつたのである。其の中に若しやと思つて捜して見ると、一通あつた。出して見ると、偶然にも是れは同君が如何《いか》に真面目に国事を憂へて居つたかといふことを証明する手紙である。これは同君が非常に支那の問題を心配されて居つた際、議会で同君は今井嘉幸君に発言の機会を与へようと苦心せられたことを語るのである。今井君は厳正中立であるから、どうしても議会で発言の機会が無い。党略に拘泥して今井君の如き人の智識を其の儘に埋没するのは、国家の為めに非常に不利益であるとして、君の発熱三十八九度であつたに拘はらず、車を飛ばして四方に奔走し、大に憲政会の幹部を説いて、而して中立の今井君に発言の機会を与へようと努めた。唯だ当の今井君が承知するかどうか分らないので、同君の誠意を明かにして今井君の承諾を求めて呉《く》れろといふ依頼状である。これなども小山君の党派根性を離れて、如何に真面目に国事を憂へて居つたかといふことを明白に証明するものである。其の外同君は、常に問題を精密に又真面目に研究せられて、之が為めに幾度び僕等も相談を受けたか分らない。

友人としても、小山君は又理想的のアドバイサーであつた。自分のことは余り能く計らない、或る意味に於ては随分打つちやらかしであつた点もある。けれども人のことには能く気がつく人で、一旦何か物ごとを相談すると、其の為めに劃策することは至れり尽せりで、我々の間に小山君は好個の参謀官だといつて居つた。自分で貧乏して居る癖に、人の為めといふと借金の周旋までもする。僕が洋行する時に、留守宅の生活を支へるに少し金が足りないといふと、当の本人よりも小山君が心配して、どれだけ奔走したか分らない。それは一には本当の友情からも来るし、又一には僕をして志を遂げしめようといふ公けの考からも来て居ると思ふが、兎に角極力奔走して、遂に僕をして先づ後顧の憂無からしむるだけの融通をして呉れた。これは今小山君に感謝するといふよりも、寧ろ之を思ふたび毎に、恍然として同君の美徳に酔ふの外は無い。

友人としての小山君は、極めて友誼に篤《あつ》い人であつたけれども、猶《な》ほ普通の親切なる友人と同君との異なる所は、常に我々を公人として取扱ふことである。同じく友人として謀つて来る時でも、一私人として取扱はれるものと、公人として取扱はれたるのとは違ふ。例へば去年の秋、僕が浪人会の諸君と論争したことがある。済んで見れば何でもないことだけれども、当時僕自身も多少身辺の危険を感ぜざるを得なかつたし、友人の多くは殆んど子の如く僕の一身を心配して呉れた。そこで色々忠告するものもあつたが、多くは皆な僕を一私人として心配して呉れる立場を取つたので、つまりあゝいふ連中と論争するを止せとか、君の身体が大事だから多少不面目のことがあつても、止めた方が宜からうといふやうな種類のものであつた。而して此の際僕が公人としてどういふ態度を取つて可《よ》いかといふことを、極めて明白に注意して呉れたものは小山君一人のみであつた。同君からは何といつて来たかといふと、やる以上は大にやれ、但しうつかり敵の陥穽に嵌《はま》つて、言葉尻りを捕へられて不敬呼ばゝりをされるやうなことを慎しめと云つて来た。一体小山君は、義兄の田川大吉郎氏のことから深く考へたものであらう。我々が公人として言論をやるには、飽《あ》くまで大胆であるべきであるけれども、唯だ今日の日本に於ては、所謂不敬呼ばゝりをされる虞《おそ》れだけは、何処までも慎重に慎しまねばならないといふのであつて、其の点さへ細心の用意をするならば、後は自分の良心の命ずるが儘に議論するには、どんなに大胆であつても差支無いといふので、僕に対しては事々しく此の点を注意した。やるなとは云はない、大にやれ、唯だやるにしては此の点を注意せよといふのであるからして、小山君の忠告は、僕に非常に勇気と刺戟とを与へた。而も小山君の注意に依つて、僕は自ら迂《う》つかり敵の陥穽に陥らないだけの用意をするから、非常に安心する。それを只だ僕の一身が心配だからといつて、公人としてやるべきだけのことを、やるな〳〵と注意されるだけでは、其の注意が僕に取つて却《かえ》つて累《わずら》ひになる。斯ういふ点に就いても、小山君が如何に公人としても誠意に充ち満ちて居つたかといふことが分かる。

さういふ風であつたから、僕は何事をするに就いても、常に小山君に相談して居つた。色々相談をする友人は他方にもあるけれども、人に依つては一私人として僕を愛するの余り、公人としての僕にふさはしくない助言をするのが多いので、公人として自分はどういふ態度を取るのが一番可いかといふことの、其の相談に乗つて呉れて、最も明快なる助言を与へて呉れる人は、先づ小山君一人である。であるから、例へば黎明会を組織するにしても、或は朝鮮や支那の問題に就いて、或種の運動を起すといふやうなことにしても、少しく重大な問題に関して新たなる計画を立てる時には、常に同君に打明けて、其の忌憚《きたん》なき助言を求むることにして居つた。而して今此の如き無二の良友を失つたことは、僕に取つては実に片腕をもぎ取られた感無きを得ないのである。

もう一つ小山君の僕に対する忠告にして、僕の常に忘るゝこと能はざるものは、君は常に僕に向つて、もつと深く哲学の素養を積めと云はれたことである。小山君が始めて議員に当選した時、僕は本誌に於て其の評論を試みたことがある。其の際之に答へる意味で、併《あわ》せて僕に対する所の唯一の要求として、細々《こまごま》と此のことを書いた手紙は、余り他人の手紙を保存しない僕に取つても、これだけは棄つるに忍びずして今猶ほ丁寧に保存して居る。これなどに於ても、同君の友情が所謂世間普通の友情の如く女々しいものではなくして、何処までも男性的のものであるといふことを証拠立てる。而して此の如き態度は、唯だ僕に対して取つた許りでなく、同君の交遊する総ての人に対しても同様であつた。世間には同君を嫌ふ人もある。けれども同君と交遊する程の人で一人でも同君の此の強い、美しい、奇麗な性格を讃美しないものは無い。同君は自分一身を奉ずること極めて薄く自分の一身の生活に対しては極めて粗漫であつた。けれども私を棄てゝ公けに殉じ人に対しても最も公明正大の立場から自分の態度を極《き》めたといふ点に於ては同君の如きは我々の交友間に於ても最も欠点の少い人であつた。そこで私は常に人に向つて憚《はばか》らずいふ、同君を聖人といふのは或は当らないかも知れないけれども同君の如きは最も聖人のタイプに近い人であつたと。

〔『新人』一九一九年一〇月〕

中沢臨川君を悼む

八月九日中沢臨川君は逝かれた。予輩は読者と共に深く君の訃《ふ》を悼《いた》むものである。個人として君は十数年来の良友、公人としては実に当代思想界に輝く明星であつた。中央公論は長い間君の思想的活動の舞台であつたのみならず、殊《こと》に晩年に於ては殆《ほと》んど唯一の論談場であつただけ、読者は特別の親しみを君に対して有《も》たれたであらう。君の訃は亦《また》実に我々に取つても大なる損失である。

君の世間並の専門は電気工学である。工学士中沢重雄として君は曾《かつ》て京浜電車の技師長であつた事もあり、近くは自ら社長として中沢電気化学株式会社を経営して居つた。此《この》方面に於ける君の造詣と手腕とは不幸にして予輩之を詳《つまびらか》にしない。唯ひそかに聞く所に依れば、自然科学の最近の進歩に関する二三の著書論文に於て、其道の人々は優に君の専門的智識の亦決して凡ならざるを認めると云ふ。併《しか》し此の方はどうであつても、臨川中沢の名は実に人道主義の勇敢なる闘将として既に大きく当代の論壇に輝いて居つた。君の天分は寧《むし》ろ人文の発展を指導する思想的先覚たるに在《あ》つたと謂《い》つてい〻だらう。

思想家として君に最も卓越せるは、其の態度の中正、健実、真摯《しんし》、純清なことである。殊に人生に対する深厚熱烈なる同情は君の談論の全体に溢《あふ》れて居つた。君の文章がまた之に相応《ふさわ》しいものであつた事は、読者の既に知らる〻所であらう。

人生に対する同情はまた君の人格をして温潤玉の如きものたらしめた。君の人格は実に其の思想文章よりも尚《な》ほ貴い逸品であつたことは、知友の斉《ひと》しく一致讃歎せる所である。予輩は人を信じ人を愛し又人を楽しんだこと君の如きを未だ多く見ない。斯《か》かる人生観は君に於て想ふに生来のものであつたらう。君は科学者であつた。又或る意味に於ては哲学者であつた。が、君の人生観は君に於て其科学よりも其哲学よりも先きに在つたのである。君の人生観は其の科学其の哲学によりて豊富にされた事は言ふ迄もないが、其の科学其の哲学に依つて始めて得られたものではない。

そこで君と多少でも交際ある我々は、人道主義の不屈の闘将であつたといふ事よりも、人道主義其もの、権化《ごんげ》であつたと云ふ事に、寧ろ君の本当の特色を発見せざるを得ない。君が昨今の時勢に棹《さおさ》して更に鼓勇一番したのも、畢竟《ひっきょう》この熱烈なる魂の衝動に促《うなが》されたものに外ならぬ。尤《もっと》も君が人道主義の為に奮闘された事は近頃に始つた事ではない。最近十年あまりの本誌を通じて静に君の述作を吟味するならば、蓋《けだ》し思い半ばに過ぐるものがあらう。而《しか》して戦後世界の思想界が旧套《きゅうとう》を脱して将《まさ》に新粧を着けんとするの今日、君は素志将に成らんとするに多大の希望を前途の光明に繋《つな》げつゝ、更に勇躍禁じ能《あた》はざるものがあつた事は固《もと》より怪むに足らない。不幸にして不治の病魔に囚《とら》へられ、肉体は日に日に衰弱を増した。にも拘《かかわ》らず、君の勝ち誇つたる魂は、凱旋将軍の概を以て、最後まで活動を続けて熄《や》まなかつたのである。

予輩はいろ〳〵の意味に於て君の訃を悼む。けれども君が勇躍奮進の光明裡に大往生を遂げられしを観てはまた多少慰むる所がないでも無い。否我々は寧ろ君の訃に依つて、君の活動の育《はぐく》める多くの魂と共に君の志を大成するの仕事に一層努力するの責任感をさへ強められる。願くは君の志の近き将来に成らんことを。

〔『中央公論』一九二〇年九月〕

〔有島君の死〕

有島君の死はわれ〳〵友人に取つて何と云つても堪へ難き悲みの種だ。社会的に謂つても彼を喪《うしな》つたことは非常に惜しい。

＊

僕の知る限り彼程良心に忠実な人はない。彼程自己の所信に忠実たらんと努めた人は外にあまり多くなかるべく思はるゝ。その所謂《いわゆる》良心なり又所謂所信なりが、客観的判断に於て真の正しきものであつたかどうかは別問題だが、彼自身の問題としては彼は徹頭徹尾真と誠とを以て自己の生活を一貫せんと奮闘した人だ。

併《しか》し世間の事は自分の思ふ通りにのみは往《ゆ》かぬ。世の中がもと〳〵不完全な以上、自分だけ正しい純な生活をしやうといふのは土台無理だ。が有島君に於ては此意味の妥協をすら認容するを肯《がえん》じなかつた。而《しか》して彼れは物質的にも精神的にも頗《すこぶ》る恵まれた境遇の裡《うち》に順調に育《はぐく》まれて来た丈《だ》け、彼の生活はさうした環境から到底《とうてい》離れ去り得ざるに拘《かかわ》らず、彼の良心は常に自己の低迷安住を烈しく責めて已《や》まなかつた。我々に在《あっ》ては単に食ひ且《か》つ眠るといつた類《たぐい》の所謂日常茶飯事に就《つい》てすら、彼は常に深刻なる反省を加へ痛烈な煩悶を感じて居つたらしい。君と会談する機会をもつ毎に、僕は其の異常な苦労性を笑ふよりも、寧《むし》ろ自分のなれ切つた平凡さに恥ぢ入らしめらるゝことが多かつたのである。

されば或る意味に於て有島君に取て生は則ち悩みであつた。こゝに彼れの作物なり行動なりに現はるゝ光りの一面の源はあつたと思ふ。而して彼れに大なる過失を犯すことありとせば、以上がまた同時に其の有力なる一原因でなければならぬ。

＊

何時《いつ》何《ど》んな場合に於てゞあつたか忘れたが、僕が君の様にさう堅苦しく考へては一日も此世に活きては居れぬではないか、斯《こ》うしてうまい料理に舌鼓を打つてるといふが既に自分の思想に取つては大きな妥協なのだ、絶対的に所信に忠ならんとすれば死んで了《しま》うの外はない、と冗談まじりに放言すると、有島君は意外に沈痛の面持にしばし沈黙深思して一座を不思議に緊張せしめたことをおもひ出す。今になつて考へて見ると、有島君は結局良心の純真を傷けるに忍びずとして肉体を棄てゝしまう運命の人であつたのかも知れない。

＊

併しこの運命を遂ぐるの機会を波多野夫人との恋愛昂進の際に求めたことに対しては、どう考へても遺憾の情を禁じ得ない。外の場合ならイザ知らず、此《この》場合我々の観て居た本当の有島君は、まだ〳〵死の解決に急ぐべきでなかつたと僕は思ふ。

有夫の婦を恋するのが間違だと云ふ様な陳腐な考は僕と雖《いえど》も固《もと》より執《と》らぬ。在来の結婚法の不都合な結果、有夫の婦が異日夫以外の男に恋愛の対象を見出すといふ事実を不思議とも思はない。従つて斯うした婦人に在来の道徳を強《し》ゐ形式的の貞操を迫つて其自由を極度に拘束するの不当なることをも僕は承認する。目覚めたる婦人が旧式道徳よりの解放を要求するのは、其の方法の是非は暫《しばら》く措《お》いて、其事自身頗る意味のあることだと信じて居る。併し乍《なが》ら我々の飽《あ》くまで忘れてならぬことは、そはその婦人の問題であつて、断じて他の男の問題ではないことである。換言すれば、有夫の婦が其夫に向つて自己の新しき恋愛関係の処理を求むるが当然の話だとしても、其間に新しき恋人たる男が干〔介カ〕入して人為的に其解決を促進せしむべき権利は毫頭〔毛〕ないと信ずるのである。

波多野夫人のことは別問題とする。彼女が現在の夫をすて丶有島君に走らんとせる経緯にも諒《りよう》とすべきものはあると仮定して置かう。而して来り投ずるが儘《まま》に之を受け容れて事件を退《の》つ引《ぴ》きならぬ極地に追ひ込むは、俗情の誘惑だ。有島君にして本当に波多野夫人に真心からの恋愛を感じて居つたのなら、出来る丈け波多野夫人の此際に於ける義務の成就を助くべきではなかつたか。義務とは何かといふに、所謂三角関係の処理を、古き形式的道徳の打破から新しい合理的秩序の建設へ導く様に片附けることに外ならぬ。この点に於て有島君の執つた態度に僕達は限りなき遺憾の情を禁じ得ない。

*

さは云へ有島君の悲惨なる解決は、やはり彼の飽くまで所信に忠ならんとする努力の結果に外ならぬことは認めない訳にゆかぬ。道徳的批判に於て僕は到底彼に与《く》みすることは出来ぬけれども、彼が徹頭徹尾真と誠とに終始せることを観て、僕は彼の生涯は亦真個一芸術品たるを失はぬと思ふ。間違つたとしても一種人を魅する味がたゞようて居るではないか。

料理法の指示に従て彼れ此れと精密な調合をしてもうまい味が出ると限らない。出ても必しも同じ味とは限らない。法則に合はねば概してうまい味の出ぬを常とするが、名匠の手にかゝると、破格の調合からも云ひしれぬ特異の味の出ることがある。教訓を求むる様な目で有島君の死を観《み》てはいけない。一種の味をあぢはうときに始めて死んだ彼も我々の間に仍《な》ほ昔ながらの親しみを以て再現して来る。彼は我々に対して余りに親切であつた。概して彼は人として余りに美しかつた。彼自身の足助氏に送つた「温い思出のみ残る」の一言は即ち今の僕達の感情そのものだ。而してこの温い思ひ出がまたどれ丈け我々残されたる友人達の心を温めるか分らない。只《ただ》之が為に我々は彼の過失に対してまでも眼を掩《おお》うてならぬことは勿論《もちろん》である。

〔『中央公論』一九二三年八月「小題小言」欄〕

有島君の死に面して

*

有島君が若《も》し死に損つて再び我々の間に帰つて来たとしたら、僕は大に歓んで彼を迎へると共に、また大に彼を面責したに相違ない。彼には彼自身の弁解はあらう。僕はまた僕として徹頭徹尾彼のあゝした最後を是認することが出来ないからである。

併《しか》し之はたゞ有島君と僕とだけの事だ。僕は友人として言ひたい丈けのことを遺憾なく彼の前に言つて見たい気がするのだが、之を世間の公衆に告げる考は今のところ毛頭ない。仮令《たとえ》それが公益の為にならうとも、僕は余りに麗はしい印象を残して逝つた彼を、冷酷なる道義的批判の俎上《そじょう》に引き出すには忍びないのである。

*

新聞で見ると、なにがしの博士は彼を日本一の大馬鹿野郎と罵倒した。又有名なる一貴族院議員は、財産といふ程にもない土地や金を投げ出して見たり、淫猥な小説に手を染めたり、とゞの詰《つま》り人妻と情死するなどは薄志弱行の現代不良児の好標本だとけなして居られる。成る程之れも一理はある。併し斯《こ》んな罵声悪評をきくと、僕はなんとなく我が肉親のわるくちを聞かさるゝ様の感がする。兎《と》に角《かく》彼れはそれ程までに我々に取つては親しみのある友達であつた。彼の最後の一幕が如何に手厳しき批難に値するものであつても、彼を識る者は到底彼を惜しみ彼を慕ひ彼を懐かしまずには居れないと思ふ。

*

有島君の死に就《つい》て彼の多くの友人は色々の感想を新聞紙上で述べて居る。而して其の殆んどすべては期せずして彼に無限の同情を表《ひょう》して居る。中には死そのものに非常に深い意義あるかの如くに説いて彼に偶像的讃仰を捧げんとして居る者すらある。冷静に考へれば之れ贔負《ひいき》の引き倒しの甚しきものに相違ないが、併し之れ程までに多くの友人の聡明を鈍らした所に、生前に於ける彼の感化の温醇を認めねばならぬ。彼の一生は実に清華花の如く朗潤珠の如きものであつた。一度でも彼に接した程の者は、どうして一朝の過失に由て彼に背《そむ》き去ることが出来やう。あれ程の大きな過失——僕は敢《あえ》て過失といふ——をすら許さうとつとめしむる程、生前に於ける彼の交遊は今に於て仍《な》ほ我々に取つていと貴い懐しいものなのである。

*

が、どんなに彼を惜しみ彼を慕ふからとて、我々はまた理非の判断を全然顚倒《てんとう》してはならない。僕の立場からすれば死は如何なる場合に於ても積極的解決策たるの名誉を担《にな》ふことが出来ぬと思ふが、少くとも有島君の択《えら》んだ死に方は、断じて美でもなければ人情の真に徹したものでもない。有島君に於てうるはしかつたのは、たゞその一生の座臥行住だ。死に方そのものではない。別の言葉でいへば、あゝした不正な死に方に由てさへも傷けられない程の極めて美しかつた彼の一生である。

*

繰り返していふ。僕は有島君の最後を甚だ遺憾に思ふ。けれども彼が我々の間に遺した温い思出は、どうしても彼を慕ひ彼を懐かしく思はしめずには置かぬ。無頼の不良児が偶々《たまたま》出征中戦死したとて一躍靖国神社に護国の神と崇《あが》めらるゝと反対の意味で、一朝の過失に因て、我々は彼の残したうつくしい魂の輝を永久に棄てたくないものだと思ふ。（大正十二年七月十五日）

〔『文化生活の基礎』一九二三年八月〕

有島君の死をどう観るか

有島君の死をどう観るか？

基督《キリスト》教徒の立場から観て有島君の死には土台一毫の是認すべき理由もないのである。

僕は自殺の報道を聞いた瞬間から、あの人にも似合はない飛んでもない不都合な事をして呉《く》れたと深く心に遺憾としたのであつた。只生前親しくもしてゐたし又非常に尊敬もして居たので、此の最後の一大過失の故を以て直《ただち》に彼の一生を侮《あなど》る様な気持にはどうしてもなれなかつた。彼れのあゝした異常の死に由て全部を葬り去るべく彼の此世に残した生活は余りに美しく余りにけ高いものであつたからである。が、兎《と》に角《かく》彼の死そのものを抽象的に摘出して論ずる時、そこには何等之を弁護すべきものはないと信ずる。

夫《それ》にも拘《かかわ》らず我が読者の中にこゝに疑を抱いて居る方が少からずあるとすれば、そは必ずや世上の俗論に迷はされたものに外あるまい。何となれば世間は余りに有島君の死に不当の同情を寄せ過ぎて居るからである。現にどの新聞を見ても有島君に無限の同情を寄せて居るではないか。中にはそこに何等か重大な意義のあるものゝ様に勿体《もったい》を附けてるのもある、甚しきは有島君に偏倚するの余り不謹慎にも波多野春房氏に対して悪声を放つ者すらもあつた。そこで成る程有島君の死はさほど責む可《べ》きものでもないかと云ふ様な感の起るのも尤《もっと》もだと考へらるゝ。之といふも畢竟《ひっきょう》有島君の生活が、作物を通して観ても勿論《もちろん》だが、実際交遊の間にうかゞつても、余りに奇麗で且立派であつたからであらう。此処に我々は有島君の死より尊き教訓をうくるのであるが、之には今は言及せずにおく。

要するに有島君に在《あっ》て美しく貴いものは、此世に遺した生活そのものだ。その終結の最後の一幕に至ては断じて美しくもなければ又尊くもない。況《いわ》んや基督教徒の立場からをや。

誘はるゝが儘に僕の考を卒直に述べておく。简に失して委曲《いきょく》を尽《つく》さゞるの憾《うらみ》あるが、基督教的立場よりの批判とし[て]は元来が少しも面倒な問題ではないのである。読者中もしなほ疑の釈《と》けざる方あらば更に其《その》教を乞うて重ねて愚見を述ぶることにしやう。

〔『新人』一九二三年八月〕

島田三郎先生を弔す

十一月十四日沼南先生遂に逝く。先生の死に依て我国は色々の意味に於て再び充たし難き一大欠陥を生じた。享年七十二。年に不足はない様だが天下の為に切に痛惜の情に堪へない。僕一己《いっこ》の先生に対する関係をいへば、先生は実に吾々の前途を導く灯明であつた。言葉の最も深い意味に於て「先生」と称し得る者、僕の親炙《しんしゃ》せる先輩の中に少くとも三人ある。海老名弾正先生の今なほ矍鑠《かくしゃく》として健闘を続けらるゝは吾人の意を強うする所であるが、先には江原素六先生を送り、今また沼南先生と分るゝに及び、密かに寂寥の感に堪えない。以上三氏の如きは啻《ただ》に僕等少数後輩に取つての先生たるのみならず、又広く天下の師《し》傅《ふ》たるに値する者。心あるものは之を識ると識らざるとに論なく、沼南先生の訃を聞いて同じく哀悼の情に堪へまいと思ふ。

先生が清議高節の君子として一生を終始せられしは世の普《あま》ねく識るところ、復《ま》た贅《ぜい》するの要はない。而《しか》して吾人の先生に服してやむ能《あた》はざるは、正義の為にするその熱狂的奮闘である。世或《あるい》は曰《い》ふ、先生の狭量容易に人を容れず遂に政界に孤立して晩年の薄運を致せりと。是れ一面の観ではあるが、吾人は寧《むし》ろ此処《ここ》に先生の面目と使命とを認めざるを得ない。惟《おも》ふに先生の至誠はもと天稟《てんぴん》に出づ。事功を急いで漫《みだ》りに之を枉《ま》ぐることは出来ない。先生の如きは到底現代に容れられざる人、而かもまた現代になかるべからざるの人、少くも一人位はあつて欲しき人。沼南先生ありて腐朽せる日本政界の大廈《たいか》は辛うじてよく一木の支持を得来つたと謂《い》つてい丶。誰かいふ、先生四十年の政治生活は何等の事功を遺《のこ》さずと。又誰かいふ、先生の晩年周囲に共に語るものなしと。最近起りつ丶ある政界廓清の道義的機運は実に先生遺業の最も意義あるものにして、而して先生の知己友人は遠く千載をまたず今日既に天下有望の青年の間に無数にあるではないか。先生を薄運の裡《うち》に逝けりといふは極めて皮相の見、寧《むし》ろ功成り名遂げ凱旋将軍の意気を蔵し微笑を含んで静に天に帰せるものといふべきではあるまいか。

政治家としての先生の活動は明治十五年改進党の創立に始るのであらう。当時既に領袖の一人として重きを為したことは云ふまでもない。二十三年初期議会以来今日まで間断なく而かも同一選挙区より代議士として挙げられ来つたことは全く先生の徳望に帰せねばならぬ。其間常に清議公論を以て異彩を放ち、所謂《いわゆる》世の光たり地の塩たるの任務を驀進したことは何人も認むる所だらう。同じ態度はまた新聞記者としての奮闘にも現れて居る。東京毎日新聞に拠つての星亨攻撃は、議会に於ける有名なシーメンス事件の摘発と共に、先生の歴史を飾るべき二大事績と謂《いっ》てよい。其他数へ挙ぐれば限りもないが、要するに先生の如きは荒涼たる議会史に聊《いささ》か一味の生色あらしむる異常の人格であつたことは間違ない。

併《しか》し先生を単純なる清議公論の政客のみとするは当らない。先生は其の活躍の主たる舞台を政界に置いたが、傍《かたわ》らまた社会事業にも多大の力を致された。廃娼運動、禁酒運動等はいふも更なり、平和運動、軍縮運動の如き、先生の与らぬは稀だ。要するに先生は凡ゆる善き事の味方であり、余力の存する限り、犬馬の労を吝《おし》まれなかつたのだ。が、之を併せ加へてもまだ先生の全豹は尽されない。更に先生の本領は学者又は史家としての方面にも著しく現れて居ることを忘れてはならぬ。先生の社会に遺した事業も主としては政界に在ることは勿論《もちろん》だが、学者としての功績もなほ亦《また》決して見逃す可《べか》らざるものがあると思ふ。

学者としての先生の業績は二つの方面に分れる。一は明治初年に於ける我国法学の開発に貢献せる方面である。ベンサムの訳『立法論綱』(和本四冊)は十一年の版に係《かか》り、翌十二年には東京帝大の雇教師テリーの教科書を訳し『法律原論』(和本四冊)の名で公にして居る。前者は元老院の蔵版で幹事陸奥宗光の序文もあるから同院権少書記官としての仕事であつたのだらう。陸奥は先生の兄事せる先輩で元老院に入りしも其の推挽による。当時元老院の書記官といへば、謂はゞ議官の顧問のやうなもので西洋新学に通ぜる高才逸足の集る所であつた。先生は大井憲太郎、中江兆民等と伍して遜色が無かつたといふ。以て其の学殖の当時群を抜きしを想ふべきである。聞く所に依れば先生は始め漢学を修め中途英語を学べるも、孰《いず》れも中途退学して一つも学校を卒業はして居らぬ。而かもその学才凡ならざるは皆自習玉成の工夫によるものだ。故に僕は常に思ふ、先生はたしかに学者たるの稟《ひん》質《しつ》を本来多分に有《も》たれた人だと。弁論の条理整然たる、文章の理路明晰なる、亦皆之に基くものであらう。

併し乍《なが》ら学者としての先生の天分は法律家としてよりも寧ろ史家としての方面により多くあるやうに思はるゝ。是れ今日なほ史界一方の権威として認めらるゝ『開国始末』の著がある故にいふのではない。『開国始末』は明治二十年の公刊にかゝる。先生の政界に於ける活躍の最も激しき時、博引旁証この尨然《ぼうぜん》たる大冊の著あり、之れ丈でも先生の史癖を偲ぶことが出来るが、僕は時折先生に親炙して政界馳駆の追憶を質《ただ》し、而して先生の答ふる所全く尋常政客と異りて常に史家らしき客観的態度を失はれざるに驚嘆するのであつた。従つて僕は先生が晩年の大事業として数年来鋭意心血を注がれたる『明治政史』の大成に甚大の嘱望《しよくぼう》を寄せて居つたのだ。今や中道にして先生逝く。此点に於ても僕は学問の為に大に先生を惜む。

先生曾《かつ》て僕に語つて曰ふ、明治政史の編纂は国恩に報ずる予が最後の御奉公だと。其意蓋《けだ》し先生が政治家として政界廓清に努められたる其の同じ目的を、明治五十年間の政界の善事悪事を佯《いつわ》る所なく描写することに依て達せんとせられたのであらう。革新の事業も固《もと》より忽《ゆるがせ》には出来ぬ。併し之には猶《なお》多くの同志がある。独り過去の失態を数へて国民的反省の料《かて》を供するは他に多く其の人なかるべしとは、実に先生政界退隠の志をかためられたる主因であつた。此点に於て先生に期待さるべき明治政史は、或は正史として其体を成さぬものかも知れぬが、又別個の意味に於て貴重なる文献の一たる価値を要請するに余りある。少くとも近き将来に吾人に提供さるべき蘇峰先生の明治天皇時代史と相《あい》表裏して、明治史研究者に欠く可《べ》からざる資料たるものであつたらう。先生の訃に由て其完結を見ざるは、残念であるが、其草稿だけでも速に整理して公にされたいものである。

加之《しかのみならず》先生の品藻高潔なるは之に接する者の敬慕措《お》く能はざるものがあつた。悪に対して秋霜烈日の厳しさを示しつゝ、其の謙抑坦懐は人をして徐《おもむ》ろに春風に包まるゝの思あらしめずには置かぬ。是れ先生が政治家として異彩あり学者として亦《また》重きを為すの外、天下の「先生」として一代の尊崇を博する所以《ゆえん》。先生の如きは明治大正を通して後世に誇るべき偉大なる人格であり、不幸にして現代に多く理解せられざりしとはいへ、年を経ると共に益々光□〔彩カ〕を発《はな》つべき典型的大平民と謂はねばならぬ。玆《ここ》に草卒一片の弔文を呈するは、単に後進としての追慕の私情を洩らすばかりではない。（十一月十五日）

〔『中央公論』一九二三年一二月〕

島田先生全集刊行紀念講演会

――「島田三郎先生の追憶(私の日記から)」より――

六月十六日神田青年会館の講演会を聴きに行く。島田三郎全集の刊行につき其の披露を兼ねた紀念講演会である。編纂者惣出《そうで》といふのだから、本来ならば私も出て喋舌《しゃべ》る方なのであるが、一寸差控へねばならぬ事情があるので、今度だけ傍聴席に隠るゝことにした。この事情といふのも別の機会に詳《くわ》しく書いて置きたいと思つて居る。青年会館に来て見たのは地震後始めてだ。元の講堂を其儘《そのまま》使つてあるが、二階がないから三四百人で満員になる。財政困難と見へて復旧の跡甚だ鮮でないが、斯《こ》うした会場の乏しい今日兎《と》も角《かく》もあれまでにして社会に提供された厚意は感謝に値する。土間のおがッ屑は足触りが悪くない。四方の天井を張つた鼠色の布帛《ふはく》は、讃めていへば汚い周囲にふさはしいと謂《い》つていゝ。全体が小じんまりとして演壇に立つたら嘸《さぞ》いゝ気持だらうと想はれた。弁士の顔触れがいゝのか、陰鬱な雨空に拘《かかわ》らず六時の定刻に満員の盛況を呈し、七時頃には文字通り立錐の余地もなかつた。島田先生の余徳にも依るが、二十年振りで演壇に立つた木下尚江君が人気を呼んだことは云ふまでもない。

司会は島田先生の議長時代の秘書であつた小汀《おばま》利得君がした。簡単な挨拶のあと、石川安次郎君が起《た》つた。題はたしか島田先生の議会に於ける雄弁とかいふのであつたと記憶する。何とか彼とかこぢつけて、氏の主として編纂された全集第一編『議会演説集』を吹聴される。吹聴と申しては軽薄に聞へるが、先生の議会に於ける演説は何と云つても明治政界の至宝たるを失はぬ。そして之れの編纂に石川君の最適任者たること亦《また》万目の見る所を一にして居る。石川君の説明を聞くまでもなく、全集の第一編は是非江湖にすゝめたい。

石川君の演説の中で斯《こ》んなことが今仍《な》ほ耳底に残つて居る。先生の亡くなられた御通夜の晩、先生の伝を作らうとの議があつたとき、最も熱心に之に賛成されたのは山室軍平君であること。昔し小山東助君も生前に先生に御すゝめして自叙伝を書かれてはと云つたことあり、石川君は自叙伝には賛成しなかつたといふこと。伊藤公が政友会を作つたとき、大岡育造氏が使として島田田口両氏に入会をすゝめ、入会の上は総務の地位を提供すると云つたこと。田口卯吉氏は島田と一所なら往つて政界革正に骨折てもいゝとの考であつたが、島田先生は当時伊香保にあり遥《はるか》に之を聞き断じて入らぬと云つて来たので、田口氏も入会しなかつたといふこと。

＊

石川君に代つて木下尚江君が起つた。題は島田先生最後の憂といふのであつた。最後の病床に先生と相語つた感慨深い追憶談に満場をしんみりさせた。先生の政治上の最後の仕事は普選であること、普選は先生に於て理論上の結論ではなくして不動の信念であつたこと、只同胞の間には神に付ける信仰なく従て又道徳なく政界の腐敗の滔々《とうとう》として遂に底止する所なきを憂へられ、先生はつまり之を憂いて病床の人となつたとて、先生の内面生活の一端を聴衆の目前にさらけ出す。先生の臨終の荘厳なる光景や、死に顔の若々しく輝ける姿など、話に熱情あつて多大の感動を与へたやうであつた。

それから木下君は目下同君の頻《しき》りに校訂して居る開国始末の紹介に移つた。開国始末も亦先生の名を不朽ならしむる名著で、単に政治家としてのみ先生を知る人に取つては斯んな一面もあつたのかと驚かるゝことであらう。さて木下君の開国始末の紹介は実に非常に面白いものであつた。水戸派の解剖、之と開国派との関係、京都と江戸との交渉、此間に於ける策士の陰謀、其他夫《それ》から夫へと手に取る如く当時の紛糾を解明して呉《く》れる。私もあの辺の事は専門に研究して居るが、之をあんな風に活描する手腕には到底及ぶ可らずと嗟歎《さたん》の声を発するのみであつた。

木下君の壇上に立ち始めた頃は、声も低く調子も静で、一寸人々の期待に背《そむ》いた感があつた。流石《さすが》二十余年も泣かず飛ばずの隠遁生活を続けた丈け声は少しかれた様だが、段々と熱が加はるに連れて、遂に当年の面影は躍如として狭い壇上に一ぱいにあふれ出る。木下未だ老いず大いに人意を強うするものがあつた。聴いて居て私など只何の訳もなく涙がこぼれた。最後の獅子吼《ししく》、只魂を愛せよ魂を育てよ魂を尊重せよの一語実に千鈞《せんきん》の重みがあつた。

＊

次に内ケ崎作三郎君が起つた。政治評論家としての島田先生といふ題であつたが、木下君が二時間喋舌つたので同君は大に端折られたやうだ。夫れでも開国始末やら如是我観《にょぜがかん》やら日本改造論やら、はては先生の未定稿なる明治政治史やら、先生の代表的諸作につき夫れ〴〵其の特色を紹介され、即ち評論家としての先生の至公至平の見識を讃《たた》へられた。同君の弁は中々手に入つたものだ。従容《しょうよう》迫らず、而かも活殺自在なので、木下君の演壇で緊張し切つた聴衆に取つてはまた一服の清涼剤であつた。

＊

最後に山室軍平君が予の観たる島田先生といふやうな題できツかり十時までしやべられた。正十時を以て面白い感激に富む演説を終られたといふ所に、同君の説教者としての外に事務的天才を有せらる一面が現れて面白いと思ふ。二十八年九月救世軍が始めて日本に乗り込んだ時の光景から話が始まる。郷に入ては郷に従へといふが救世軍のモットオださうで、男女十四人の一行は先づ香港で変な単衣《ひとえ》と帯とを求める。九月四日横浜に上陸した際は異様の装束で旗を押し立て、練り廻したとやら。従て朝野の批評はひどいもので、罵詈《ばり》讒謗《ざんぼう》の記事や詩歌の二三を山室君は読み上げた。同君の此仲間に入つたのは同じ年の十月からであるが、斯ういふ際に当初から救世軍の運動を理解し且《かつ》多大の同情を寄せたのが島田先生であるといふ。君はまた其頃官憲の圧迫のひどかつた事を追懐し、克己週間の寄附金を募集してあるいたのが悪いとて三日間の拘留に処せられ、募り得た金にも増した罰金を課せられた話や、警視庁の某高官が救世軍は社会党なりと云つたのを留岡幸助氏が弁護して呉れた話や、慈善鍋を始めると東京市の美観を傷けるとて大眼玉を喰つた話やを、夫から夫へと述べる。成る程斯うした時代に救世軍を保護し公然其の提灯を持つた島田先生は真にえらいと謂はざるを得ない。ブース大将の来た時先生は大将に長寿法を問うた。大将は幼時蒲柳《ほりゆう》の質たりしと伝へられたからである。大将之に答へて三ケ条の注意を与へた。曰《いわ》く控へ目に飯を食ふこと、曰く仕事を転換すること、曰く安《やすん》じて一切を神に委《まか》せて生活すること。先生我が意を得たるもの、如く、其後も屢々《しばしば》之を語られた。宮内省から毎年多額の御加賜金あるも先生尽力の結果とやら。蓋《けだ》し先生と救世軍との関係は頗《すこぶ》る深いものがある。

夫れからまた禁酒廃娼の運動に於ける先生の功労を述べる。先生も元は酒呑みであつたさうで、東京専門学校の飛鳥山運動会に酔ひつぶれ前橋孝義氏に御宅まで送り届けられたなんどは、珍らしい逸話である。群馬県で明治十五年一旦廃娼の決議をしたのを、愈々《いよいよ》実施といふ一月前即ち二十一年五月に、醜悪なる運動の結果廃娼は当分延期の事と布告が出たので、知事と県会との大衝突となる。二十二年十一月先生招がれて前橋に公娼の害を論じたのが、如何《いか》ばかり県民の正論を後援したか分らない。官尊民卑のこの時代とて、知事の態度なか〳〵頑強であつたのが、遂に民論の勝利に帰したのは、偶々《たまたま》伊香保に遊んで居た川上操六氏の行政官の横暴に憤慨して帰京後政府に説いた結果でもあるが、主としては島田先生の侃々諤々《かんかんがくがく》の雄弁の力であると謂はなければならぬ。

斯くして山室君は島田先生の斯うした方面の論策を忠実に披閲《ひえつ》せられ周到の撰択の後全集第二篇『社会教育論集』を纏《まと》めた由来を述べて壇を下られる。洵《まこと》に印象の深い講演であつた。

総じて此の講演会は、弁士に其人を得、故人を紀念するに最も応《ふさわ》しいものであつた。聴衆も十二分の満足を以て帰つた様に見ゆる。之に由て故先生の思想を尠《すくなか》らず普及せしめ得たことも疑ない。秋頃になつたらもう一回やりたいものだ。

〔『文化生活の基礎』一九二四年七月〕

管原伝氏と私

今度海軍省参与官になつた管原伝氏を、新聞では不遇の人だの清貧の人だのと同情を寄せてゐる記事が多く眼につく。同氏は郷党の先輩で且《かつ》私に取ては或る意味の恩人だ。久しく往問の礼を欠いては居るが、今図《はか》らずも同氏と私との過去に於ける交渉がありくと眼にうかぶ。或時期に於ける私自身の記録として思ひ出す儘《まま》を書いて見る気になつた。

*

私が初めて管原伝といふ名を耳にしたのは三十年足らずも前の事だ。はつきりと年代の記憶はない。何でも同氏が始めて宮城県の元の第三区で立候補した時に相違ない。肖像入りの宣伝刷物が郵送されたのを読んで偉い人だと幼い胸に刻み込まれたのであつた。夫《それ》から若干の日数を経てから、私の家でであつたか近所の親類の家でゞあつたか、私の父親其他二三名の所謂《いわゆる》有志家が集つて管原氏と対談したのを襖越《ふすま》しに聞いた。一々感激した事丈《だけ》は覚えてゐるが話の内容は頓《とん》と記憶に留つて居ない。只一つ今でも鮮かに脳裡に残つて居るのは、「私の様なものが切《せ》めて十五六人もあれば日本の政界も安心なものですがと、陸奥伯(と云はれたと記憶す)からも云つて寄越しました」と、何でも手紙様のものを拡げて見せて居るらしい光景である。田舎物〔者〕を相手に投票を集めようと云ふのだから、此位の自家広告は已むを得ぬとして、其の態度が如何にも自信を包むに謙抑の風格を以てした様に記憶して居る。馬鹿に感心して仕舞《しま》つたのであつたが、後で父からアノ人は今度アメリカの永い留学から帰つた偉い人だと聞かされて、益々《ますます》畏敬の念を深うしたのであつた。

その時にチラと見た顔は、今もその儘の豊頬温柔の赤みを帯びたあの顔に相違ない。其後間もなく、旅行好きな私が草鞋《わらじ》ばきに郷里の近村(山野と言ひたいが茫々たる広野なので旨い文句が思ひ浮ばぬ)を跋渉《ばつしよう》して居た時、同氏が選挙運動の為であらう腕車《わんしや》に揺られてひとり通られるのに遇《あ》つた(其頃の選挙運動は今程大が丶りのものではなかつた様だ)。謹《つつしん》で脱帽敬礼したのに、氏も亦丁寧《またていねい》に礼を返されたのを嬉しく思つたが、氏は無論斯《こ》んな事を今記憶しては居られまい。

其後永らく私の郷里方面は管原氏の独り舞台であつた。氏も亦其頃は貧乏ではなかつたと見へて、随分《ずいぶん》田舎の運動員等には金銭上の世話をされた様だ。私の郷里の先輩知己にして管原氏に依《よつ》て食べて居たといふ多くの人を知つて居る。事に依ると金を遣《や》り過ぎはせなかつたかとさへ疑はる丶程である。買収とか贈賄とかいふのではなく、乞はる丶儘に人の急に赴《おもむ》くといふ風の義侠的の失費の高は、蓋《けだ》し莫大《ばくだい》なものであつたらうと察せらる丶。

*

私が管原氏と直接の交渉を生ずる様になつたのは、夫から更に数年を経て私が東京帝大に入つた時からである。明治三十三年の話だ。其頃の大学の規則では、東京在住者の保証人が要《い》る。誰に頼まうかと父に相談すると、無論管原さんにといふ。其頃一商賈たる父は町民から推されて暫《しばら》く町長の職に在《あつ》たので、特に管原氏と交渉があつたのかも知れぬ。父から手紙を出す。管原氏から懇切な承諾の返事が来る。やがていよ〳〵上京となる。父は私を医者にして郷里で開業させ地方の為に尽さしめやうとの希望は疾《と》くに棄てたが、私の法科に志望したのを許しはしても政治家にはしたくなかつたと見へて、管原氏の教導を受くるは可《い》いがあの人の跡を追ふのは考物だと、呉々《くれぐれ》も注意されたことを思ひ出す。四五年前に死んだ父を今まで活かして置いて、斯んな昔話をして見たらばと、書き乍《なが》ら涙ぐましくもなつて来る。

東京へ着いて間もなく管原氏を赤坂氷川町の仮寓《かぐう》に訪ねた。当時氏はまだ独身であつた。余り立派な住居でもなかつたと記憶するが、併し当時氏は決して財政上不如意ではなかつたやうだ。初対面の印象として日の出の勢にある人は斯んなものかと羨しく思つたことを覚えて居る。多少子供あしらいをされたことに淡い不満を感じた様にも思ふ。宜《よ》い加減の所で、玄関側の書生と遊んで行き給へと奥へ引つ込まれたことも記憶して居る。之は田舎出の私が、言ふこともなくモジ〳〵して長尻をしたからであつたらう。今私の所へ来る年若い人に矢張《やはり》斯んなのがあつて少からず閉口させられる事もある。兎《と》に角《かく》書生さん(其の名を忘れた、顔には今も覚えがある)の部屋で昼食を饗せられ、大通まで物の十五六町も送られて帰つたのであつた。今と違つて電車もタキシもない時代のことだから本郷の下宿から赤坂までは一日仕事なのであつた。

保証人として印形を貰《もら》いに往《い》つた。保証人は東京に土地家屋を有するものでなければならぬ。其事の証明を区役所から取る必要がある。此事をいひ出すと、氏も書生さんも、今時天下の管原を知らぬものがあるかといつた風に薄笑ひをされたやうであつた。其れ程当時の氏は元気旺盛なものであつた。それでもすぐに書生さんを指図して一切の手続を済ませて呉《く》れた。想像以上に親切な人だと益々親しみを覚へたのであつた。

其頃氏は移民会社か何かを経営して京橋に日向輝武氏と共に共同の事務所を有つて居られた。何の用件だか忘れたが、新肴町八番地の事務所に自分なり日向なりを訪ねて呉れと頼まれたことがあつて往つたが、生憎《あいにく》氏は不在、日向氏は居るには居るが、ハイカラな事務員が出て来て、相当の人の紹介もなくてはお前の様な子僧が日向氏に会ひたいとは生意気だといふ風にあしらはれたので、憤然として帰つたことを覚へて居る。

其頃管原氏は仙台藩出身の書生の面倒をマメに見られて居たやうだ。自分が先達《せんだつ》となり費用の大部分を負担されて学生の会をこさへ外神田の福田屋などで再々会合を催した。今は故人になられた斎藤二郎氏も片腕となつて斡旋《あつせん》の労を執《と》られて居たから、悪くいへば選挙の為に遠い因縁《いんねん》を作らうとの魂胆でないとも云へぬが、夫にしても随分と世話を焼いたものだ。中には陰にこつそり氏を呼んで金の無心をモヂ〳〵述ぶる苦学生もあつた。人の目につかぬ様に五円紙幣をやつたのを偸見《ぬすみ》たことも一度や二度でない。之を思ふと、如何に其後氏が財政的に不如意になつたからとて、氏をして今日を寂しく暮させるとは、人情の軽薄も極《きわま》れりと概歎せずには居れぬ。今でも仙台附近には、氏の為には水火も辞せずといふ位の報恩をせねばならぬ立場の人は随分と多い筈《はず》だと思ふ。名指しては相済《あいす》まぬが、平渡信君の如きも、管原氏を向ふに廻して候補を争ふなどは、私共の顰蹙《ひんしゆく》を禁じ得ざる所である。尤《もつと》も公私の関係は自《おのずか》ら別だとはいへば夫れ迄である。

＊

私は大学を卒業してから後一寸政界に這入《はい》つて見たいと考へた事がある。父にも戒《いまし》められた通り政治家になり切る考は因《もと》よりない。終生の事業としては政治の研究といふに決めて動きはせぬが、研究には実験も必要だといふ位の考で、若《も》し出来るものなら政党事務所に一年位仕事して見たいと考へたものゝやうに記憶する。乃《すなわ》ち此事を以て管原氏に相談した。当時氏は麻布永坂町に宏壮な新邸を構へて勢ひ益々盛なものゝ様に見へた。氏は私の希望を皆まで聴かず訳もなく思ひ止れと忠告して呉れた。大学を出た人の入るには政界には余りに表裏がある。関直彦君を見ろと云はれた様に記憶するが、其の間の連絡は今思ひ出せない。君の品性の為に自分は切に政界に野心を有《も》たぬことを勧めると云はれた。又愁然として僕もモウ之れまで数万の金を徒費したからなアと眉をひそめられた。今にして思へば、此頃から幾分財政上に塞迫を感ぜられたのではなからうか。而して私は始めからさう熱心でもなかつたのでおとなしく氏の忠言に従ふことにした。そして管原氏は矢ツ張りゼントルマンだなと思つた。

其頃氏は人民新聞の社長をして居られた。頗《すこぶ》る振はぬ新聞であつた。どういふイキサツであつたか主筆の中尾氏に紹介され、新聞に何かを書いて呉れと頼まれて引き受けた。その結果或るものを十日余り連載したことがある。之をまた或る本屋が一冊の本にした。そもく\私が本を出したのが之が始めである。変な本だから名はいはぬ。所蔵の一部は支那に往つて居る留守中誰かに持つて行かれて今手許《てもと》にはない。今でも久しく漂泊の旅から帰つて来ぬ愛児でも待ち詫ぶる様な気持で生きてる間一度は再見の機会を得たいと冀《ねが》つて居る。其頃管原氏に帝国ホテルで昼食を御馳走になつたことがある。帝国ホテルといふ恐ろしい立派なとこで大枚三円もする料理を食つたのが之が始めであつた。尤《もつと》も西洋料理らしい料理を食べたのは、其前夏の七月上野精養軒の土井晩翠君の送別会がある。井上哲次郎君だの、登張竹風だの、大町桂月だの、高山林次郎だのといふ偉い方の演説を聴いて馬鹿にいゝ気持なものであつた。以上みな三十七年の出来事だ。

其頃から私は政治家の伝記を書きたいといふ希望を有《も》つて居つた。西園寺公が管原氏の親分だと云ふ所から、一日出《だ》し抜《ぬけ》に西園寺公に紹介して呉れと頼んで氏を困らせた事がある。西園寺公に遇ふのは田舎の役場に村長を訪ねる位の手軽な事に考へたのだ。イヤ手軽に考へたのが悪いのではない、手軽に行けぬ様にしてある日本の社会がわるいのだ。と云つても始まらない。少しく世間を識つた今日では、年五十にも遠からぬ今の自分を以てして、公に御面会を御願して聴かれ様とは夢更《さら》思つて居ない。併《しか》しあの老人から親しく経歴を聞いて伝記を書いたら面白からうなとは、今でも絶へず考へて居る。兎に角不躾《ぶしつけ》に此事を頼んだら、管原氏はさも当惑さうに、紹介はするが都合のよい折に君の事を話して遇《あつ》て呉れるかどうかの御思召を伺《うかが》つて見た上でないと何とも確答は出来ぬと云はれた。面倒臭い話だなと思つたが其儘にして帰つた。無論この話は之れ切りだ。併し今になつて見ると、私の処へ何々職工組合の幹事だの何々労働協会の何とやらいふ人などが来て、内務大臣に紹介を書けの、警視総監に電話で会見の都合をきけのと、数々困らされることがあるので、其度毎に之等の人々の姿の上に二十年前の自分の面影を思ひ浮べて苦笑を禁じ得ぬのである。そして又自分もあの時〔の〕管原氏の様に忍耐強くなくてはならぬと反省修養に努むるのである。

矢張り其頃、何の為であつたか頓と忘れたが、管原氏が改野耕三といふ人に遇へとて名刺を呉れたことがある。天下の秀才が下ツ端の政党員に遇つたツて仕方がないなど、、気位ばかり高くして遂に往訪しなかつた。今になつて管原氏の好意に背《そむ》いたことを悔ゆる。而して下端の政治家と誤解した改野氏にも済まぬ様の気がする。当年の改野氏は、今の政界に於てなら武藤金吉とか松田源吉とかいつた位の地位に居る頗る偉い人なのであつたらう。

*

其後私は袁世凱の聘《へい》を請《う》けて支那に遊んだ。其間のことであつたやうに覚へる、管原氏は大病に罹《かか》られ、屢《しばしば》危篤を伝へられても結局全快したが見る影もなく痩せ細られたといふ事を聞いたのは。——同時に不幸が重《かさな》つて財政も余程不如意になられたとも聞いた。昨今はまた元の健康体に戻られ、血色もよく体格も立派になられたさうだが、清貧を伝へられる所を見ると、懐工合だけは今以て昔にかへられぬらしい。金の切れ目が縁の切れ目で、昔の様に人が集て来ぬのかも知れぬ。併し貧乏はしても此人に付き金銭上の醜聞は曾《かつ》て耳にしたことがない。政治家に有り勝《がち》の酒色のわるい評判も頓と聞かぬ。夫人の賢明にも依ることかと察せられるが、公私両面の生活に於て操守の堅確なるは、蓋《けだ》し稀に見る君子と謂て然るべきだと思ふ。

私は同氏の政治的手腕に就《つい》ては何事も知らぬ。徳望の人たるは既に定評あるが、あんな人は兎角《とかく》当世には成功せぬものだ。同氏には気の毒だが、私は同郷の先輩として同氏をその意味に於て偉い人としたくはないが、又斯んな人が偉い人として幅を利かす様な世の中に早くならなくては駄目だとも考へる。
取り止めもないことを書いて礼を失したことがあるかも知れぬ。此機会に於て改めて管原氏の健康を祈り其家庭の上にまた清福の裕ならんことを念じておく。

〔『新人』一九二四年九月〕

外骨翁と私

私共が今度明治文化研究会といふを作り『新旧時代』てふ機関雑誌をも出すといふ計劃をして居るが、其の主なる同人の中に外骨翁《がいこつ》があるといふを聞いて、さる友人は私に「君は変な男と仲がいゝな」と云ふのであつた。変な男と交際すなといふ御法度《ごはっと》もないからどうでも良いやうなもの丶、外骨翁は其実《そのじつ》決して変な男ではない。少くとも私は変な男なるの故を以て彼と交《まじわり》を深うして居るのではない。

ついでに断つておくが、彼は外骨翁と呼ばるゝを、あまり喜ばぬらしい。成る程翁とよぶには余りに気が若くもある。此間遇《あ》つた時も、私共の青年時代の記憶が昔話として喜ばれる様になつたからなアと嗟嘆して居つた。但し当年とつて正に五十九歳。この点から云へば翁とあがめたてまつるに不足はあるまい。六十前は翁と云はぬものぞといふ説も聞くが、如何《いかん》せんあの鮮かな禿頭は此の抗弁を裏切るに十分である。遮莫《さはあれ》、私は彼を敬愛すべき先輩として何でも彼《か》でも彼を翁とあがめておく。

私が外骨翁に始めて遇つたのは、今より五六年の前、黎明会第一回の講演会を神田青年会館に開いた際であつた。其頃はまだ廃姓を主張して居られなかつたから、立派に宮武外骨として福田徳三博士から紹介されたのであつた。尤《もっと》も其の前から同氏編輯の雑誌『赤』等の寄贈を受けて居たので、変な名の変な人として識つては居た。寄贈に対して礼状を出した覚えもある。其頃私は不図《ふと》した事から浪人会の諸君と論争して一寸世間を騒がしたこと〔が〕あるが、此件に付き外骨君の俠気は蔭ながら大に私に同情を寄せてゐたと何かのついでに福田博士から聞いた様に思ふ。黎明会もこの浪人会一件を動因として福田博士と私とが主となつて作つたものであるが（実を云ふと福田博士には孤立無援の私を擁護して呉れやうとの意味もあつたと信じて居る）、其の第一回の講演会があると聞き翁は他人事と思はず早速声援に来られたものと見える。弁士控室に於ける初対面の印象は、好々爺のやうでもあり案外皮肉なスネ者の様でもあり、懐手して一向に無口、一寸捉へ所がないといふ感じであつた。誰れであつたか忘れたが、コツソリ私をかげに呼んで、あの老爺には一人の別嬪《べつぴん》の嬢さんがある、馬鹿に可愛がつてゐるから、娘さんを賞めてやると機嫌がいゝと囁《ささや》くものがあつた。別に機嫌を取る程の必要もなかつたので無言の挨拶を交換したまゝ分れたのであつたが、後に至り、この娘さんの事で馬鹿に懇意になつたのは亦《また》不思議の因縁である。

夫《そ》れから一二年過ぎる。

さて大正十年の夏頃から私の古本道楽が始まる。其頃まで書物に関する私の興味は専《もつぱ》ら政治学や政治史に関する洋書に集中して居つた。日本の政治思想史も追ては調べる必要があるといふので其の準備の意味で明治十年代の政論などをチヨイ〳〵集めては居つたが余り熱心でもなかつた。所がフトした動機から大正十年の夏以来急速力を以て日本の古本を集め出した。範囲も予定以上に拡がつた。そこに実は早晩外骨翁に我から教を乞はねばならぬ素地が自ら出来たわけである。

或日某書肆《しよし》で外骨翁の『筆禍史』といふ本を見た。古書蒐集の新参者たる私は、斯《こ》んな面白い本のあることを此時始めて知つた。是非無くてならぬ本でもあるので早速買ひ取らうとしたら、之は店で取つて置く必要がありますから御気の毒ですが差上げられませぬといふ。斯う云はれると愈《いよいよ》欲しくなる。外の本屋を探して見たが生憎《あいにく》何処にもない。其中出ますよとは云はれたが、待つて居る丈《だけ》の忍耐がなく、遂に著者外骨翁を煩《わずらわ》して探して貰《もら》ふことにした。手紙で此事を頼んでやると、早速大阪の知人に一部有《も》つてる人があるから聞いて見やうといふ返事であつた。

この返事に続いて又一通の端書《はがき》が来た。自分にタツタ一人の娘がある、之の縁談に付て君の力をかりたいことがあるが、之に付ては俺の考もトツクリ聞いて貰はねばならぬ、其上に援《たす》けて貰へるものなら援けて貰ひたいのだが、兎《と》に角《かく》近いうちにゆつくり遇つて呉れぬかといふ様なことが書いてあつた。宜しい遇はうといふことになり、はつきりしたことは忘れたが、双方期日を協定し一夕私の宅で会談することにしたのであつた。

遇ふ前に一度外骨翁が自身私の宅に来られたことがある。そは約束の『筆禍史』を態々《わざわざ》届けに来られたのであつた。私は病気で寝て居たやうに思ふ。マサカ翁自身来られたとは思はなかつたが、丁度《ちょうど》遊びに来て居た友人の富塚君といふが取次に出て呉れ、代金は幾らと聞いて扨《さ》て偶然奥附を見ると請求金額が定価よりも高いのを不審がり、其点を詰《なじ》ると、本を持て来た老人黙つて書物を風呂敷に包み「そんなら差上げません」と捨て台詞を残してスタ〳〵帰つたといふ話を聞き、さては、大将自身で出馬したのだと解つた。実は、予《あらかじ》め絶版物だけに定価より高いがいゝかと念を押されてあつたのだ。富塚君は夫れを知らずに、たゞ自分の気附いた儘《まま》を云つたに過ぎぬのだが、そんな些事《さじ》に肝癪《かんしやく》玉を破裂さす所に翁の半面の面目がある。諄《くど》いやうだが之はたゞ半面で全体でないことを断つておく。怒つて帰つたものゝ、怒りツ放しでは寝ざめが悪かつたと見え翌日翁から馬鹿に恐縮した端書が舞ひ込んだ。如何にも私が怒つて居はしないかと非常に気にして居る模様である。之も翁の半面の面目だ。之と彼と合せるとや、翁の全面が現れる。世間では怒つたりスネたり罵倒したりする方面の外骨のみを認めて子供らしく恐縮する方面の彼を見ないのは正しくない。彼れは本来決して変物でもスネ者でもない。無遠慮に云へば偉らさうな弱虫に過ぎぬ。人の頭をなぐると必ず跡からコツソリ金を呉れて歓心を買はずには居れぬ質《たち》の男である。但し年中貧乏してゐるらしいので、余り金をやつたといふ話は聞かぬが、結局に於て、人の為めに又人を喜ばす為に、出来る丈の努力を惜まないとする素質を包蔵するのは、私のひそかに敬服して措《お》かざる所である。

約束に基き一晩ゆつくり外骨翁と話した。頼みの件といふのは斯うだ。

翁に一人の愛娘がある。但し実子ではない。大阪の名士日野国明氏の何番目かの嬢さんださうな。私の記憶にして誤らずんば、翁はその昔日野氏と携へて春の郊外に会飲し、図《はか》らず日野夫人のこの朝御産したといふ話をきく。其子を貰はうか宜しい遣《や》らうで分れたが、夜遅く帰つて見ると珠の様な女の児が外骨夫人の懐にあつたと云ふ。其頃翁は大阪に居た。東京に定住する様になつたのは比較的新しい。之も其時聞いた話のやうに思ふが、外骨夫人は熊本の名門の出とやらで、なか〳〵の賢夫人であつたらしい。数年前亡くなられたが、流石《さすが》の翁もこの人には今猶《なお》忘れ難き綿々《めんめん》の情をこつそり寄せて居るやうだ。兎に角この貰ひ児は外骨夫妻の温き懐のうちに無事に成長した。小学校を了《お》へてから上野の女学校も優等で卒業し、口善悪なき輩《やから》は外骨には過ぎもの、嬢さんだと賞めて居たといふことである。

外骨翁の世間を茶化した様な生活振りは、愛妻を喪《うしな》はれてから一層甚しくなつたのではあるまいか。孰《いず》れにしても面白可笑《おか》しく世を渡つて行くのは、翁一人の生活としては別段故障がなかつたらうが、段々娘さんも年頃になり、其の結婚といふ問題に考へ及ぶと、流石の外骨老も一寸困つたものと見える。友は類を以て集るとかや、外骨翁と親しくする程の人には(さう申しては失礼かも知れぬが)嬢さんの将来を真面目に相談するに適する方は少い。若い人々の出入りも多いが、話し相手には面白いとしても大事の娘をやるには十分の安心はおけぬと見た。娘さんが可愛い丈けに、結婚問題までを外骨一流に取扱ふに忍びぬといふのが、新に翁の一大煩悶となつたものらしい。そこで兜をぬいで私の所へ相談に来られたといふわけなのである。

翁の話を掻《か》い摘《つま》んでいふと斯うだ。自分は娘を君の弟子方の一人に遣りたいのだ。自分は変り者だが、娘だけはつとめて尋常に育て上げた。君方の仲間の妻君としてふさはしくない様なことは断じてない積りだ。独り娘だから世間並にいへば聟を取るとこだが、変物の無財産と聞いては来手もなからう。相当の人に嫁にやつた方が結局本人の幸福にもなることだから、思ひ切つてやつて了《しま》うことにした。其の為に廃姓も決行した、是非然るべく始末して欲しいといふのであつた。

ついでに翁の廃姓のことを述べて置く。姓なんどいふものは元来無用のものだといふ堂々たる論拠に立て廃姓を主張して居ることは翁を識る者の誰しも先刻御承知の事である。爾来《じらい》翁自身宮武を称せざるのみならず、故《ことさ》らに宮武外骨様など、書いて来る手紙には返事を出さぬことにして居るといふ。人を訪ねても外骨が伺ひましたといふ。取次の者が宮武さんですかとでも云はうものなら、黙つてサツサと帰つて了うといふが果して然るや否やをまだ確めてない。実際いろ〳〵不便なこともあるので、一時は外骨の下に(旧姓宮武)と附け加へたこともあるさうだが、此頃は(廃姓)の二字を名の上に冠してゐる。銀行へ往《いつ》て貯金を出す時はどんなに廃姓論を力説しても通らぬので、悲憤の涙を呑みつゝ已《や》むなく宮武外骨と自署したことが一度あるさうだ。

斯う述べて来ると、翁の廃姓論には堂々たる論拠があるやうだが、実際の動機は嬢さんの前途を思ふ余りの苦肉の一策に過ぎぬのではなかつたかと思はる丶。翁は懇意の弁護士から独り娘は嫁にやれぬと聞いた。他に養子をせねば廃嫡することも出来ぬと聞いた。日本の民法は「家」を重んじ戸主が勝手に家督相続人をやめることは許されぬと聞いた。聟を取るのならい丶が、碌な者の聟に来る道理がない。それに娘も可愛さうだ。い丶処へ嫁にやりたい。夫れには家を潰《つぶ》せばよからう。外骨は外骨一代を以て終り、跡はどうなつたつて構ふものか。其処《そこ》で一つ姓を廃することにしやうといふのが、あの禿頭から絞り出した無類の珍論理であつたと見える。廃姓の宣言一片で法律上「家」が消えると考へた所に亦翁の浮世ばなれの一面は躍如としてゐる。

翁は常に気〔奇〕抜な所で世間をアツと云はせやうと腐心してゐる。名からして頗《すこぶ》る気抜ではないか。始め私は号かと思つた。世間でも能《よ》くさう間違へる人の多かつた為か、翁の著書のどれかの奥附に、外骨の下に是本名也の朱印を捺《お》してあるのを見たことがある。後この名は親から貰つたのかと聞いたら、案に違はず翁自身の創意に出づるものであつた。親の附けた名は亀次郎とかいふ頗る平凡なものであつたが、一ト頃改名が流行つた時、何とか気抜な名もがなと康熙《こうき》字典の亀の部を見ると、すべての動物は肉を外にして骨を包んで居るのに亀のみ独り之に反すとかいふ註釈を見て、直《す》ぐ様《さま》外骨と改めたものださうな。気抜ではあるが、親の与へた亀のゆかりを全く棄て得ぬ所に、また翁の床《ゆか》しさが残つて居る。

外骨と改めても亀の面影を留めることを忘れぬのが彼の一面で、翁にはまた平凡に出掛けても之に奇抜の衣を何とかしておツ被せておかうといふ他の一面もある。この一面を彼は果して娘さんの結婚に持ち出した。娘さんの幸福の為に節を屈してこの我輩に頼んだことは極めて平凡月並の出方だ。之では翁の腹の虫は治らぬ。夫かあらぬか、翁は軈《やが》てまた斯う切り出した。未だ聟のあるか無いかもきまらぬ中いさ丶か早計の様ではあるが、折入つて一ツまた頼みがある。いよ〳〵貰はう遣らうと話がきまつても、アーメンだの高天原だのと有り触れた結婚式では面白くない。之は一つ大昔の掠奪婚の型でやつて見たいと思ふ。一時の思ひ附きではない。多年考へて居たことでもある。夫れには先づ場所を上野の摺鉢山辺《あたり》にきめる。私共は盛装した娘に縁者二三人を附き添はして山の上に居らう。君達は聟と其の友人二三輩を率ゐて山の下に陣取つて呉れ。時は天気のいゝ夕景が宜い。予め知らしておいて新聞記者にも来て貰ふと都合がいゝ。時刻を見斗《みはか》らひ、やがて合図をする。之に応じて君達の方はヤアーとかオーとか勇ましく掛声して吶喊《とつかん》して来て呉れ。そして新郎がイキナリ娘の手を引つ張ることにして貰ひたい。娘は嫌ですよとか何とか云つて結局新郎に手を引かれて山を下ることにする。夫から先き親類友人連れ立つて精養軒辺で飯を食ふとか何んとかは一切君方の随意に委せるがどうじやと云ふのであつた。そこで私は、一体君の嬢さんは承知なのかと念を押したら、手荒なことになつて片袖もぎ取られる様の事になつては困るが、皆さんがさうせいといふなら、仕方がないからさうしませうとの返答だつたといふ。宜しい、引受けた、と云つたら、外骨翁大に喜んで、斯んなやり方を面白いといふ人はあつても、娘の振り方を頼める人はなし、安心して頼める程の人で俺の変つた願を嫌と云はず引受けて呉れさうな奴は、実は君の外にないと思つたが、今の一諾を聞いて大に安心した。定めし君の弟子の中には、斯んな条件を承知で娘を貰つて呉れる人も沢山《たくさん》あるに違ひないとて、大満足で帰られた。之が旨く往くと売名の目的も達せられて本が売れて儲かること請合《うけあい》だなど、余計なことまでしやべつて門を出て行く後姿を見送つた時、私は結婚式の条件はともかくとして、いゝ聟さんを世話して是非とも彼を安心さしてやりたいものだと、深く〳〵決心したのであつた。

夫から先きの縁談の進行に就ては必要がないから深くは説かぬ。兎に角良縁あつて娘さんは私の深く信用して居るさる法学士のとこへ嫁入ることになつた。この縁談は本人同志の非常に満足するものであつたことは言ふまでもなく、外骨翁も十二分の安心を以て重荷をおろした感をされたこと、信ずる。併《しか》し、結婚式に至ては予想を裏切つて極めて平凡なものに終つた。いゝ聟がきまつたとなると、自分の我儘が些《すこ》しでも娘の幸福なるべき前途の碍《さまた》げにならぬやうとの老婆心のみが働いたものと見え、平素の蛮骨に似ず、其後の相談に於て翁の意気地のないことは、また夥《おびただ》しいものであつた。聟さんの方でアーメン式でやりたいがどうだらうと、半ば外骨翁の御機嫌を損ずるなからんかを懸念して恐る〱伺ひを立てると、彼は訳《わけ》もなくハイ〱と譲る。或る教会堂で月並の婚礼が行はれ、同夜上野精養軒で披露の小宴を張つたが、不満さうな顔もせず、努めて我の存在を目立たぬ様にと小さくなつて謹慎して居たのは、事に依つたら、変り者の娘だなど、僻見《へきけん》を抱いてゐる人が万一一人でもあつたら、出来る丈其等の人々の反感をそゝらぬ様にしやうと苦心惨憺《さんたん》であつたのではなかつたらうかと、今でも私は翁の態度に無限の同情を寄せて居る。

之れ程に前途に幸あれと祈つた娘さんは、不幸にして去年の夏急病で死んだ。夫君の満幅の愛情に抱かれて果《は》敢《か》なく世を去つたのは、嬢さんの為にいさゝか慰む所なきに非ずだが、流石《さすが》に翁の老の涙には、私も云ひ難い哀愁を覚へざるを得なかつた。

結婚式が済んでから久しく翁は姿を見せなかつた。時たま書肆の店頭や古書展覧会などでヒヨツクリ遇ふことがある。すると毎《いつ》もきまりわる相に、奥さんに余んまり御無沙汰して相済まぬ、宜しく云つて呉れ、其中御礼に罷《まか》り出ると云ふのであつた。数ケ月に亙《わた》つて此の同じ弁解をきかされたことは二度や三度でない。之を私は斯う解釈して居つた。翁は変つたことを露骨に放言する割に根は世間普通の義理がたい好々爺だから、屹度《きつと》媒酌人たる私共に月並の御礼を持て出なくては済まぬと考へて居るに相違ない。所が目下聊《いささ》か財政の景気よろしからず心にかゝり乍《なが》ら其事に運び兼ねて居る。手ブラでは行けず、去りとていつまで投げておくも気掛りだ。さてこそ遇つた度毎に申訳をいふのであらう。マサカそんな下らぬことに気を揉《も》むやうな男かといふ人もあるが、そは世上通用の浅薄なる外骨観で、私の看破した本当の外骨は、人に対してする分の事は世間並にせでは居ても起つても居れぬといふ神経質な男なのである。但し彼自身が媒酌人であつたら塵一つぱしも決して貰はぬと頑張ることは言ふまでもない。

総じて之を言ふに、外骨翁の主張は趣味から来る、主義から来るのではないらしい。云ふことは偉らさうだが、自分一人が楽しめばいゝので、他人の賛成すると否とはどうでもいゝのだ。姓は廃すべきものと唱へて宮武と自分を呼ぶ者には返事もせぬといふて居るクセに、私共へ寄越す手紙は表書も中の宛名も吉野作造様でないことは一度もない。理由なき貰ひ物は受けぬなど、頑張りながら自分丈けは相当に月並の附け届けを怠らぬ。無用の贈答は廃せなど、云つて居り乍ら、娘が世話になつたといふ顧慮から能く色々の物を持つて来て呉れる。私の家へ来ると、玄関まで送り出るなどの虚礼は廃すべきだと主張して、無理に私が出やうとするのを態々外から唐紙を抑へて出さぬこともあつたが、私が往くと、何と云ひ張つても翁は必ず玄関まで丁寧《ていねい》に私を送つて呉れる。自分がしない癖に他人にばかりさせ様とする当世式とは丸で反対に出る所に彼の特色を見るべきである。而して是れ実に彼の変物が意外にも到る処無害として迎へらるゝ所以《ゆえん》である。翁は自分の好きなことを人にしてやればいゝと云ふ道楽もの、私は自分はしないが人がして呉れる分には平気で之をうけるといふ横着もの、是れ彼と私とが相衝突することなくして永く親交を続け得る所以であらう。

余談はさておき、外骨翁はやつとの事で金が出来たものと見え、年の暮になり久し振りで私の玄関を訪れた。余り無沙汰したのがきまり悪かつたと見え、取次の者に之を奥さんに上げて呉れとてコソ〳〵逃ぐるが如く帰つたといふ。置いて行つたものは美事なバスケツトである。何とも云ひ置いてないが結婚の御礼の積りであることは一見明瞭だ。手に持て見ると重い。中に何か這入つてるらしいので、明けて見ると思ひもかけぬ色々の物が雑然としてある。先づ大きなゴム毬《まり》が一つある。ゴム風船もある。キヤラメル二つ、ビスケツト一袋、日支豆一袋に焼蒲鉾《かまぼこ》が一本ある。祝儀袋一束、封筒十枚、ツマ楊子一包、歯磨一袋、石鹼一個、まだ外にもあつた様だが覚えて居らぬ。之等を皆出して見ると底の方に小銭《こぜに》が少しある。算へて見ると一金拾六銭也である。之で始めて意味が分つた。翁は誰かに媒酌人には十円とか二十円位を礼すればい丶と聞いたに違ひない。金を懐にして家を出たが、現金《げんなま》も変だし三越の切手も智慧が無さ過ぎるといふ所から、フト眼についたバスケツトを先づ買つたものと見える。金が余つた。そこで子供があるからと玩具《おもちや》や菓子を買つたが、まだ金があるので、歯磨や封筒やと手当り次第に買ひ集めて、結局十六銭の釣銭を得た。が予定の金高を全部やらなくては悪いと考へて彼は最後にこの釣銭をバスケツトの中に抛《ほう》り込んだものであらう。外骨氏のやりさうなことだ。貰つた物も大分調法ではあつたが、寧《むし》ろこの変つた意匠の方を私は二つなき無類の珍品として家内中と共に大満足で頂戴したのであつた。其後外骨翁の足が私の家に余り遠くなくなつたことは申すまでもない。

外骨翁と私とを結びつけるものに外に学問がある。外骨氏がどういふ種類の学者かは世既に定評がある。変つた一つの特色をいへば、人の知らなさうな事を能く識つて居ることである。其上に彼は何かを尋ねると丹念に調べて呉れる。一番有り難いことは可い加減のゴマ化しをいはぬことだ。云ふ言葉が奇抜なのから推して茶羅《ちやら》ツぽこをいふと観る人あらば大間違である。纏《まとま》つた知識に系統立てる方は失礼ながら得意でない様だが、彼のいふ事には一々典拠があり、私共は安心して之をたよりにすることが出来る。是れ翁が私を介して中田博士に交りを結び、其の推挙に依て帝大の嘱托を受くるに至つた所以でもある。

余り長くなるから此位にして止さう。翁の学問に就てもいひたい事が多いが、他日の機会に譲る。只終りに曾《かつ》て私が翁の著書を評した言葉を引いて結びとする。それは斯うだ。翁には専門がない。強て讃称を呈すれば雑学博士とでもいふ可きか。其の著《あらわ》す所常に当節の必要と縁遠く、一見何の役にも立たぬやうに見ゆる。何の役にも立たぬ様だが、ヒヨツト必要が起ると此本以外に於ては断じて用が弁ぜぬといふやうな内容を有つて居る。何の役にも立たぬやうで何時《いつ》かは必ず何かの用に立つといふのが彼の著書の特色だ。斯んな雑駁な本がと癪に障《さわっ》ても、嫌《いや》が応でも好事好学の者の必ず一本を備へねばならぬ本だ。善かれ悪かれ、彼は一人あつて二人とない類の稀な物識りである。切に翁の健在ならんことを祈つてやまない。（十四の一）

〔初出不明、『公人の常識』一九二五年一二月所収〕

服部誠一翁の追憶

野崎左文氏に依て本誌前号に伝せられた服部撫松居士は、私の中学時代の作文の先生である。其頃私は撫松居士とは何んな地位の人か丸で識らなかつたので、一風変つた而《しか》して年の割に無邪気な先生位に思つた外深く注意も払はなかつた。私は格別可愛がられたので屡《しばしば》御宅にも出入したのだが、夫《それ》にも拘《かかわ》らず昔話など少しも聞いておかなかつたことは、今になつて甚だ残念に思ふ。

野崎氏の伝記にもある通り、服部翁は明治二十九年の春宮城県尋常中学校(今の第一中学校の前身)の作文教師として仙台に赴任して来た。時の校長は初代大槻文彦先生の跡をうけた湯目補隆先生である。前号石井研堂氏の稿中(一三二頁)、共同出版会社の著訳社員総代として織田純一郎、山田喜之助、湯目補隆、漆間真学、服部誠一の五氏が名を列ねてあつたとあるを見ると、撫松先生の仙台に来た縁因も略《ほ》ぼ想像される。湯目先生は今も元気で東京に居られるから一度伺つて昔話をきいて見やうと思ふ。

その時私は五年生であつた。大槻先生が居られた為か学生間に於ける文学熱は其頃中々盛であつた。其時の生徒で今日文名を盛ならしめて居る人も尠《すくな》くはない。余談はさておき、其頃の私共に作文の上に多大の感化を与へたものは、今は故人になつた豪放な国学者松本胤恭、現に一高の国文主任教授たる謹厳な今井彦三郎の二先生であつた。松本先生は盛に私共に新井白石の『藩翰譜』を読ませ、作文の課題にも史論風のものを与へられた。今井先生は枕草紙〔子〕、徒然草などを奨励し、軽妙な短篇を好んで作らせた様に覚える。従て私共の作文の風は概して和文体に傾向が決つて居た。所が之が服部先生の気に入らない。何といふ題であつたか忘れたが、先生は初めての教場で私共に即席の作文を課した。私共は従来の筆法で書いて出すと、其の拙いのに吃驚《びつくり》されたとて詳細之を湯目校長に報告されたのであつた。

私は総代として湯目校長に呼ばれた。校長室に行て見ると、お前方の作文を見ると成程丸でなつて居ない。お前までがやつと六十点ではないか。今度来た服部先生といふのは日本でも有名な文章の大家で、一体こんな所へ来て貰《もら》へる方ではないのだ。斯《こ》ういふ偉い先生に附くのがお前の非常な幸福なのだから、之から身を入れて勉強しろと、懇々説諭された。私一己としては松本今井の諸先生より吹き込まれて作文に就ては多少の考を有《も》つて居たので、此の説諭には甚だ不服であつた。けれども、長いものには捲《ま》かれろで、間も無く服部先生の気に入る様な文章を作ることにしたのであつた。

只今の記憶によると、其頃の服部先生は漢文崩しでなければ文章でないといふのであつた。こゝそだのけれだのと書くと直ぐ朱線で消される。六《むず》かしい字を並べると九十点は間違ない。段々親しくなつてから私が何かの用事で手紙を上げたが最初の手紙に拝啓と書き出し続いて二度目も拝啓と書いたとてひどく叱られたことがある。さう同じ字ばかり使ふものではないといふ。そんなら何と書きますかと尋ねたら、粛啓、謹啓……と幾らもあるでないかといふのであつた。一体に詞藻の豊富な人と見えて、例へば先生春風駘蕩といふやうなことを外にまた何とか云ひ様はありませんかなど、いふと、直ぐ得意になつて黒板へ二十三十位の熟字を書き示さるゝを常とした。之には生徒一同煙に捲かれて仕舞《しま》つたものである。

作文の先生として私は余り先生の恩沢に浴してゐるとは思はない。寧《むし》ろ文章に付ては先生と反対の考を有つて居た。けれども私は普通の生徒として以上に先生と親しかつた。それは私の郷里のさる人の碑文を先生に見て貰つたのに始る。之は或る田舎の自称儒者の書いたものであつた。うまいか拙いか分らぬので誰かに見て貰ひたいといふことになり、私が引受けて服部先生の処へ持つて行つたのである。服部先生は之に無遠慮な朱筆を加へた。之をきいて右の儒者は馬鹿に怒つた。夫から面倒が起つたが、先生の洒々落々《しやしやらくらく》たる態度は大に私をひきつけたのであつた。加之《しかのみならず》其頃までには教場に於ける先生の態度にも頗《すこぶ》る面白味を覚えて心ひそかに先生を好愛して居つたので、一層私は先生の廻りに附き纏《まと》ふやうになつた。先生も亦《また》頗る私を可愛がられたやうである。

服部先生が私共にどんなことを教へたか今記憶に残らぬ。文語粋金などに有りさうな詞を沢山黒板に書いて見せられ、詞藻の豊富なるに舌を捲いた覚《おぼえ》は慥《たしか》にあるが、其の一つだに今に記憶せぬのは心細い。只先生の風采《ふうさい》相貌だけは今にあり〳〵と眼底に残つて居る。いかにも脱俗超凡の天真爛熳なとこが何とも云へない風味を漂《ただよ》はして居つた。あの洒落な風貌は、何としても忘れることが出来ぬ。

野崎氏の文中にもある如く、先生の容貌の決して風流才子らしからぬことは云ふまでもなく、孰《いず》れかといへば醜の方に属するだらう。併《しか》し醜といつても愛嬌のある醜で、キヨトンと黙つて立たうものなら、其れ丈で人を笑はせる様な滑稽な容貌であつた。現に私共も始めて先生を教場に迎へたときプツと噴き出したのであつた。禿げ頭に髪を長くならべ、額が馬鹿に広くて顔の下半分は不釣合《ふつりあい》にせまく、薄あばた、乱雑な口髭、キヨロ〳〵した眼、夫れに加ふるにボロ〳〵のモーニング、之等は当時の私共にも頗る異様ないでたちに見えた。一旦口をひらくと談論風発の雄弁は見事なものであつたが、どうした生理的作用か、口の中が白い泡で忽《たちま》ち一杯《いっぱい》になる。所謂《いわゆる》文字通り口角泡を飛ばすのがまた馬鹿に私共に可笑《おか》しかつた。先生には文筆にかけて十分の自信があつたからでもあらう、天下の学者を無遠慮に罵倒する。斯んなことが中学教師には珍らしいので、私共は頗る痛快がつたものだ。それかと云つて先生には少しも自分を誇るといふ様な風はなかつた。其の証拠にあれ程親しくして居た私でさへ、先生の明治初期に於ける盛名などいふことは頓《とん》と聞かされずに過したのであつた。であるから、先生が時にどんな大言壮語をしても、其処には些《いささか》の嫌味もなかつた。万事が自然の発露であつた。それ丈け生徒も一般に親しみを感ずる様になつたのだと思ふ。

先生の国訛りは固《もと》より免れないが、決してさうひどい方ではなかつた。只先生の言葉には特殊の癖がある。之がまた先生の雄弁を非常に愛嬌あるものたらしめた。先生はよく云つた、「どら程あるかといへばこら程ある」。先生のどらこらと之に伴ふ手真似とは有名なものであつた。之を言ひ出すと生徒がどつと笑ふ。何を笑ふのかと、先生キヨトンと真面目顔に済ましてゐる。其顔がまた何ともいへぬ滑稽なものであつた。幾ら笑つたつて先生曾《かつ》て怒つたことがない。笑はず怒らず、黙つて居て愛嬌のあること、当時の教師中の第一等の異彩であつた。

先生は頗る無頓着であつた。ボロ〳〵のモーニングを夏冬通して一着しか持たれなかつた。カラーやカフスの垢《あか》つきたるは言ふまでもなく、ネクタイなどは付けない方が多かつたかも知れぬ。白墨で真白になつた手で衣物をいぢる位はまづ無難だが、ともすると顔を斑白《まだら》にさへする。生徒が笑つても平気なものだ。そして彼れ田中館愛橘は頗る鈍い男であつた、尾崎行雄の少年時代はお前方程利口でなかつたなど、何処で教へたのか、旧門人の棚卸しをやるので、生徒は二重に喜んだ。どういふものか尾崎と田中館とはよく先生の話頭に上つた。

先生は作文専門の教師で、一年生から五年生まで全部を受持たれた。漢文をも教へられたのは私共の卒業した後である。漢文の講義はなか〳〵評判がよかつた。

先生の仙台に流れて来られたのは、多分落魄の結果であつたらう。併し私共は曾て一言の不平を先生の口から聞いたことがない。職務は極めて愉快に執《と》られたやうだ。別に謹厳といふ程ではなかつたが、冗談口をきいたことも聞かぬ。江湖新報などに政論を書いた人としてならば格別、東京繁昌記等の著者としてはどうしても思へぬ。

斯うした著書に依て想像さるゝ撫松居士と私の親炙した服部先生とは丸で別人の観がある。

中学卒業後も初の二三年は往来したが、大学に入つてからは自然御目に掛る機会は少くなつた。野崎氏の文に依て先生が明治四十一年八月歿せられたことを更《あらた》めて知つたが、果して然らば私が親しく先生と語つた最後の邂《かい》逅《こう》は、歿せらるゝ数週前でなければならぬ。今日この当時のことを詳細に記憶せぬが、私が袁世凱の招聘に応じて支那に赴《おもむ》いたのが三十九年一月で、途中一寸帰つたのが四十一年七月、そして九月草々再び支那に向つた其間に、先生が突然私の駒込の僑居を訪はれたのである。用件は老後の思ひ出に支那に行きたいから周旋しろといふのであつた。俺も教師を永くしたので教育のことも大分わかつたといふ様な話もあつた。中々熱心であつたが、どんな御返事をしたか、今覚えて居ぬ。只今日に至るまで記憶してゐるのは、先生が灰落しを出してあるに拘らず巻煙草の灰を自分の袴の上から畳の上まで落るまゝに放任し、其間二度も御自分の着物の膝に焼穴を拵《こしら》へたこと、其帰られた跡《あと》、座布団の周囲が灰で一杯であつた其の無頓着さ加減である。

〔『新旧時代』一九二五年一一月〕

滝田君と私

滝田君と始めて相識つたのは大正二年の晩秋であつた。此夏私は欧洲の留学から帰て大学の教壇に立たのであるが、新しい帰朝者の誰しも経験するやうに、直《ただち》に雑誌経営者諸君の襲ふ所となつた。その中で滝田君は一番遅くやつて来た方で、初めて訪問を受けたのは十一月の初め頃であつたと記憶する。

初対面の挨拶が終つて滝田君は、自分も私と同じ東北の出身で且《かつ》仙台二高を出たといふこと、私の親しい誰彼とは高等学校以来同窓の誼《よしみ》があり之等を通じて私の噂も聞いて居たといふことなどを述べ、続いて中央公論との関係やら又雑誌経営上の抱負などを吹聴《ふいちよう》されたが、それから先の言分が振《ふるつ》て居る。今でも鮮かに記憶して居るが斯《こ》うだ。自分が貴君を訪ねたのを多くの雑誌経営者が新帰朝者といふと直《す》ぐかけつけるといふ様な月並の来訪と思はれては困る。さう思はれたくないから夏以来わざと今まで差控へ、そうして其間ひそかに貴君を研究して居たのです。貴君には寄稿家としては固《もと》よりだが、其上種々の点に於て先輩としての格別な御交際が願ひたくて上りましたといふのである。人を煽《おだ》てるやうな所もあり又人を馬鹿にしたやうな気味もあり、初対面の際だけに一寸失敬な奴だと腹では思つたが、まア〱と此点はい丶加減にあしらつて、寄稿だけを引き受けた。そして日米問題に関する考察を寄せて其年の十二月号に載せたのが中央公論に於ける私の初陣である。

それから後は滝田君は随分まめにやつて来た。私は一つには教師としての最初の年なのと又一つにはさう手慣れても居なかつたので、一々其要求には応じ得なかつた。それ程暇がないなら私が筆記しませうといふので、迂《う》つかり乗て書いたのが大正三年四月号の民衆運動論である。此頃まで実はあまり雑誌に書くことに興味を有《も》たなかつた。口授を筆記して呉《く》れるといふ彼の熱心にほだされてちよい〳〵やつて居る中に、段々本当の興味は湧いて来る。やがて欧洲大戦が始つた。近く欧洲の形勢を見て来た私として自《おのずか》ら心の躍るを覚えざるを得ない。加之《しかのみならず》戦争の発展と共にデモクラシーの思潮が湧然として勃興する。そこへ滝田君は再々やつて来ては私をそゝのかす。到頭《とうとう》私は滝田君の誘導に応じて我から進んで半分雑誌記者見た様な人間になつて仕舞《しま》つたわけだ。之を徳としてい丶のか悪いのか、兎《と》に角《かく》滝田君は無理に私を論壇に引つ張り出した伯楽である。

欧洲戦争勃発後私は殆《ほと》んど毎号中央公論に筆を執《と》るやうになつた。去年大学をやめて朝日新聞社に入るまで、一二度病気か何かで休んだ外は、我ながら能《よ》くも毎月まめに書いたと思ふ。併《しか》し之には滝田君の力が大《おおい》に加つて居ることを隠すことは出来ぬ。第一には滝田君が自ら筆写の労を取て呉れたことである。一両年前から私は思ふ仔細《しさい》ありて一切《いっさい》口授をやめ、最近は自分で筆を取て居るが、大正三年以後約八九年間の論文は、僅々《きんきん》数篇を除くの外は、概して滝田君の筆記に成《なっ》たものである。而《しか》して滝田君は元来頭が出来て居るので、筆記中私の議論に不満があると無遠慮に之を指摘する。之に依て言ひ足らぬのが補はれ、不注意の欠陥がどれ丈《だ》け訂されたか分らない。一寸思ひ出せぬ字句が君に依て巧《たくみ》にうづめられたことなどに至ては数限りもない。第二には滝田君がよく問題を持て来られたことである。外の用事に忙殺されて今月は何も書くことはないなどとぼんやりして居ると、同君がやつて来て斯う云ふ問題はどうの此の点は斯う考へられぬかのと、何や彼や言ひ合つて居る中に、私の頭には何時の間にか一つの意見が纏《まと》まつて居る。それを書いて見やうといふ気になり、乃《すなわ》ち改めてまた同君の筆写を煩《わずらわ》すことになる。滝田君は十分書ける頭をもつて居りながら出来る丈け自分は書かず何とかして人に書かせるといふ方針を執て居たらしく見える。此方針を彼は容易に破らなかつた様だ。是れが雑誌経営に於て彼の大に成功した所以《ゆえん》であると思ふ。第三には永くやつて居るうちに滝田君は私の気持や言ひ表し方を十分に呑み込み、筆記したものを自分で仕上げ大に私の労を省いて呉れた。初めは清書したものを私は丁寧《ていねい》に訂正したものであつたが、最後の二年ばかりは、口授し放しで後の仕上げは万事同君にまかしたのであつた。為に時に飛んでもない間違が印刷されたこともないではないが、大体に於ては能く私の言はんと欲する所を現はして呉れた。之等の点に於て私は大に滝田君に感謝すべき理由を有つて居る。

斯んなことを永々と書いたわけは、滝田君が中央公論主幹としての社会的地位も高まり公私両面に於て段々多忙を極むる様になつても、口授の筆記などいふ機械的のつまらぬ仕事を自分でやられたといふ点を力説したい為である。部下には高野君や木佐木・伊藤の諸君もある。口授の筆記位なら之等の諸君でも勿態《もつたい》ない位なのに、万已《や》むを得ざる場合の外、御大将自ら出馬して容易に他人にまかせないのは、穿《うがつ》て言へば寄稿家の自尊心に阿《おも》ねる巧妙な操縦法とも観られるが、そんな無用の遠慮なしに深く交るやうになつた私から見れば、どうしても中央公論に全心全力を注いだ同君の熱情の然らしめた所と云はなければならない。滝田君は中央公論のためならどんなことでも厭《いと》はなかつたのである。

私と段々親しくなり始めた頃、滝田君はよく斯んなことを云つた。今まで政治問題といへば政党領袖の誰れ新聞界の誰れに頼んで書いて貰つたが、どうも浅薄で意にみたぬ。之からは思想家に頼んで見やうと思ふ。さうすると始めて心ある青年をも納得《なつとく》させる様な実のある議論を紹介することが出来るに違ないと。彼が此の考をどれだけ実現したかは茲《ここ》に詳しく説くの要はなからう。兎《と》に角《かく》社会上政治上の実際問題と思想家とを連絡せしめた点に於て彼は慥《たしか》に草創の功を収むるに値し、従つて中央公論も此点に於ては先駆者たるの名誉を担《にな》ふことが出来るのである。

所が去年の春頃遇《あつ》た時、また斯んな事を云つて居た。流行評論家としての思想家の中には、徒《いたず》らに空理空論を弄《もてあそ》びその実行的価値を頓《とん》と顧《かえり》みない人がある。世の中が斯う進んでは、あゝした軽佻な議論を横行させては困ると。年のせいで穏健になつた気味もあらうが、所謂思想家の間に好悪の色分けをし、時流に抗しても嫌だと思ふ側の議論には紙面を割《さ》かぬといふいささか頑《かたくな》な意気込を示して居た。之も雑誌の上に多少その俤《おもかげ》を留めぬでない。

私は私の立場で滝田君と話し合て居つたのであるから、私の知らざる方面で同君にどれ丈けの伎能あつたかは私に能く分らない。が、私の専門の関する限り、同君は実に聡明なる理智の持主であつた。自分に其気があつたら彼は立派な評論家になれたらう。少くとも彼は六《む》つかしい論文を読んで立派に之を判断するの能力を備えて居つた。聞く所によると、同君は文芸の作品に付ても優れたる批判力があつたとやら。それかあらぬか、大家の寄稿を持つて来ては茲処《ここ》がいけない彼処《かしこ》が弱いなどと無遠慮に批評するのを度々聞いたこともある。

彼の趣味がいろ〳〵の方面に亙《わた》つて居たことに付ては別に語る人があらう。深く習はずして事物の真髄を直観する天才的能力の持主であつた一例として、私は次のことを憶ひ出す。六七年前のことであるが、社用で毎日腕《わん》車《しゃ》で飛び廻る道すがら、ちよい〳〵骨董店を覗《のぞ》く癖ある彼は、本郷の場末の古道具屋で二枚折の小屏風を眼に留めた。誰の筆か分らぬが余程出来がよさうだといふもので欲しくなつた。代金十五円の持合せがないからとて突然私の処へ飛び込んで来たので今でも能く私は之を記憶して居る。それから数月の後私は食事に呼ばれて同君の宅に往《い》つた。何といふ人であつたか書画の鑑定に長《た》けた老人も同席して居られたが、其処へ例の屏風が持ち出されると、其老人は之は素敵だ、之は狩野なにがし(此の方面に不案内な私は今其名を覚へてゐぬ)の筆でなくてはならぬ、それにしてはこの印が違うがなどと云て居られた。やがて印譜を調べることになる。するとそれが右なにがしの若い時に使つた印だといふことが明になり、結局十五円の屏風が時価何百円もする名家の筆だといふことになつたのであつた。その時その老人は、斯んな道楽を始めてから一年にもならないのに斯うした掘出し物をする眼識には恐れ入つたと賞めて居られたのであつた。

画のことはどうでもいゝ。つまり斯うした独特の眼識を各方面に亙つて有つて居たといふことが、雑誌経営者としても彼をしてあれ丈けに成功せしめた基《もとい》となるのだ。彼は名に依つて物を判じない。雑誌も商品だから名を全然無視するわけに行かないと云はれて居た。けれども彼は名を離れて先づ実を見た。故に彼は実に依て無名の士をどん〳〵世間に紹介した。其の代り実が名に伴はないと誰の前でも無遠慮に之を指摘する。是は彼の性格にも依らうが、一つは少しでも雑誌をよくしたいといふ熱心からも来る。その上多少の自信もあるから、相手の名を気兼するやうのことは決してない。之が為に神経質な文士論客の自負心を傷けて無用の誤解と反感とを買つたことも屢々《しばしば》ある様に思ふが、其代り情実や行掛りに捉へられて下らぬ原稿を負ひ込むといふやうなことは決して無かつたと思ふ。

彼はよく斯んなことを云つて居た。雑誌小説は概して終末が拙《まず》いものです、つまり雑誌社から居催促をされつゝ書き終るからでせうと。又大家の創作について斯んなことをいふのも屢々聞いたこともある。どうもこのとこが気が抜けてしまつた、斯んな風に書き改めたらどんなものでせうと。そう云ては能く自分の納得のゆくまで書き改めて貰つたものらしい。私の論文に付ても同じ様なことは再々あつた。而して彼の進言は多くは肯綮《こうけい》に中《あた》つて居た。斯うした改訂の要求は可なり無遠慮であつたが、併し只の一度も彼が私に無断で訂正したことはない。外の人に対しても多分同じことであつたらうと思ふ。要するに斯うした態度は親しみの浅い人には無礼と思はれたかも知れぬが、段々人柄が分つて見ると、今度は何とも云つて来ないから書き誤りや感違ひもなかつたと見へると寧ろ私《ひそ》かに安心する様になつたのであつた。

ある有名な閨秀作家が処女作を発表するとき、滝田君が思ひ切て沢山の改訂と注文とを提出し作家がまた一々之に承服して其要求を容れたといふ話を私は知つて居る。その結果作物がよくなつたかどうかは私には分らぬが、其時の滝田君の肩の入れ様は大変なものであつた。それから暫《しば》らく後のこと、第二か第三の作物発表のとき同じ様な無遠慮な注文をしてゐると、偶然居合した家人が雑誌記者の癖に作家を侮辱してゐると認めたものか大変に怒られ、其結果暫らく出入を止められたことがある。斯んな内輪話を書いたら、中央公論の寄稿家諸君のうちには思ひ当る方もあるだらうと想像さるゝが、滝田君の一面を明にする為にはどうしても語らずに置けぬ逸話だと信ずるのである。

もひとつ斯んな話しもある。或る有名な大家に或る問題につき特別の寄稿を請うたことがある。出来て来たものを見ると案外に拙い。斯んなものを出してはこの先生の為にもよくないでせうねと私にも相談を掛けられた。それでも正直に云つて返せば必ずその逆鱗《げきりん》に触れるといふが明白であつたので、彼は遂に之を没書にして仕舞《しま》つた。そうしてその先生には社員の疎忽《そこつ》で原稿を紛失したとか何とか言ひ繕《つくろ》つて特に鄭重な御礼だけはしたやうであつた。

滝田君と私とは親しく交つたばかりでなく雑誌のことに付いても色々と相談を受けたのであつた。一部の人からは私が単なる一寄稿家としての外何等かの特別関係を社中に有つて居るかに誤解された程であつた。之れ程立ち入つた相談をし合つたに拘《かかわ》らず、彼は決して私の推薦する原稿なり寄稿家なりを私の推薦なるの故を以て嘗《かつ》て聊《いささか》でも好意を以て迎へたといふことはない。斯の方面に於て彼の冷酷は氷の如きものであつた。而して私は寧《むし》ろ此点に彼の天成の雑誌経営者たる所以を認めたのであつた。雑誌のためとなれば彼は常に独自の判断を貫く。容易に他の言を聴かない。故に彼の心神の健全である間は、彼の編輯には毎に溌溂《はつらつ》たる生気と陸離《りくり》たる光彩とが横溢して居つたのである。

彼が雑誌編輯に独特の方針を定めると、社長麻田君をしてさへも一言も容喙《ようかい》せしめない。編輯に付ては絶対的専制君主でなければ満足しなかつた。その反面に於て、社長麻田君が陰忍自遜絶対に滝田君を信頼して一切を委《まか》せ切つたその寛容をも認めなければならぬ。麻田君と滝田君との関係に付てモ一つ言て置かなければならぬことは、麻田君は社長として自ら営業方面を主裁し、滝田君の英雄的放漫なる活動にも拘らず、よく経済方面を整頓し編輯部をして後顧の憂なからしめたことである。滝田君はよく社長が消極的でこまるなど、こぼしてゐた。併し麻田君までが滝田式放胆主義者では中央公論は疾《と》うの昔に潰《つぶ》れて居たらう。是に於て私は麻田滝田の両君に於て天の配剤亦《また》妙なる哉《かな》と歎賞せざるを得ない。

こゝで麻田君のことを説くのは適当でないかも知れぬが、滝田君を伝へる為には之も必要だから已むを得ない。滝田君は麻田君の堅実一点張りの経営方針には生前決して満足してゐなかつた。又あの気性で満足する道理もない。併し彼が一旦重き病に罹《かか》り心気漸く静穏に息《いこ》ふ様になると麻田君が斯くまで絶対に自分を信認して呉れたこと、又長年の間あれまでの自分の我儘を通して呉れたことに、大なる感謝の念を抱くやうになつた。死なれる前私は故あつて屢々遇つたが、彼はこの事を再々繰り返し、達者になつたらこの事を是非書いておきたいなど、云つてゐた。愈々《いよいよ》病の篤《あつ》きを知り、よし命を取り止め得ても容易に元通り活動し難かるべきを観念して、主幹辞任の旨を麻田君に申出づることになつたとき、彼は家人の諫止をもきかず、病を押して無理に自ら筆を取て可なり長い書面を綴つた。それに這《こ》の感慨がよく書き現されて居る。偶然のことから私がそれを取次ぐことになつた。事情已《やむ》を得ずとして其の申出が受け容れられ、社からは巨額の見舞金を贈られたが、そのいきさつにも亦面白い話がある。辞任の申出をするとき、滝田君は自分で麻田君の必ずや厚く自分を労《ねぎら》ふべきを私に語られた。転じて麻田君にこの事を図《はか》ると、氏は固より其意ある旨を打明けられ、且滝田君は元来金のことは随分無遠慮にいふ方だが曾て無鉄砲なことを申出でたことはない。彼に若《も》し何等かの期待あらば全部無条件で之を容れ彼に出来る丈の満足を与へたいといふことであつた。更に之を滝田君に伝へると、平気で幾何額と云ふ。而して麻田君は一言の異存もなく之を快諾して翌日直に万事を解決せられたのである。滝田君の満足は言ふまでもなく、之に関連する雑事を悉《ことごと》く解決せられて後両三日にして溘焉《こうえん》として逝かれた。麻田君が中央公論を以て天下の公器とするの外、その経営を以て之を一人に私せず、事実に於て之に関係する諸君の共同の事業とするの高義が、亦実に滝田君をしてあれ迄に縦横無尽に活躍せしめたことを思ふ時、この両者の真実の関係は滝田君を知る上に於て亦一緊要事たりと謂《い》はねばならぬ。而して私がこゝに之を説くは、或る意味に於て滝田君の最後の遺嘱《いしよく》をはたす所以でもある。（十一・九）

〔『中央公論』一九二五年一二月〕

穂積老先生の思ひ出

一

穂積先生が亡くなられた時、先生の学界に於ける勢力を説かんとてか、「その御機嫌を損じたが最後、誰れも容易には博士になれない」と書いた新聞があつた。斯《こ》うした言ひ方は、先生に親炙《しんしゃ》せる我々後輩の耳には、洵《まこと》に異様にひびくのである。何となれば先生は御機嫌を損じたつて容易に之を色に外《あら》はさぬのみならず、曾《かつ》て其の声望を利用して博士推薦の票決を妨げたといふ話を聞かぬからである。学界に於ける先生の声望乃至《ないし》後進学徒の先生に捧ぐる尊信を形容する比喩的の言葉としてなら、さう言へぬこともあるまいが、若《も》し先生の長い生涯中一度でもさうした事があつたと思はる丶ものあらば、是れまことに先生をあやまるの甚しきものと謂《い》はねばならぬ。

私の観る所では、「博士の製造」に就て先生は、孰《いず》れかといへば作り惜むといふよりも寧《むし》ろ之を作り過ぐる方に多く文句を云はるべき側であつたと思ふ。帝大教授会に於ける論文審査の票決に就て先生が如何なる態度を執《と》られたか、私には分らない。私が教授に就任した時先生は既に退職されてゐた。「博士製造」に就ての先生の態度を私が親しく見たのは、主として博士会に於てである。弊害ありとて今は廃されたが、数年前まではこの機関に由て毎年多数の博士が作り出されたのである。而《しか》して先生は法学博士会の会長たる地位からして固《もと》より積極的には運動されなかつたが、落選者の多い時自《おのずか》ら先生の面上に現はるる深沈の憂色を見て、私は毎時先生も後輩に甘い人だなアと感ずるのであつた。それ以上詳しいことは言ふ必要もないし又言ふを憚《はばか》ることもあるが、要するに先生は、「博士製造」に付ては寧ろ寛に過ぐるの難を免れない方だと考へる。

概して先生は、若し欠点がありとすれば、そは厳峻といふよりも寧ろ寛恕といふ方面により多く之を有《も》たれた人と謂ふべきであらう。自分の地位勢力を濫用して人の不利を図《はか》るなどいふことは、性分としても到底《とうてい》出来得なかつたらうと私は考へる。

二

好意も度に過ぐれば人の疑を招ぐ。若し穂積先生を蔭で兎《と》や角《かく》いふ人ありとすれば、そは必ず先生の好意の余りに広く行き渡り余りに懇《ねんごろ》に行き届いて居る事実に関係してであると思ふ。それ程に先生は能《よ》く後進の世話を焼いたものだ。一例として私共が大学を卒業した時の先生の就職の世話振《ぶり》を回顧して見やう。

私が大学を卒業したのは明治三十七年である。同期の法学士が全部で百四十名ばかりあつたと記憶する。其の殆《ほと》んど全部が実に穂積先生の御厄介にすがつて職業にありついたのである。当時は今日の様に就職難といふものはなかつた。卒業さへすれば必ず何処《どこ》かに行ける。只少しでも都合のいゝ処に往《い》かうと云ふので苦労する。その勝手な希望を一々聞いて然る可く需要供給を調節するのが、穂積先生の毎年の学年末に於ける重要な仕事の一つであつた。先生は当時大学教授以外には他の一切の公職に関係されてゐなかつたから、一々書生の面倒《めんどう》を見る丈《だ》けの余裕もあつたのであらう。併《しか》し全部の学生を一手に引き受けての斡旋は、到底一ト通りの骨折りではない。加之《しかのみならず》、先生は一々書生の勝手な希望を聞き、出来る丈け其の希望を達してやりたいと云ふ所から、自身官省銀行会社等へ出張して売り付の交渉談判に努められたので、普通の口入屋《くちいれや》の様に、座つて居て楽に需給を仲介されたのではなかつたのである。

さて大学の卒業試験が終ると、其翌日から先生の門は書生の山を築く。云ふまでもなく其前に大学の掲示場に就職の相談に応ずるから毎日何時から何時まで自宅に来いとの貼出しが出るのである。之を見て学生が出掛ける。斯《か》くて朝から晩まで一週間以上も続いて応接につとめられたやうである。

さて学生が出掛ける。取次の人に案内されて先生の立派な書斎に通される。時間にも依るが、其処には既に十数名の先客が待つてゐる。此場合《このばあい》学生以外の訪客は皆断られたさうだ。先生は玄関の側の小さい室で、一人〳〵呼び込んでは問答さるる。御自分は小さい狭い室に陣取られ、待つ方には立派な書斎を提供するなど、自ら先生の謙虚な徳と後進に対する情愛とが現れて居る。訪客の名刺は順に従つて先生の机の上に積み重ねられる。その順を追うてひとり宛此《ずつ》の小室に呼び込まれるのである。這入《はい》ると何の方面が希望かと聞かれる。適当の返事をすると、先生は罫紙五六十枚綴りの帳面をひろげて一々之を書き留める。氏名を書き住所を書き又志望の場所を書く。お願の用件が済んで引き退るとき、そツと其の帳面の表題を覗《のぞ》くと「志望録」第何巻とある。斯く書き留めて頂いて帰つて待つて居ると、大抵数日を経て先生から丁寧《ていねい》な手紙に添えて、例へば大蔵大臣秘書官某氏宛又は何々会社人事課長何氏宛の紹介状が送られて来る。之が一々先生の自筆に成るものであつた。貰《もら》つた方はたツた一通だから何とも思はぬが、考へて見ると百何十人といふ者に対し一々自筆の書面を認めらるるのだから、其の労苦や真に想像に余りある。さてこの紹介状をそれ〴〵の向《むき》へ持参すると、十中の八九は口がきまる。斯くして我々の仲間は皆先生に依てそれ〴〵の職を得たのだ。我々の先輩も又後輩も略ぼ同様であつたらう。今は時めく若槻首相でも、直接其人から聴いたことはないが、多分先生の「志望録」の第何巻かに其の氏名希望を登録して始めて大蔵省の飯を食つたのではあるまいか。

時にまた、先生の紹介にも拘《かかわ》らず、うまく話が纏《まとま》らぬといふこともある。すると先生は更に本人の第二第三の志望を聞いて新しい週旋を試みられる。何とか道のつくまで、先生は決して斡旋の義務を忘れられない。私の友人で始め思ふ様に事が運ばないので遂に別個の運動を試みて他に就職の口を求めたが、之を先生に報告するを怠つた為め、数ケ月の後先生から、かねて君の志望して居つた斯く〳〵の口があるからとの書面を頂戴して面喰《めんくら》つたものがあつた。用意周到の人でもあつたが、心から後進の前途に付ては極めて親切であつたことは何人《なんぴと》も認むる所である。

三

私は卒業後、も少し学問を続けたいといふ希望で、就職のことはお願しなかつた。只私と一所に卒業した病友に代て先生の門に伺候したので、前述の如き思ひ出が書けるのである。たゞ斯んな事はあつた。一日先生から呼ばれて伺候すると、逓信省が従来あまり人才を集めなかつたを悔ゐ、今度は特別の優遇条件を附し、優れた者を三人欲しいと云つて来た、君の意思も聞いて呉《く》れといふことだがどうだと、先生から相談を掛けられた。専心学問をしてはどうかと勧められたのがもと〳〵先生だのに、今また仕官を勧められる。気の弱い私が当惑して居ると、君の事情が許すなら、当初の考通りするもよからう、逓信省の方は強《しい》てすすめるのではないと申されたので、やツと心を安《やすん》じてお断りした。そして私の代りと云ふては失礼だが、友人の堀田貢君を推薦したのであつた。此時特に先生の鑑識に入つて逓信省に迎へられたのが、筆頭に二上兵治君あり、之に続くのが池尾芳蔵君と堀田貢君とであつた。月給も並より五円宛多かつたと聞いて居る。特別優遇といふので、給仕などは目を聳《そばだ》てたものださうな。池尾君は間もなく官界を去つて実業界に走《は》せた。今は大阪商船の重鎮として時めいて居る。堀田君は元来負けぎらひの質とて、逓信省に入つて声望二上君の如くなる能《あた》はざるを病み、間もなく他省に転じた。学才に於て二上君はたしかに我々儕輩《せいはい》のうち遥に群を抜いて居つた。堀田君の英才を以て猶《な》ほ二上君に譲るを我々は当然と認めては居つたけれど、多病蒲柳の質を以てなほ且つあの地位を占めた堀田君としては、胸裡固より二上何者ぞの気魄はあつたのだ。故に彼は其後健康の恢復《かいふく》と共に、才能をみがき経験を積み、官界に於て漸次素晴《すば》らしい地歩を占めるやうになつた。不幸再び病魔の見舞ふ所となり中道にして他界されたのは、惜むべきの限りである。事余談にわたるが、折角《せつかく》特別条件を以て迎へた二上君も、永く逓信省には居なかつた。詳しい事情は知らぬが、当初の差別待遇が結局禍因をなしたものと私は解して居る。

私は卒業直後には職業のお世話にならなかつたけれども、やがて身辺の事情に多少の異変を生じ、何か内職をして若干の金を得る必要に迫られた。之に就ては梅謙次郎、金井延、山崎覚次郎の諸先生の御厄介にもなつたが、穂積先生は特に学問と縁故のある方面に私の内職を探してやらうと可《か》なり懇切な面倒を見て下された。先生の紹介状を持て奥田義人氏を訪ふた所、あべこべに学問を廃して住友へ這入らぬかと勧められ、その勧め方が馬鹿にうまいので、世故に慣れぬ私が迂《う》つかり乗り掛けたのを、後で先生から警《いまし》められたことも覚えて居る。住友に行くなといふのではない、君に其の心があらば向ふの条件を一応俺が聞いてやるといふのであつた。

早稲田大学へ紹介された一件は、今なほ憶ひ出しては苦笑する。何かの会合が小石川植物園に催された時、私は其処で穂積先生から鳩山和夫氏に紹介された。鳩山氏から改めて又高田早苗博士に紹介された。其の紹介の間に何か講義を受持たしてといふ話は無論あつた。二三日中に高田邸に罷《まか》り出るといふことで其日は分れた。数日後約の如く高田邸を訪ふと、植物園での話は殆んど念頭におかれず、改めて求むる所を問はるる儘、私の希望を卒直に話すと、「早稲田大学痩せたりと雖《いえど》も、真逆《まさか》駆け出しの法学士に教鞭を執て貰ふほどに困つては居ぬ」と突つ放され、赤面冷汗這々《ほうほう》の態《てい》で辞し帰つたことがある。穂積先生に其事を話すと、そんな筈《はず》はないがとて、再び鳩山和夫氏に紹介状を書かれたが、其中に私は支那に行くことになつたので、其儘《そのまま》になつてしまつた。目にも留らぬ一書生の事、高田先生には固より今日之を御記憶にはなるまい。

四

先生はその風采の示す如く温厚そのものであつた。滅多に怒られたこともなかつたらうと思ふ。が、一度私に関係する事に就て先生の激怒せられたお顔を見たことがある。啻《ただ》に憤怒の色を外にあらはしたばかりでない。之に関連する解決の断乎たる、実に秋霜烈日の概があつたのだ。私はこの時はじめて、容易に見るを得ざる先生の他の一面を見たのであつた。

それは斯うだ。明治四十一年の夏、私は支那天津に於て(私は明治三十九年一月天津に赴き、引続き同地に滞在して居つたのである)、突如、京都帝国大学総長岡田良平氏から電報を受取つた。現岡田文相と私の間に二十年前一種の交渉があつたとは、人も意外とするだらうし、岡田氏も恐らく今は記憶しても居られまい。電文は何といふのであつたか、はつきりは覚へて居ぬが、意味は確かに、支那の仕事をやめて内地へ引き揚げて来いといふのであつた。藪から棒に知りもせぬ者に命令的の招電を寄越すとは、無礼千万な話と今では思ふが、其頃の私は、之を光栄にさへ考へたやうであつた。兎に角岡田といふ人は、生れ付時々無鉄砲な事をやらかす質《たち》と見へる。この点にまた同氏の偉い所もあるのだらう。さて私はその時丁度《ちょうど》三年振りで帰省して見やうと考へて居た所だつたので、直《ただち》に何日立つといふ旨を返電し、一時帰朝の心得で東京に着いたのは夏の真盛りであつた。取るものも取り敢《あ》へず、小石川原町の岡田邸を訪ねた。打合せしたのかどうか今覚へぬ。用件の何たるやは固より全く私に予想はない。只偉い人から急電を以て呼ばれたのを只管《ひたすら》光栄として、恐る〳〵伺候したのであつた。さて初対面の挨拶を終る。用件を承《うけたまわ》つて驚いたのは、京都帝国大学の助教授を拝命し、行政法専攻を以て早速海外に留学して貰ひたいといふのであつた。京都帝国大学の行政法の振《ふる》はないといふこと、教授には新に美濃部博士を持つて行くといふことなどの話もあつた。しかも之等は既定の事実のやうな口吻《こうふん》であつた。突然の話に面喰つて私には何ともお答が出来なかつたのである。

あの時の私の気持は、同じく学問に志す若い人には了解が出来るだらう。学問はしたい。学問するには大学に入るに限る。併し這入れるかどうか分らない。這入れさうで這入れぬ。待ち切れずして私は支那まで流れて往つたのだ。向ふに居る間にまた時機が逃げるやうな気がする。この先きどうなるか分らぬと、心中頗《すこぶ》る焦慮の際だ。私は岡田氏の勧説に大に動いたのである。今にして考へると、能くもあの時思ひ留《とどま》つたものと時々胸を撫《な》で丶居る次第である。京都には行政法の主任として令名高き織田万先生が居る。美濃部博士の行かる丶余地はない。助教授には佐々木惣一君がある。佐々木君の今日の大成を見るにつけ、そこへ私などが往つたら飛んだ恥さらしだ。佐々木君は其後無二の親友となつたから、こんな事も遠慮なく云へるが、当時若し岡田氏の意中に、佐々木君を他に廻して私を以て之に代へるといふ考があつたのなら、是れ佐々木君を見誤れるの甚しきものたるのみならず、佐々木君をあの講座より失ふことに依て、我国の行政法学はどんな大損害を受けたか分らない。況《いわ》んや之が代りに擬《ぎ》せられた私は、頓《とん》と行政法には素養も興味もなかりしに於てをや。夫《それ》にも拘らず私は、之からでもやつてやれぬことはないと勧められて岡田氏の誘に応じやうかと考へたのであつた。孰れにしても之は行き掛り上一応は穂積先生に伺はねばならぬと、其旨を岡田氏に告げ、早々辞して牛込のお宅に改めて先生を訪れたのである。

先生に謁《えつ》して早速この事を語つた。この時の光景は今もまざ〳〵と眼前に髣髴《ほうふつ》することが出来る。但しくど〳〵しく之を叙述するの必要はないから、要点だけを挙げる。此事に就て岡田氏は予《あらかじ》め先生に諮《はか》る所があつたらしい。而して先生は極力其の無謀の暴挙たる所以《ゆえん》を諭《さと》されたものと見へる。私の報告をきかるるや、先生は嚇《かっ》となつてまだそんな事をやつて居るのか、兎に角それは出来ない相談だ。君も行きたいたつて行ける話ではない。別に返事するにも及ぶまい。打ツ放つて置けと云ふのであつた。即ちこの断乎たる一言に依て、私の態度は忽《たちま》ちはツきり決つたのである。この時先生は、根拠なき流言に聴きて行政官たる総長が教授の進退を決するといふは許す可《べか》らざる暴挙なること、新に教授助教授を任命するにつき予め京都帝大の教授会に諮らざることは、実に学者の権威を無視するの甚しきものたることを語り、暗に学問の神聖を蔑《ないがしろ》にする岡田総長の官僚的態度に無限の不快を感ずるものの如くであつた。流石《さすが》に温厚なる先生は、美濃部博士をやらぬとは云はれなかつた。美濃部博士の転任なんといふことは土台実現し得べきことではないといふ風に説かれたかと記憶する。私に向つても断はれとは勧められぬ。不可能な話をされたのだから、「諾《だく》」と答へたつて何もならぬ。返事するにも及ぶまいと云はれたのであつた。返事もせずにすツぽかしたかどうかは今覚へぬが、兎に角私は自分だけではきツぱりと態度をきめて、間もなく再び支那に帰任したのであつた。

先生は学問を以て終始しただけ、学問の自由といふことには格別の熱情を持たれたのである。滅多に怒られぬ先生も、学問の神聖に対する官僚的冒瀆に遇《あ》つては遂に忍ぶ能はざるものを感じて異常の昂奮を覚へられたのであらう。先生と雖も、必要のあるときは矢張り怒られた。而して私は其の怒られた一面に於て、先生の如何に学事に熱心であつたかを今更ながら思はずには居れぬのである。

五

私共の学生時代、先生は法理学の講座を受持つて居られた。先生の講義は文字通り所謂諄々《じゅんじゅん》として説いて倦《う》まざるものであつた。梅謙次郎先生の如き溌溂たる生彩はない。穂積八束先生の如き堂々たる荘重はない。が、春風駘蕩《しゅんぷうたいとう》温潤珠を転ずるが如き妙味は実に天下一品であつた。其の神技を譲り伝へたものか、令嗣重遠博士亦《また》座談講説の妙に於て他に殆んど匹儔《ひっちゅう》を見ない。併し乍《なが》ら先生の薫陶感化は、正式の講壇に於てよりも実は演習に於て更に多く著《いちじる》しきものがあつたと思ふ。先生は上級生の為に毎年特別に時間を割いて法理学演習を指導された。こゝに先生は、学生と胸襟をひらいて学問上のことから世間の俗事に至るまでいろ〳〵面白い話をされる。斯うした話を聞くことを、私共は無上に嬉しがつたものだ。先生も亦斯かる時間をもつことを如何にも満足に思はれたやうである。その証拠にいつも先生は尻を落ち付けて容易に立たれなかつた。外《ほか》の先生方はそれ〴〵忙しい用事を有《も》たれると見え容易に私共の近づけぬのに、先生のみ独り毎週長時間に亙《わた》つて緩《ゆ》つくりと懇談されるのは、私共に取て単にそれ丈でも非常な喜びだつたのである。

先生の学問上の業績などに付ては之を論ずる自ら其人があらう。此事に付ては私にも云ひたい事があるが、之は別の機会に譲る。茲《ここ》には私の知る限りに於て先生の長者の風貌をいさゝか伝へんとするのみであるが、学問上のことに付ては、次の一点だけを云ふにとゞめて置きたい。そは先生の学風は時流を抜いて自由闊達であつたといふことである。

先生の学風は、消極的に云へば、時勢の必要に捉《とら》へられず、学問の為の学問として研究の自由を体得せられて居つたものと考へる。斯んな事は当然自明のことで別に異とするに足らぬと、今の人は思ふだらうが、少しく明治初年の事情に通ずる者は、事の決して爾《しか》く容易ならざるを悟るだらう。官吏養成所と観られた大学が、法律の解釈に於て政府の意に反するを得ざるは云ふまでもなく、其他一般の事情につき学府が官憲と全然従属的の関係に在つたことを思ふ時、先生の如き学風は常人の何の苦なしに立て得る所ではなかつた。先生が専《もっぱ》ら大学の教壇にたてこもり一切他の公職に干与するを避けられたのは、単に余力を研究以外に割くを惜まれた為めかも知れぬが、一つにはまた学問の自由を意識してのことであつたかも分らぬ。斯う云ふ先生の態度から先生の学説がまた自由闊達の趣を呈されてあつたことは、云ふまでもない。

先生の学風は更に積極的に云へば、法律といふ現象を時間的にも空間的にも単独に離して観察せず、大きな人間生活活動の一部として考ふるを忘れなかつた点に特色がある。斯んな事も今より考へれば当り前の事だけれども、法律を国民の生活経験から絞り出した原則と観ず、抽象的に工夫した原理原則を以て国民の行動を指導統一するのが法律の任務だと観た当時、即ち法律を以て文字通り金科玉条と見做《みな》し、之に絶対的権威を認めた時代に在《あっ》て、社会学的研究乃至歴史的研究などいふことは、法律の学者にもなか〳〵許されなかつたのだ。条文の煩瑣《はんさ》な解釈が唯一の法律学であつた時代に、社会学的並に進化的研究は、穂積先生であればこそ、異端としての迫害も免れたれ、外の人なら早く既に其の鋒先をへし折られたに違ひない。この事は、先生が早くから独り法律学の本当の途《みち》を指示されたことを意味し、同時に又、後年に於ける本当の法律学の隆盛の素因を作つたといふことにもなる。

日本に於ける法律政治に関する研究は、日清戦争後大に発達した。いろ〳〵の思想は、従来の窮窟な桎梏《しっこく》を脱して表面にのさばり出た。俗人は驚いて之は大変だと目をむいた。政府からそろり〳〵と迫害の手も廻る。此間《このかん》に在て先生は、自らは固より新思想主張の先頭に立たれたのではないが、常に多大の理解ある同情を之に寄せられて居た。単に之れ計《ばか》りではない、今日私共が新しい思想の主張者に向ひ、一体君の考は何処《どこ》から得たかと聞けば、其人は必ず沈思黙考の後、境遇その他の事情を差引いた跡、何となく穂積先生の講筵《こうえん》から得たやうな気がすると答へるにきまつて居る。最近の帝大に於ける思想的傾向に関し、之を動《うご》かした著しい学者は、政治学の小野塚博士と法律学の牧野博士であらうが、牧野博士の穂積先生に負ふ所大なるは公知の事実であり、小野塚博士亦嘗《かつ》て私に、自分の思想は必しも之を穂積先生に得たとは云はぬが、先生の講筵で確められたことは明白だと語られたことがある。それ程に先生の学風は幅も広く奥も深かつたのである。

六

其の一つの例として、社会主義の研究を鼓吹せる先生の功を挙げてこの小篇を結ばう。社会主義の研究といへば、今は何でもないが、茲に来るまでには幾多の紆余曲折《うよきよくせつ》を経て居る。私の経験から云つても、大正二年私が政治史の講壇で西洋の社会党の政治的勢力を講じたときには、世間の一部に多少の物議を醸《かも》したのであつた。六七年の頃と記憶する。或る小さい公開講演で社会主義の話をしやうとした時、「社会主義のあやまりと社会主義に就てのあやまり」などと廻りくどい演題をつけることに依て、辛うじて警察の諒解を得ることが出来た。遡《さかのぼ》つて私共の学生時代の事を顧《かえり》みるに、当時は軍国的帝国主義旺盛の際だから、社会主義などに興味を感ずるものは殆んどない。僅《わずか》に安部磯雄先生の一派が民間に在て之を説いてゐられたけれども、其勢力は全然云ふに足らぬ。大学の講壇でも、諸先生は社会主義は甚だ怪しからぬものと一言に蹴て了《しま》つて、之を聴聞《ちようもん》する学生に一人も疑を挿《はさ》むものはなかつたのである。さう云ふ際だ、わが穂積先生が社会主義と法律との関係を学生に研究せしめられたのは。

私の記憶する所に依ると、先生は明治三十五年度の上級生(私より一級上のクラス)の法理学演習の研究に「社会主義と法律との関係」といふ大きな課題を与へられた。社会主義は近き将来に於て実際政界に於ける大きな勢力となるだらう。然らざるも、その主張は漸を以て立法の上に実現を見つゝある。さうすると、現今の法律も之に依て大なる変更を受けねばならず、現に西洋では既に多大の影響を受けても居る。之等の点を西洋の実際の立法例に依て研究するは頗る大切の事だが、之ればかりではない、我々は更に進んで社会主義の理論が今日の法律をどう観て居るかを、根本的に研究するの必要があらうと、初め先生は懇々と説き示されたさうだ。学生に取ては是《こ》れ正《まさ》に空谷《くうこく》の跫音《きようおん》、且つ愕《おど》き且つ勇み大に研鑽に励んだといふ。当時の記録を見ると、牧野英一君は「社会主義と法律」「労働者企業者間の法律関係に関する新説」なる二篇を提出して居る。上杉慎吉君は「社会主義と法律との関係汎論」を、永井亨君は「個人主義と共同主義」を、小川郷太郎君は「社会主義と所有権の廃止及制限」を、又小野義一君は「社会主義と契約自由の原則」を提出して居る。今日之等の錚々《そうそう》たる学者政治家が其の才識を以て如何に国家の文運に貢献して居るかを思ふとき、私共は更に遡つて之を指導養成せられた穂積先生の卓抜なる識見にも感謝することを忘れてはならぬ。

先生は学者としてまことに一代の耆宿《きしゆく》であつた。のみならず、法学教育家としても他に類のない偉大なる効績をのこされた。私の狭い見聞を以てするも猶且《なおかつ》上述の如し。更に先生の長い教授生活の間恩顧を蒙《こうむ》りし多くの門弟子をして其の追憶を語らしめば、年を重ねても尽きざるものがあらう。先生の訃《ふ》に接して私は、惜しいと云ふよりも、在りし日の先生の温情がたゞ何となく身に沁みて親《した》はしくなるばかりである。

〔『反響』一九二六年五月〕

〔新渡戸稲造先生と私〕

私が大学の学生であつた頃、時の一高校長であつた新渡戸先生が多忙の為め健康を害されてゐると伝聞して、非常に心を痛めたことがある。その頃私は新渡戸先生と面識あつた訳《わけ》ではない。初めて東京に出て来た大学一年生の秋、青柳有美君の主催に依り、神田の帝国教育会の楼上に開かれた或る講演会で「カアライルとゲーテ」の話を聴いてから馬鹿に惚れ込んでしまひ、それから度々演説を聴いたり又その著書を読んだりして益〻崇敬の念を深うしたのであつた。斯《こ》の人が健康を損はれたと聞いて当時の私が堪らない程の悲みを抱いたことを読者も恐らく不思議とはされまい。そこで私は今は故人となつた親友の小山東助君に相談を持ちかけた。小山君は曰《い》ふ、それは新渡戸先生にもつと仕事を減らして貰ふより外に良法はない。先生はいま毎月『実業之日本』に修養談を書いて居られるが、あれを廃して貰つたらどうか。一高校長としての先生の職分の方が遥に重大だからと。このサゼツシヨンに動かされて私は一日一高の校長室に先生を訪ねた。そうして熱心に『実業之日本』の寄稿を廃《や》め、余つた時間を以て十分静養につとめられんことを懇請した。その時先生と私との間にどんな会話の交換されたかを今私ははつきり覚えて居ない。只鮮かに記憶に残つて居るのは、先生が懐から一通の手紙を出し、之は今朝丁度《ちようど》出がけに受取つたのだとて私に示されたことである。先生更に附け加へて曰はるるには、自分ははじめ毎月引き続いて書く積りはなかつたのだ。併《しか》し一二度書いて居るうちに色々の人から色々の手紙が来る。更に疑を質《ただ》して来るもあれば大に迷を釈《と》かれたと感謝して来るのもある。自分のつまらぬ経験の記録が斯《か》くも多勢の人の修養に資するとは真に意外であつた。兎《と》に角《かく》不用意で始めたこと乍《なが》ら、自分の仕事の社会に何等かの貢献をして居るを思ふと、今更やめるわけにも行かない様な気がすると。先生のこの懇ろな説明を聞いて私は成る程と感心した。更に今朝受取つたと云ふ手紙を読んで――その詳しい内容は忘れたが――雑誌を通しての先生の社会的貢献の意外に大なるものあるに驚嘆したのであつた。

其後数年を経て新渡戸先生は帝大教授となり、私もその末班に一席を占め先生の同僚たるの光栄を有した。国際聯盟事務総長として西洋に行かれてから既に久しくお目に掛らないが、尊敬する先輩として親愛の情を寄せて居ることに変りはない。が、一高校長室を訪ねた一大学生としての私を先生或は今日記憶に留めて居られぬかも知れない。私はその後曾《かつ》て之を先生に告げたことはないから。

私は新渡戸先生をまねたわけではないが、妙なはめから数年来毎月の雑誌に駄文を書きなぐつて居る。新渡戸先生の様なわけに往かぬは勿論《もちろん》だが、それでも之を縁に全国各地に未見の友が沢山出来て今更筆を蔵《おさ》めることは出来なくなつた。ひそかにあの頃のことを思ひ出して新渡戸先生の心境に同情すると同時に、又私に先生の学徳なく其任に非ずして世人をあやまるの罪尠《すくな》からざるべきを懼《おそ》れて居る。

今私は最近に書いたものの一部を輯《あつ》めてこの書を作るに際し、是れ文筆の縁に繋《つな》がる多くの友人の切なる勧めによるものとはいへ、坐《そぞ》ろに身の厚かましきを恥ぢると共に、遠く老軀を提げて異境に活動せられつゝある我が新渡戸先生を懐《おも》はずには居れない。（大正十五年十月十七日）

〔『問題と解決』一九二六年一一月〕

志賀重昂先生

四月六日夜志賀重昂先生病を以て逝く。痛惜の至に堪へない。先生の名と業績とは昨今の青年には余り親しみがないかも知れぬ。けれども先生の学と識と併《あわ》せてまたその不怠不倦の努力とは、慥《たしか》に一世の師表たるに足るものがあつた。所謂《いわゆる》流行児たらざるの故を以て、彼れの遠逝に依て蒙《こうむ》る現代日本の一大損失を忘れてはならない。

私が先生の名を始めて知つたのは、中学二年生の頃或る教師から先生の著にかゝる英文の西洋史教科書を貰つたときからである。それから日本風景論とか地理学小品とかを読んで益々《ますます》敬慕の念を深うしたのであつた。先生の著書論作に依て感化を受けた者は、私の友人中にも決して尠《すくな》くはない。

いま翻《ひるがえ》つてあの当時私共は何の点で先生の著作に感動したかを回想して見るに、それには二つの方面があつた様に思ふ。

第一は学問の講明に清新の気分を味はされたことである。学校で学ぶものは、数学にしろ理化学にしろ、皆教科書の暗誦と机上の空論とに過ぎなかつた。先生の著作に依てはじめて私共は、学問と人生との密接なる交渉を教はつたのである。今から考へれば何でもない事の様だが、当時に在ては斯んな処に私共は未だ曾《かつ》て経験したことのない新しみを覚へたものである。単に新しいばかりではない、活き〳〵した清新潑溂の気分を以て学問に臨み、又斯うした味ひを学問に見出し得ると信ずる様になつたのは、何と謂《い》つても先生の賜《たまもの》である。この点に於て先生の地理学に関する諸著は、それ自身の真価以外に、猶《なお》後世から記憶せざ〔ママ〕るべき或ものを有《も》つと考へる。

第二に先生の地理学講明の態度は特に私共の青年時代の国民的理想に多大の示唆《しさ》を与ふるものであつた。思ふに日清戦争前後は、国内の整頓漸く其緒《ちょ》につき之からは大に海外に対《むか》つて平和的発展を試みようと云ふ時代であつた。退嬰《たいえい》局蹐《きよくせき》是れ事とすべき時ではない。海外発展といふことは何のわけなしに私共青年の心血を湧かしたものである。之も今日の青年にはわかるまいが、日露戦争後大正の御代に入るまでそれが続いたと観ていい。而《しか》して斯うした時代に、空漠疎雑な煽動論でなく真に内容のある海外知識を供給して呉れた人々の随一は、実にわが志賀先生であつたのだ。この点に於ても彼れは、明治後半季の青年に取て、たしかに一方の師表としてその尊敬する所の中心であつた。

私は個人的には余り深く先生の知遇を辱《かたじけの》うしては居ない。それでも一二度親しく教を乞ふの機会に接したことはある。腹心をひらいて城壁を設けざる所、談論風発而もその話には常に科学的正確と詩的興趣とを兼ね具《そな》ふる所、一度会つた者にも忘れ得ぬ深き印象をのこさずには置かない。その人格の高潔と学識の広く深きとは申すまでもないが、更にモ一つ見遁してならぬのは、先生の経世家としての熱情である。この点でも私共は最近の先生から大に学ぶべきものがあつたと考へる。地理学講明の根本的態度に昔と今と変る所なかつたかを詳《つまびらか》にせざるも、斯の学に立脚して先生が絶えず現代世界の形勢を説き、又日本の世界に於ける真の立場を明《あきらか》にせんと努められ、その為に自《みずか》ら親しく世界の隅々までを踏査し、南船北馬の労を惜まずして世人の蒙を啓《ひら》くに骨折られたことは、何と云ても国民の深厚なる感謝に値する。私の想像では、最近の十年間は先生に取て或は世界の変局に伴ふ新なる材料を集むる為の準備期ではなかつたらうか。先生の新しい仕事はいよ〳〵之から始まるのではなかつたらうか。私はひそかに雌伏《しふく》十年の後先生の再びあの大元気を以て論壇の表面に出現し来るべきを期待してゐた。いま突如病を以て他界せられしの悲報に接し、私は心から先生の為め又社会の為め深く之を悼《いた》まざるを得ないのである。
志賀先生を弔ふに方《あた》り、茲《ここ》に一つ是非とも書き残しておきたいことがある。それは直接には杉浦重剛先生に関したことではあるが、一度よき折を得て志賀先生に聞いて見ようと思ひ乍《なが》ら遂に永久にその機会を失してしまつたのである。その次第は斯うだ。

大正のはじめ我国にデモクラシー論の盛になつた頃、杉浦先生がその事に付ての説明を求むべく私の宅を訪問されたと云ふ報道が、新聞のはしに見えたことがある。別に取消もしなかつたが、之には少しく誤伝があつたのだ。実際の順序は、一日杉浦先生が私の宅を訪はれ、私が留守であつたので名刺を置いて帰られた。夕方私は大学から戻つてその名刺を見、未だ一度も面識もないのに杉浦先生程の長者がわざ〳〵私の門を叩かれたことにいたく恐縮し、直に書面を呈して留守を詫び改めて日を期して往訪の礼を取るべき旨を申送つた。斯くしてある日私は先生を小石川のお宅（その頃はまだ新宿の方へは移つて居られなかつた）にお訪ねしたのである。その時はじめて先生はデモクラシーその他のことにつき説明を聞きたいので訪ねたのだといふお話をされた。が併《しか》しこの事では左程《さほど》深く私に訊ねられはしなかつた。最も多く話されたのは、さうした思想的方面のことも青年時代から考へぬでなかつたこと、今も古い友人の中には斯方面に深き理解を有するものあり時々会合しては意見を交換して居ると云ふ事等であつた。そこで私は、斯く申しては済まないが、その時直ぐ先生もなか〳〵負け惜しみの強い人だナと思つた。その外に於いても、どう云ふものか、先生は負けじ魂の躍動を屢々《しばしば》私に見せられたのであつた。

余談はさておき、茲に私の述べておきたいのは、その時先生が私に示された一通の手紙のことである。巻紙に大きな字で書いてはあつたが、長さは三四丈もあつたらうか、余程親しい友人から寄せられたものらしい。が、名前は厳重に封じて見せて下さらなかつた。之は先生が時の東宮殿下の御教導職に就かれた時、さる人から寄せられた祝辞を兼ぬる忠告と云ふ様のもので新時代に処すべき帝王道の真髄を説いた大論文であつた。初めから終りまで殆んど全部の通読を許されたのであつたが、古い事とて今細かには記憶して居ぬも、西洋の民主主義乃至《ないし》社会主義にも十二分の理解を持てと繰り返しく〳〵勧めてゐた点は、今にはツきり目に残つて居る。斯んな事で急に私にお遇《あ》ひ下さつたのかナとも考へたが、先生はさうとは仰《おつしや》らなかつた。只自分の志も固《もと》よりこゝに在るのだとて、書面を恭しく巻き収めながら、私に今後とも心おきなく足らざるは輔《たす》けて欲しいなどと丁寧《ていねい》に云はれたのであつた。

之に関連して云つて見たいことは外にもあるが、問題外だから今は略する。只右の書面の差出人に付ては、厳秘に属すると云ふを以て直接先生に之を質《ただ》すを得なかつたが、私は心中ひそかにあれか之れかと先生の周囲を想像して之を物色して見たのであつた。その時に思ひ浮んだのかその後のことか今記憶せぬが、いつとはなしに私はその手紙の差出主を志賀重昂先生ときめてしまつたのである。或は三宅雪嶺先生かとも考へて見たが、曾て見た志賀先生の手に書面の字体が似ても居るので、志賀先生にしてしまつたのである。そしてこの事を一度折を見て直接先生にたゞして見ようと考へて居たわけである。若《も》しこの事が果して私の想像する所の如くんば、志賀先生は更にモ一つ違つた意味に於て、我々の問題になる。

附言　右の書面のことは、或は既に公刊されて居る杉浦先生伝に出て居るのかも知れぬ。丁度帝大内に於ける私共の書庫が移転最中なので今急に参照の便を欠くのは遺憾である。後に至り事実に著しき相違あるを発見せば、次号に於てその誤りを訂すであらう。この点予《あらかじ》め読者の諒恕《りょうじょ》を乞うておく。

〔『中央公論』一九二七年五月〕

田口先生と私

田口卯吉先生の名は小学校時代から私に親しみのある名でありました。私がよく遊びに行く学校の先生が『史海』の愛読者で、時々その中の論文を私に読んで聞かして呉れました。『史海』には色々の人の論文がありますが其中一番多く読み聞かされるのが田口先生の史論であることは申す迄もありません。小学生の私にわかる筈もなく興味は無論持てなかつたものですが、それを承知で私に読んで聞かせた所を見ると、余程田口先生に心酔して居つたのでありませう。偉い人だ〳〵と聞かされるので私も偉い人と信ずる様になり、それが縁故でわかりもせぬ癖に私も亦やがて『史海』の購読者となつたのです。三四冊欠けては居ますが小学校から中学に掛けて買つた『史海』は終刊号まで今に私の書斎に備へられてあります。

その小学校の先生が田口先生の史論を読んで聞かして呉れたうちで、今に私の記憶に残つて居ることがあります。三四十年も前のことですから或は記憶が正確でないかも解りません。『史海』の論文に直接して調べればすぐ明になる事ですが、態《わざ》と朦気《おぼろげ》な記憶のまゝを申します。それは子供に聞かす材料としては変な話なのですが、或る女帝の艶聞に関するものでした。田口先生はその女帝の生ひ立や環境や年齢等を叙した後、高貴の方だつて木石ではない、時に仇《あだ》めいた噂があつたとて怪むに足らぬではないかと論ぜられたと云ふのです。私の先生は如何の言葉で賞めたのであつたか、今日の用例に直すと、女帝を生の人間として取扱つた所に清新の味ひがあるとでも云つたのではなかつたかと記憶します。今の頭で考へれば何でもない事ですが、あの当時としてはたしかに時流を抜いた卓見だつたのでせう。

『史海』を私はともかく終刊号まで買ひ揃へたのでした。併《しか》し中学の上級から高等学校に進んだ頃は、興味が外の方に移つてしまつたので、暫《しばら》く田口先生を忘れました。やがて大学に参りました。その翌年でなかつたかと思ひますが、先生は総選挙に本郷区から立候補され、本郷座で政見発表の演説会を開かれました。不図《ふと》立看板にかねて親しみのある田口卯吉と云ふ名を見たので、私は遂に吸ひ込まれる様に本郷座に這入《はい》りました。之れが私の田口先生を見たはじめです。

その時の演説会は大変な大入りでした。併し大部分は反対派の壮士で、妨害烈しく誰一人満足に足る所見を述べ得たものはありません。唯ひとり島田三郎先生だけは全然野次を封じ込め長い演説を滞《とどこお》りなく傾聴せしめたのは、流石《さすが》にうまいものだと感心したのでした。須藤時一郎なんどいふ人は散々に野次り斃《たお》され屢々《しばしば》演壇に立往生されました。我が田口卯吉先生も演説に掛けては存外うまくはないので私は大《おおい》に失望しましたが、それでも他の人の場合に比し聴衆の野次は余程少かつた様です。

其後島田三郎先生から紹介されて田口先生を本郷西片町の御邸に御訪ねしたことがあります。帝大キリスト教青年会を代表し、一夕お招きして親しく御話を承りたいとの談判に参つたのでした。此用事は見事に断られましたけれども、あの時の親しげな風貌はどれ丈け私をいゝ気持にしたか判りません。況《いわ》んや兼々《かねがね》其名を聞いて其人を敬慕し居れるものなるに於てをや。

田口先生の著書を読んでの感想も書くべきですが、之は近く公刊せらるべき全集の解説の方に譲つておきます。

以上何か御役に立ちさうなら御使ひ下さい。紙屑籠の中へ棄てられても異存はありません。

〔『我等』一九二七年七月〕

左右田博士を悼む

この夏八月のはじめ突如左右田喜一郎博士を喪《うしな》つたことは日本現代の文化に取てたしかに一大損失である。彼が生前学界に貢献する所の大なりしは能《よ》く人の知る所、その温潤珠の如き風格がまた接する者をして常に敬慕措《お》く能《あた》はざらしめたことも知人間の語り草に残つて居る。たゞ彼が他の一面に於て凡《あら》ゆる新興文化運動の為に喜んで物質的援助を惜まなかつた陰徳に至ては、或は割合に世間に知られて居ないかも知れぬ。是《こ》れ、故《ことさ》らに事を秘するには非《あらざ》るも、彼の性格が自《おのず》ら斯種《このしゅ》の事実の他《た》に語らるるを避けしめたからである。

左右田博士の学界に於ける功績は無論の事、更に各種の社会事業に対する多大の関心は既に多くの人に依て語られた。今後も屢々《しばしば》種々の機会に於て語らるるに相違ない。私情としては彼の主宰する銀行の蹉跌《さてつ》せる今日彼を永遠の彼方に送つたのは、友人として誠に気の毒に堪へない。況《いわ》んや彼はなほ春秋に富み、学才益々伸び且《かつ》熟して更に大に雄飛すべきを期待されしに於てをや。彼を夭折《ようせつ》といふは当らずとするも、少くとも天寿を完うしたものとはいへぬ。それにも拘《かかわ》らず彼の今日までに遺した学問上の仕事に至ては、量に於ても質に於ても頗《すこぶ》る大きい。是れ何人も驚嘆して措《お》かざる所である。若《も》し夫《そ》れ研学の余暇を以て彼が創設経営せし各種社会事業の今日現に見事なる発達を遂げて居るをも併《あわ》せ見ん乎《か》、彼の社会に貢献せしの洪大なる、亦以《またもつ》て彼が安《やすん》じて瞑《めい》し得べきを思はしめぬでない。要するに彼は新しき日本の学界に其将来の発達を示唆せしめんが為に送られた偉大なる才能であつた。それ丈け彼が征途中ばにして此世を去つたのは我々に取て返すぐ\も惜しい。

博士に就て語るべき事語りたい事は数限りもない。それ等はまた別の機会に譲るとして、只一つ是非とも私が茲《ここ》に語つて置かねばならぬことは、彼が所謂《いわゆる》新興文化運動の助成の為めに私の提議を無条件に容れ、従て私の要請を聴いては無制限に金銭上の援助をされたことである。今爰《ここ》で私はあの運動この運動と細かい事は述べぬ。私が一通の書面をやれば彼は直に必要なだけの金を送つて呉れた。君の求むる所なら無条件に受け容れると云はれると、却《かえつ》て此方も遠慮勝になり、少くとも大に態度を慎重にせねばならなくなり、能《よ》く〳〵必要已《や》むを得ないものの外は申出さぬ様にはなつたが、それでも毎年彼の懐を煩《わずら》はした金額は可なりの高に上つて居る。中には彼の希望に依て彼の出資に由る旨を秘したものもあるが、今日新興文化的諸運動に与《あずか》つて居る年若い人で現に左右田博士の隠れたる同情を徳として居るものは可なりに多い筈である。而《しか》して斯うした運動は段々世間に存在を認められて来ると経営も概して楽になるものだが(中には其の反対なのも無論あるけれど)、創立早々の至て微力なる場合がなか〳〵容易に凌《しの》ぎ通せぬものだ。而も余程事柄に理解ある人でないと、斯うした山のものとも海のものとも分らぬ仕事に助力を敢てする人はない。左右田博士はいつも斯うした仕事の斯うした時期に多大の同情を寄せられたのであつた。この点に於て彼は亦最近我国に於ける各般の文化的新運動の忘るべからざる恩人である。

〔『中央公論』一九二七年一〇月〕

中村敬宇

今私は中村敬宇と福沢諭吉の事を書いて居る。その中、請はるるまゝに敬宇先生人物評の一節を文芸春秋社に寄する。

敬宇先生の人物につき第一に感服すべきは、その刻苦励精進んで熄《や》まざるの好学的態度である。先生は恐らく所謂《いわゆる》儒者としても殆《ほと》んど完成に近き逸品であつたらう。其の外先生は時勢の刺戟に応じ、独学を以て蘭語を習ひ英語を修め晩年に及んではゲーテを読まんとしてや、独語に親しみ、更に法華経の精髄を探らんとして梵語《ぼんご》を学び頗《すこぶ》る通ずる所があつたと云ふ。博聞強記事毎に解答詳明を極め宛《あたか》も物を嚢中に探るが如しと謂《い》はれたのも故ありとすべきである。

第二には徳行の高潔なりしことである。此事に関しては幾多の傾聴に値する逸話あるも一々は詳述しない。何《いず》れにしても先生はあの学殖とこの徳行とを以て立派に聖者の面影を残したものと謂へる。

第三に徳行と関連して考へて見たいのは先生の宗教心である。先生は恐らく所謂クリスチアンではなかつたらう。たゞ先生は謙虚の心を以て道を維れ求めた人だから一度西洋の文物に接するやその隆運の根基をなす宗教を看逃《みのが》さず一時頗る之に傾投したものと思はれる。儒者に似合はず早くから排外思想の俗流に遠かつたのは洋学のお蔭であらうが、洋行後は敢然として信者以上に熱心なる耶蘇《ヤソ》教の提灯《ちょうちん》持となつた。明治六年二月の創刊に係る『東京新報』と云ふ雑誌がある。先生が黒幕内で世話されたと云はれるものであるが、之れが実に耶蘇臭味の濃厚なものであつた。且つ署名はないが西教を礼讃せる数篇の漢文が載つてゐるが之も敬宇先生の筆に成るものと思はれる。併し之等にも勝りて先生と基督教《キリスト》とを公然関係づけるものは、明治五年八月発行の『新聞雑誌』第五十六号附録に出た「擬泰西人上書」である。始めは匿名であつたが先生の手に成ることはすぐ分つた。固《もと》より先生自身も強いて秘密にしたわけでもなかつたらしい。而してその要旨は、西洋外形の文明を学ばんとなら須《すべか》らく先づ其の内部に潜む根原の精神を採ることを要する、それには陛下卒先して耶蘇教に帰依《きえ》し以て範を天下に示されなければならぬと云ふに在る。当時としては無論だが今日の眼から見ても随分思ひ切つた言葉を使つて居る。さて之等の事実から観ても先生が早くから耶蘇教を敬重し、好んで外人宣教師などとも交りを結んだことは分るが、日曜日毎に会堂に詣でたとか又は朝夕祈禱を懈《おこた》らず讃美歌を謳《うた》ひ所謂《いわゆる》信徒としての日常行事をまで忠実に勤めたかと云ふ点になると、頗《すこぶ》る疑はしい。又曾《かつ》て洗礼を受けられたと云ふ話も聞かない。して見れば先生は或は心中ひとり基督の徒を以て自ら許したことはあるかも知れぬが、決して既成教会の一員となつたのではないと思はれる。斯う考へれば、先生が晩年法華経を耽読し遂に之を信仰するまでに没頭されたと謂《い》つても、先生の内面的精神生活に於ては矛盾でもなければ転換でもない。先生を耶蘇教会に入つたと云ふのも又後に之を棄てたと云ふのも皆外形に由る皮相の判断であらう。

終りに先生の人物につき私の特に一言したいのは、先生は要するに旧時代を代表する典型的君子にして新時代を指導すべき大先覚ではないと云ふ事である。一体旧時代では如何なる人才を要求したのかと云へば、一言にして謂へば篤実忠良の平和的士民である。而《しか》して教育家は之を目標として修練を積み身を以て世の模範となればいゝ。封建階級の世の中では上の者さへ確《しつ》かりしてゐて呉れれば下は自ら治まるのである。併《しか》しこの意味に於ても人の模範となるまでに品格を作り上げるは容易の事でない。所謂君上は一朝一夕にして出来るものではないのである。それを先生は少壮時代からの一貫したる努力修養に依つて見事に成し了《お》うせたのである。先生が如何に修徳の工夫に苦辛惨憺たりしかの一例として、能《よ》く二十二歳の時昌平黌寮に在りてものせる自筆の誓詞が挙げられる。一忠孝ヲ忘レザル事、一行住坐臥礼法ニ背カザル事、一偽行偽言ヲセザル事苟《いやし》クモ偽ヲ言ハザル事但シ過言ハモトヨリ也、一淫慾ヲ断ツ事少壮ノ人尤《もっと》モ肝要ナリ、一百事ニ勉強シ怠惰ナラザル事、一蘭書ノ業半途ニシテ廃スベカラザル事、一凡事己《おのれ》ヲ責メ人ヲ責メザル事、一妄念ヲ截断シソレガ為メニ奪ハレザル事、一誠寔ヲ心ニシ苟モ軽薄ノフルマイアルベカラザル事、一太平ノ御恩沢《おんたく》ヲ念々心頭ニ置キテ有難ク思ヒ父母ノ恩ヲ思ヒ農夫ノ艱苦ヲ思ヒ頃刻《けいこく》モ懈怠《けたい》スベカラザル事。右之条々堅ク銘《ジ》㆓心肝《ニ》㆒候テ酔生夢死ノ輩ト均シク相成候事無之様心《こころ》懸《がけ》候事肝要也、若《も》シ右之条々於《テハ》㆓相背《クニ》㆒現在ニ神ノ冥罰ヲ蒙ルベキ事也。嘉永癸丑年八月十七日夜五時誓詞中村釧太郎。以上が全文であるが、署名の下には血判がしてある。先生が日夜思を練り、一角を削りては又一角を削り、如何に自家徳行の彫琢《ちょうたく》に苦心したかが想やられるではないか。斯くして出来上つたものは或る意味に於て傑出せる逸品たるを失はぬが、たゞ惜しいかな其処には不幸にして最早《もはや》潑溂たる生気がうせてゐる。誓詞の文字でも分る通り、修徳の方針が亦全然旧時代的である。明治の時代になつては実は斯うした方針では駄目なのだ。新規停止と唱へて民間の凡《あら》ゆる創造的活動を抑へた時代を昨日の夢と見て、今は「庶民ニ至ル迄各《おのおの》其ノ志ヲ遂ゲ人心ヲシテ倦《う》マザラシメンコト」が要求されるお時勢となつた。昔は一々己のする通りを見習へと云ふのであつたが今日は何でもいゝから勝手にやつて見ろと云ふのである。型にはまつた機械に最早用はない、活きた人間の自由奔走の活躍が要求される世の中だ。斯うなると、敬宇先生の優秀な人格も聊《いささ》か時勢と縁の遠い感がせぬでもない。此点に付いて先生を福沢先生と対照すると面白い。敬宇先生は大学の小使などに対してもへイ〳〵と叮嚀《ていねい》に応対したとやら、福沢先生は能《よ》く心安い人を捉《とら》へては馬鹿野郎呼ばはりする。前者はつとめて磨き上げた美しい所を見せて人を導く、後者はあまり人間通有の弱点をかくすことに心を配らない。同人社校長として敬宇先生は、毎朝食前塾生を講堂に集めその粛拝を受け又一場の教誨《きようかい》を授け、毎日之を繰返して怠る所なかつたが、此外に敢て進んで生徒に接しようとせぬ。福沢先生は老年に及んで教場から遠《とおざ》かつて後も、時に応じて生徒の日常生活に干渉し、甚しきは早朝散歩の途次門人の戸扉を叩いて朝寝をいましめなどしたと云ふ。前者に在ては人間の手本が遠くに光つて居る、後者に在ては眼の前に輪廓の大きな人間そのものが動いて居る。

品性の高潔なるに於て両者に非常な差異ありとも思はぬが敬宇先生は前時代の誡律を後生大事に守つて苟も之に違《たが》はざらんと努め、福沢先生は大綱に外《はず》れずして末節はどうでもいゝとし、自由に人間としての驥《き》足《そく》を伸ばさんとする限り、旧式道徳の細目の如き寧《むし》ろ之を邪魔もの扱ひにして無遠慮に罵倒し蹂躙《じゆうりん》し去ることも珍らしくない。

だから福沢先生に接した者はいづれも夫《そ》れ相応に魂に生気を吹きかけられて居る、敬宇先生には之が乏しかつた。無論先生は全然旧式一点張りの人ではない。

思想に於ては新しい時代に触れてゐるところも多分にある。而してさうした方面の影響を先生はその著作に由つて与へて居る。著作を通じての感化影響を云へば、敬宇先生の貢献は或は福沢先生と伯仲《はくちゆう》すると云へよう。唯《ただ》人格同志の直接交渉に由る感化に至つては、先生は遂に遠く福沢に及ばない。

福沢先生の門下から幾多国家有用の偉才を来して居るに対し、江戸川の聖者とまで謳《うた》はれた敬宇先生の人格の流れの後が如何にも物淋しいのは、畢竟《ひつきよう》こゝに原因するものと考へる。

〔『文芸春秋』一九三一年二月〕

鈴木文治君の素描

――序文に代へて旧稿を録す――

鈴木文治君は今度(昭和五年十一月)の大阪の大会で突如総同盟会長の辞退、兼ねてまた全然総同盟幹部の地位からの引退を声明した。満場は泣いて留任をせまり断乎として承認を肯《がえ》ぜぬ。寝耳に水の声明なので新聞なども鈴木君の真意を忖度《そんたく》し兼ねてゐるやうである。かく仲間では惜み世間では訝《いぶ》かつてゐる間《かん》において、独り親友の一人として私は同君のこの行動を賛し、その声明の妨げられずに実現せんことを祈つてゐる。無論それには相当の理由がないでない。

*

鈴木君を私が始めて識つたのは日清戦争後間もないころのことである。同君は私の郷里から六七里隔たつた隣郡の一小邑《しょうゆう》の作り酒屋の息子だ。私の郷里に新設された中学校に入り私の友達の小学校教師に預けられたので知り合ひになつた。そのころ私は高等学校の生徒で夏冬の休み以外には滅多に帰らない。従つて鈴木君とさうたび〳〵遇《あ》つたわけでもなし、かつ年も可なり違ふので話をし合ふことは殆《ほと》んどなかつた。多分鈴木君は私が友達の小学校教師と語り合ふのを傍《そば》から驚歎の情をもつて謹聴したに止まるであらう。だから本来なら鈴木君と私との間には先輩後輩の淡い関係はあつても、同年輩の者同士に見るやうな濃厚な友情は起らないはずである。それが実際はさうでなく、そのころから既に兄弟のやうな親しみを有《も》つに至つたのは――鈴木君の方にはどういふ理由があるか知らぬが——私の方からいへば鈴木君が余りにも可愛《かわい》らしい坊ちゃんで、且つ利巧で純真で程のい、おしやべりであつたからである。

今は体重三十貫あるといふ。尤《もつと》も体重の三十貫は昨今に始まつたのではない、二十年来のことだらう。誰か今日この大男が中学一年の時は机の上からやつと首の出る程な、色白の丸ぼちやの人形の様な美少年であつたことを想像し得よう。尤も鈴木君は中学に入るに年齢が足りないので——あの頃はこんなことも出来たのだが——戸籍をごま化して何ケ月か多くなつてゐると聞いてゐる。しかしそのためばかりではない、一体に粒の小さい柄であつた。実はこの点は私も同様で、今は五尺四五寸あるが二十歳位まではどうしても五尺に達しないので大に悲観したものだつた。その私が彼れを恐ろしく小さい坊ちゃんだと思つたのだから、以て如何《いか》に当年の鈴木君が可憐な少年であつたかを推測し得よう。

*

鈴木君の実家は後になつて考へて見ると、そのころから段々不如意《ふにょい》になつてゐたらしい。併《しか》し相当の豪家であつただけまだ遣繰《やりく》りはついてゐたのであつたらう。従つて同君は中学卒業のころまでは家運の傾けるを知らずに過ごしたやうだ。年老《としと》つた祖母があつた。両親も無論彼れを掌中の珠と可愛がつたが、祖母《おばあ》さんはさう何時《いつ》までも孫の顔を見ずにはをれない。毎週土曜の昼過には実家から立派な迎への人力車が来るといふ始末だ。これは一例に過ぎぬが、詰《つま》り両親は金に飽《あ》かして彼れを育てたのである。これを以て観ても、彼れの少年時代は何一つ不自由のない甘やかされた生活で一貫したことが分るだらう。これが鈴木君のために幸《さいわい》であつたか否かは容易に断ぜられない。彼れの欠点として挙げられるものの中には、右の事情を顧慮することによつて諒《りよう》とせらるべきものも少からざるを見ると共に、彼れが何処《どこ》となしに伸《の》ンびりしてをり、逆境に処して悠々焦らず、常に楽天的に構へて平気に難関に打突《ぶつ》かつて行く所なども、修養の結果といふよりはむしろ少年時代の環境の賜《たまもの》ではないかと思ふ。

中学初年生の此の可愛い坊ちやんは容貌から性質から誠に明るい気分に充《み》ち〳〵てゐた。金持の坊ちやんに有《あり》勝《がち》の罪のないナンセンスを連発しては人を笑はしてゐた。そして学校の成績は甚だい丶。それで彼れは皆に可愛がられた。中学の上級生になつたころは身体も大きくなり同級生の牛耳を取つてストライキなどをやつたこともあるが、持つて生れた明るい気分がついて廻り、陰険とか悪辣《あくらつ》とかいふ様な傾向は微塵《みじん》もなかつたので、絶えず教師や先輩からは親愛されてゐた。かうした態度は労働運動に足を入れてからの彼の行動にも一貫した特色となつてゐると思ふ。

*

中学卒業の前後であつたと記憶する、傾き掛けてゐた彼れの実家の運勢は最後のどん詰《づま》りに陥《おちい》つた。一家離散、鈴木君は高等学校へは這入《はい》つたが学資は一文もなく出来れば両親弟妹等の面倒までを見ねばならぬ窮状に陥つた。これより彼れの艱難時代が始まる。高等学校から大学を卒業するまでの前後七年、その間自分の学資を作るばかりでない、時には幾分両親の家政までを助けねばならなかつたのだから、その辛労の一ト通りでなかつたことはいふまでもない。けれども私が友人として彼れの当時の窮状を回想するに、彼れが貧乏に叩き叩かれたといふを世の常の意義に解するのは正しくないと考へる。かういつては鈴木君に叱られるかも知れぬが、同君はあれほどの貧境に落ちて、しかも遂に本当の貧乏の経験をする機会を捕《つか》み損《そこ》なつたのではなかつたかと思ふのである。

その故はかうだ。彼れが異常の窮境に陥つたと聞くや、友人の誰彼は直《ただち》に彼れを救ふべく起つた。不自由させなかつたといふのではないが、同じ様な境遇の他の多くの例に比較すれば、彼れは此点で実は頗《すこぶ》る幸運であつた。畢竟《ひつきよう》彼れの生来の愛嬌が自ら求めずして多くの同情者を奮起せしめたのである。彼れは本来頗る天真爛漫であることは先きにも述べた。そのために彼れは自分の窮状を必要あれば隠す所なく誰の前にでも打明ける。瘦我《やせが》慢《まん》の一刻も張り切れる男でない。是《これ》また彼れの一徳で、ために所在に同情者を作つたものらしい。虚飾といふことを知らないから、世話になつた人には平気で頭を下げる。人前を憚《はばか》りて為すべきを為さなかつたといふ様なことは、彼れとの長い交際において未だ嘗《かつ》て見たことはない。従つてまたさうした関係の人から頼まれれば如何なる事でも労を厭《いと》はない。大学の学生時代、大掃除といふとよく私の家へ来て縁の下の塵埃さらひや便所の掃除までやつて呉《く》れた。これを傍から見たら鈴木君のために一掬《いつきく》の涙なきを得ずなどといへぬこともないが頼む方は固《もと》より頼まれる方も一向平気、終日私の陋宅《ろうたく》の客となり、大騒ぎにはしやいで喜んで帰つて行く。洵《まこと》に気の置けぬ好人物で、本人も決してこれを以て貧故の苦労とは思はぬのである。尤《もつと》も鈴木君には一種の創作的天分がある。時に自分の経歴を回想し、これを一個の立志伝に作り上げて自己陶酔に耽《ふけ》ることもあるらしい。早いころ私も一度これを彼れの講演に聴いたことがある。涙なしに聞かれるものではなかつた。しかしかうした窮乏は彼れの魂をどれだけ苦しめたか。世間並にいへば大に苦しんだはずだ。私からいはせれば、客観的には彼れの愛すべき性格が過分に同情者を集めて不十分ながらも苦悩の原因が和《やわら》げられてをり、主観的にいへば彼れの楽天的素質は貧に苦しめられて人を怨まずまた疑はず、毀誉《きよ》褒貶《ほうへん》に超越して与へられたる境遇を楽んで行く。私から観れば今日の鈴木君は依然として三十年前の文ちやんに外ならない。

＊

鈴木君は能《よ》く変な金を持つて来ると難ずる人がある。来るものは拒《こば》まずとは学生時代からの性格だから、或は少し位の疎忽《そこつ》はあらうかと考へる。併し彼れには悪意を以て不正の金を貪《むさぼ》り、平然として節を売るやうなことは断じてないと信ずる。金銭の受授については今日の地位に在つてはモ少し慎重であつてい丶と思ふが、金によつて彼れの良心を左右し得べしと考ふる人があらばそは大変な誤算であらう。

鈴木君に相当の財産が出来たといふ噂があるとやら。労働運動の大将で金の出来るはずのないことはいふまでもない。労働運動を餌にして金を作るの辣腕《らつわん》を鈴木君に認めんとするは余りに残酷だ。疾風の真只中に立ち英気颯爽《さつそう》として三軍を叱咤《しつた》する彼れの雄姿に接するとき、彼には何事もなし得ぬことは無いだらうなどといふ人もあるそうだが、他の一面において彼れは洵に単純で裏も表もないたゞ見たまゝの男なのである。金など作れる柄ではない。それに彼れは金の持てぬ男である。一円もうければ二円使ひたがる男である。昔あれだけ貧乏したのだから、もう少し倹約してもよかりさう、何とか節約して少しは貯《たくわえ》を作つてもよからうと私共は思ふが、金があると何か他愛もないものを買つて喜んでゐる。さうでもないと後輩を沢山《たくさん》集めて彼れ相応の大盤振舞《おおばんぶるま》ひをやる。好意を寄せる部下から金持と見られ、素質を知らぬ他人から贅沢と疑はれるゆゑんである。私はこゝに彼れの不謹慎は認める。けれども結局において、これは矢張り彼れの一美点をなすものであるまいかと考へて居る。

右の如き性質は労働運動の尖端に立つ闘士として――殊《こと》に今日の場合――残念ながら重大なる欠点と観ねばならぬことは勿論《もちろん》だ。今日までの彼れはかういふ欠点を有《も》つてゐたからこそ、毀誉褒貶を尻目にかけて傍目《わきめ》も触《ふ》らず多難な労働運動を指導して来たのだといへる。しかし時勢の進みは早い。今後も依然として従来の運動を継続するには、彼れに新たな修養が要る。其修練に身心を投ずるにはもう時機は遅過ぎた。年と共に聡明を開いた彼れが、こゝに自らを反省して転身の決心を定めたのは頗る時の宜《よろ》しきを得たものと私は思ふ。

＊

総同盟の会長として一方からは随分ひどい非難を受けた。併しその非難たるや、総同盟の会長といふ地位を顧慮して非難さるべき性質のもので、彼れは一個の市民として決して普通人以上の許すべからざる欠点を多く有するものではない。普通人として許せるからとて総同盟の会長たるを妨げぬといふ理窟はないが、過を見てその人を察するといふ筆鋒《ひつぽう》からいへば、あの呑気《のんき》な不謹慎がまた永く彼れを会長の位置から放し得なかつたのでもあるだらう。現に今度の勇退声明に際しても、代議員諸君は容易に後継会長に任じ得る者を見出し難しとて、彼れの引退の希望を容《い》れなかつたといふではないか。とにかく彼れには一種の徳がある、人をひき附ける魅力がある。之が彼れのいはゆる欠点として数へらるるものと相《あい》表裏するものあるかに私には考へられてならない。

この多難の秋《とき》、総同盟を去るのは怪《け》しからぬといふ人もある。しかし三銭切手一枚で済む所へ二枚貼る必要はない。総同盟は鈴木君を不要とはせぬだらうが、彼れの多年の鞠養《きくよう》によつて今は立派に一本立ちが出来る。むしろ済々《せいせい》たる多士、何《いず》れを頭目にいたゞくかの選択に迷ふ位だが、鈴木君が居れば却《かえ》つていつまでもこの点がきまらない。鈴木君は会長としての使命を終つたとは考へてゐぬらしいが、後進に途《みち》を譲つて自分は側面から労働運動を援《たす》ける、之が合理的であり能率的であり且又労働運動の本筋でもあると、近年つく〴〵考へ込んだ様である。私はこれは鈴木君のためにも総同盟のためにも結構なことだと、相談を受ける度ごとに賛成した。これらの点をモ少し詳しく述べて見たいが、時がないから他日のことにゆづる。

＊

私は嘗《かつ》て鈴木君を必ずしも実際運動の適任者でないといつたことがある。これは同君の残した業績からいふのではない。子供の時からの親友として彼れの素質を知り切つてゐる私は、寧《むし》ろ他の方面により高き彼れの能力を認めて居るからである。彼れには多少学究の資質がある、文筆においては早くからその方面に活躍させたら稀に見る雄才となつてゐたらう。その方は芽を吹き掛けてやめたから、私の予想の当るかどうかは分らない。業績の点から観て実際運動必ずしも不適任ではない様だが、今度彼れが転身して何の方面に活躍の新舞台を開くかを考ふるとき、兎《と》に角《かく》彼れはこの実際運動から離れても、決して新しい境地の開拓に苦しまぬだらうことを想像し得ぬでない。その点友人としては十分安心してをられる。

〔鈴木文治著『労働運動二十年』一九三一年五月〕

信条を語る

走る者非歟

(一)

夏時、山に上りて渓間に清泉を望む、甲乃ち奮躍疾駆して渇を一掬《いっきく》の流に医《いや》しぬ。乙曰く、ア、かの清流の何ぞ美なると、独り天然の妙趣に恍惚として起たず。

清泉の美妙は余りに近《ちかづ》きては之を味ふに難からん。然れども近かざれば遂に我が渇を医すべからず。走る者非歟。留る者非歟。

煩悶に労《つか》れたる浮世の旅人が、最高の真善美――神――に対して、当に採るべきの態度は如何、暫く足を停めて、神の御姿を天の一方に望み、すゞろに其の高く、清く、大なるに酔ふは、恐らくは詩人のことなり。予輩は、我党の青年信徒中、真理の光明を望んで敢て疾走奮進之を獲取せんと試みざる者、又は他人の疾駆奮躍を見て之を喜ばざる者の、漸く多からんとするを憂ふ。

(二)

真理は近く在りて又遠く在り。近きが故に愈々《いよいよ》遠く、遠きが故に益々近きは、我が基督教の真理に非ずや。近きを以て満足すべからず。遠きを以て失望すべからず。之れ吾人が内に本心をひらきて自ら省《かえりみ》ると同時に、また神の遠き御光に向つて疾走奮進せざるべからざる所以《ゆえん》。

能《よ》く走る者は、時として其の来し方を反省するの徳を欠く。されど能く留るは、決して其行く末の遼遠なるを思ふ所以に非ず。吾人は今なほ我が党年来の主張たる奮闘主義に渇仰《かつごう》し、寧《むし》ろ夫《か》の軟弱なる消極的福音に与《く》みせざる者なり。(翔天生)

〔『新人』一九〇五年六月〕

個人的創意の抑圧

此の間田舎へ旅行しての帰りに僕は或る駅で、寝台券と急行券とを買つた。僕の行く先は枝線に依つて更らに奥に入つた所なので、其処《そこ》から予《あらかじ》め電話を以て幹線の駅に寝台券を註文した。枝線から幹線に乗り移る時に、赤帽に頼んで約束の寝台券を買はしたが、其の時序《つい》でに急行券も買はしたのである。而して寝台車の付いた急行列車は後から来るので、夫《そ》れには更に四つ五つ先きの駅から乗るつもりであつた。其の汽車は間もなく、其処を通過する事になつて居つた。そこで赤帽に頼んだ急行券は次の、所謂《いわゆる》途中下車駅で始めて使ふのである事が分つて居るのに、何の間違か改札掛りは無理に之に鋏を入れた。それでは次の急行車に乗る時もう一枚買はなければならないから、新しいのと換へて呉《く》れと請求したが、どうしても換へて呉れない。それでは困ると云へば、なに訳を話せば之でも急行車に乗れますと、当座のがれを云ふ。それなら間違つて鋏を入れた旨を急行券の裏に証明して呉れと云へば、これもやらない。その中に汽車が来たので結局遂に僕の下車すべき駅へ電話を以て、此の趣を通じて呉れる事を堅く約束して乗つた。次の駅に着いてから早速此の事を掛りの駅員に相談した。

第一に驚いたのは、約束の電話がまるで、かゝつて居ない事であつた。次の急行に乗る時に此の急行券でよいかと云へば、無論いけないと云ふ。今乗つて来たのは急行車でないから急行券を必要としないのだから、此処《ここ》に鋏を入れたのは間違だと云ふ事が明白でないかと云へば、それはそれに違ないが、兎《と》に角《かく》鋏を入れた急行券を其の儘《まま》通す事は規則として出来ないと云ふ。それも尤《もつと》もだが、然かし明白に駅員の間違から起つた事だから乗客の便利を計つて何とか方法が無いかと尋ねた処が、まあ電話ででも向ふに聞くより他には仕方がないが、それでも急に事柄が運ぶまいと笑つて居る。実は此の掛りの駅員は偶然にも僕の旧知であつたので、色々立入つて話しあつて見た。その結果、其の事柄の性質如何に拘はらず、兎も角も形の上で職務上の何か間違をしたと云ふ事になると、それが経歴の上に一つのマイナスを増す事になるから明白な失態でも中々失態と云はないそうだ。そこで今の場合でも、電話を掛けて聞いたとて、直ぐに自分が間違つたのだと云ふまいと云ふ事で、自分の間違に相違ありませんと云はせようとすれば、一週間位はかゝるだらうと云ふ事であつた。

そこで僕は鋏を入れた急行券を無効とするのは当然の話だけれども、ま少し乗客の便利をも考へて駅員の自由裁量を許してはどうか、一から十迄、ぎごちない規則に拘泥《こうでい》しては、役所の都合はよいかも知れぬが、乗客はたまらない。そう云つて見たが僕の友人の云ふには、一応は尤もだが、そう臨機応変の処分を許すと、どんな事をするかもわからない。乗客には気の毒だが、矢張り規則通りやらぬと困るのだと云ふ話であつた。

右の様なくだらない長談議をする所以は、今の日本の社会では万事が個人の創意を許さない様になつて居ると云ふ事を云ひ度い為である。人事万般の出来事は極めて複雑であつて、一々規矩準縄《きくじゆんじよう》を以て律する事は出来ない。一通りの規則を作る事も必要であるが、之も一定の限界があるので、それ以上は其の局にあたるものゝ自由裁量を許さないでは、時に応じ、宜《よろ》しきに適《かな》ふの所置をする事が出来ない。又かくして個人の自由裁量を許して、其の創造能力の活動を許す処に社会の進歩もあると思ふ。うつかり自由を許すと何を仕出かすか分からないと云ふて、徹頭徹尾規則ずくめにせねばならぬ様な社会は誠に憐むべきである。

然るに右の様な個人的創意を抑圧すると云ふ習はしは、役所ばかりではない。肝腎の学校でもそうだ。音無《おとな》しい生徒と云ふは、学校の規則と先生の云ふ処に一から十迄盲従するものを云ふ。規則を無視したり先生の言葉を蔑《ないがし》ろにするのが良いとほめるのではない。けれども規則やなんどに拘泥しない様な生徒で、中々創意に富むものもないではない、夫れ等を唯だ乱暴な生徒と一所に品行不良の仲間に入れるのは僕等の常に不満を感ずる点である。之等は常に僕等が現に自分の子供達の行動に対する学校の先生の批判を聞ひて感ずる所である。

学校迄が個性の自由な活動を抑へる様になつて居るから、家庭や其他の社会でも個人的創意の活躍が如何に抑へられて居るかは云ふを待たないであらう。若《も》し子供なり下婢なり、或は商店の小僧なりが偶々《たまたま》一を聞いて十を知るの聡明と機智を現はさんか、彼は恐らく後世〔生〕恐るべしの、賞讃か警戒か分からない批評の下に一種の不安の目を以て向へらるゝを常とするであらう。余り切れ過ぎるとか云ふ言葉で睨まれるから、自然怜悧なものも馬鹿になつて我自ら創造能力を抑へてしまふ。「能ある鷹は爪を隠くす」と云へば一寸聞えがよいが、爪もいつ迄も隠して置けば、遂に其の能力迄が鈍つて来る。所謂無事太平の悦楽に耽けり、而してやがては萎靡頽敗する社会の特徴はいつも之だ。

役人などに向つて、もつと個人的創意を奨励したらどうかと云へば、勝手な事を許すと何をするか分からないと云ふ。だから他の一面に充分監督したらよいだらうと云へば、即監督を八ケ間敷《やかましく》するから創意を許さないのだと云ふ。彼等は監督と創意の奨励を両立しないものと考へて居る。我々は本当の監督は「人」を監督するので、即全人格的に其の人間の、事を托するに足るや否やを監督し、信頼すべしときまつたら、充分自由に活動させて然るべきだと思ふ。けれ共、役人達の所謂監督達は「人」を着眼せずして、上できめた規則が文字通りに行はるゝや否やを見る事だと考へて居る。部下を監督すると云ふ事は、部下が人間として働いて居るか否かを見るのではなくして、きめた規則を機械的に行つて居るか、どうかを見る事だと考へて居る。だから下々の役人の心掛けとしても、どうすれば自分に与へられた職務を最も有効になし遂ぐるかを考へるよりも、まるで人格を没却して、機械の様に働いて居れば、良吏として立身出世が出来るからして、彼等は挙《こぞ》つて自己の個性を殺して行くのである。偶々個性を発揮して、毛色の変つた事を云つたり、やつたりすれば大抵官規を乱るものとして首切らるゝに、きまつて居る。

最近新たに起つた色々の新しい考の中で一番著しいものは何かと云へば、個人的創意の奨励と云ふ事であらう。西洋でも今度の戦争の結果、此の意味を社会国家の制度の上にも大いに加味すべきの必要を、つくづく覚つた様である。此の事は独り行政上の改革意見などの上に明白に、現はれて居る許りで無く、既に実際の施設の上にも余《よ》程《ほど》現はれて居ると云ふ事であるが、更らに進んで、各人の社会生活の方面に渡つては更に一層見るべきものありと聞いて居る。然しこんな事は今頃やつと分かつたのでは已《すで》に遅いので、規則ずくめにする事は、成《な》る程《ほど》目前の始末をつけるには便利であらうが、かくしてどうして個人を強め且つ高め従つて又社会全体を高め且つ強める事が出来ようか。何れにしても遅蒔《おそま》き乍《なが》ら此の方面に関する考への変つた事は喜ぶべき現象である。これからは何をするか分からないと云つて、個人の創意を抑へる事を止め、時には失態を生ずる事もあらうが個人の創意を奨励する事に依つて少しでも良い事が考へ出される様にせなければ、日進月歩の競争の世の中に於ては、到底生き甲斐のある生活が出来ない。

唯だ此処に一つ考へなければならぬ事は、問題となる個人が、一体充分に事を任《ま》かしてもよい丈《だ》けに発達して居るか、どうであるかと云ふ事である。個人の創意を許すと云ふ事は理窟としてはよいけれども、一般人智の進まない時には許して反《かえ》つて弊害の多い事がないでもない。其処には教育の発達の程度、其他に依つて余程慎重の考慮を要せねばならぬ。唯だ疑の無い点は、人智が既に相当の発達をなし、未だ少し位早いと云ふ疑問の存する位の程度なら、どんどん許した方がよいと云ふ事である。相当に発達した上で之を信頼して事を托すべしと云ふのは、一応尤もな理窟であるが、然し発達の機会は、信頼されて始めて大いに与へられるので、規則ずくめで抑へられては発達すべき筈の人が発達し得ないと云ふ事もある。殊に旧式の考の人は発達の未だ充分ならざるに口実を藉《か》りて、個人的創意の解放に反対せんとするものも少くない。人を信頼し過ぎると反て迷惑を蒙《こうむ》る事があると云ふ見方は、反て信頼してよい人迄も遠ざける結果を来たす事がある。制度の問題としても、余りに自由裁量の範囲を拡張すれば、色々失態が生ずると云ふけれども之は現在の制度の様に抑圧一方のやり方の下に、偶々自由を許すから間違を生ずるので、始めから自由を許して置いたら、案外其処から面白い工夫が沸いて来ないとも限らない。

要するに従来の制度は余りに疑の目を以て人を見て居つた。信用しないから凡《す》べて規則で縛ばらうとする。之が為めに我々の社会生活がどれ丈け不便と不快とを感ずるか分からない。殊に我々は宗教上の信念から、人は始めから信用すべきものと云ふ人生観を持つて居る。又互に信用する事に依つて我々の良能は益々発揮されるものと信じて居る。こうゆふ信念から見ると、今日の制度は余りに非クリスト教的な感を免かれない。クリスト教の人道主義的気分が、唯だに我々の全精神生活の上のみならず、社会国家の制度の上にも這入《はい》つて行つたならば、我々はどれ丈け便利な気持のよい生活を送る事が出来るか分からない。クリスト教的精神の浸透は、今日是《かく》の如くにして社会の各方面から其の必要を認められて居る。

〔『新人』一九二〇年八月〕

社会と宗教

個人の問題としての宗教でなく、宗教が今日の社会に如何なる働きをなしつゝあるか、もつと違つた風に働くべきでないか、又現代日本の社会進歩にどんな関係があるかを述べて見たいと思ふ。此の頃の問題と云へば社会、政治、経済などと色々あるが、最も適切に見えるものは労働問題である。此の問題は何《ど》うして起つたか、どんな人に依つて動かされたか、又此の運動が成功するか何うか、之には最も宗教が関係あるのである。此の問題の起つて来たのは昨今で、寧《むし》ろ戦争後であるが、労働者諸君は自分の生活と社会の為めに、甚麼《どんな》ことで尽力せねばならないか。それと共に世の中から労働者の立場を認めて貰ふ為めにどんな事を要求しなければならないか。そんな事に日本の労働者はまだ十分に啓発されて居ない。百人中九十九人迄は判つてゐない。然し仲間のうちに一人でも駆け離れたものがあつて、啓発されてゐるとそこまでは間もなく行くものである。碁にはよく田舎初段と云ふものがある。一所《いつしよ》に稽古してゐるとそこ迄は大抵の人が進むのであるが、夫《そ》れから先は仲々ゆけない。外の事を真似るのでもさうで、学問を勉強するに皆が凡才だと其の儘であるが、秀才が一人でもあると其の見識には大抵のものがすぐ到達する。労働者に於てもさうで、東京の労働運動の状態に注意してゐると、どうも理屈が勝ち過ぎてゐるやうに思はれる。理屈を知り過ぎた傾向がないでもない。然しもつと知らなければならない肝要な所が案外欠けて居る。

さり乍《なが》ら労働者をこれ位にまで引き上ぐる為めには、予想の出来ぬ程骨を折つた人がある。所謂《いわゆる》有識階級の人が、教へ導いた事は争ひ難いのである。其の有識階級の中には幾色もある。つまり労働問題がまだ起らない頃に研究して、社会的問題として従来骨を折つてゐたもの、中に二色ある。一つは所謂社会主義者であるが、此の社会主義と云はれるもの、中にまた三つの分派がある。警視庁辺《あた》りでは十把《ぱ》一とからげにしてゐるやうであるが、大杉栄の一派と、堺枯川、山川均などを含む一派と、更に高畠素之などの一派とがある。是等は個人としては連絡関係があるかも知れないけれ共、思想は全然異つてゐるので、高畠君の如きは迚《とて》も前二者と一所にはなれない。最近足尾銅山の運動を機として、前後二者は岐《わか》れて喧嘩してゐるやうな有様であるが、今更《いまさら》変節漢だとか、主義を棄てたとか云ふべきではないので、本来から岐れて居たと云はねばならぬ。此の事に就いて自分は一昨年頃から屡々《しばしば》警告してゐたのであるが、賀川豊彦君は今や旗印を瞭《あきら》かにして戦を挑んでゐる。所謂労働問題に関する思想家の間に、大きな争が起らうとしてゐる時であるから、資本家に取つては最も乗じ易いと云はねばならぬ。そして此の半年位の間に、労働運動は混乱を見るに至りはしないかと惧《おそ》るゝのである。然し乍ら十年二十年、労働者が自ら其の問題を知らぬ間に色々骨折つて、通れぬ道を拓《ひら》いて呉れた事は確かに認めなくてはならぬ。だから是等の問題に同情を持たない人は労働者が騒ぐのでなくて、側が煽《おだ》てるのである、知識階級の人が主動者だと云つて非難するのであるが、上《うわ》つ面《つら》を見るとさうである。余計な事をすると云へば、両親が子供の事を世話するのも余計な事である。余計な事にも二つある。知識の無い為めに要求するものを知らぬのを教へてやる。子供がさうである。親の育《はぐく》みを受けるからこそ健《すこや》かに大きくなる。それが十九、二十歳になればもう一人で立つてゆくやうになる。此の時まで見てやるのは両親の義務である。理想的に云へば啓発さるべきものを啓発してやり、要求すべきものを知らないものに対して教へてやることは先覚者の義務である。教へてやり方が悪いと、或は云ふ事が出来るかも知れぬ。然し余計な事だと云ふのは聞えぬ話である。武藤山治と云ふ人は善く余計な事だと云ふから、私共は常に之に反対して居るのである。

今日迄随分さうした意味でこの問題に尽力して来た人がある。近年益々盛になつて行く傾向が見えるが夫れ等の人は皆基督《キリスト》の人生観が産んだ最近の社会運動者に多いのである。労働に対する思想の起りは欧洲だが、素々《もともと》基督教国に興つて其の発達変遷を共にして、而《し》かも日本を風靡《ふうび》したものは基督教の畠に育つたものが多いのである。基督教の信者は人間を等しく神の子だと見て居る。これは未信者には判らぬ事である。勿論《もちろん》各人の考へる所は皆違つてゐる。銘々の心は判らぬけれども、まるで判らぬ事はない。千人が千人同じ顔を持つてゐるやうであるけれ共、見別けのつかぬ事はない。似てゐるのもあるけれども、夫れと云つて犬か人間かわからぬと云ふ程にかけ離れた顔もない。大抵は極《きま》つてゐる。他の方面から云ふと欠点のないと云ふ人もないが、非常な悪人もないと云へる。先づ人間はいゝ加減な所である。乃《そこ》で人間が時々悪い事をするやうな事になるのは、境遇や教育等の為めに、発達を妨げられたからで、此の曲つたものでも坦々たる大道の上に置かるれば自然真直になるものである。人間はどうかすると悪い事をしたがる天性を持つてゐる。生れつき善いとか悪いとか所謂性善性悪の論を示した学者もあつたが、彼等がその論に拠て、自身の一身をどんなに処理したかと云ふに却《かえつ》て思ふ通りにはゆかなかつたらしい。無抵抗主義の人は殴られてもちやんとしてゐるかと云ふに、トルストイのやうな人でも矢張りひどく喧嘩をしたと云ふ話もある位である。

団体生活をしてゆく上に於ては、お互の間に大抵の処までは信ずると云ふ覚悟がなくてはならぬ。特に心の働きは自分と同じやうな事を人も亦《また》考へてゐると思ふのが至当である。夫れ丈けでは信ずると云ふ心にはならぬ。之に加へて互に尊敬し合ふ心が生じて来ると、互に信ずる心は益々大きくなる。賢いのと愚かなのとは大抵区別が出来る。自分より人がえらいと見るのは、人間として生活する以上、高い生活の姿を他人の生活の上に見ると云ふのである。此の気分の中に居てこそ、人は自分より上の人を見ても羨まぬ。もつとよくあるべき姿を他人の中に見る。しかあるべき姿、あらまほしき姿を人の中に発見する事は自分の進歩である。其の合一を計る所に道徳の働きが起つて来る。そうした事はぼんやり考へて居ても、反省して考へて居つても、軈《やが》て発達した自分の先の姿が見えて来るのである。努力して達し得べき終局の理想は、奮励すればゆき着ける筈である。そこまでは行けると云へば限りがあるやうだけれ共、私共は無限に進歩する事が出来る。之は基督教主義の人生観なのである。適当な境遇に置かるれば無限の進歩が遂げられるのは必然で、人間総《すべ》ては更に進まんとする将来ある為めに尊敬の念は起るのである。こゝから人格を信認すると云ふ観念は起る。斯く無限の進歩を遂げられる筈だけれ共、人間はいい加減な所で死ぬから先づ無限に進んだ者はないと云へる。

基督教の信仰は、右のやうな考で私共を訓練して呉れる。基督教にも神学があり、哲学があるのは勿論であるが、夫れが宗教としての基督教の本体ではない。三位一体、罪の本質などが宗教そのものではない。夫れで信念を強うする事は出来るが、神らしい生活に至る力が真の宗教だと云ひ得る。私共はさうした気分になればよい。其の気分のある所は基督教主義の社会である。私共は別に嘲り罵りあつてゐると云ふ訳でもないが、人格を信ずると云ふ点で大いに欠けてゐる。労働問題は基督教であるとは云はぬが、此問題は基督教主義の人生観に終始するものに依つて開発されたと云ひ得るのである。人間らしい生活をしたい又さしてやりたい、と云ふ所から此の運動は起つたのである。近来は此の方面に没入して行く人が随分多くなつた。学生や大学の卒業生が一身を犠牲にして、所謂殉教者のやうな考になつて労働者間に這入《はい》つて行つた人が沢山《たくさん》ある。さうなる為めには色々の悲劇も起つた。地位も財産も、親も捨てた人が沢山ある。数に於て少いかも知らぬけれ共、私共から見ればそんな人が毎年三人四人、大学を出てから行く人があるのは頼母《たのも》しい事と云はねばならぬ。労働者の中には中学を卒業したやうな人もあるから、彼等はそんな人とは話もよく出来る。そんな人と一所になつて月島あたりでユニバシチーセッツルメントをやつてゐる人も現在あるのである。労働者を救ふ為に一二年学校は後《おく》れても、やつて行かうと決心してゐる人も沢山ある。是等の人は実を云ふと余り教会には行かない人であるが、私は屢々《しばしば》警告する。教会と実際とが余り離れて居るから、そんな廻り遠い事はやつて居られぬと云ふ言葉を聞かされるが、兎に角何かい、事をやつてゐるので安神《あんしん》はするものゝ、労働者の中に這入つて居ても夜丈《だ》け位は帰つて来ないと危い。時々故郷に帰つて来るやうでないと生命の源が涸渇する。サバ〳〵するやうになる。撃剣の先生に教はつた事であるが未発《みはつ》の中《ちゆう》と云ふ言葉がある。極つた槍の穂先に無限の活動がある。一度動けばどこでも貫き通すのである。その無限の活動と云つても何時迄も動かぬが、又動かさねば何にもならない。そんなものだから、労働運動をやるは結構だが、教会には帰て来いと屢々云ふのである。名誉も本分も、差し当りの免状迄も犠牲にする是等の人に依つて、労働者が非常な利益を受けた事は明かである。新聞紙などで見ると、此の為め却て迷惑してゐる向《むき》もあるやに見受けるけれ共、夫れは一方に肩を持つた場合である。日本の労働〔運動〕は歴史が短いにも係らず、大体に於て立派にやつて居ると言へる。それは指導者がよいからだと云はねばならぬ。ヒユーマニチーの思想に動いてゐる人が多い事を認めない訳にゆかぬ。然しこれも肝腎の所にあまりうまくない事がある。基督教的の思想に訓練されて、根本を玆《ここ》に置いたものに依つて指導されてはゐるけれ共、この気分が社会全体に動いてゐない為めに、労働運動もこれを失ふのである。芽は根を動《うごか》して来はするけれども、まだ根がない。夫れで人を信ずると云ふ事がない。形式を離れてはすぐ駄目だと云ふことになる。有為転変《ういてんぺん》は労働者運動の如く甚しいものはない。始め信用されたものが後では人気がなくなる。鈴木文治君の如きもう駄目だと云はれて居る向もある。足尾で麻生久、棚橋小虎の面々が暫く信認されてゐたけれども、今は変節漢だと云つて取りあはない。主義が変るのは止むを得ない。利害の為めに節を変ずる事はあり得ないでも、確信が変る事は信念に忠実なものは時としてあり得る。学問上の真理でもさうである。然しそんなに変るものを相手にしてゐては駄目である。人格だけは変らない。此の人格を信ずるに非ざれば昨日の友は今日の敵となるのである。だから日本の労働者運動は今日は成功しない。内訌《ないこう》の為め敵に乗ぜられる事が多いのである。これは宗教的教養を欠く事が最も深い原因である。高木益太郎と云ふ人は党を脱してから国民党のことを悪く云つた。これは党人としては見つともない事である。昨日の友を今日悪く云ふことは道徳的欠点を暴露したと云ふ事が出来る。それは主義政見で結ぶとも、人格を以つて結ばなかつた友情の結果である。考へることは各人に依つて少し宛《ずつ》の差はあるものである。然し之は妥協する事が出来る。妥協は由来独立人格の特色である。信ずるから委《まか》せる。斯く信ずる事に依つて団体運動は成り立つものである。信ずる心のない為めにすべての運動、会社を起す場合でも失敗するのである。米国で戦争の必要上船舶大臣を造ることになつた。すると国民はこれは汽船会社の社長がいゝと云つて安心して誰某を引つぱつて来た。之は噂であるが、中橋さんは現〔内〕閣組織の時に逓信大臣を希望した相だ。所がさうすると商船会社の利益計《ばか》り図《はか》りはせぬか、文部にした方がよからうと云ふわけで、其方に廻されたと云ふ事である。之は人格を信じなかつたのである。自分の利益を計るものだとお互に思てゐるから、逓信大臣になすのが不安である。つまり適材を適所に置く事は出来なくなる。国家の為めに計るのだと思つたなら、商船の社長であつたら逓信大臣にするのが適当である。そしたら中橋さんは慣れぬ仕事をして昇格問題などで魔誤《まご》付く事はない筈である。早川が満鉄にゆくやうになると、三井の為めに計るんぢやないかと皆が心配する。一体政友会は怪しからぬ。然し憲政会も危い。政府は民間のやる事を疑ひ、民間では政府のやることを、どうせ善くない事だと思つてゐる。全く信認が欠乏してゐるのである。之は基督教的人生観――或はさう云はなくてもよい――さうした気分が漂はぬなら、日本の進歩はどうしても遅れる。日本人は概して利巧だから世界の大勢は克《よ》く読む。社会問題の思想を貫くものは何か、〔本〕混流は何かを哲学的に論ずるのは難かしいけれ共、大勢を知る事に於ては敏感である。世界の思想の動き方をちゃんと心得てゐる学生は非常に多い。うつかりしてゐると先生の方が魔誤付く。そんな風で或る主義が思想界を一貫して混流の中に一道の光を投げる事に就ては、非常に楽観してゐる。総て議論の調子は混乱の状にあるけれ共、主たる流れは極つてゐる。落ちつく所も極つてゐる。而して其の大勢は何処《どこ》に生長発達したかと云ふに、互に信ずると云ふ原則の上に帰すると云はねばならぬ。社会に表れてゐる主義、原則を取り扱ふ方面は極つてゐる。只進み行くべき者に梶《かじ》を与へることは必要である。夫《それ》がないならば画竜点睛を欠く憾《うら》みがある。其の之を養ふには宗教的訓練が必要である。此の信念は着け焼刃ではいけない。私共は墓場に怪物が出ることを信じないけれども、夜通ると何だか恐《こわ》ひ。人は理屈を知つてゐた丈けでは何にもならぬ。勿論理屈とさうした者とは、一所になるやうにしなければならぬけれ共、実際の場合には理屈ではない。如何なる場合にもちやんと正しい方向に進めるやうな気分になつて居る事が必要である。宗教的教養の切要なる所以《ゆえん》はこゝにある。日本では宗教を軽《かろん》じた歴史が今も残つて居ると云はねばならぬ。其麽《そんな》に基督教が排斥された制度を、今でも日本は執《と》つてゐるので、非常に誤られてはゐるけれども、基督教は今や社会に於て認むる所となつた。互に心から信じ合ふて、其の気分を広く一般に漂はしたい。人間は一体信じていゝものかどうかと云ふに、之は仲々の問題である。人間は信ずべきやと論ずれば理屈になる。然し日常生活の常識に依つて一言することを許すならば、人間は大体に於て信じていゝ。折角《せっかく》の善い人も疑へば悪い人になる。こちらから善く出れば向ふからも折れて出る。信じてかゝれば遂に善いものになつて来る。此の実験は特に基督教会が教へて呉れ、また基督教会が立つて社会に示す必要のある所のものである。つまらぬものでもこゝに来れば信じていくやうになつて来る。そこに教会の一つの重大な責任がある。斯く広く基督教的精神、四海同胞の気分を漂はす上に於ては、色々の問題の解決は極めて容易であると云はねばならぬ。

〔『新人』一九二一年七月〕

賢者ナータン

一

昔、エルーザレムに賢者ナータンと呼ばる、金持ちがあつた。其の独り娘レヒヤーは実は彼の本当の子ではない。実の父親はヴォルフ・フォン・フィルネックと云ひ独逸《ドイツ》婦人を妻としてレヒヤーを生んだのだ。自分は東方の人とばかりで詳しく素姓《すじよう》を明かした事がないが、平素好んでペルシア語を話して居つたといふ。久しく西欧に居つたが、気候が身軀《からだ》に合はないとて東に帰つた。やがて妻君が死んで困つて居る所へ、急に旅行する事になつたので、生れて間もない赤ン坊をさる馬丁に托して友人のナータンに送り届けた。そして間もなく彼も死んだ。レヒヤーは即ち斯《か》くしてナータンに預けられた友人の遺孤なのである。併《しか》しナータンは彼女にはその素姓を少しも告げず、全く自分の娘として彼女を育てた。実際此の両人の間には本当の親子以上の濃密な情愛が流れて居つた。

猶太《ユダヤ》人が基督《キリスト》教徒の子を養ふといふ事は、当時の考から云へば頗《すこぶ》る異常な事であつた――いふまでもなくナータンは猶太人である――併しナータンは宗教的乃至《ないし》民族的偏見を超越した人類愛を――最も至醇な人類的性情をレヒヤーに与へんとした。「何よりも――基督教よりも愛が必要」だと云ふ信念の下に、「渾身《こんしん》の愛と誠実」とで彼女を育てたのである(大庭米治郎氏訳『賢者ナータン』二〇二頁参照)。さればレヒヤーは純真無垢天使の様に育つて往つた。

ナータンが商売の用で旅に出た其の留守宅を火難が襲つた。此時レヒヤーは逃げ後れて危うく一命を喪《うしな》はんとしたのを、年若い聖廟騎士の勇敢な働きに依りて助けられた。彼は最後の援軍と共に東方に来り、一旦回教徒の捕虜となつたのを特に皇帝(回教徒)に助けられたのである。捕へられた聖廟騎士の未だ曾《かつ》て助けられた例が無いのに、彼は不思議にも死んだ愛弟の俤《おもかげ》があるとの理由で皇帝の眼にとまり、倖《さいわい》に刑戮《けいりく》を免れたのである。夫《そ》れはそれとして若い騎士と可憐な少女との胸の中にはやがて清い深い恋が萌《きざ》し始めたのである。

二人の間を夫れと察して最も熱心に之を成り立たせうとしたのはレヒヤーの侍女ダーヤである。そは必しもレヒヤーの心根をいぢらしく思つたからばかりではない。彼女の所謂信仰もさうした考を起させるに手伝つて居た。彼女は瑞西《スイス》の軍人の未亡人で熱心な基督信者である。レヒヤーが基督教徒の子であることは其の乳母の臨終の際遺言として聞かされて居る。ナータンの人格には十二分に服して居るけれども、基督教徒の子を猶太人の手に留め置くことは神に対する怖《おそろ》しい冒瀆だといふ迷信を脱し得ない。そこでレヒヤーを基督教徒たる聖廟騎士に托することは二重の意味に於てレヒヤーの幸福だと信じたのである。

娘と騎士との清い恋はナータンの眼にも留らずには居なかつた。彼も此の両人を結合せしむることを好まないではなかつた。が彼が騎士の名を尋ねた時クルト・フォン・シュタウフェンと答へたのに不図《ふと》思ひ当る節があつて、も少し此青年の素姓を探索するの必要を感じた。其為めにやがて騎士から結婚の申込を受けてもオイソレと色好《よ》い返事を与へなかつた。之れが因となつて段々両人の素姓が明《あきらか》になつて来る。

意外にもナータンの快諾を得なかつた聖廟騎士は、之を体《てい》よき拒絶と誤解し、一体猶太人が基督教徒の子を養ふのが不都合だとて之を修道院の長老に訴へた。之より先き彼はレヒヤーの素姓をダーヤから聞いて知つて居たのである。ダーヤはナータンの厳しい云ひ付けありしにも拘《かかわ》らず、レヒヤーを基督教に取り戻してやりたいと云ふ宗教的義務心から、密々之を騎士に打ち明けたのであつた。さて騎士の訴を聴いて長老は非常に憤つた。「凡《およ》そ洗礼を受けた者は皆自分の保護を受くべき者だ。皇帝との休戦条約にも此の宗教的法規は立て、呉れる事になつて居る。基督教徒の子供を奪ひ取つた猶太人の罪は正《まさ》に焚刑《ふんけい》に値する」と怒鳴つた。騎士は自分の述べた事は一の仮設の譬《たとえ》に過ぎぬと頻《しき》りに弁解するけれども、長老の腹は治らぬと見へ、後で密《ひそか》に一人の修道僧をそれと目星をつけたナータンの処へ遣《つかわ》して探偵せしむること、なるのである。

所が探偵の為め派遣された僧は意外にも十八年前ナータンの処へ赤ン坊を届けた馬丁であつた。此僧とナータンとの間にいろ〳〵美しい会話が交換される。結局彼がレヒヤーの父が死の床に残して置いた祈禱書を持つて居るとて、之をナータンに見せる事になる。此祈禱書の中にアラビヤ語で彼の親族の事などが書かれてあるが、之に依つて聖廟騎士が自分の名だと云つたクルト・フォン・シュタウフェンはレヒヤーの父ヴォルフ・フォン・フィルネックの妻の兄なることが分る。ヴォルフ・フォン・フィルネックが東の方へ帰る時長子ロイを妻の兄へ托したといふ事を聞いて居るので騎士は或はこのロイではないかと云ふ疑が起つた。レヒヤーも本当の名はブランダ・フォン・フィルネックといふのである。

皇帝の名はザラディンと云ふ。ジッターといふ妹がある。此両人の異常な人格も見事に書かれてある。皇帝の弟にアサットといふのがあつた。久しく西欧に放浪し、後戦死したといふが、之に対する皇帝の愛着は実に切実を極めたものである。偶々《たまたま》捕虜となつて来た聖廟騎士の容貌風采が之に似て居るといふので殺すに忍びなかつたのである。其間にいろ〳〵話があるが、結局皇帝兄妹が若い騎士の望みを叶へてやらうと云ふので、ナータン親子を宮殿に呼び寄せる。其処でナータンが騎士に向つて貴君の名はクルト・フォン・シュタウフェンといふのではなくてロイ・フォン・フィルネックといふのだらうと云つて結局レヒヤーの兄だといふ事が分る。又皇帝は祈禱書の手蹟に依つて彼等の父のヴォルフ・フォン・フィルネックといふのが正しく自分の弟だといふ事が分る。国籍を異にし宗教を異にしても素姓を洗つて見れば同じ血縁に繋がる親類だ。温い人情の流るゝも怪むに足らないといふので話は終るのである。

二

以上はレッシングの名著『賢者ナータン』の梗概である。本年の始め頃大庭米治郎氏の訳が岩波書店から出版になつたのを最近読んで、今更ながら深い感激に浸されたのである。

僕は欧洲留学中好んで沢山の芝居を観た。概《おおむ》ね旅愁の慰藉《いしゃ》の為であつたが、このうちから自らまた学ぶ所も多かつた。中にも伯林《ベルリン》滞在中シャーロッテンブルクのさる小劇場で或る日曜日の午後に観た『賢者ナータン』は最も深甚の感銘を受けたもの丶一つである。日曜日の午後のは社会教育の目的で、主として小中学校生徒などを相手にする特別興行だと聞いて居たので、芸術としては下らないものだらうと馬鹿にして居たが、如何《どう》といふ訳《わけ》であつたか、この芝居を観る事になつた。暑い、睡気《ねむけ》を催うす様な晩春であつたと記憶する。而してこの偶然の観劇は意外にも実に僕の思想の上に非常な影響を与へたものである。そは之に由つて僕がフリー・メーソンリー研究の熱心な興味を起したばかりでなく、又著しくヒュマニテー乃至フラターニテーの情操に僕を覚醒したからである。ナータンに扮した役者がうまかつたか拙かつたか今はつきりと記憶しない。只僕はナータンに扮した役者の口から頻々《ひんぴん》として吐かるゝ大説教に恍惚として聴き取れる〔蕩〕の外はなかつた。芝居見物の気分は何処へか去つて、いと聖き教壇の前にある様な気がしたのであつた。僕の一生の中あれ程敬虔な気分になつた事はない。従つて又僕の一生の中あれ程深い感銘を受けた事も他に例がない様に思ふ。レッシングの筆は何人《なんぴと》にも之れ丈の感銘を与へ得る底《てい》のものかどうか、之れも僕には分らないが、僕自身に取つて『賢者ナータン』は正に僕の魂の嚮導者であり、僕の生涯に於ける最大の教師であると謂《い》はねばならぬ。

三

『賢者ナータン』に於てレッシングは最も痛切に基督教界の偏見を誡めて居る。基督教の虐げられて居る日本に於て可なり強い決心を以て洗礼を受けた僕ですら、西洋に往つて基督教会が「自分達だけが神様への一般的な道を、唯一の真実な道を知つてゐるのだと考へてゐる」(大庭氏訳二四〇頁)態度を見て、そゞろに反感を催さゞるを得なかつた。レッシングは神の名によりて教会の犯す諸々《もろもろ》の罪悪をば諸々の人物を通じて我々に示して居る。其の最も甚しいのは修道院の長老であらふ。第一幕第五齣には聖廟騎士と一修道僧との会話の裡《うち》に、長老が回教徒討伐の聖業(?)の為に如何に陰険なる謀略を廻《めぐ》らして居るかを示して居る。又第四幕第二齣には聖廟騎士の訴を皆まで聴かず、猶太人が基督教徒の子を自分の娘として育てゝ居るといふ丈に極度の昂奮を制し切れず、寺院法と帝国の法律とが斯かる冒瀆——基督教徒を誘惑して背教に到らしめた——に対して定めてゐる極度の刑罰を課すべきを絶叫する長老の獰悪《どうあく》な貌《かお》をあり〳〵と描いて居る。職業的宗教家の狂信的態度には斯《こ》んなのが少くない。侍女ダーヤに至つては夫れ程ひどくはない。が、併し彼女の聡明を欠く狂信が彼女をして遂にナータンに〔を〕裏切つて聖廟騎士にレヒヤーの素姓を打ち明けしめたではないか。聖廟騎士は或は猶太人蔑視の偏見に陥り或は聖廟騎士としての空虚な傲慢に捉《とら》へられたりして幾多の過誤を重ぬるも、遂に聡明を拓《ひら》くことに依つて救はるゝことになつて居る。レッシングが罪の象徴を基督教徒に藉《か》り、異教徒の血を分けて居る騎士に幾分の聡明を許して居るのは、特に基督教界を警戒するの用意に出づるものと謂ふべきであらう。彼が如何に此点に意を用ゐたかは、また皇帝ザラディンをして「猶太教徒や回教徒やに反抗《さから》ふ為の基督教徒になるな」と云はしめて居るに見ても分る(大庭氏訳一八八頁参照)。

四

基督教界の偏見を警戒する丈けがレッシングの主眼とする所ではない。民族の異《ちがい》も宗教の差も、畢竟《ひっきょう》するに「物は総べて違つた方面を持つてゐるから」なので、元々一人の祖先の岐《わか》れであり、一つの光明の反射に外ならぬ。斯ういふ大精神を説くのが彼の一編の眼目である。此事を明にする為にナータンをして説かしめた三つの指輪の話は蓋《けだ》し此戯曲の山であらう。

往昔《むかし》東方に一人の男が居た。頗《すこぶ》る高価な指輪を有《も》つて居る。それにちりばめてある宝石は美しさ譬へやうもなく、其上不思議な秘力を有つて居た。それは誰でもその秘力を信じてはめて居ると神と人間との眼に快き者となれるといふのである。此男は其指輪を数ある息子の中一番可愛がつて居た者に遺《のこ》し、其息子をして又其最も愛して居る子に伝へしめ、而して指輪を貰つた者は誕生の前後に拘らず家長になるといふ事をきめた。斯くて指輪は息子から息子へと伝はつたが、遂に三人の同じ様に可愛がられてゐる息子を有つ父の手に渡つた。父は其三人の孰《いず》れに此指輪を遺すべきかを定めかねてゐたが、遂に気の弱い所から銘々の息子に指輪をやる約束をして仕舞《しま》つた。然るに死が近づいた時、善良な父は途方に暮れた。そこで彼は秘かに錺職《かざりしょく》の所へ人を派し、夫《そ》の指輪を模して別に二つの指輪を作らしめた。費用や手数に拘らず入念に作らしめたので、出来上つたのを見ると父自身すらも何れを真と分ち兼ねた。かくて彼は息子を一人々々病床に呼び、銘々に祝福して指輪を与へ、やがて間もなく息を引き取つた。父は満足してあの世へ往つたが、併し跡に残つた息子達の間には直《じき》に烈しく家長権を争ふと云ふ不祥事が起つた。遂に法廷に訴へて黒白を論争する事になつたが、誰も指輪の真偽を見分け得るものはない。三人とも指輪は直接に父の手から貰つたものに相違ないと誓ふ。父は自分を欺く筈はないから、他の二人の兄弟が邪《よこ》しまなのだと銘々に云ひ張る。然るに之に対する裁判官の言葉が面白い。曰く、本物の指輪は人を愛せらるゝ者とする、神と人間の前に喜ばるべきものとする不思議の秘力を持つてゐる。贋造の指輪にはさういふ秘力はない。さらば汝等の中誰が一番御前達の二人から愛されて居るかと。更に裁判官は曰《い》ふ。汝等は強《し》いて予の判決を望むのか。汝等がかく争つてゐる限り、指輪は三つとも本物ではあり得ない。もし判決でなく予の助言を欲しいといふなら、事実をありの儘に続けてゆけと云ふ外はない。お前達が銘々父親から指輪を貰つたのなら、銘々自分の指輪は本物だと確信する様にせよ。多分父親は家に一個の指輪丈けが専制を恣《ほしいまま》にしてゐることにもはや耐へられなくなつたのだらう——彼は屹度《きつと》御前達三人を一様に愛してゐたのだ。一人を恵む為に二人を虐げる様な事がしたくなかつたに相違ない。さらば汝等は皆公正な偏見に囚《とら》れない父親の愛にあやかる様にせよ。銘々その宝石の秘力が顕《あらわ》れて来るやうに競へ。柔和と熱い友愛と仁慈と衷心からの神への服従とに依つて其の秘力を顕はす様にせよと(大庭氏訳一三二—一三九頁参照)。

　元来宗教は動《やや》もすると「一種の党派」になり、「いくら自分では公平なつもりでも識《し》らず〲に自分の宗旨に肩をもち」たがるものである(大庭氏訳一六七頁参照)。併し少しく聡明を開いて考へて見れば、斉《ひと》しく是れ一人の神の光りの反映ではないか。修道院の長老が聖廟騎士に皇帝暗殺の密計を授けんとした時、騎士は「自然がたとひ一筋でもわしの顔をあなた(皇帝ザラディンを指す)の弟様に肖《に》せて作つて呉れたとすれば、魂もそれに対応《かな》ふやうなものが少しだつてないでせうか」と答へて、既に人類的性情の民族的宗派的超越を暗示して居る。然るに基督教徒は自分が基督教徒だといふことを誇り、人間だといふことを誇らうとしない。而して「基督といふ名前です――基督教徒が諸方へ拡めたがつてゐるのは。あらゆる傑《すぐ》れた人間の名前をその名前で辱《はずか》しめ、そして併呑しようといふので」あつて「創造主が性〔生〕ある総べてのものにお賦《さず》与けなすつた愛をば」忘れてゐる（大庭氏訳六二―六三頁）。是れ豈《あに》指輪の真贋を争ふ三人の兄弟の姿その儘ではないか。真贋の争をやめて謙《へりくだ》りて神の命に聴け。神の賦与せる愛に眼醒めよ。そこに何んの宗派の別があるか。第四幕第七齣に元《も》と馬丁であつた修道僧とナータンとがレヒヤーを送り届けられた際の昔語がある。ナータンがレヒヤーを育てやうと決心するに至つた物語に感激して修道僧は「ナータンさん！　ナータンさん！　あなたこそ基督教徒です！　神様にかけて、あなたこそ基督教徒です！　こんな立派な基督教徒はかつてなかつた！」といへば、ナータンはまた「お互に恵まれてゐる！　あなたから見てわしを基督教徒とする所以《もの》が、わしの眼にもあなたを猶太教徒に見せますから」といつて居る（大庭氏訳二〇四頁参照）。是《ここ》に至つて宗派は或る団体の専有物ではない。之に値する何人にも恵まるべきものである。丁度《ちようど》神様はすべての人類の神様である様に。

五

愛と聡明とに依て理想世界を建設せんとするが蓋《けだ》しレッシングの大本願であらう。不幸にして吾人は宗派に捉へられ、民族に捉へられ、本来しかあるべき人格を作り上げて居ない。「本来の人格といふものは此世界で余儀なくされてゐる人格と何時《いつ》も一致してゐる」とは云へぬ（大庭氏訳二二二頁参照）。余儀なくされて居る人格から本来の人格に向上する様に吾々を覚醒することがレッシングの『賢者ナータン』を書いた目的の一つであり、而して是れ実にまた世界平和の理想に燃えて居るすべての人の不断の努力であつた。この精神は現代の日本に必要がないだらうか。

レッシングはフリー・メーソンリーの熱心なる会員であり、『賢者ナータン』は其の理想を宣伝するを主たる目的として書かれたと聞いて居る。予は本誌に於て次号以下フリー・メーソンリーに関する研究を公にせんとするに当り、玆《ここ》に『賢者ナータン』を紹介するは決して徒爾《とじ》の業ではないと信ずる。大庭氏の訳は頗《すこぶ》る簡明にして原文の意を知るに十分であると思ふ。筆を擱《お》くに当りこの名著を我国読書界に寄与せられたる同氏に敬意を表して置く。

〔『文化生活』一九二一年九月〕

魂の共感

私は去年(大正十年)十一月号の中央公論に出た谷崎潤一郎氏の創作「或る調書の一節」を読んで非常な感激を覚へた。私は本来小説類を読むことが好きだが、此頃は外の用事に忙殺されて余り読むことが出来ぬ。従つて現代小説家のどんな人が偉いのかも頓《とん》と不案内である。況《いわ》んや谷崎氏が文壇に於て如何なる地位を占めて居らる丶かの如きも、多少は聞いて居るがはつきりは分らぬ。斯《こ》んな訳《わけ》で、今問題としてゐる「或る調書の一節」の如きも、文芸としての価値如何《いかん》と云ふやうなことや、之は谷崎氏の数多い他の創作と其傾向を同うするものなりやとか、又は此作に現はれた傾向は今日の文壇に於て如何に取扱はれて居るかとかなどは、私の論じ得ない所である。只私は、忙しいながらに思ひ出した様に雑誌の巻末の創作欄を手繰《たぐ》ることがあるが、多くは街で往き交《か》う人の様に送つては迎へ迎へては送つて仕舞ふのを常としてゐるのに、独り谷崎氏の前掲の創作を読むに至つて始めて言ひ知れぬ可なりの深刻な感激を覚へたので、玆《ここ》に私は其の感じた儘を卒直に述べて見る気になつたのである。

話の筋を詳しく紹介するの必要はあるまい。只大要を順序として申せば、主人公は四十六歳の兇暴な悪漢、職業は土方の親方、賭博犯で三回、窃盗犯で二回、強盗罪で三回も所刑を受けた前科者、今また情婦の菊栄を惨殺し、△△屋の無垢《むく》な娘を強姦絞殺した罪が発覚して判官の前に立つて居るのである。話は判官と兇漢との問答の体《てい》になつて居る。谷崎氏の筆に依つて見ると、判官の微に入り細を穿《うが》つの鋭さは可なり能く描かれて居るが、未だ人情の機微に徹した名判官とは許せない様である。兇漢が家庭にも又生活にも何不足なきに拘《かかわ》らず酒と女とのためについ罪悪の深淵に落ちて行く其の心理状態は、頗《すこぶ》る繊細に写されてゐると敬服した。殺した菊栄、今も執着して居るが信用は置いてゐない妾のお杉、並に心から頼りにして居るが之を可愛いとは思つてゐないと決めて居る女房。此三人に対する主人公の別様な気分の働きを書き分けた手際抔《など》は、私共門外漢には分らぬが、流石《さすが》は老手と賞《ほ》むべきものではないかと思はれる。併《しか》し私は之等の点に大なる感激を催したのではない。判官との問答に連れて段々と兇漢の唇頭に上る女房に関はる話に、一種言ひ難き神々《こうごう》しさを見出したといふ訳なのである。

兇漢は自分のした事を明くる日新聞で読んでも大丈夫分る筈はないと信じて安心して居つたとの事である。無論誰にも話さないが、唯一人女房にだけは話したとある。此処《ここ》から私の話(谷崎氏の方の話ではない)が始まるのだ。何故話したかと問へば、夫婦の間だから話したといふ。女房を散々いぢめ通してゐることを知つてゐる裁判官が、いぢめたうらみで悪事を口外されると掛念しなかつたかといへば、あれは人間ですから私がしやべるなと云へば決して人にしやべりはしません、どんな事を打ち明けても大丈夫な女ですと答へる。「女房は人間です」といふ句に多少生硬の嫌《きらい》あるかに感ぜられるが、夫《そ》れは文字の上の事だから如何《どう》でもいゝとして、あれ程《ほど》兇暴な悪漢も、女房を極端にいぢめながら、之れ程まで信じ切つて居つたといふ点に、私は作者の非凡な見識を認めるのである。

裁判官には何故彼が女房に悪事を打ち明けたか其理由が分らなかつた様である。良心に咎《とが》めたので黙つて居られなかつたのだらうと考へた様でもある。夫れで打ち明けたもの、万一の口外を恐れて「もし此の事を人にしやべつたら貴様も殺してしまう」とおどかしたのを、意味ある言葉のやうに取扱つたのも怪《あや》しむに足らぬ。平凡の作者なら判官の常識と同じ様に斯く取扱つて満足したであらうが、作者の人生観はもつと深いところに着眼してゐる。そんな浅薄な処に停滞してはゐない。此処に私は一種の感動を覚へたのである。

更《さら》に進んで女房の気持や態度に至ると、主人公の口を通して非常に鮮明に描かれてゐる。筆端縦横に奔騰して一点一劃徒爾《とじ》ならず、可憐なる女房の神々しき魂は層一層あざやかに現はされてゐると謂《い》つて可《よ》い。主人公のいふ所によると、彼女は非常に気の小さい人の好い女である。亭主の悪事をきいて直に戦慄を禁じ得ぬが、亭主其人を何処までも自分の大事なものとして改善を迫つて熄《や》まぬ。後悔せよ、自首せよ、と泣いて兇悪極まる魂に真剣の挑戦を続ける。亭主は亭主で「貴様がいくら泣いたつて後悔なんかするもんか」と益々反撥して暴行を加へる。夫れでも女は毅然として突進を止めぬ。こゝに妻の真実の強い力がありありと現はされてゐるではないか。これには流石《さすが》の主人公も心中感動せずには居れぬ。自分で悪人ときめて居るから、容易に此の感動を意識しないのだが、実は大いに動かされて居るのである。否《いな》、かうした妻の真実を見たい為に、彼は無意識に妻をさいなむのである。是れ豈《あに》如何なる兇悪な魂も、其奥底に於て他の魂の共感を求めてやまざるを語るものではあるまいか。遂に兇漢は自白してゐる。「私はつまり自分の為に泣いてくれる女が欲しかつたのです」と。悪い事はやめられない。夫れでも女房がきつと蔭で泣いて居てくれると思へば心強い気がする。が、さもなくば活《い》きて往けぬといふのだ。斯《こ》んな兇漢は早く死んで仕舞つた方がいゝと云へば夫れまでの事だが、彼をして辛うじて活きて往かしめる女房の魂の力は、実に亭主一人を救ふ力ではなくして、あらゆる世の罪悪と戦ふ強い天来の力と謂はねばならぬ。こゝに私は谷崎氏の深い徹底した人生観に限りなき敬意を払はずには居られないのである。

此小説の主人公の様なやくざな、否、怖《おそろ》しい魂は、其れ自身としては少しも同情する余地はない。世人は之を如何に憎まうが憎み足るといふことはない。親兄弟にも見離されたといふのはあんな人間なのであらう。然るにこゝに只一人どうしても之を善きに還《かへ》さではやまれぬ魂がある。之を夫婦の縁に繋《つな》がる已《や》むなき結果だと見るのは甚だ浅薄だ。どんなやくざなものでも自分の懐から離すまいとする大慈大悲の神心が茲《ここ》に現れたものでないだらうか。人道主義といへば堅苦しくなるが、私どもはかういふ所に本当の人生を見せられるとせねば非常な淋しさを感ずるのである。而して私どもが兎も角も此世を楽しく暮して行け、又夫《か》の兇漢の如きも一種の気強さを感じて活きて行けるのは、かうしたのが人生の真面目だからではないだらうか。谷崎氏がかういふ人生を私共に見せて呉れられたのを私は大にうれしく思ふのである。

小説の表面には女房は痛々しく弱々しく描かれてゐる。併《しか》し彼女の魂の前には兇暴な主人公も結局頭は上らなかつた。外面でこそいぢめさいなんでは居るが、内部では無限の信頼を寄せ又無限の同情を求めたのであつた。あんな兇悪なる男から頼まれ縋《すが》られる魂は、一体神の外にあり得るものだらうか。而《しか》も女房は平凡な無智の一匹《ひつ》婦《ぷ》である。「神様や仏様なんてものは本当にあるのかしら」など、ふだんは云つてゐる。普通平凡な人間の裡《うち》にも、相手に依《よつ》ては斯《こ》んな神々しい聖熱が起るといふ所に、人生の面白さを観るべきではないか。

谷崎氏は更に進んで魂の真実が発するときの女房を形容して、女の眼が涙で光つて来て、妙に生き〳〵とした、清浄といふ感じがすると云つて居る。「神様はきつとあの眼のやうに清浄な気高いものぢやないか」と思ふと亭主は述懐してゐる。彼は夫れでもテレ隠しに、反抗に反抗して女房をいぢめる。いぢめればいぢめる程泣いて搔《か》き口説《くど》く。口説くといへば弱いやうだが、実は益々強く亭主の悪い魂に吶喊《とつかん》するのである。眼に一杯涙をためて見上げられると、如何な兇暴な彼も、遂に堪らずホロリとする。泣いてはならぬとイキナリまた女房の襟髪を摑《つか》んで引き擦《ず》り倒すが、彼女は矢張りしく〳〵泣いてやまない。遂に「もう泣くのは止してくれ、お前が泣くと己《おれ》が涙が出て仕様がねえから」といふと、女房はこれツぽちの亭主の魂の和《やわ》らぎにも限りなき満悦の情を催したと見へて、「うん〳〵とうなづきながら、一層哀れツぽくさめ〴〵と泣く」といふのだ。之を読んで私も云ひ様のない緊張した気分でさめ〴〵と泣かされる。そしてやがて此の神々しい場面を脳裡にえがいて無限の讃美を神に捧げざるを得なかつた。而して今之を書き乍《なが》らも私の眼は涙で一杯になつてゐる。私は斯《かく》の如き魂を我々人間の裡に与へ給うた神に感謝すると共に、又谷崎氏にも満腔の敬意を表するものである。

前にも述べた通り、私はあまり小説類に眼を通さぬから、軽卒な判断は出来ぬが、近頃二三手に触れた丈《だけ》の所で申すと、新しい方面を開拓するといつたとて、精々労働者にも斯んな偉いものがあるとか、因習伝統よりの脱却にもこんな深い意義があるとか云つた程度のもので、遠慮なく云うと可なり上すべりのしたものが多い様だ。社会思想の混乱期の作物としては之も仕方があるまいが、今や段々世界も安定して新文明の積極的建設に向はねばならぬ際だから、も少し深い所を見せて呉れる人があつても然るべきであらうかと考へる。此時に当り谷崎氏の此作を不図《ふと》読んで、実は之《これ》ある哉《かな》と月並だが思はず案をたゝかずには居れなかつたのである。若し之が谷崎氏一人の独特の着想に非ずとせば、私は斯かる傾向を現代の文壇が示すに至つたのを、日本の精神的文明の進歩の為めに大に慶賀せざるを得ないとも思ふのである。

追記

私は前記「魂の共感」の一文に書面を添へて谷崎潤一郎氏に送つた。別に意見を求むるといふ程の考ではない。只斯くして同氏に敬意を表して置きたかつたのである。然るに之に対して同氏から早速《さつそく》丁重な御返事を頂戴したのは私の意外とし且《かつ》非常に喜ばしく思つたことであつた。私信を公にしては甚だ相済まぬが、同氏の立場が之に依て一層明白となると思ふから、其一節を次に紹介する。

……私はあの作品を、小説と云ふよりは寧《むし》ろ或る長い小説のエッセンスと云ふやうな意味で書いたのです(中略)。私は決して貴方の尊敬に値するほど爾《しか》く徹底した人生観を得ても居なければ、又あの女房の人格を徹して輝くところの神の愛に対して、まだ心からの信仰を捧げる事が出来ずに居るのです。私はあの作品の主人公Bと同じやうな悪い人間です。Bが女房に対し、又「罪悪」に対して感じてゐる心持ちは全く私の体験です。私はいつもさう思ひます——自分はとても善人にはなれない。それで居て善人の魂に接触すれば不思議な怯《おそ》れを感じ、善人の境地を羨ましく思ひ、自分にはとても手の届かない非常に高い清い物を仰ぎ視るやうな憧れを覚える。その憧れは悪人の胸にも猶《なお》残つてゐる善なる魂の最後のものではありませうが、そしてそれあるが為めに自分もまだ人間だと思つて心強く感じるのですが、しかしそれを唯一の手がゝりにして一歩でも善の方へ近《ちかづ》かうと試みても、結局失敗に終るのです。失敗に終るところに悪人としての貴い人間苦があり、善人から同情されてもい丶、不幸と孤独とがあると思ひます。兎《と》も角《かく》もなまじそんな憧れがある為めに悪人は余計苦しい、余計寂寞《じゃくまく》の感を深めるのです。

……あなたはあの作品の中に人生の明るい方面を認めて下さいました。しかし私は中々明るい気持にはなれません。遠くの方にほんの少しの光明が見えながら、それが決して自分には摑めるものではないのを知るだけに、却《かえ》つて尚更《なおさら》暗い重苦しい気分になるばかりなのです。これは私の書き方が足りないからでもありませうが、寧ろそれよりあなたと私との態度の相違から来るのだと思ひます。あなたは善人の側に立つて、私は悪人の側に立つて一つ物を看《み》てゐるのぢやないかと思ひます。

以上谷崎氏の言葉は中々味ひのあるものだと思ふ。余計な批評は遠慮するが、私は益々《ますます》谷崎氏の体験を尊敬せずには居れない。同氏の芸術を通して私共の前に展開せらる丶同氏の体験は、とにかく現代人の生活と何等《なんら》か深い関係交渉があるやうに思ふ。

〔『文化生活』一九二二年一月、三月〕

クルランボオ

『クルランボオ』ロマン・ロオラン著野尻清彦訳と云ふ四六判四百三十頁ばかりの瀟洒《しやれ》た作りの本が机の上に乗つてゐる。

訳者野尻君は曾《かつ》て東京帝国大学の学生として予の講筵《こうえん》にも出入した人だ。敬愛すべき篤学の士として特別の親しみを感じて居る丈《だ》け、同君の訳に成れる本書も亦《また》予に取つては特別の親しみがある。否《いな》、夫《そ》ればかりではない、野尻君の様な人がロマン・ロオランの著に一種の憧憬を有《も》たれた事と、更に進んで其中の一つを訳出されたといふ事に、予輩は最近青年の裡《うち》に流れて居る敬虔なる一脈の思潮を認め得て図《はか》らず茲《ここ》に一新機運の今や既に彼等の間に醞醸《うんじよう》しつゝあるを欣《よろこ》ばざるを得ない。

訳者は芸苑専門の人ではないが、相当の出来栄《できばえ》を示して居らるゝに先づ敬服した。

総じてロマン・ロオランの遺作〔ママ〕は自由なる世界人の率直なる告白である。之に依て我等教へらるゝこと甚だ多いが、殊にこの『クルランボオ』は、戦争に伴つて起つた所謂《いわゆる》愛国心の昂憤《こうふん》に熱狂せる者に取つての極めて深刻なる警告として、特に我々の傾聴に値するものが頗《すこぶ》る多いと思ふ。

此《この》本を読んで予輩は日本人としてつく〴〵強者の悲哀といふ事を感じた。世界の舞台に於て我々が如何なる地位を占むるかを反省する時に、我々は我ながら其貧弱に恥ぢ入る次第だが、唯東洋に於てだけは多年強者として可なり分に過ぎた立場を主張して来た。昨今いろ〳〵な世界的会合の機会に於て、正当な境界線までの退却を求められて居るが折角獲《せっかくえ》たものを喪《うしな》ふまいとの考から、時々興奮して正しき途《みち》を踏み誤らんとすることが多い。ロマン・ロオランが日本人であつたら、昨今の状勢を何と評したであらう。生中《なまなか》強者であつた丈けに正しい道理に復《かえ》り悩んで居るとすれば、強者にも亦それ相当の悶《もだ》えあるものと謂《い》はねばならぬ。

併し我々は如何に思ひあがつても世界の舞台に出てまで強者だとは自惚《うぬぼ》れることは出来ない。否、却《かえ》つて自らの貧弱を意識して居るだけ、時としては不当に他の圧迫といふ事をさへ幻想する。斯《か》くしてまたロマン・ロオランが仏人を警《いまし》めた様な事が、我々の間にも存在するを見る。仏人は多年自分達を窘《くるし》めた独逸《ドイツ》人などに、今や逆《さかし》まに横暴を振舞《ふるま》ふ様になつたのだが、我々日本人は、西洋に於て虐《しいた》げられたる鬱憤《うっぷん》を東洋隣邦の諸国に対して晴らした形になつて居る。是れ亦考へて観れば一種の強者の悲哀に外ならない。

予輩は日本の愛国者に此本を読ましたい。華府《ワシントン》会議の成績を失敗なりとする論者に此本を呈したい。近き将来に於て強弱の地位を転じて社会の支配者たるべき(又はたらんとする)労働者に、其の目的を達した時の心得として、この書を読まれんことを希望したい。(大正十一年二月十一日)

〔『文化生活』一九二二年三月〕

社会評論雑談〔抄〕

〔各人の利益は各人最もよく之を知る〕

「各人の利益は各人最も能《よ》く之を知る」といふ諺がある。前世紀初頭の自由主義や不干渉政策は一つにはこの命題を主なる根拠とした。今日でも往々にして此の格言に基く一種の自由放任論を世上に見る事がある。説き様に依ては正しいが又説き様に依ては飛んでもない間違を生ずる。

何処が痛いのかは病人たる本人が最もよく之を知る。併《しか》し其れが何病にて如何の処置を必要とするかは医者でなければ分らない。世の中の事でも、「解決」は本人の要求を丁寧に聴いて専門家たる第三者が之をきめるといふ場合は普通の現象である。

何時《いつ》の世にも一知半解の徒は非常に多い。素人《しろうと》鑑定家、田舎政治家、劇通、角通、数へ立てれば際限もないが、概して彼等は其の道の一端を聞いて直に全斑の通を気取る。是れ虚誇人に衒《てら》ふの性分にも依らんか、一つには思ひ掛けない知識の獲得に由て有頂天になるの余り、自らを過大に評価するの錯覚に陥るのが常人に免れ難いからでもあらう。病人にしても同じ事だ。少し何かを聞きかぢると、やがて医者をそつち除けにして己《お》れの病気は何病だ、何の薬を飲めば直るなどと云ふ。斯《こ》う云ふのを医者に対する病人の無政府主義と謂《い》つてもよからうか。

知識が広まれば専門家を必要とする程度は減ずる。之は疑がない。併し専門家を必要としないと云ふ事と聡明なる先覚者に訊《たずね》るといふ事とを一所《いっしょ》に排斥してはならない。

「各人の利益は各人が案外に知らぬことが稀でない」。その本人を離れて之を知り得る途のないのは勿論だ。昔の専制政治は民衆と没交渉に民衆の利福を進めんとした所に抜く可《べか》らざる誤があつた。民衆の要求は到底之を聴かなければならない。立憲政治はこの真理に立脚する。併し乍《なが》ら民衆の要求は何に依て満足せられ得るかも亦《また》民衆自身が最も能く知つて居るのかといへば、之は大なる疑問である。痛苦を訴ふる本人が其の何病たるを知らざるが如く、要求の対象の本体は案外にも本人に分つて居ないことは普通でないか。其処《そこ》で病人が医者に聴くが如く民衆は先覚者にきく。茲処《ここ》に代議政治の理論的根拠がある。所謂《いわゆる》政治否認論は、一面に於て「各人の利益は各人最もよく之を知る」の意味を取り違へたものと謂ふことが出来る。

「各人の要求は各人に就て之を知るの外に途はない」。而《し》かも如何にして各人の要求を満足すべきかは、各人自身之を知らないのが常である。茲処に指導の必要が起る。時としてまた強制の必要が起る。孰《いず》れにしても、「各人の利益は各人最もよく之を知る」といふ命題より、自由放任論をひき出すことは甚だ危険である。

〔自由主義の根拠〕

されぱと云つて僕は自由主義に反対するものではない。僕も熱心なる自由主義者だ。たゞ僕の自由主義は人性に対する無限の信頼から来るのである。

僕は人の性能は無限に発達するものなるを信ずる。今日の無知は必しも明日の無知ではない。故に我々は現在の無知に失望することなく、将来の聡明に期待する所なければならない。而して彼の性能は本来日に〳〵発達して熄《や》まざるものなるが故に、我々の最も心して努むべきは、正しきを知ることよりも、常に正しきを知らんとする向上的態度でなければならぬ。斯《かく》の如き倫理的態度を社会上政治上の活動に応用すれば、民衆は現在の無知を自覚して指導を聡明なる先覚者に托さなければならぬ。所謂代議制否認論は、民衆が自ら其現状に於て聡明謬《あやま》る所なしと僭称するに異らない。

選挙とは将来に期待せらるべき自己の発達せる態度を他の人格に求むることである。他人の人格の内容にヨリよき己れを見出すことである。選挙権が人格の自由といふことに根拠して文化開発の上に一の重大な役目をつとむる所以は、主としてこの為である。

人性の発達に対する無限の信頼といふことを外にして、自由主義の倚《よ》るべき基礎はない。

〔『中央公論』一九二二年八月〕

理想主義の立場の鼓吹
——阿部次郎君の『人格主義』を読みて——

*

畏友阿部次郎君の近業『人格主義』の中に次の様な一節があります(同書第四六頁)。

「凡《およ》そ芸術にとつて必要なのは、「魂の深み」を示すこと、単に作者の魂の深みを示すのみならず、ゲーテの言葉を用ゐれば個物の中から「類型」を発見し来つてその永遠の姿を示すこと、この意味に於てあるがまゝの「現在」を対象の中から刻み出してこれを表現することである。さうして「類型」を発見するといふ言葉は又「イデアを発見する」と云ひなほすことも出来るであらう。あらゆる芸術はこの意味に於いて理想主義に適《かな》はなければならない。換言すればそれはあらゆる対象の中からそれ〲の点で永遠の価値を発見して来なければならない。さうしてこの価値を無限の将来に於て実現せらるべきものではなくて、現実の対象そのものゝ中に与へられてあると見るところに、芸術の芸術たる所以《ゆえん》がある。この意味に於いて理想主義はリアリズムの極致と完全に一致すると云ひ得るであらう。」

阿部君のこの著書は、哲学に関する述作としての専門的価値に於ては勿論《もちろん》であらうが、修養書としての一般的評価の点から観ても、僕は近頃稀に見る勝れた作物だと思ひます。特に著者と相識り、其の学殖と人格とに限りなき尊敬を捧げて居る為めでもありませうが、僕自身この書を読んで教へらるゝ所甚だ尠《すくな》くなかつたのです。が夫《それ》よりも感謝して措《お》かざるは之に由て見識を高められ、情操を潔《きよ》められ、全人格としての自分自身と云ふ者がどれだけ真摯《しんし》にされたか分らないと云ふ点であります。阿部君のこの書は少くとも僕自身に取つては非常に大きな影響を与へた本でありました。

*

阿部君のこの本の優れた特色を顕《あら》はす為に、僕の前に引いた一節は必しも適切なものではないかも知れません。僕があの一句をわざ〳〵冒頭に引いたのは実は別に目的があるのです。そは甚だづるい遣《や》り方ではあるが、阿部君の思想其ものを紹介する為ではなくて、僕が曾《かつ》て読者に訴へた事のある一所感を更に諸君に強調したいからなのであります。あの一節丈でも阿部君の立場の一端は分ると思ひますが、併《しか》しあれで同君の書物の思想的並に修辞的内容を判断されては、誠に同君の為に気の毒で堪りません。

然らば僕が同君の書から前掲の一節を引いた目的は何かと云ふに、外でもありません。僕は本年一月号の本誌に、谷崎潤一郎君の小説を題材として「魂の共感」といふ一文を書きました。之は真実な魂の共感といふ方面から、不完全ながら僕の人生観を述べたもので、併《あわ》せてまた谷崎君が、市井日常の醜汚な有りのまゝの生活の中から真実な魂の光りを見出した其の芸術的手腕を、をこがましいが、讃美したものでありました。僕は斯うした人生の観方《みかた》は、一番正しい一番高い深いものだと今なほ信じて疑はないのに、阿部君の前掲の一節は、正《まさ》しく僕のこの所信をさながら裏書するものなので、喜びに堪へず、之を引用した次第なのであります。

斯くして僕は、阿部君の書を読者に推薦し、併せて僭越ながら、僕の先きの一編をも繰り返し読まれんことを願ふのであります。斯く願ふことの必しも私情に出づるに非ざることは、読者諸君の恐らくみな諒《りょう》とせらるゝ所でありませう。

＊

序《ついで》に一言して置きます。僕の賛同して居る人生の観方や、谷崎君の拠《よ》つて居る芸術的立場やは、必しも現代の流行ではないことです。文芸の方面の事は、門外漢の事とて頓《とん》と分り兼ねますが、所謂《いわゆる》文芸批評家の間に在て谷崎君の芸術が夫程《それほど》に酬《むく》ゐられて居ないと云ふ事は、局外の僕達にも分ります。誤解せられたるプロレタリアー文化の俗悪なる考が――本当のプロレタリアー文化はそんなものではないと思ひますが――近頃盛に文壇に浸蝕し来れるせいでもありませうか、谷崎君は邪路に踏み迷つて行き詰つて居るとさへ罵るものがある様です。少くとも谷崎君の作物に対して、僕の様な観方をする者の殆んどないのは、真に不思議と謂《い》はねばなりますまい。況《いわ》んや僕の観方は極めて平凡な些《いささか》の奇矯なき観方なるをやです。僕達は暫く動揺常なき世俗の見解から超越して、僕達自身の魂の真実に反省し、その奥床しい源泉に生命の力を培《つちか》ふ事に、深く思を潜《ひそ》めねばならぬではありませんか。

文芸界ばかりでは有《あり》ません、近頃は思想界に於ても、所謂理想主義は色々の方面から攻撃を受けて居ます。理想主義の哲学に対する攻撃中最も真面目な最も周到な議論は、最近頃中央公論誌上に於て田中王堂氏から発表されました。僕は田中氏に対しては、実証主義哲学の巨擘《きよはく》としてよりも、周到な思索と洗練された技巧とに勝れた天分を有せらるる公平な社会指導家として、平素私《ひそ》かに多大の尊敬を捧げて居るものであります。併し夫にも拘らず、僕は同氏の極力排斥せんとする土田杏村君や阿部次郎君の執《と》らるゝ立場に却《かえ》つて多分に傾投して居るもので有ます。而して夫《そ》れ故に又田中氏の如き尊敬に値する紳士を論敵とせねばならぬだけ、理想主義の立場の多少困難するべき前途を心中潜《ひそか》に懸念するもので有ます。更に最近一時の流行をも着眼の中に入るゝならば、唯物論的立場より理想主義に正面攻撃を向ける論者の少なからざる事も認めねばならぬのですが、之等は併《しか》し左まで気にするにも及びますまい。只此傾向の思想家の中には長谷川如是閑大山郁夫両君の如き学徳兼備の先輩を有《も》つ事を注意して置きます。

*

長谷川大山の両君や田中氏の思想を批判することは、今こゝに僕の仕事とする所ではありません。只之等先輩友人の立場と僕達のそれとの間には、意外に大きな溝のある事に読者の注意を乞ひたいのです。思想戦にも分化と云ふ作用はあります。数年前までの様に、驚くべき程の頑説迷信が横行して居つた時代には、新しい思想家といふ程の者は、挙《こぞ》つて第一線に聯繋動作を共にしたのですが、今や味方の勝利は確実となると、敵を破つて新に占めた地盤の上に所謂新文化を建設すると云ふことが主要な仕事になつてまゐります。そうなると我々は改めて一応銘々の本来の本拠に還《かえ》り、其処から再び出直して来る必要に迫られます。さて斯《こ》う云ふ段になると昨日の味方は必しも今日の友ではない事になります。外見から見ると同志討の醜態を暴露する様でもありますが、又見様に依ては、それ丈け社会に於ける指導原理や創造的精神が洗練され又浄化されて行くのであります。故に思想戦が斯《か》くして細かに分化して行くのは、社会の健全なる進歩の上に必ず経ねばならぬ必然の過程だとも云へるのであります。

従つて読者諸君も亦《また》、今日も昨日の如く、思想戦の所謂第一線に立つた者をすべて一様に自分達の指導者と頼みにしてはいけません。彼等の間には既に内訌《ないこう》が始りました。而かもこの内訌たるや、俗界の政客などの間に見る様な醜陋《しゅうろう》なものではなくして、深い内面的意義のある、正々堂々な道義的抗争であります。読者も固《もと》より事情の許す限りは此の争に参加するを妨げません。今や読者は所謂思想家に追随しては不可《いけ》ません。寧《むし》ろ思を鋭うして彼等の間に批判の鋒先を向くべきであります。

この意味に於て、僕が、この新に分化した新思想戦に理想主義の鮮明なる旗幟《きし》を真向に振り翳《かざ》す一方の勇士阿部君を今更らしく紹介するは、必しも無用の業ではないと信じます。『人格主義』一部をこの予想の下にひもとかる、なら、読者は、思想上氏の味方たると敵たるとに論なく、必ずや得る所頗《すこぶ》る多からうと信じます。

〔『文化生活』一九二二年九月〕

人類の文化開展に於ける種子・地盤・光熱の三要因

樹を植えて良き実《み》を結ばしめんが為には種子と地盤と裕《ゆたか》なる光熱と三ツの条件が揃《そろ》はねばならぬ。文化の発展乃至《ないし》価値の創成にもまた同じ様なことが云へる。

地盤が悪るければ折角《せっかく》の良種も伸びやうがない。御《お》天道様《てんとうさま》も畢竟《ひっきょう》無駄光りだ。故に良農は先づ地の肥瘦を吟味する。外に仕様が無いとなれば施肥に依て土質の改善をさへはかる。而して是れ取も直さず現代に於て社会改造の大《おお》いに叫ばるゝ所以《ゆえん》ではないか。

現代のやうな悪組織の社会を地盤として立派な人文的果実の結成を期待す可《べか》らざるは言ふまでもない。従て現代に在てかの所謂《いわゆる》社会改造は実に焦眉の急務だ。此点に於て吾人は世上多くの社会運動家等の努力を多とするものである。けれども若し当代の文化運動は所謂社会改造に尽くと為す者あらば吾人は残念ながら其識見の浅劣なるを咎めずに居られない。

地盤は畢竟生命発育の条件だ。断じて其の原因ではない。原因は実に種子其者の中に潜在するのである。而して這個《しゃこ》生命の潜在原因を促して自発的に発芽生長せしむるものは、固《もと》より地盤の能《よ》くする所ではない。この第二段の而してより根本的な働を司る者は実に太陽の光と熱とでないか。換言すれば万物の化育を司る自然の温情ではないか。この自然の裕なる温情に触れて始めて死者の如く頑《かたく》なりし種子は、自らの生活力を意識して自ら其本質を発展せんとするの意思を喚《よ》び醒《さま》さるゝ。人類愛の宗教的情操の人生に於ける文化的意義は主として茲《ここ》に在ると思ふ。

人類愛と社会改造とは文化開展に於ける二大要因だ。宗教と科学と提携すべきものなるが如く、愛の宣伝は社会改造の運動と互に相排斥してはならぬ。兎を追ふ者は山を見ず。自己の立脚する処に狭く観点を局限し、一面の姿相を以て全斑《ぜんぱん》を推さうとするときに、ともすると悲むべき破綻は起るものだ。世上幾多の奉仕献身の士よ。諸士は今この大局に眼を投じて実質的協力の途をもつと明に観るの必要を感ぜぬか。

地盤と光熱との問題に次いで起るのは種子そのものの問題だ。種子の問題になるとこゝに自然的観察と理想的観察との岐《わか》れ目が注意さるる。動植物の種子は進化論などの示す如く何処までも自然科学的因果律の支配を脱し得ない。悪種より良果を得るの見込は絶対にないから、良果を穫《え》んとするものは常に良種の選択に注意する。加之《しかのみならず》こは畢竟人類の用を為すものに過ぎず、其《それ》自身に目的を有するものでないから、質の良否に由て選択を厳重にするは差支《さしつかえ》なき事でもあり又必要な事でもある。之と同じく、昔人民は国王貴族の用を為す者と考へられて居た時代には、恣《はしいまま》に民の部族を分ち其間に待遇の厚薄を附せられたことがある。併《しか》し乍《なが》ら今日は最早《もはや》四民平等の世の中となつた。すべて人は其自身目的の主体であると決められた。質の良否を分割して之を遇するの道を異らしむることは許されない。強き者にも弱き者にも各々其処《ところ》を得しむるが是れ近代デモクラシーの一特徴だといふは実に茲処《ここ》から来る。

更にも一つ突き進んで考へねばならぬことは、現代の思想は何故に質の良否に由て人を分割するを許さぬかの点である。それは外でもない。人類に在ては他の自然物の如く遺伝其他の自然的因果律に支配さるゝ方面よりも、彼は単に人類なるが故に本来無限に向上発達するの可能性を具有すとされ、この可能性を有するの点に於て万人は平等と認めらるゝからである。地盤が悪い為に又光熱に浴するの薄かりしが為に、人類の中には十分伸び得ずして終るものはあらう。併し彼は其環境さへ順当のものであつたなら、必ずや人類としての本来の面目を発揮し得た筈だ。自然物の如く親が乞食であつたから悴《せがれ》はどうせ碌《ろく》な者にはなれまいと云つた様な因果的約束に縛らるゝものではない。人格的本質に於て甲乙優劣の差ある筈なしとするのが即ち当代の理想的人生観だ。故に此立場よりすれば、仮令《たとえ》人類は其《それ》自身目的の主体でないとしても、質の良否を分劃選択するの必要はないことになる。必要なるは唯地盤の良否を吟味することである。豊裕なる人類愛的温情を潤沢に流れしむることである。

理想主義の立場を社会改造運動の邪魔物と考ふることの如何に浅果敢《あさはか》なものであるかは此上《このうえ》説明するまでもなく明白であらう。理想主義の立場は人類のすべてに謂《い》はゞ仏性を認め、而して其の本質的発展の礙《さまた》げらるゝは一に物的環境に在りと為すのだから、それ丈け社会改造の急務を感ずるものではないか。社会を改造したつて裕《ゆたか》なる光熱の放射がなくば芽は出まい。而してこの人類愛の温情はすべての人皆仏性ありとの信仰を背景としなくては容易に生じ得ないのではないか。

理想主義、人類愛、社会改造。協戮《きょうりく》は生命の発育だ。割拠は人生の破綻だ。近代文化の諸問題は結局根本に於て這般《しゃはん》の点を如何に観るかに帰すると思ふ。

〔『中央公論』一九二三年二月「巻頭言」〕

斯く行ひ斯く考へ斯く信ず

自分は平素現在在るがまゝの自分の生活を充実したいと心掛けて居る。目下の自分の仕事は日本近世政治史の研究と之に関する資料の蒐集整理とであるが、どうせ大した事は出来ないまでも、一旦《いったん》心がけた事でもあるから、何ともして相当の成績を挙げたいと努めて居る。此《この》本務以外、公人としてまたいろ〳〵の方面に関係を有《も》つて居るが、此等の方面に於ても自分の常に心掛けて居ることは、行く所に於て自分が常に欠くべからざる一分子たらんとすることである。居ても居なくてもいゝと云ふやうな無責任な地位に居りたくないと云ふのが、若し野心と云ふべくんば野心と云はれてもいゝ。若し自分が商売人であつたら、ウンと金を儲けようと努めたらう。新聞記者なら朝から晩まで駈け廻つて正しい報道の蒐集に骨折つたらう。雑誌に時々愚論を公けにするのも、自分としては公人としての一つの務めだと考へて居るから、何の役にも立たない閑談冗話に貴重な誌面を割かしめないと云ふ丈《だ》けの用意は忘れない。更に又家庭の人としては父母妻子に対しても出来る丈けの満足は与へて遣りたい。要するにいろ〳〵方面は異るが、それ〴〵課せられたる分担を十分に尽して行かうといふ心掛丈けは失はない積りだ。

が、自分はまた常に自分で反省する。斯《か》くして自分を充実するに努むることの熱心の余りヒヨツと他を傷けるやうな事がないだらうか。兎角《とかく》人は一事に熱中すると公正の立場を外れ勝ちのものである。自分の悪口を云ふものを悪人と決めて了《しま》ふやうな俗情からは超脱し得ても、時として自分一個の大事を天下の大事なるかの如く妄想することは稀でない。自分が損をすると、日本の実業が困るかの如く考へたり、自分達の内閣を攻撃するものがあると、国家其物に対する攻撃なるかの如くに考へたりする。斯う云つたやうな間違つた考へ方は殊に軍人の社会に多いやうだ。併《しか》し之は軍人に限つた事ではない。ウッカリすると人は誰しも其の現に居る所の境遇に囚《とら》へられ勝ちのものだ。小にしては市井の射利の徒より、大にしては所謂《いわゆる》国家を以て任ずる者に至るまで、皆兎《と》もすると大局より物を観るの明を欠き易いものである。而して此大局より物を観るといふ態度を常に持するが為めには、我々にどうしても哲学的教養が無ければならないと考へる。現在の地位に囚へられて居つては、医者は何時までも病人の多からんことを欲し、僧侶は絶えず人の死亡を希《ねが》ふといふことになる。自分一身の利害と相衝突しても、大局から観て人の健康と長寿を希ふやうになるには、どうしても深い広い教養の上に見識を磨いた人でなければならない。自分の生活を充実するに全力を尽すはいゝ。けれども我々は常に自分の生活が大きな世界の生命の如何なる部分を担任するやを忘れてはならない。物事を考へるのでも、常に之を大きな出来事の中の小さい一つの方面だとして考へることが必要だ。専門家は兎角見識が局部的に偏する。之を広くして全体に対する相当の地位を明に理解するにはどうしても哲学的教養が必要だと考へる。

併し自分は、自分の生活を進めて行く上に其れ丈けではまだ足りないやうな感がする。何故なれば、物事を常に大局から観るに慣れても、所謂大局其物の判断を根本的に謬《あやま》つては駄目だからである。我々の知つて居る人の中にも、広い見地から物事を観るには観るが、夫《そ》れでも此社会人生を妙にひねくれた眼で観る所から、結論がどうも我々の気に入らないと云ふのがある。そこで自分は常に、更に進んで、人生に対する信念が大事だといふことを沁々《しみじみ》と考へさせられる。此点に於て自分は、自分の人生観を基督《キリスト》教の信仰によつて作り上げたことを密かに満足に思ふものである。斯く云ふは必ずしも其反面に仏教や儒教を信じなくつてよかつたと云ふ意味ではない。此等《これら》の教でも同じやうな情操を養ひ得たかも知れないが、兎に角、自分としては基督教によつてすべての人を同胞同類と見るの気分に深く沁み込まれて居ることを満足に思ふものである。自分は世上多くの問題について慷慨もすれば悲憤もする。けれども結局に於て自分は人類社会の前途に常に光明を望み、従てまた常に歓喜の情に溢るゝものである。而して斯くの如きを自分は未だ曾《かつ》て悔ゐない。自分はいろ〳〵の人からいろ〳〵の説を聞いて常に考へさせられるのは、細目の異見は如何様《いかよう》にも調節の道はあるが、どうしても和合することの出来ない終局の差異は、人類を相愛し相援《たす》くるものと観るか、相離れ相闘ふものと観るかの点である。相離れ相闘ふものと観ずれば、合ふ筈のものまでが相闘ふやうになり、又は相離れ相闘ふものと観る信念で押し通せば、離るべかりしものまでが和合して来るやうに思はれるので、自分は常に自分の立場の謬らざることを信じて疑はない。何故に斯く信ずるか。それは議論からも確め得るが、自分に取つてはもはや議論ではない。動かすべからざる一個の確信だ。而して此確信は何によつて造られたかと省れば、即ち宗教的信念である。宗教的信念は少くとも自分にとつて生活の方法を明白に示して呉《く》れた根本のものである。

自分は此世に於て為すべき当面の務めを怠らず果さんとしつゝある。而して多少の哲学的教養は自分を一段と高い所に引上げて、洽《あまね》く大局の形勢を展望し得るの地位に置いた。只それ丈けでは茫として人生の正しき進路を識別することが出来なかつたのに、宗教的信念は天の一方に理想の光を憧憬して、自分を正しき方向に向はざるを得ざらしめた。正しいか正しくないか、人の之を争ふものあらば之を争ふに任せる。兎に角自分は固より其器局甚だ小なるものではあるが、小さいながらに恵まれたる生活を営みつゝあることを密かに悦《よろこ》ぶものである。

〔『斯く信じ斯く語る』一九二四年一一月〕

評論界に於ける浪曼主義の排斥

一

私は前項の論文〔「大都市に於ける選挙――東京市会議員選挙の跡を顧みて」〕に於て、所謂《いわゆる》自治講習会の如き智的啓蒙運動は、市政刷新といふが如き現実的目的を達する上から観て必しも適切でないといふことを述べた。善良なる市民として之れ〳〵位のことは知らねばならぬ。それだけのことを心得て居る以上彼は必ずや市政刷新の為に起《た》つだらう。斯《こ》ういへば一ト通り理窟は通る様だが、実際の結果は更に予期の通りには参らぬ。第一にこれだけ分つて呉れた以上必ず起つに相違ないとされた人が、困つた〳〵といふだけで一向挺身奮起する気色《けしき》がないでないか。して見ると、智識を詰め込んだばかりではいかぬものと見える。知と行とは本来別のものかどうかは能く分らぬが、少くとも従来の経験は、知的に頭を整備することだけでは何の役にも立たぬことを教へて居る。然るに我々の先輩達は、今なほ知らしめることに骨折りさへすれば行はしめることも容易に出来るものと考へて居るらしい。夫《そ》れに困つたことには近頃の若い人達は亦《また》、行ふことよりも知ることの上に多分の興味を有《も》つて居る様に思ふ。

如何にして健康になるかを一心不乱に研究し、一室に閉ぢ籠り寝食を忘れてこの一事の工夫に没頭した結果、それが因《もと》でとうとう死んでしまつたといふ話がある。現実を離れ想像に之れ縁《よ》る智識の役に立たぬこと、此の一例を以ても知るべきである。之れなどは所謂研究だけで丸で実行の域に這入《はい》つて来ないのだからまだ罪がない。中には想像に依て描いた自己の計画に我から陶酔し、多大の期望を以て乗り出しては来たが、さて実社会の有様のかねて予想せる所とは全然趣を異にせるに吃驚《びっくり》して、早々旗をまいて逃げるといふ滑稽なのもある。貴婦人方の慈善事業などにこの種の例頗《すこぶ》る多しと聞いて居る。つまり読書や想像に由て得た智識を実際運動の指導方針たらしむ為には、更に其間に別個の工夫が必要なのである。

要するにいろ〳〵の事を知つたといふだけでは足りぬ。況《いわ》んやその知り得た事柄が、直にその儘《まま》実際に適用が出来ると限らぬに於てをや。想像も必要だ。読書は殊にも過去の経験を参照する方便として最も必要だ。併し何よりも大切なるは、先づ以て自分自身を省みることであらう。その実際の環境と没交渉に、ひたすら抽象的智識の整備をはからんとするは、何の実益もないことである。

二

私は平素、斯うした実際を離れた空論がことに政界に於て横行して居るのを歯痒《はがゆ》く思つて居る。曰《いわ》く理想的政治は斯《かく》の如くあらざる可《べか》らず。曰く議会の討論は斯の如くあらざる可らず。曰く外交財政は斯の如くあらざる可らず。「斯くあらねばならぬ状態」の研究はなか〳〵盛だ。併《しか》し乍《なが》らそれ等の要求は実際政治の上に少しでも具現されたことがあるか。私はよく云ふ、我が日本では、西洋なら数十年の昔に疾《と》くに行はれた筈《はず》の初歩のイロハの施設すらが未だ行はれずに居ると。そこで我国の政治を論ずるに当つては、「斯くあれかし」とする理想的状態を列挙することは実は第二の問題で、第一には先づ如何にして初歩のイロハを実現せしむべきかを攻究せねばならぬのである。之を実現する方法を考へずしては、実現すべき綱目を幾ら完全にならべても何にもならぬからである。然るに我が同胞は斯ういふ方面には頓《とん》と興味を感ぜぬのである。よし感じても、只現在の政治家の腐甲《ふが》斐《い》なきを罵倒するが関の山で、進んで之を改むるには如何の実際的方法を以てすべきやを講ずるものがない。是れ我国の政論が、毫《ごう》も現実に立脚せず、今なほ抽象的空論を弄《もてあそ》ぶの域を脱せざるの証拠ではないか。

例へば若槻内閣は憲本提携に十分なる成功を収め得ずして逸早《いちはや》く貴族院の研究会に秋波を寄せたといふ。研究会の好意を買ふ為に必要のあつたのか、公私両面に亙《わた》つて余りに評判の香《かんば》しからぬ井上匡四郎氏に鉄道大臣の椅子を与へたといふ。斯《こ》うした事態は、立憲政治の本筋から観て誠に見苦しい事に相違ない。従て這《こ》の見地から若槻内閣を攻撃するは一向差支《さしつかえ》ないが、実際問題としては実は若槻内閣をして斯かる態度を取らざるを得ざらしめた所以《ゆえん》を考へねばならぬ。換言すれば、若槻内閣は一体あんな見つともない事をせず、所謂《いわゆる》立憲の常道をなぜ堂々と通らなかつたかを考へねばならぬと思ふ。吞まなくともいゝ酒を吞んで醜態を演じて居る者に向つては、成る程その不しだらを罵倒し、厳しく其の過を咎《とが》めてもいゝ。併し全然酒をやめては活きて居れぬといふ様な中毒患者であつたら、一概に常道を以て之に臨むわけにも行くまい。之と同じ様に、我国今日の政界は、若槻に代ゆるに他の何人を持つて来ても、全然貴族院を無視し得ないといふ特殊の変態状態に陥つて居るのではあるまいか。少くとも最近数年の政情に通ずるものから観れば、問題となつて居る研究会抱込《だきこみ》一件の如きは、実は何の不思議もないのである。敢《あえ》て若槻内閣に限るのでない、誰が内閣に立つたツて必ず同じ事をするに相違ないのである。果して然らば、実際問題としては、一方に歴代の内閣と同様の過誤を繰り返せることを若槻内閣に責むると同時に、他方我々は、我国変態政情の根源を剔抉《てつけつ》し、その一主因たる研究会の横暴といふ特別の問題に対しても鋒先《ほこさき》を向ける必要があらう。斯く考へると、問題は決して単純ではない。此類のことは猶《な》ほ外にも多いと思ふ。

孰《いず》れにしても、我国の政論は足を地につけて居ない、概して想像の上に築かれて居るといへる。従て時としては、ひとり日本だけに適用あるに非ず、支那にも印度《インド》にも適用し得るといふ様な議論もある。所謂抽象的空論たるを免《まぬか》れずといふ所以《ゆえん》である。

三

政論の中でも近頃流行の社会改造論などになると、この点一層甚しい。即ち如何にして日本今日の社会を一歩〳〵改善すべきやの具体案は殆んど顧みられずして、専ら「凡《およ》そ理想的社会は本来如何にあらねばならぬか」の点のみに攻究の熱情が傾倒されて居るやうに見へる。見よ、知名の人の社会改造論にさへ、マルクスなりレーニンなりの論策がその儘鵜《う》呑《の》みにされて居るのがあるでないか。あゝだ、かうだと綱目の列挙は誠に立派だけれども、どれから順を追うて、実行に上《の》ぼすべきやは頓《とん》と関心されて居ない。強《しい》て之を訊ぬれば、皆一時に実現されることを要するなどと云ふ。斯くては到底実現さるる見込はない。それでは折角《せっかく》の妙案も下宿屋の二階で健康法を考へて死んでしまつたといふ話と同じ運命に堕するの外はあるまい。

今日の社会改造論者の多くは、全然現実の方策に無関心であるのみならず、真の意味に於ける実際運動にまだ本当の興味を有《も》つにさへ至らないやうに思はれる。成る程彼等の或る者は一種の運動に熱中しては居る。併し私の観る所では、そは理想の実現を直接の目的とする運動ではなくして、単純なる宣伝に外ならぬ。宣伝に依て多数の同志を作ること亦間接に理想実現の一方法たるを失はないが、併し所謂運動が宣伝に止まる間は、そこにはまだ現実の影響を捲《ま》き起すべき力は現はれて来ない。単に宣伝だけなら、一杯機嫌で禁酒の勧誘も出来るのである。

四

言葉が適当でないかも知れぬが、現実を離れた抽象的空論を弄ぶを浪曼主義的傾向といふべくんば、今日我国の社会改造論者の調子は、丁度《ちょうど》古典主義に反抗して浪曼主義が起り、やがて自然主義に散々粉砕さるべき運命の瀬戸際に立つて居ると謂《い》つてい丶。例へば資本主義は社会問題に於ける古典主義だ。この古典主義に反抗して浪曼主義は、自由奔放の想像を逞《たくま》しうしてあらゆる理想的情形を描きもすれば述べもする。而して彼等共通の特徴にして又欠点とする所は、之等の空中楼閣は一挙にして実現が出来ると信ずることである。斯く盲信する所から一種の熱情も湧くが、又事実意の如くならざるを見て徒《いたず》らに煩悶するといふこともある。その反動は即ち自然主義の勃興であるが、日本の現状はまだ玆処までは来てゐない。そは一つには、日本の社会改造論は多くは書生の思想的遊戯の範囲を脱せず、まだ真に汗と血とを以て自己の運命を苦み拓きつ丶ある人達の切実な問題とならないからであらう。併し社会改造の本当の仕事からいへば、もう大抵にして浪曼主義から脱却して貰《もら》はなくては困るのだ。文芸界などは、浪曼時代をはるか三四十年の前に送り、今日は自然主義をさへ打ち超えて、次ぎの又その次ぎの時代にと進んで居るではないか。社会改造に関する実行方針の如きは何処の国でも遅れ勝ちのものであるが、それにしても日本の遅れ様は余りにひどい。

五

社会改造論に於ける浪曼主義の不当な跋扈《ばつこ》は、一つには政界に於けるそれの影響と見ることも出来る。何となれば、政界に於ける浪曼主義は、明治十年代以来依然として旧態を改めず、自然そこから社会や政治の問題の論議は斯うした形式に依るべきものとの一種の約束《コンヴェンション》が成り立つて居るかに思はるるからである。

明治維新に依て始めて西洋流の新式政治は布《し》かれた。少くともその布かれる端緒が開かれた。とはいへ、永き封建制度の下に教養を受けたこととて、政治家の頭には矢張り一種の専制思想がこびりついてなか〳〵に脱《ぬ》け切れない。彼等は表面世界の大勢には盲目でないやうな顔をする。けれども古典的専制思想は時の進むと共に段々と廟堂の政治家達を支配する。この勢は政界の落ち付くと共に益々甚しくなる。之と戦ふ為に当時の所謂《いわゆる》自由民権家が如何に惨憺たる辛苦を嘗《な》めたかは、詳しく語るの必要はなからう。従て当時民間の政論が私の所謂浪曼主義の色彩を濃厚にするものなることも言ふを待つまい。之等の点に付ては、語るべきなほ多くのものがあるのだが、話を簡短にする為に今は略しておく。只特に読者の注意を促《うなが》したいのは、其後政界の模様は表面大に変つた様ではあるが、能《よ》く観ると専制的政治主義の支持〔配〕の仕方が変つたので、古典的政治思想そのものに至ては今日尚《なお》依然として残存を続けて居ることである。成る程藩閥の専制はなくなつた。けれどもその昔藩閥は威力を押して其意思を強行せんとした如く、今日は政党が金や利権を以て地方有志家の良心を買収し、同じく其の独自の意思を強行するに成功して居るではないか。趣《おもむき》こそ違へ、藩閥も政党も同じ様な方法を以て所謂民意の暢達《ちょうたつ》を無視して居るのである。今日は所謂政党は藩閥に代つて政権を握つて居る。表面の形は民権の伸張たるが如きも、その実一般民衆の利福は依然として更に顧みられず、政界を支配するものは昔ながらの古典的な少数専制の思想ではないか。是れ今日の政論が仍《な》ほ浪曼主義時代を脱し得ずと私の主張する所以である。

尤《もっと》もこの三四十年間に政界の問題は大いに変つた。最も顕著なるものを謂ふなら、日露戦争頃までの二十余年は帝国主義の謳歌であつたのに、それより後殊に欧洲大戦前後になると、国際平和の思想が大いに頭を擡《もた》げ出した。其他各般の方面に問題の種類乃至《ないし》内容の変つたことは非常なものである。けれども一度之等の問題を取扱ふ現実の態度を見ると、数十年一日の如く、謂《い》はゞ狙ひを外れた空砲の連発ではないか。だからその主張に毫《ごう》も現実に足を着けた本当の強味がない。別の言葉でいへば、何か議論をするといふ段になると、直に対象を抽象化し、その理想的形体を描いて其儘現実を之に移らしめよとあせるのである。而もその即時の実現を可能だと妄信するのだから堪らない。例を貴族院改革問題に取らんか、何かの動因で改革の必要が叫ばれると、論客は直にその権限は斯くあらざる可らず、その組織は当《まさ》に斯くの如くあるべしと、序次整然たる大議論を発表する。差当《さしあた》り腹が痛いと訴ふる者に、肺も強くなくてはいかぬ、脳も斯くある方がいゝと、凡《あら》ゆる薬を一度に服用しろと云ふのでは堪つたものでない。だから議論倒れで、いつも実現は不可能にをはるのだ。浪曼主義の空想論は、古典主義と戦ふだけの時代には大に用を為す。更に進んで具体的改革を必要とする時代になると、時として却《かえつ》て厄介《やつかい》な邪魔ものとなることが多い。

猶ほ我国の政界にはその外に二つの理由があつて時代遅れの浪曼的傾向の横行を助けて居る。一つは内心改革を悦《よろこ》ばぬ古典的政治主義者が、反対側の主張を巧《たく》みに失敗せしむる為に、浪曼主義的政論を煽《あお》ることである。例へば貴族院改革論の起つた時、貴族院の之を悦ばぬ連中も、流石《さすが》に大勢に抗するを得ず、表面その要求を絶対に拒むことはしなかつた。さればとて世論に同じて肝腎《かんじん》の急所を改革されるのも困る。斯う云ふ場合に彼等の採る一番賢明な方法は、改革には賛成だ、併し改革するなら根本的に何も彼も一所《いつしよ》に改めた方がいゝと説き廻ることである。肝腎の改革要求は、之を部分的な姑息《こそく》的なやり方だと罵倒し、ついでに此点《この》も改めろ彼点《かの》も直せといへば(又世間には之を尤《もつと》もと信じ、まんまと此狡計《こうけい》に乗るものも多い)、結局議論倒れになり泣寝入りに終つてしまう。この方法を用ゐられたので、貴族院改革は現に見るが如く骨抜《ほねぬき》に了《おわ》つたのではないか。浪曼的空想の陶酔から醒《さ》め切らない所へこの狡計で煽られるので、益々以て浪曼的傾向が増長するのである。次には多数の実際政治家は、敵味方を通じ共に甚しく自然主義的見地の政論を畏怖することである。藩閥といはず政党といはず、今日の政治家の頼る所の主義が所謂古典的専制思想なることは先にも述べた。この専制思想を何とかして無理にも押し通して行きたいといふのが、また今日の政治家の一つの重要な仕事でもある。之が為に彼等が如何なる方法をとつてゐるか。妥協といひ、買収といひ、欺瞞といひ、威圧といひ、吾人の目して以て所謂政界の腐敗手段を為すものは、悉《ことごと》くこの為に採用さるるのではないか。政界を廓清《かくせい》し之を正しきに復《かえ》さんには、是非とも之等の事実に先づ国民の耳目を開かねばならぬ。漫然として政界は斯くあるべしと長嘯《ちょうしょう》する丈《だ》けでは何にもならぬ。現在の政界は如何の状にあるかを能《よ》く心得ておいてこそ、改革の実際案も立てられるのだ。其処《そこ》で所謂政界の現実暴露が必要となるのだが、斯くては自家の旧悪が明るみに出されるといふ様なわけで、政客達は敵味方の別なく誰も彼もが等しく皆之には反対する。時としてはまた圧迫をさへも加へる。私は不肖《ふしょう》ながら多年この見地から政界の評論を試み来つたのであるが、之が為に直接間接の威嚇を蒙《こうむ》つた経験は沢山ある。而して斯種の経験は亦私共をして、自然主義的見地で我々の論鋒を一貫することの非常に困難なることを思はしむる。是れ即ち当然来るべき筈の自然主義時代の到来が意外に遅延し、従てまた間接に浪曼時代の不当に永き盛運を維持せしめる一つの理由であらう。

斯くして我国の政論界は、今尚浪曼主義の全盛である。殊に所謂思想家などに依て取扱はるる政治論策の型は、云ひ合はしたやうに之にきまつて居る。而してこの同じ人達がまた転じて社会改造を論ずるのだから、そがまた浪曼主義の型を脱せないのも怪むに足らぬのである。

六

明治十七八年代の政論界に於てなら、浪曼主義の流行もいゝが、憲法の布かれ、議会の設けられての後までそれが続いて行くのは困る。之にも増して、普選の実施され無産階級も政権の運用に参与し得るに至つた今日、なほ自然主義的な更に進んでポジチーヴな政治論策の起らないのは実に堪へられぬ。之と同じく、社会問題などに付ても、労働組合も認められぬとか、所有権万能で小作人や雇職工などは何の権利も認められなかつた時代なら、浪曼主義的な改造論を以て古典主義と戦ふのもいゝが、今や之等の点についても、遅ればせながら我国の情況は少しづゝ変りかけてゐる。所謂古典主義がこの方面に於てことに政界以上に跋扈して居るの事実は認めねばならぬが、それでも改造の実行に容喙《ようかい》する道徳的権利は、既に幾分無産階級の人達にも認められかけて居る。此際に於て我々の最も戒心すべきは、抽象的な浪曼主義的空論の陶酔から一刻も早く醒めることではないか。頑強にその態度を改むるを肯《がえん》ぜず、却《かえつ》て現実に覚醒せる者を咎《とが》むるが如きものあらば、それは却て社会改造運動の獅子身中の虫といふべきである。少くともそは真に無産階級を愛するものゝ態度ではない。

〔『中央公論』一九二六年八月〕

見聞を語る　その他

秋の月

物のあはれは秋こそまされ　錦織なす木々の紅葉を見てはやがて散りぬる時を悲しみ下葉色づく萩を見てはやがて色さむる時をあはれむ　虫韻を聞きては故郷を思ひ群飛ぶ雁を眺めては両親を懐《おも》ふ　わけて孤月に嘯《うそぶ》きては去年《こぞ》は故郷にありて父上母上と共に月を賞せしことなどさては亡き姉上の事なども思はれていと〳〵物悲しうこそ覚ゆれ　されば予は常に月に対する毎に旧を懐ふて歎然たらざることなし　殊に中秋の月に対しては常に断腸の思あるなり

三日月の頃より待ちし今宵《こよい》かなと云ひけむ八月中秋の夜は来りぬ　一年一度の月なればにやいづこにても賞する例なれば予も例の如く障子押しあけ椽に出で丶月を見るに空に一点の雲なく独り下界をてらすさまは今宵の世界は己れ一人といはむ風情あり　されどその凄く冴えたる姿は予をして懐旧の念を起さしめぬ

あはれ此月《この》いかに予が心を刺撃せしよ　此月こそは予が為には大に紀念すべき月なりけれ　そは予が親愛なる一人の姉上は此月の夜に病を得て遂にはかなくなり給ひたればなり　あはれ此月いまも故郷を照すにや　父上母上もさぞこの月に対して亡き姉を思ひ給ふならん　予故郷を出でしより爰《ここ》に一週年父母の温顔に接せざること亦《また》一週年今や父上母上はいかに暮させ給ふらん　父上はかねて健《すこや》かにましませど母上はとかく病勝《やまいがち》にましますに今頃は恙《つつが》なくおはすにや　弟妹等も皆すこやかにくらすにや　姉上の亡きにつけて此の事のみぞ常に心には浮みける　あ丶聞かまほしきは故郷の音信《たより》なるかな　やよ月心あらば之を通じて予が心慰めよ　去年は一家団欒栗を食

うべ豆を食ひて月を賞したりき　今宵の月には供へられたる豆栗去年には劣らざれど亦誰と共にか之を食して月を賞せんや　今頃は故郷の一家にては六畳の坐敷に集りて観月の最中なるべし　父上母上はさぞ懐旧の涙に袂《たもと》や湿ほしつらん　弟は例の昔噺《むかしばなし》を得意がりて話し居るなるべし　妹は亦栗の不足を訴へて母上に請求しつゝあるなるべし　予今数十里外に漂泊して徒《いたず》らに過去を空想するのみ　弟妹らよ願はくはいつまでもかくの如くあどけなくてあれかし　せめて予が帰省の折までも

思ひ出せば四年前の今宵なり　予は姉上と共に月を賞せんものと野辺《のべ》に出でしに折しも秋の野分《のわき》烈しう吹き来りしが姉上は此風にや侵されけむ其夜より心地《ここち》例ならずとて臥《ふ》されけり　唯かりそめの病とのみ思ひしに次第〳〵に重り行くのみにていつ怠るべうも見えざりければ良医をむかへて療養を尽しけるに聊《いささか》もしるしなくて果敢《はか》なしや遂に秋風に散る紅葉とともに盛の春をも待たであの世の人となり給ひぬ　あはれ人の命は葉末《はずえ》におけるあしたの露の如しとは誰か云ひそめけむ夕を待たぬぞかなしき　月をみしとき身に浸みし風は思へば無常の風にやありけむ　父上は歎きぬ母上は泣きぬ　あゝその歎きや普通の歎きにあらずその涙や通常の涙にあらず皆誠より出で血より湧きしものなりけり　臨終の際に予をみつめし目の凄《すさまじ》さはそもいかに名残《なごり》をしかりけむ　折から外より帰り来りし幼き弟は二つの大なる柿を持ち来りて姉上に食べさせんといふに予は姉上はそを食べずといへば喰はずとも手にのみ渡さんと無邪気にいふ　傍《かたわら》にある父上母上はこを聞きていかにか感じ給ひけむ涙に袖を絞りあへず　またその時二ツになりける妹の回らぬ舌にて「ねちゃん」と恋しがりて云へば一同みな涙を流しぬ　まして父上母上の心はいかに

立ちて外を見やれば月はなほ空高く冴えわたりて物悲しげなり　やがて雁《かり》がねの親子兄弟むれとぶを見れば吾身ばかり一人の姉上を欠きし不幸をはかなまる　嗚呼《ああ》今も当時を追懐すれば目《ま》のあたり姉上の御顔を見る心地し

て涙に袖のぬるゝを覚えず　さるにても幾久しく此世をてらして変らざる月の羨しき事よ　広き世界に只一人親もなく子もなければ兄もなく弟もなし　喜びなけれど亦悲みもなく冷かに下界をみおろして潔《きよ》くすめる姿ぞ吾には却《かえっ》て勝りける　されど又むら雲のかゝるを免かれず　あなまゝならぬ浮世かな

〔『学生筆戦場』一八九四年一〇月〕

劇界の新風潮

東京に於ける各所の大劇場は近時相競うて新作物を演ず。斯《こ》れ独り新派俳優のみに限らず旧派の諸氏亦《また》然りとなす。思ふに従来新派諸氏の演ずるものと旧派諸氏の演ずるものとは其間に自《おのずか》ら区別ありて、前者は勉《つと》めて新作々々と赴《おもむ》くのに、旧派は専《もっぱ》ら有り来《きた》りの旧作に執着し、後者は前者の粗慢を罵り前者は後者の頑迷を笑ふの有様なりき。而して近時に至りては新旧両派の諸氏共に新作物に手を附け、甚しきは同一の作物を同時に舞台に上ぼせて其伎《そのわざ》を競はんとするの勢となれるぞ面白き。

旧派俳優は何故に新作物に走るに至れるか。新作物を演ずるは決して彼等の得策にあらじ、一定有り来りの型に拠りて多年練り上げたる芸題を演ずるが彼等唯一の長所たれば也。人或は弁じて曰く是れ旧派俳優にも、陳套なる典型以外新作物を演ずるの伎倆あるを示さんが為めのみと。恐らくは然らじ。新派俳優の或者も亦嘗《か》つて我にも旧劇を演ずるの手腕なきに非《あらざ》るを示さんと試みたることなきに非りしも、遂に只一二回のみにて此事は止み再び新作に帰れり。旧派にも新派の長所あり新派にも旧派の長所なきに非ずとの単純なる競争心より起れるものといふのみにては、旧派が漸く新作に依らざるを得ざるに至れる所以《ゆえん》及び新派が旧劇によれること只一二回のみにして忽ち新劇に復《かえ》れる所以は解すべからずと思ふ也。

若《も》し単に純粋に伎芸の点より見ば新派俳優は恐らく未だ遠く旧派俳優の練熟に及ばざるべし。併《しか》し旧派の優勝は古来一定の型あるが為のみ。若し旧派にして一旦此型を離れ降りて新作物を演ぜん乎《か》、其の拙劣は却《かえ》つて新派の下に在《あ》らん。而《し》かも旧派の旧劇は以て多数の観者を呼ぶ能《あた》はず（団菊左の歿落後は此《この》こと殊に甚し）、伎の劣悪は暫く別問題として只新劇にあらざれば到底満都の士女を惹《ひ》く能はざるに至れる所以のものは何ぞや。予以為《おもえ》らく趣味の変遷能《よ》く之をして玆《ここ》に至らしめたる也と。

凡《およ》そ人間精神の発達には自ら三段の階梯《かいてい》あり。第一は外部在来の権威典型に盲従するの時代にして第三は更に自己の本心に基きて独立自主の判断をなすの時期なり。而して其中間に位するものは第一段の権威典型を厭ひ之を打破し之より脱却せんとするの時代にて、まさに懐疑に悶え破壊に苦むの時期なりとす。併し之を通過せざれば第三の妙境に達し能はず、達人の必ず通過せざるべからざる所なるが故に又之を過渡時代とも云ふ。かの之れ迄両親長者の訓戒に従順なりし紅顔の少年が齢十七八才に至れば生意義〔気〕放漫の腕白となり両親長者の命令にも背《そむ》き兼《か》ねまじき有様に至るは、所謂《いわゆる》第二段の懐疑期に来れるものにして、速《すみやか》に此期を脱せんことを願はざるべからずとはいへ、一度は通過せねばならぬ必要の径路なりと云はざるべからず。而して一度懐疑破壊期を通過することは独り個人のみならず社会一般に取りても亦必要なりとす。不文野蛮を以て甘ずるものは固《もと》より之を問はず、苟《いやし》くも個人の霊覚に基きて文化開明の域に進まん程の社会が、其自覚の進むと共に一度此時期に遭遇するは当然のことゝ云はざるべからず、是《こ》れ政治上にありては一たび革命の惨禍をなめ、又宗教上にありては一たび懐疑煩悶の苦痛を経験する所以なり。

独り政治上宗教上のみならず苟くも進歩あり発達ある社会に在りては、此在来の定型を打破して独立清新の空気に逍遥《しょうよう》せんとする風潮が、仮令《たとえ》其発動に遅速の差ありといふも、早晩あらゆる方面に顕表するは期して待つべきことに非ずや、然らば夫《か》の新派旧派の俳優が競うて新劇に走るの事実は、偶《たまたま》以て我が社会の芸術に対する趣味の正に一大変化をなさんとするの徴証を示すものといふ可《べ》からずや。果して然らば旧なるが故に旧劇を喜ばず新なるが故に新劇を歓迎する現社会の趣味の変遷に応じ、競うて新作を舞台に上ぼすの新風潮は、亦劇界の進歩の為めに喜ぶべきものなくんばあらざる也。

ア、今や社会は漸く醒めぬ。独立清新の気象はまさに旭日昇天の勢を以て勃興せんと欲し、かの固陋《ころう》なる旧派俳優輩と雖《いえど》も亦此風潮を迎ふるに吝《やぶさか》ならざるに、独り我が宗教界に於て猶《なお》未だ旧慣古典を墨守する者の何ぞ多きや。(翔天生)

〔『新人』一九〇五年三月〕

清国の夏

まる三年滞在して居たうち、最後の年は暑中休みで帰朝して居たから、ツマリ支那の夏は二度経験した訳《わけ》である。而《し》かも一度は主として満洲奉天で、一度は専《もっぱ》ら天津《てんしん》で。

三十九年の夏

は主として奉天で過した。六月十五日に天津を出発し十八日奉天に着し、九月七日奉天を発し九日再び天津に戻る。支那の此辺の夏は五月中ば過を以て始まり九月中ばを以て終るから、夏の盛り凡《およ》そ八十日間は満洲の野に放浪したのである。予の始めて天津に着いたのは二月であるが、予の雇主袁克定《えんこくてい》君は、急に勅命に依て奉天に仕官する事となり、同月下旬満洲に出発した。而して親爺の袁世凱《えんせいがい》氏は、何か此際《このさい》予の奉天に随従するを好まぬ事情ありと見へ、久しく天津に予を遊ばして置いた。五月下旬に至り親爺の許諾を得たものか急に奉天より来て呉《く》れと云つて来たのである。一寸茲《ここ》に袁克定君のことを話しておく。

袁克定君

は、時の直隷《ちょくれい》総督袁世凱氏の長子で、其《その》嫡妻の独り子である。袁氏には子が多いが多くは妾腹である。其時克定君は数え年二十八歳であつたが、風采も性質も頗《すこぶ》る御坊ツちやんであつた。号を蕓苔《うんたい》といふ。総督附《つき》の日本語通訳金在業といふ朝鮮種の男がオンタイサン〳〵といふのが何の事か分らなかつたが、後に克定君のことと分つた。吾々は少爺《シャオエー》と呼んで居る。若旦那の意である。此の少爺は、御自分で思ふ程実際偉くは無いが、親爺の威光で正四品を賜り、文官としては候補道台、武官としては何とやらいふ日本の陸軍少将に相当する称号を貰つて居る。制服を着て剣を握つて撮つた写真は、四ツ切大に引き伸ばして書斎の飾となつて居る。予の赴任した頃は、別に現官を奉ぜず、親爺の下に読書三昧に耽《ふけ》つて居た。彼れの読書好きなのはまた格別で、親爺が奨励など少しもせぬに拘《かかわ》らず、日本の新刊のあらゆる法政経済の書物を買ひ集めて勉強せんと心掛けて居る。是《こ》れ丈《だけ》は誠に感心した。予の行く前は、直隷総督の招聘せる日本教習を引請して、日本語やら何や彼やを学んで居つたが、遂に専属の教習を雇つて、かねて買ひ集めて居る日本の書籍を片ツ端から読破しやうとの決心から予を雇ふ事にしたのである。親爺の方はどうかと云ふに、少爺の勉強するのは余り好まぬらしい。ナゼといふに、少爺は元来蒲柳の質である。両三年前虎列拉《コレラ》に罹《かか》つて九死に一生を得てよりは、殊に親爺の神経は過敏になり、勉強などしなくても身体さへ丈夫で居て呉れゝば宜《よ》いといふ考になつたからである。曾《か》つて斯ん〔な〕事があつた。少爺日本に留学して勉強して見たくて堪らぬが、両親の許諾は之を得る見込もない。そこで密に家を逃げ出し、三井洋行の週旋で日本船に乗り込み、遥かに海をこえて留学の素志を果さんとしたが、船に乗り込んだばかりで追手の捕まる所となつたといふ事である。之も親爺が専属の家庭教師として僕を雇ふことに同意した一つの原因であると後で聞いた。兎《と》に角《かく》少爺は身体が弱いといふところから、両親の甘やかして育てた子である。袁世凱といふ人は元来が子供に甘い人なさうだ。であるから年既に二十八歳に至ると雖《い》へども、支那人に珍らしい単純の人で、頭脳明晰と聡明好学といふことより取り柄のありさうに見えない人だ。袁世凱氏はその時年四十七だから、彼の二十八歳の頃は、李鴻章門下の麒麟児《きりんじ》として嘱目《しょくもく》されたものだ。明治十七年馬建忠と共に京城に我が竹添公使をイジめたのは二十五歳の時である。勿論親爺は多少早熟と云はゞ云へるけれども息子さんの方は晩成した所が親爺程には行かぬらしい。僕の行く一年前には、時の山東巡撫楊士驤が、袁克定を引き立てる積りで(ツマリ袁世凱に対する一《ひとつ》の御奉公だが)自分の幕賓として高禄を以て迎へたが、二ケ月ばかりで飛び出して来た。奉天に行つたのも同じ理由であつて、ツマリ時の奉天将軍趙爾巽が、馬賊の討伐の為め袁世凱より直隷陸軍の兵隊を借りて居たが、一ツには之等の兵隊を操縦する便宜上、一つには袁に対する御奉公の積りで、克定君を迎へたのである。克定君は奉天では将軍の幕賓たる待遇を受け、営務処総辦といふ栄職に坐して居た。

少爺は奉天でも永続きはしなかつた。汽車の便があつたものだから、二ケ月に一度位は必ず天津に帰り、二十日位滞在して暫く家族の間に旅情を慰めて居つたが、遂に堪え切れずして、些末の事に腹を立て八月中旬辞職して天津に帰つた。従つて予も奉天には留ること三ケ月に足らずして再び天津に帰ることになつたのである。

併し先きに奉天から召命を受けた時は、斯んなに早く帰るとは思はなかつた。多分奉天に居るうちに約束の期限も来て、其儘帰る事になるかも知れぬと思つたから、一度親爺に会つて置きたいと思つて金在業といふ男を頼んで面会を乞ふた。一寸横道だが、

金在業

のことを話して置く。此男は袁世凱氏の日本語通訳にて元は朝鮮人である。日本語の巧なること驚くべきもので、誰でも始めて遇《あ》つた者は日本人の支那装して居るものとしか思はない。此男の云ふ所によると、自分は朝鮮釜山の者で、両親は自分の生れぬ前から日本に商業をして居つた。無論自分は日本にて生れた者である。七歳の時横浜にて親父に死なれ、其後十九の歳まで長崎の高橋某氏に養はれ、其間具《つぶ》さに艱難を嘗《な》めた。十九の年から天津

北京の地方に来て支那語を勉強した。今日は袁閣下の御引立に依つて支那に帰化し、日韓両国語の通訳を勤めて居るが、元《も》と〳〵自分は日本に生れ日本人に養はれ、云はば日本に対して大恩を受けて居る者であるから、自分は幸ひ通訳の職に在るを利用して大に日本人諸君の便利を謀り、以て昔日の恩に酬ゆる積《つもり》であるなど、云つて居た。実際予に対しても頗るつとめて呉れた。之は慥《たし》かでは無いが、袁家の或る支那人の言に依ると、彼は袁世凱氏が朝鮮公使在任中手に入れた第三の寵妾金氏の兄ださうな。様子を見るとどうも本当らしい。

話が後に戻る。かね〴〵頼んで置いた

袁世凱に面謁

の願望は愈《いよいよ》六月一日御許《ゆるし》が出た。一体袁世凱に遇ふといふことは容易の事でない。予は到る処で、「支那人は直接遇つて見ると非常に愛嬌があるが、相見ぬ中は馬鹿に尊大に勿体《もったい》ぶる」といふ事を云ふが、特に総督ともなると勿体ぶること王侯も啻《ただ》ならずである。予の如きは愛児の教師であるから、向ふから訪問して来なくても、不取敢《とりあえず》僕を丁重に招いて宜しく頼む位の一言あるべきこと、思ふのであるが、彼は中々勿体ぶつて之れ迄数度会見を申し込んだけれども、成功しなかつた。会見を申込んで其承諾を待つといふ様な対等の言葉では、勿体ぶる有様を形容することが出来ぬ。寧《むし》ろ拝謁を懇請して、御許しの御沙汰を待ちはべるとでも云つた方が適当であらう。

袁氏に面《ま》のあたり遇つたのは此日が始めだけれど、同氏を見た事は度々ある。それは同氏が外国領事館を訪問するといふやうな場合に、往来で馬車の窓から顔をのぞいたのである。其際の行列も一寸主上の御通りといふべき位の仰々《ぎょうぎょう》しさである。先づ出門三十分前に号砲三発を以て合図し、之に依りて巡査は通行を止めて往来を警戒し、やがて後先に一小隊位の騎馬の護衛兵と、同じく騎馬の供奉員数十名を従ひて静々と乗り出すのである。此際彼の性格を現はす一つの面白い事がある。彼は往き道には必ず往来の左側の民家に目を注ぎ、決して右側を見ない。返り道には又必ず反対の側に目を注ぐ。之を彼が民情に通ぜんと欲する心の切なるを示すものと半可通の支那人は馬鹿に感心して居るけれども、予等より見ればこは彼の細心と小策とを遺憾なく発揮せるものと思ふ。

六月一日は来た。丁度珍らしく涼しい日であつたから、夏物のズボンに冬物のフロックコートを着けて、午後二時といふ約束の時間に後《おく》れじと総督衙門《がもん》に車を走らした。刺を通じて先づ金在業を呼んで貰ひ、応接間に五分間ばかり待つてゐると、金君が来て総督は直に御目に掛るさうだ此方へと誘ふ儘に猶《なお》奥の方へ行つた。途中に雑役雲の如く群がり居て一々起立最敬礼をあびせらるゝにはチト面喰《めんくら》つた。約一町ばかり廊下を伝つて行くと、とある左側の戸口の処に粗末な綿服を着けた小作りの老翁が、予を見るや嫣然《えんぜん》として握手を求むる。見れば写真で通り又かね〴〵チラと見ておいた通《とおり》の総督であることは、金通訳の紹介あるまでも無く知られた。之れ迄の勿体ぶつたに似ず、遇つて見てニコ〳〵握手を求むるといふ軽快な態度にはまた面喰つた。招ぜられて部屋に入る。見るに真中に三尺に五尺位の卓子《テーブル》があり、其廻りに粗末な椅子が五六脚ある。隅の方にも机と椅子とありて書類が堆《うずたか》く積んである。凡《すべ》て洋風であるが、其粗末なには驚いた。部屋は約二十畳敷位であるが、装飾は何も無い。何よりも驚いたのは袁氏の垢じみた綿服をだらし無く着てゐる事である。此処は袁氏の毎日事務を見るところで、彼は平常の儘《まま》で予に面接したのである。之も後で分つた事であるが、支那人は一般に人の目につく処は馬鹿に贅沢だけれど、人の目につかぬところは非常に倹約である。衣食住ともに、客の前と内証とは雲泥《うんでい》の差である。袁氏は机の正面に腰を下ろし、予は其右手に、金通訳は予に対ひ合つて坐つた。一と通り時候の挨拶が済んでから、袁氏は、息子は身軀が弱いから余り過度の勉強せぬ様注意して呉れ、奉天は気候も違うし且戦後日浅く色々複雑な処だから、身体もどうだらう、仕事も旨くやれるか心配で堪《たま》らぬ、などの話があつた。夫《それ》から日本の気候はどうの、渡清するときは嘸《さぞ》難儀したらうの、妻君や子供衆は御機嫌がいゝかの、天津に来て病気せぬかの、何か不自由は感ぜぬかのと、のべつに喋り立て、約三十分間は予に一言も吐かせぬ。やがて袁氏は茶を啜《すす》り、予にも呑めといふ。予も呑んだ。スルト金通訳は、御用談も済んだから御暇しませうとて起つた。予も已《や》むなく起つた。袁氏は戸を明け、内門まで送り出し、二三度手を握り交して分れた。之も後で知つた事だが、貴人と会談して、主人が茶を呑めば客は必ず同じく茶を呑んで辞し帰るべきものださうだ。若《も》し主人が客の帰ることを求むるの意に非ずして茶を呑むときは、「御随意に御喫《おあ》がり下さい」と屹度《きっと》云ふものなさうだ。否《しか》らずしてイキナリ茶碗に手を掛くるは、辞帰を求むるの合図であるとの事である。シテ見ると袁氏と予との会見も、約三十分間一言も吐かされずして、体《てい》よく追ひ返された訳になるので、考へて見ると馬鹿らしいが、併し其当時は、話し振りの如何にも打ち解けた、且愛嬌滴るばかりの容貌にて親切なる言葉を向けらるゝので、特に手を握るにも如何にも親情を込めたるらしき念入りの堅い握り様で、予は慕はしいやうの感情を持つて分れた。少くとも決し〔て〕悪るい感情は露ほども起さなかつた。今から回想すればツマリ首尾能《よ》く翻弄されたのだが、併し応対振の巧妙を極むることは感服に堪えない。アレデは外交官も余程シツカリせぬとやられる哩《わい》と思はざるを得ない。

袁世凱氏の容貌は能く雑誌の口絵などで見るが、ソツクリ其儘だ。写真で見ると眼は鋭いが、実物は夫れ程で無い、光沢があつて一種の引力がある。色黒く頬豊に、鬚は半面以上だ。頭も余程禿げかゝり、僅に垂れたる辮髪も霜を帯ぶること深い。五十前の人とは思はれぬやうだ。心配の多い為めであつたらう。身の丈はヤツト五尺位で、小肥りに肥つては居るが、脂肪質で、根は頗る弱かりさうに見えた。

夫から愈奉天行の準備に取りかゝり北京にも一両日見物に行き、六月十五日愈々半年の知己たる天津に惜しき

別れを告げた。此頃は頗る暑く、夏の真盛りであつた。一体

清の夏

は日本より少し早い。五月末より九月中ば迄は随分厳しい暑さだが、其中一番烈しいのは六月十日前後より七月二十日前後に至る間であつて、百三四十度に上ることも稀で無い。併し防暑の設備があるから割合に凌《しの》ぎ易い。天津地方では夏になると家屋の廻りに材木や竹やを以て外囲を組み立て、之にアンペラを一面に張つて家を蔽《おお》ひ、一には光線を遮《さえぎ》り、一には屋外の熱い空気を遮る之を天棚《テンポン》といふ。其上に、日中は戸も窓も閉め切つて成る丈け黒ツぽい色の窓掛を掛ける。斯くすると屋外は百三四十度でも室内九十度前後に保つ事が出来る。日本では暑いと云ふて戸障子を明け放すが、支那では丸で反対だ。樹木が無い為めか屋外は焔《ほのお》で焼かれるやうである。偶《たまたま》風があると、却て焔にむせかへつて窒息しさうである。だから到底家の外へは出られないが、屋内に蟄居《ちつきょ》する分なら凌ぎ難いことはない。但し光線を遮るのだから、日中と雖も細字の本は読みにくい。夜は冷《すず》しい。日本の夏の夜よりも遥に涼しい。故に吾々は夜から朝まで窓を明け放し、十分に冷い空気を取り入れ、七時頃ソロ〳〵暑くなりかける頃より例の遮断を行ふを例として居つた。北清は一体に雨の極めて少いところだが、夏は時々恐しい夕立があるので日中の苦熱を幾分か忘れしむる。

予の出立前でも、六月六七日と十日の日とが馬鹿に暑かつたことは今でも記憶してゐる。六月の末より七月に入りて一層暑かつたさうだが、丁度満洲に往つたので助かつた。満洲は東京位の暑さで、従つて天棚のやうな設備もない。丁度天津から奉天に避暑に行つたやうなものだ。

奉天に着いた

のは忘れもせぬ六月十八日の昼過ぎである。停車場から城内まで一里あまり支那馬車に乗り、支那人の経営して居る日本人向き宿屋茂林館といふに一ト先づ荷を下した。支那家屋で不潔で不便で御話にならない。丁度雨期で毎日〳〵雨は降る、床の煉瓦はしめる、従て衣類もジメ〳〵する、子供のおしめは乾かない、食物は滅法わるい、加之《しかのみならず》隣りが馬車宿で、有名な満洲蠅が遠慮なく襲つて来る。随分難儀した。日本人のやつて居る日本流の便利な宿屋が無いでは無いが、多くは否《い》な悉《ことごと》くは、淫売兼業で、醜業婦を買うでなければ泊ることが出来ない。況《いわ》んや夫婦者は門前払を喰ふは明白だ。戦後早々の事とは云ひながら呆《あき》れて物が云へない。

袁克定君は、僕の為めに自分の内の近所に一構《ひとかまえ》の家を借りて呉れた。大南門外と称する区域で、ズット場末の日本人などの殆んど入り込まぬところである。初めて見に行つたときは、汚いので嘔吐を催したが、之れでも奉天では先づ上等の貸屋だと友人なども云ふので、我慢して這入《はい》ることとし、猶袁家の者に掃除や何かを頼んで遂に七月十日宿屋を払つて移つた。之れが予の支那での

初めての家住ひ

である。袁家の者に頼んで家の設備をして貰ふとき、一番困つて且《かつ》一番可笑《おか》しかつたのは便所を作ることである。初め彼は一と通り設備はして呉れたけれど、便所は作つて呉れぬ。予は友人某氏を通訳に頼んで此事を談じ付けたるに、彼は怪しげな顔をして取り合はぬ。漸くの事で承知さしたるに、不届《ふとどき》にも門の入口に作つた。表門を入りて右に折れた突き当りの空地に、一尺四方ばかりの穴を一尺有余の深さにほり、中に石油の空鑵を置き、両側

に古煉瓦を五ツ六ツ積んで之が便所だといふ。門の入口だから来客などがあると見える。セメテ囲があればと思つて聞いて見ると、要らないと云ふ。アンペラででも以て囲つて呉れんでは困るで無いかと云つても一向聞き入れない。茲処《ここ》で一寸断つて置くが、一体便所を丁重に作るといふは支那の習慣にないことである。支那では貴人は其室内に便器を置き大小便とも之にやる。故に特別に便所は要らない。奴僕の如きは、人の見る前で処《ところ》嫌はず尻を捲《まく》つても差支《さしつかえ》ないことになつてゐるから、是亦特に便所を必要としない。仮りに便所を作るとしても、之を人目より遮るためにアンペラで蔽ふの必要は更に無いのである。且又支那人は、人の家へ往つて大小便をするといふことなく、催ふせば直に自宅に帰るといふ習慣なれば、客の為めに便所を設くるといふ必要も無い。左《さ》れば天津に於ける袁氏の家でも、便所の設備が無くて僕は大《おおい》に困つた事がある。故に奉天でも、袁家の者は僕の便所の事を喧《やかま》しく云ふ訳が分らなかつたのである。色々説明しても要領を得ず、即座に拵《こしら》へて呉れさうも無かつたから、已むを得ず通訳をして、特別の便所を作り之を人目より蔽ふは我が日本国の法律の定むる所である。法律の命ずる所は背くべからず。若《も》し此儘にして放置すると、他日領事館から御咎《おとがめ》でもあつた時、御前方の落度になるぞと威《おど》して見たらビツクリして俄《にわか》に材料を買ひ整ひてすぐに拵へて呉れた。此頃

馬賊襲来の噂

が頻《しき》りに高かつた。満洲の平野は一体に高粱《コーリヤン》の畑であるが之が七八月頃になると五六尺の高さになる。さうなると丁度逃げ隠れに都合のいゝので盗賊が横行する。馬賊の襲来は七八月より九十月に至る間、満洲一体を通じて必ず待ち設けらるゝ禍であつた。馬賊といふのは普通の盗賊と違ふ。普通の盗賊も多い。殊に戦後の事とて兇器を有するもの多く、其禍に罹《かか》つた例も稀では無い。僕の家は日本人の稀な処である丈け、其危険も多い訳で、

一種言ふべからざる寂しさを感じて居つた。併し之は未だ宜《よ》い。本当の馬賊になると、数十百名隊を組み富裕なる市街を見かけて大挙襲撃掠奪を試みるので、之には刃《は》向《むか》ふすべも無い。之が近いうちに襲来するといふ噂があつたのである。而して奉天の西部は日本人多く日本軍隊にも近いから些《いささか》の危険もないが、僕の住宅は東南端にあつたので危険は一番多い。一時は安眠も碌々《ろくろく》出来なかつた。鉄砲の音は何の為か知らんが毎晩聞ゆる。夕方からは往来人の通行は絶える。犬のすさまじい遠吠が聞える。馬賊が這入つて来たら何うして其害を免れやうなど毎晩考へて居た。今は昔の物語となつたけれど、其当時は一種言ふべからざる悲痛の生活を毎日〳〵送つて居た。平気なは丸一つになる子供ばかりであつた。

袁氏の仕事は多くは夜だ。夜道は危険だとて毎晩馬車に従者三四人を附けて送迎して呉れた。又万一の護衛の為めとて憲兵一人を僕の門前に立たして呉れた。剣付鉄砲で終日終夜門前に立つて居る、僕及び僕の家族の出入の度毎に捧げ筒の敬礼をして呉れるのは、うるさくはあるが嫌な気もしなかつたが、イザといふ場合の頼みになるとは思はなかつた。時々僕の使つてるボーイを通して煙草の無心を申込まるゝには呆れた。客の吸ひさしの巻煙草をボーイから貰つて喜んでゐるのを見ては猶更《なおさら》呆れた。奉天の生活には猶面白い出来事が多い。之等を悉く御話する必要があるのみならず、更に四十年夏の天津の生活をも述べざれば、「清国の夏」は完結するを得ぬ訳であるが、余り長くなるから之は他日に延期する。

〔『新人』一九〇九年七月〕

ハイデルベルグ大学
――「滞徳日記」より――

ハイデルベルグ大学は、創立以来五百余年を経過し、独逸《ドイツ》に於ける最古の大学である。宗教改革に関係あるメランヒトンは、十四歳の青年を以て既に教鞭をこゝに執《と》つた。近世ではヘーゲルもこゝの教授であつた。日本の国法学の発達に関係浅からぬブルンチリー教授は、三十年斗《ばか》り前に死なれて此地に埋つて居る。三年前に死んだ有名なるクーノー・フイツシヤーもこゝの教授であつた。理学の方面ではヘルムホルツ、ブンゼンなぞを最近の教授として挙げらるゝ。凡《およ》そ独逸の学術の発達に関係ある碩学鴻儒にして、当大学と関係のない者は甚だ少いと云つてよい。現今では哲学の方面ではウインデルバンド先生が居る。法学の方面ではエリネツク先生が居る。医学理学の方面は能《よ》く知らぬけれども、去年まで就職した眼科のレーバー先生は世界に於ける斯学《しがく》の老大家で後任者のワーゲマン先生、内科のエルム先生、此間ノーベル賞金を貰つたコツセル先生、皆世界的声名ある大家なさうだ。

外の科のことは能くは知らぬが、法科文科の方面で一番人気のある先生は哲学史のウインデルバンド教授で、次には歴史のオンケン教授である。前者の哲学史と後者の最近時独乙《ドイツ》外交史とは、一番大きい教室で講義せらるゝが、満場一杯で周囲に立つて居る者も非常に多い。聴衆の中で殊に我輩の目を引いたのは、普通の男女学生のみならず、五十六十位の年配の男女の少くないことである。禿頭は無論だが白髪の婆さんが沢山聴きに来るのには驚かざるも、殊に最も驚いたのは、八十にもなつたらうと思はるゝヨボ〳〵した老人が、三十斗りになる若い婦人に手を引かれて毎週聴きに来て居るのであつた。流石《さすが》は学問の国だけに、斯《こ》んな老人、殊に婆さんまでが学問に趣味を持つて居るのには感心した。外の教師の講義には之れ程ではないが、四十五十の年配の聴講者はやはり決して珍らしくない。

時代が新しいだけに、今でもクーノー・フイツシヤーとブルンチリーとは能く人の噂に上る。クーノー・フイツシヤーは余程稚《ち》気《き》を帯びた衒気慢々の人であつたと見へて、逸話が沢山残つて居る。彼は能く教場でも座談で丶も、「現今世界に二大哲学者あり其一人は伯林《ベルリン》(?)に居る……」と云つて、暗に自ら他の一人を以て任じて居つたさうだ。又一説に或時人あり彼の前に「現今世界に二人の大哲学者あり云々」と話したら、彼は直ちに「然り、其一人はクーノー・フイツシヤーと云ふ男で他の一人は我輩で厶《ござ》る」と云つたと伝つて居るが、此話は前の話と別の話であるか、又は同一の話が二様に伝つたのかは分らぬが、要するに頗《すこぶ》る自信の強い人であつたに相違ない。されば人に依つては彼を悪くいふ者もある。彼は偉いけれ共《ども》天才では無かつたとか、彼は少くとも彼自身が考へて居る程に偉い人間ではなかつたと云ふのが定評のやうだ。彼は実際偉いのだけれ共、人格に欠点があつた為めに、今頃猶《なお》斯んなことを云はるゝのだらふ。久しく彼に師事した東京大学のケーベル先生も、曾《かつ》て彼を評して「学才には敬服するけれども人格には敬服せない」と云はれたとやら、今でも沢山逸話が伝つてゐるが、皆彼の稚気衒気俗気を示すものばかりである。ブルンチリーは特に日本と深い関係がある。明治の初年に、我国では一方には仏国の民約論的思潮が流行し、他の一方に於ては英国の議会専制主義が唱導された際、政府部内に於ける一部の政治家は、独乙の憲法論を以て最も日本の国体に合する者となし、自ら独乙学者の書を読み、又多くの人材を独逸に派遣した。而して此際之等の連中に最も広く読まれた者は即ちブルンチリーの国法論である。

故伊藤公は此連中の頭目で、一時はブルンチリー一点張で行つたこともあつたさうだ。ブルンチリーの名は近頃の学生間には余り知られなくなつたけれども、今の元老準元老辺の間には、今でも猶ブルンチリーを以て国法学のオーソリチーだと思つてゐる人が多いさうだ。

目下当大学の公法の教授エリネツク先生は、此方面のオーソリチーとして日本でも頻《しき》りに紹介せられて居る。日本では美濃部博士が此人を余程よく紹介した。実際非常に偉い学者であるが、当市の人の評判には余り上らない。何《いず》れかと云ふと却《かえ》つて尊敬されて居ないやうにも見へる。如何《どう》云《い》ふ訳か能く分らぬが、或は同先生が猶太人《ユダヤ》である為めではあるまいか。独乙では非常に学者を尊敬するに拘《かかわ》らず、同先生の名を割合にたゝへぬのは不思議である。同先生の夫人は有名な女権運動家である。学識のある熱誠な方なさうだ。併し独乙の婦人は、まだ一般に云へば日本婦人の様にジミな方で、社会的に活動する者に対しては余り快く思つて居ない。エリネツク夫人に対しても「飛び廻つて歩くよりも家庭の締りをしたら宜かりさうなものに」と、批評する人が多い。中には「随分内が穢《きたな》いのみならず子供等も汚くしてゐる」と皮肉な悪口する人もある。エリネツク先生は温厚な人である。講義は声が低いけれどもゆつくり話すので能く分る。学生は一番内容のある講義だとて喜んで聴いてゐる。同先生の政治学の講義には女学生も七八人見えてゐる。

併し大体に於て大学の講義は頗るツマラヌものである。兼《かね》て大学の講義はツマラヌものといふことは聞いて居たが、斯れ程とは思はなかつた。最も内容に富むと云はるゝエリネツク先生のですら、馬鹿々々しくて聞いて居れぬ。是れ学生の智識の程度が低い為めで致方《いたしかた》もない。併し簡単ではあるが、講義の仕振りは一般に中々旨《うま》いものだ。日本の大学では、研究の結果を精一杯に講義すると云ふ風が盛で、頗る高尚深遠な立派な講義である代り、無味乾燥に過ぎて学生の頭に這入り難いと云ふ弊があるが、独乙の先生は極く内輪にたやすくかみ砕いて講義するから、何となく趣味があつて面白く聞かれる。中には下らない所に力こぶを入れて、イヤに人気取りをやる先生もある。

ハイデルベルグは昔から沢山日本人の留学した処である。最も古い所では今の内相平田東助氏、行政裁判官長山脇玄氏。この二氏の留学当時他の独乙学生と一所になつて撮つた写真は今も当市の博物館に飾られてある。現時の大学教授にして此地に留学したことのない人は甚だ稀である。目下のところは十人あまりの留学生が居る。

大学の建物は汚くて小さい。机などは傷だらけだ。机の表に小刀で名前などを刻むことは流行ると見へて大部目に留る、中に一つ大教場の或る机に仮名で渡辺千春と読まるゝのがある。之は初め京都大学から留学されて居る朝永文学士が発見されたのであつて、予も後で之を見た。多分渡辺宮内大臣の令息たる文学士千春君だらうと思ふ。一日や二日で出来たのではあるまいが能く根気よくやつたものだと、妙なところに感心した。数日の根気でハイデルベルグの教室に其姓名を不朽に刻した君は、須《すべか》らく一層の奮発を以て日本の文明史上にも其名を留むべきである。

当地の墓場に日本人の墓があるといふので探したら、小林衡平之墓といふがあつた。死なれてから彼是《かれこれ》三十年ばかりになる。留学生でゝもあつたか、今は其履歴が残つて居ない。同じく異郷にさすらつて居る身に取つては、実に同情に堪へぬのである。若し読者諸君の中に、右小林氏若《もし》くは其遺族を知つて居らるゝ方があつて、小林氏に関する何等かの智識を与へて下さる方あらば、予は在留の日本人と謀り少くとも忌日には毎年香花をたむくるやうの方法を講じたいと思ふ。

〔『新人』一九一一年三月〕

独逸のクリスマス

——「独逸見聞録」より——

独逸《ドイツ》では、クリスマスを教会でのみならず、各家庭でも之を祝ふ。クリスマスが国民的祝祭として最も盛に持《もて》囃《は》やさるゝのは、寧《むし》ろ其家庭にて祝はるゝ方面に在るやうだ。クリスマスの祝ひ方は、どうも独逸の方が面白いやうだ。比較して考て見ると、教会でのみ祝ふ日本式は余りに殺風景である。

今次のクリスマスは、ウエストフアリアの小都シイウエルム市のハーネ君の家で祝つた。ハーネ君はハイデルベルグで神学及び政治学を学んでゐる学生で基督《キリスト》教青年会の役員をしてゐる関係から知り合ひになつた。此冬の休みに招待されて君の故郷を訪《と》うたのである。十九日に往《い》つて二十七日まで厄介《やつかい》になつたから、具《つぶ》さにクリスマスの祝を見ることが出来たのである。

クリスマスは一般に二十五、二十六の両日に亘《わた》つて祝はるゝので、二日間は何処《どこ》も彼処《かしこ》も休むことになつて居る。之は勿論《もちろん》新教徒たると旧教徒たるとを問はぬが、所在の猶太《ユダヤ》人までが自ら仕事を休むやうになつて居るさうである。シイウエルムでは、教会では二十五日の午後と二十六日の午前及夜と三度集りがあつたが、家庭では先づ以て二十五日の早朝に祝はれた。此祝は家の一番奇麗《きれい》な部屋で行はれる。室の一隅《いちぐう》には所謂《いわゆる》「キリストの木」が飾られる。部屋の真中には机が置かれてあつて、此上に銘々《めいめい》の贈物が飾り積まれてある。「クリストの木」は日本の教会で飾ると同じやうなもので、主として杉の木に似たタンネンを用ふ。タンネンを日本の字書には樅と訳してあるが、少し異《ちが》うやうだ。三四日前から買ひ込んで、之に薄硝子《ガラス》で作つたピカ〳〵する球や其他色々美しい物をブラ下げる。所々に蠟燭立をはめ込んで火を燃すやうにする。之は後で同地の牧師に聞いた話だが、本来は此木に綿で拵《こしら》へた白い物をふりかけて、雪で真白になつたやうにするのが例で、近頃のやうに赤い球や青い球などを飾るのは変則であるとの事だ。兎《と》に角《かく》非常に美しく飾る。ハーネ君の宅では六尺ばかりの枝の茂つたのを買ひ込んで三四日前から大騒をして飾りつけをした。日本の教会でやるやうに贈物を枝にブラ下げることはせぬ。之は凡《すべ》て机の上に並べる。此贈物はまた大《たい》した物で之れがつまりクリスマス祝日といふものに国民を狂喜せしむる主眼点かも知れぬ。苟《いやし》くも一家内に在る者には銘々皆贈物をする。而《しか》して何が自分に送らる丶かは一向《いっこう》本人に知らさない事になつて居る。英語ではサンタクロースが贈物を持つて来て呉《く》れるといふが、独逸ではクリスト・キントセ《〔へ〕》ン(基督の子供)が持つて来ると云ふ。ソレで買物に行くことを「基督の子供」に行くと云ふ。クリスマスの数日前は、此の「基督の子供」の往来頗《すこぶ》る頻繁を極める。丁度《ちょうど》日本の歳の市のやうである。僕もハーネ君と其姉君の御供をして「基督の子供」に行つて見た。三人である洋物屋《ようぶつや》に這入《はい》つて、十二才になる妹への洋傘《かさ》と、父上への帽子を買つた。夫《それ》から或る金物屋に這入つたが、其姉君はハーネ君にお前は這入つては不可ないと云はれた。僕だけ御伴をしたが、ハーネ君のナイフを買ふのであつた。何を買つたといふことを秘密にせよと命令を受けた。今度は書店に這入つたが、僕への贈物を買ふのだと見へて、僕が入口の外に立たされた。御両親も一所《いっしょ》若《も》しくは別々に屢出《しばしばい》で、色々の物を買つて来られる。買つた物は銘々鍵のか丶つた戸棚の中に入れる。十二になる妹は小供だけに見たがつて、「基督の子供」が帰つて来る毎に後《あと》を追ひ廻す。鍵のか丶つた戸棚の戸をいぢくつて、何とかして見やうとする。一日に二度も三度も「基督の子供」が来るので、妹は今度は何だ〳〵と頻《しき》りに心配する。実に楽しい心配である。二十四日の朝までは僕も一緒になつて「クリストの木」の飾付などに手伝つたが、其午後よりは贈物の飾り付けをやると云ふので、其室に入ることを厳禁された。ハーネ君と姉君だけが這入つて色々飾られた。ハーネ君と姉君とは御互に贈物を堅く包装して見へぬやうにしてあつたと後で聞いた。妹さんは切《しき》りに見たがつて戸をたゝいたりなどする。戸は常に鍵でしめられて居る。贈らるゝ本人に物を見せないといふのが中々楽みなので、子供などのある家庭では一段と楽みなのである。序《ついで》に申すが、イブセンのノラを読まれた方は御承知でせうが、ノラがクリスマスの贈物を買つて来て、之は誰のため之はかれのためと見せると、御亭主のロバートが其処《そこ》にある包みは何かと尋ぬると、之はあなた今見てはいけませんとノラの答ふる句がある。シテ見ると本人に見せぬと云ふ風は、北欧にも一般に行はれて居る風と見える。仏国では斯う云ふ風はない。

二十五日の朝は、薄暗い中《うち》から起され、七時までに食堂に来いと云はれた。独乙《ドイツ》の冬は日本より日が短い。当時は八時半頃になつて漸く明るくなるので七時といふと日本の五時に相当する。七時まで〔に〕食堂に降りて見ると、ハーネ君始め、両親、姉君、女中、皆サツパリとした身仕度《みじたく》をして待つて居られる。妹君までが眠い顔もせずピンとして居られる。食堂は飾り付けのしてある部屋の隣である。人が揃つたと云ふので姉君がピアノに向つて降誕祭の歌を弾ぜられる。スルト一同皆声を合せてうたふ。一曲済むと又別の歌を謡つた。二三曲済んでから始めて祝の部屋に這入るものと見へる。妹君は早く見たいので、皆の歌の調子が遅いとておこる。歌の終るを待ちかねて戸にヒツタリとからだを付けて、妙な身構をするので皆が笑ふ。笑つた為に歌がト切れるので又怒る。此間に僕は云ふに云はれぬ快味を感じた。やがて歌が終つたら真《ま》つ先《さき》に妹さんが駆け込み、次に客たる僕、夫からハーネ君、姉君、御両親、女中皆這入つて来た。見ると既に「キリストの木」に蠟燭が灯《とも》されストーブで部屋が気持よく温つてある。此処は誰れの席、彼〔処〕は誰れの席と与へられた席に就《つい》て見ると、贈物が山の如く積んである。大きな皿に菓子果物を堆《うずたか》く積んだのが銘々に一皿宛《ずつ》、外に夫々《それぞれ》御互からの贈物が重ねられてある。一つには此一両月買ふべき物を買はずに延して置く訳でもあらうが、其沢山なのには驚いた。女中などは衣物《きもの》三枚に小物数点を貰ひ偶々居候《たまたまいそうろう》に来た僕に迄、ロゼガーの『永へ《とこし》の光』といふ大冊《たいさつ》の小説と、手袋、襟飾《ネクタイ》、手巾《ハンケチ》、其他数点を贈られた。家族相互のは推して知るべきである。大抵《たいてい》衣物と衣物地反物は贈らるゝが、此外一つ感心したのは、此家の主人は余り教育のある又余り有福《ゆうふく》な人とも見えぬのに、其息子にルーテル全集八冊ものを買つてやつた事である。之を以て見ても独乙の健全なる中等社会が、如何に宗教的であるかゞ察せらるゝ。

「クリストの木」に火を灯して赤青種々の硝子球に映ずるのは、非常に奇麗《きれい》だ。やがて又讃美歌をうたつて一《いっ》旦《たん》此席を退《しりぞ》き、食堂で朝の珈琲を一同打ち揃つて呑む。兎角する中に向ひの内の娘と息子といふが訪ねて来た。直ぐ祝の部屋に入れて銘々の贈物を見せる。其中に又二三人の知り合が来た。日本で三月三日の雛祭りを御互に見せたり見たりして廻り歩く様に、知り人の家を廻つて見て歩くものと見へる。僕も亦ハーネ君姉妹に連れられて三四軒見て歩いたが、小さな子供のある家では殊に賑やかで丸《まる》で子供博覧会へでも往つたやうだ。一寸した家でも二三百円は使ふだらうと思はれる。夫から又帰つて、日中は食つたり呑んだり歌つたり、馬鹿々々しい程太平楽を尽す。其割合に訪問は少い。水入らずに家族だけで十分歓を尽す風らしい。

午後四時から教会で礼拝があると云ふから往つて見た。二十五日は丁度日曜日であつたに拘《かかわ》らず朝の集りはなかつた。クリスマスだから特別の事もあるかと思つたら、常と少しも変るところがなかつた。即ち歌、祈禱、歌、説教、歌、祝禱といふ順序に紋切形《もんきりがた》に運んで散会した。祭壇の横に一丈ばかりの「クリストの木」が立てられて、之に蠟燭が美しく灯されたのと、説教の題目がクリスマスに関係したのとが、ふだんと変る点であつた。出席者はふだんに比して幾らか少かつたと云ふ。雪の降つた為め斗《ばか》りではない。

二十六日も朝から家族一同祝の室で打ち興ずる。室の中は贈物も何も前日の儘《まま》にして置く。飲み且つ食ひ、又歌ひ且つ笑ふ。朝十時から説教があるとて老人連は出掛けたが、若い者は留守に残つた。夜は「子供の礼拝」があるといふので往つて見た。日曜学校の生徒が七百人もあるといふので子供で一杯だ。楼上には両親其他の家族が見へて居る。之が丁度日本のクリスマスの一部分に当る。暗誦と唱歌と交々《こもごも》行はれた。之に就て僕の感じた事は、第一は日本では丁度日曜学校の成績発表のやうな積りでやつて居るが当地では何処《どこ》までも名の如く「子供の礼拝」としてやつて居ることである。第二は子供ながら音楽が非常に旨いことである。尤も之は専門の音楽家が熱心に来て平素《へいそ》教へて呉れたのださうだけれども夫《それ》としても実に旨いものだと思つた。第三には順序の運びが気持よく迅速で、少しもゴタツカぬことである。例へば先番の歌がうたひ了らぬ内に、次の暗誦の組がチヤンと壇上に来て居るといふ風に、息も付けぬ程運びが早い。之に比《くら》べると日本のは間《ま》が抜《ぬ》けてると思ふ。終りに牧師の簡単なる説教があつて終つた。六時より始つて終つたのは八時前、二時間に充たぬ。帰る時子供は本一冊宛《ずつ》の贈物を貰つたが、之れは銘々其組の受持教師が渡して居つた。

教会では之れ丈けである。宅ではまた帰つて打ち興ずる。二日目の夜は親戚知己の人も来て非常に面白く興じた。

僕の見たクリスマスはザツト斯《こ》んな風であつたが、独乙では凡《すべ》ての家が、猶太人や社会党(社会党は無宗教主義を明に標榜して居る)でない限り、皆斯んな風にして祝ふのである。此点に於ては新教も旧教も全く同一である。故に独乙に於ける耶蘇《ヤソ》教の子弟に取つては、クリスマス程楽しいものはない。如何に遠くに居てもクリスマスには屹度《きつと》故郷に帰つて来る。学生でクリスマスに故郷に帰らぬ者は無い。兵隊さんですらクリスマスには一週間の暇を貰つて郷里に帰ることを許される。クリスマスは屹度郷里に於て祝ふべきものと極《きま》つて居るやうである。支那人は正月は屹度郷里にて祝ふべきものに極め、事情許す限りは正月には皆郷党に帰へるのを見て、曾《かつ》て頗《すこぶ》る面白いと感じたことがあつたが、独乙のクリスマスは正に支那の正月である。支那人の如き回古的慕郷的人民には、毎年一回郷里に帰るといふ習慣は別に大した意味もないけれども、独乙などに於ては毎年一回少くとも父母の膝下《しつか》に帰りて純潔なる家庭の楽に与るといふ習慣は、青年の品性の上に至大の影響あるを疑はぬ。家庭の悦楽と父母の恩愛を忘るゝ時程、青年の品性に取つて危険なるものは無い。毎年少くとも一回の帰省が無上の楽として待ち焦るるといふ独乙のクリスマスは、家庭と青年との関係を結びつけるといふ点から見ても一つ真似《まね》て見たいやうの気がする。況んや其上に云ふに言はれぬ趣味あるに於てをや。僕は帰つたら斯んな風にして家内中を騒がして見たいと、今から空想を廻らして居る。

〔『新女界』一九一一年三月〕

古いサロメ

近頃サロメ劇が大分評判になつて居る。帝劇ではオスカー・ワイルドのサロメを演じて居るといふ事であるが、私はまだ見ない。が然し西洋にゐた時リチヤード・ストラウスとパウル・ミリエ及びアンリー・グレモンの作で、マツスネ作曲のサロメを見た事がある。リチヤード・ストラウスのサロメは多分帝劇でやつてゐるのと同じものであらうと思ふ。文芸専門家から見たならば種々な議論や観察がある事だらうが、素人たる私から見れば、此サロメは我の強い、我儘な極端にお転婆《てんば》な娘のやうに見えた。

去年巴里のグランドオペラで見たサロメは、世界的の名声を博し得た有名の伊太利《イタリア》の女優が演じたのであるが、非常に評判であつた程、成程よくやつた。後に残つた印象は、其使ふ仏蘭西《フランス》語が変手古《へんてこ》で、隣りの仏蘭西人さへあれは仏蘭西語かと私に聞いた程で、踊り手が日本のに似て西洋のとは違ふと云ふ感じと、音楽が日本のハヤシに似て、何となく寂しく東洋的の気分がしたといふ事だけしか何にも残らなかつた。大分評判ではあつたものゝ、存外入りが少く、予定よりも早く切り上げて行つたが、之は西洋でも新らしい女といふものは一般から同情がなく、もてはやされぬと見える事を思はせた。すべて新らしいものは少数の観賞家にはもてはやさるゝけれども、一般は古いものが喜ばれる事は、西洋でも日本でも同じ事と見える。

マツスネが作曲したサロメは全然古い女を表《あらわ》して居る。尤《もつと》も此の方はサロメとは云はず、ヘロデアードとなつてゐる。之はサロメの母の名であるが、実際はサロメが主人公として取扱はれてゐる。四幕より出来てゐるが、

今其の大体の筋を説明すると、
　ヘロデアードは自分の義弟のヘロド王と結婚せんが為に、自分の郷国と娘とを棄てた。娘のサロメは其後人買ひに買はれて舞子《まいこ》となり、転々売られ売られて遂にヘロド王の許《もと》に来た。其間サロメは幼時に分れた母を慕つて、如何《どう》かして母に会ひたいと慕つてやまない、極《ご》く人情の細やかな女として表れてゐる。然るにヘロド王は自分の娘分に当る事を知らずに、サロメに懸想して常に附きまとふ。処《ところ》が此処《ここ》に予言者のジヤンと云ふ者があつて、皇后の敗徳を口を極めて罵つてゐる、其ジヤンにサロメが想《おもい》を懸《か》ける事となる。ジヤンに対する恋慕の情は益々熱烈になつて、自分は広い世界に誰れ一人として頼る人もなければ慰めてくれる者もない、母さへ自分を棄てゝ去つて終《しま》つたと口説《くど》いて、愛をジヤンに訴へる。之に対するジヤンの態度も、ストラウスのサロメに表はれたるヨカナンよりは深刻でない。ジヤンは無限の同情をよせつゝも、自分の天職を説いてサロメを諭《さと》し、自分に対する愛を一転して、世に対する愛情たらしめんとつとむるが、サロメは之を聴かない。一方ヘロデアードはジヤンから侮辱されたので、復讐せんとヘロド王をそゝのかす。遂にヘロド王はジヤンを殺さんとする。サロメは之を聞いて心配してヘロド王に訴へる。然しヘロド王はサロメがジヤンに懸想して居る事を知つて居るから、自分の意に従ふならば、ジヤンを許さうと云ふ。サロメはジヤンに対する義理を思ふて之を拒絶する。若《も》しもジヤンが此世に生きてゐられないなら、自分もジヤンと共に死ぬといふ決心をするに至る。其後《そののち》サロメはヘロデアードの許にゆきジヤンの命乞《いのちごい》をする。ヘロデアードは其の前に、土地の仙人に娘のありかに就いて相談すると、サロメが現在の娘であると聞かされて吃驚《びつくり》する。サロメは夫が現に懸想してゐる女であるから、愛の敵である。ヘロデアードは此処に於て非常に煩悶する。
　最後の幕でサロメは王と皇后に向つてジヤンの命乞をする。目の前にゐる皇后を本統の母とも知らずに、母は無情にも幼い自分を棄てた、自分を愛してくれる人はジヤン一人なれば何卒命を助けてと哀訴する。母はたまらず、お前の母だと名告《なの》らうとしたが、虚栄心がさまたげて、名告らない。押問答をしてゐる最中に、舞台の奥の方を獄卒が血の滴《したた》る生首《なまくび》を皿の上にのせて通るのが見える。サロメは之をチラと見て気が変になり、隠し持ちたる匕首《あいくち》を抜きて、あれが殺されたのもお前の為めだ、お前も当然死なねばならぬと母に飛びかゝる。母は一歩を退き待て待て自分はお前の母だと告げる。サロメは吃驚しながらも、母をさゝんとした匕首《あいくち》を以て自ら刎《は》ねて斃《たお》れる。といふので終つてゐる。

此《この》サロメにてはジヤンの首を取つたものはサロメではない。サロメは教養のない、けれど極めて可憐な処女として表はれてゐる。恋愛にも人情にも忠実な一種旧式な女であるが、それが〳〵なか〳〵に人の心を惹《ひ》きつけた。

〔『新女界』一九一四年一月〕

袁世凱及其遺族

六月六日袁世凱《えんせいがい》は死んだ。其翌々八日又正夫人が毒を呑んで夫に殉死した。一時帝位にまで上つた袁家の末路としては甚だ惨憺たるものである。

袁世凱と云ふ人は決して体格の弱い人ではない。新聞には持病があつたとか中風の血統があるなどと書いてあつたけれども多くは想像説であらう。最も年の割合には非常に老けて見える。彼は今年丁度《ちようど》五十八歳になる。余が初めて彼に逢うたのは十年前彼が四十八歳の時であるが、其時既に頭は大部分禿げて鬚《ひげ》も八分通り白かつた。身長は低く小肥りに太つた色の真黒な眼の鋭い、而《しか》も笑ふ時には極めて愛嬌のあるい丶加減なお老爺《じい》さんだと思つた。其頃既に六十に近いと思はれる外貌を有して居たから、十年後の今日は無論尚《なお》一層老けて見えた事であらう。けれども精力の強い元気の盛な点は今日も昔の通り変らないと云ふ事を耳にして居るから、先づ彼は本来身体の丈夫な人と云つてよい。而も今度俄《にわか》に病死したのは恐らく最近非常に心労した結果であらうと思ふ。此春から多少衰兆を示しては居たけれども、五月廿八日初めて床に就く迄《つ》は何人《なにびと》もかくも脆《もろ》く斃《たお》れやうとは思はなかつたらしい。一度床に就くや多年の心労一時に発して僅か十日余り病床に呻吟《しんぎん》したのみで忽焉《こつえん》として他界の人となつたのは、国家多難の時に際して而も四面楚歌の中に崩《なくな》つたのは一面に於て又同情に堪へない。顧《かえりみ》れば彼の一生は実に波瀾に富だ生涯であつた。七転八起《ななころびやおき》と云ふのは将《まさ》に彼の生涯を語る言葉である。明治四十二年河南の草廬に逐《お》ひ込まれた時には枯木再び花咲く春にあふ望みはなかつたやうに見えたが、不思議なる縁は彼を再び起して遂に彼をして自ら帝位に即《つか》んとする野心を起さしむるに至つた。かくして彼は国民の怨府《えんぷ》となり此数年来非常な非難攻撃を蒙り、今度死んだので反対の側の新聞などは袁逆天誅《てんちゅう》に伏すなど、書いて居る。独り国内に於て許《ばか》りでなく外国からも、殊に我日本からは極めて不人望であつた。さん〴〵人の悪口に上つて遂に内外非難攻撃の罵声の中《うち》に死んで了《しま》つたのは気の毒と云へば実に気の毒の至りである。併《しか》し一面から云へば彼は又丁度《ちょうど》よい時に死んだとも云へる。支那最近の形勢では彼は実に風前の灯の如きものであつた。彼の没落は最早時の問題たるに過ぎなかつた。これからいよ〳〵雪隠詰《せっちんづ》めになると云ふ時に、廊下でばつたり倒れたやうなもので彼としてはまだしも慰むべき理由もある。

毒を呑んで夫《おっと》に殉した正夫人は一つ年上の五十九歳、此人には逢つた事はないが十年以前余の在支当時仄《ほの》かに聞きし所によれば、これ亦薄禿《またうすはげ》の小肥《こぶとり》に太つた色艶《いろつや》のよい元気のある婆さんであつたと云ふ事である。これも年の割には非常に老けて見えたさうである。同じ河南の人であるが文学上の教育はもと受けなかつたものと見えて眼に一丁字もなかつたさうだが、常識の極めて円満に発達した人で所謂《いわゆる》賢婦人の中に数へらるべき人であつたさうだ。賢婦人と云つても支那流の賢婦人の意で即ち袁家の様な一族僕婢何十人と云ふ大家族を立派に切り廻はすと云ふ腕の婦人であつた。不断《ふだん》は長子克定《こくてい》并《ならび》に其妻子の世話を専らとし、其他袁世凱自身の妾共の日常の世話まで極めて行届いたものであつたさうだ。例へば妾の一人が腹でも痛いと云ふ噂を聞くと直ぐに飛んで行き腹を温めればよいとか医者に見てもらへとか何と云ふ薬を呑めとか色々世話をやき、又其所《そこ》から帰る時には序《ついで》に他の妾の部屋〳〵を見廻はりて愛嬌の言葉をかけ、其妾の子供の頭を撫でゝやると云ふ風に却々《なかなか》操縦が甘《うま》かつたさうだ。因《ちなみ》に云ふ、袁世凱は其頃自分の居間の近くに若い妾四五人を各数個の部屋に割当てゝ置き、年をとつた妾と正妻は遠く離れた部屋に分れて住で居たのである。妾共の操縦は袁世凱も却々甘《うま》かつたさうだが、兎角《とかく》無教育の者の常として相互に白眼《にら》み合ひ、甲の妾の所に許り親切にして己の所は顧《かえりみ》ないとか、又は乙の妾の子供を抱いてやつたけれども己の所の子供は顧《かまわ》ないとか、下《くだ》らぬ事で陰口を云ふ事が非常に多いのに、先《ま》づは太平無事に彼等を丸めていつたのは主としては正夫人の力であつたと云ふ事に聞いてゐる。かういふ常識の発達した人であるから袁世凱が死だ後の家庭内の跡始末は此正夫人でなければつかなかつたらうと思ふ。長子克定は余の知る範囲に於てはあんな大家族の仕末はつけ得ないと思ふ。然るに此正夫人は常識の発達した人だけ支那の在来の風習に従つて遂に夫に殉して毒を呑みしは袁家の為には洵《まこと》に残念な事である。尚《なお》妻が夫の死に殉すると云ふ事は支那では決して珍らしい事ではない。心ある者は素《もと》より自ら進んで殉するのであるが、かういふ事が社会の美風となつて居るだけ中には社会の習慣に迫られて心ならずも自害する者もあるさうだ。甚《はなはだ》しきに至ては其家族が自分の家から斯《かく》の如き節婦を出したと云ふ虚名を得んが為に殉死を迫るものすらある。応ぜざれば強いて毒を呑《のま》して殺すと云ふ事もある。又複雑な家族関係のある所では後に残して面倒の種子《たね》になる故人の妻を無理に殉死の美名の下に殺す事も少くないと聞いて居る。かういふ様な訳で殉死と云ふ事は支那に於ては屢々《しばしば》聞く話である。最も袁氏正夫人の死はこれは真の殉死であらう。

袁世凱は正妻の外《ほか》沢山妾を置いた。日本の新聞等に袁世凱の妾の中には日本人もあれば西洋人もある等と云ふのは余りの虚言であらう。十年前余の袁家に客たりし頃は日本人や西洋人などはなかつた。其後と雖《いえ》ども一般支那の家庭の事情から想像して見るに日本人や西洋人を妾として入れると云ふ事は全然不可能の事である。又或新聞には彼は大総統となつてから妾の数を減じたと書いてあつたがこれも虚伝であらう。支那で妾と云ふのは日本の妾とは違ひ云はゞ副妻とでも云ふべき立派な家族の一人となるのである。簡単ながらも相当の結婚式を挙げて入れる所の一種の配偶者である。従つて一生其身を夫に托するのでさう勝手に出たり入つたりするものではない。

今十年前と比較して多少新らしいのを入れたと云ふのならば納得が出来るが、これを減じたと云ふ説は信ずる事は出来ない。十年前には正妻の外に妾が六人あつた。其中第四夫人と云ふのは明治三十八年に死で、第一夫人より第七夫人迄ある、其中の第三夫人と云ふのが朝鮮人であると云ふ噂さである。此夫人が一番多く子供を持つてゐるし又一番悧口なので一番袁世凱の気に入つてゐた。第三夫人も亦毒を仰いで袁に殉せんとしたと云ふ報道も或は事実であつたらうと思ふ。序《ついで》に申すが日本の新聞で正妻を第一夫人と云ひ毒を呑で殉せし夫人を第三夫人と云ふは誤である。正妻は正妻で第一第二の番号のつくのは妾だけである。毒を呑《のま》んとした第三夫人とは妾の中の三番目で正妻から数へれば四番目に当る。第一夫人は肺病で且《か》つ阿片《あへん》中毒であつたから或は今頃は死で居るかも知れん。第二夫人は子供がなくて第三夫人の子一人を貰つて自分の養ひ子としてゐるなどと云ふ話も聞た事がある。長子克定は正妻の一人子で次男も三男も第三夫人の子、其他の子供の事は余り知らない。子供は全体で二十人以上もあらう。袁克定自身も正妻の外一人の妾を有し子供が三人あつた。今は六七人にもなつてゐる事であらう。

子供の教育は自分の家に家庭教師を呼んで他に親類の子供を集め一緒か単級教授をやつてゐる。併《しか》し大体に於て袁世凱は子供の教育に就いては余り熱心でなかつた。一つには子供の身体が弱かつた為でもあらう。次男三男などは母の朝鮮人が身体が弱いので従つて自身も非常に弱い。唯《ただ》生きてさへ居ればよいと云ふので遊ばして居たやうである。四男五男を英国に留学に出して居るなどは破格の中に属する。長子克定は支那の学問は相当に行つて居るやうだが今日の実用の科学を極めて疎略にして居る。彼は一面の或人が云ふが如く不肖の子ではない。極めて聡明悧発の素質を有《も》つて居るのであるけれども正式にみつしりと教育をしなかつた為め到底親の後を引続て大業を成すやうな人物には出来てゐない。他の子供に就いても大抵同じやうな事と云へやう。

して見れば袁世凱が死んだ後の袁家の有様は大風の後の野原のやうなもので後には何等目につくやうなものは残つてゐない。無論金は相当に持つて居るであらう。莫大の金があると云ふ人もあり案外に金がないと云ふ人もある。併しながらあれ程の大きな店を張つて居りながら非常に金に穢《きた》なかつたと云ふ内情を知つて居る余より見れば必ずや相当に金を貯めて居たに違ひないと思ふ。食ふに困るやうな事は無論あるまいが、併し袁克定を頭にしてあれだけの大家族を安穏に引廻はして行くには徐世昌辺《あた》りの手腕にでもよらなければなるまい。まあ家族は引纏《ひきまと》めて故郷河南に退隠するとし無名の村夫子に終ると云ふ所が関の山であらう。

支那の中央政府が何人《なんぴと》によりて組織されるかは今日の所解らないが仮りに袁世凱に反対して起つた南方革命派が天下を取つたにしても、袁家の遺族を何処迄も追求すると云ふ事はしないだらう。仮令《たとえ》袁世凱に帝位を望んで国家を私するの大罪ありしとするも其子孫には何等叱譴《しつけん》すべき事はない。

袁世凱が悪いからとて何も其子孫を極端迄虐《いじ》める必要はなからう。新政府は恐らく寛仁の態度と寛仁の度量を示して袁家の安穏なる生活は無論大目に見てやるだらう。果して然らば袁世凱の一代は所謂槿花《きんか》一朝の栄《えい》にして其子孫は今後中華民国の一平民として平凡なる生存を続くるに止まる事であらう。（六月十六日）

〔『新女界』一九一六年七月〕

青年思想の最近の傾向

青年諸君の最近の思想の傾向といふ題に致したけれども、私の接触しつゝある青年の大多数は、帝大の学生殊に法科、経済科、法律政治経済学等を学んで居る学生諸君である。此等の人に接して得て居る印象を大雑把《おおざっぱ》に青年諸君の最近の思想の傾向は斯《こ》うだと申すのは、或は早計に失するかと思ふけれども、先づそれを標本として他を類推するといふ意味で、極《ご》く狭い私の経験から、此の問題に就いての感想の一端を申上げようと思ふのである。

尤《もっと》も或意味に於ては——さういふと帝大にお出でにならぬ学生諸君は憤るかも知れないけれども、帝大学生は先づ世間の内で比較的優秀だと認められるものになつて居る。其の意義に於て代表的とも云へないこともないが、他の意味から申すと、帝大学生は遠慮なく申せば社会から色々の恩恵を被《こうむ》つて居る。そんなものは無いといふて居るけれども、実は色々の特典がある。有形無形多くの特典を有《も》つて居つて、帝大を卒業すれば喰ひぱぐれが無く、どんな凡倉《ぼんくら》でも喰つて行けるやうに社会から好遇せられる順序にある。学生の内で優等と云はれるけれども、能《よ》く観察して見ると、高等学校の関門を潜ると衰へて来て、劣等のものが可なりある。それで喰つて行けるのであるかと思ふけれども、余程全体として特典を与へられて居るから、どうなり喰つて行けるが、あゝいふ特典を廃して仕まへば飯が喰へない。処が特典があるから青年が沢山《たくさん》帝大に来る。そこで高等学校の関門を潜るに困り、高等学校から帝大に来るのに二三度もやり損なひ、大勢の志望者が目的を達しないで、堕落して仕まうのも少くない。国家の為めに甚だ憂ふべきことである。能力あるものは社会から好遇されるからといつて、さういふ社会的公益の為めに、帝大の特権は有形無形共に廃すべきものと考へる、それが輿論であると思ふ。兎《と》も角《かく》社会から有形無形好遇されて居る。好遇されるものに先づ不平は無い。考へて見ると不都合だと思ふけれども、自分の得であるから、そこで特権廃止といふことになると、躍起として反対運動をしたこともある。此頃は無いやうであるが、二三年前には帝大の中に特権廃止運動を開始したことがある。さういふ時には躍起と反対する。而して現在に満足して居るから皆保守的の考になつて居る。尤も近頃は官吏養成所の汚名を脱したやうであるけれども、何処《どこ》の学校の卒業を見ても、卒業生の内で官吏になつたものが割合に多い。其の内で帝大が矢張り群を抜いて居る。而して官吏になるか実業界に入るか、相当の地位に相当の月給で雇はれるやうになつて現在の制度に利益を享《う》けて居るから、随つて現在の制度に不満が無く、自然保守的であつて、時勢に後れて居る。進んだやうな顔をして居るけれども、実はさうでない。それは別問題として、自然一歩二歩時勢に後れるのが相当であるといふ地位に置かれて居るといふことは疑ひ無い。それは地位に依つて特別さうでないものもあるけれども、先づ大体に於て、他の学校に学ばれる諸君よりも、一歩二歩時勢に後れなければならない筈の境遇に居る。さういふ境遇に素《も》と〳〵置かれて居る青年が、最近斯ういふ風に考へて居るのだといへば一番後れて居る標本として通るのであるから、他はもつと進んで居るだらうとさういふ意味にも考へられる。帝大の学生などは其の意味に於て代表的になると考へる。

最近まで此の一両年以前まで、高等学校を卒業した学生が、これから愈々《いよいよ》大学に入らうといふ時に問題がある。先づ先輩の大学生に色々質問をしたり、或は又色々縁故を辿《たど》つて我々に直接色々のことを質問して来るものがある。或は何等縁故も無いのに、藪から棒に、高等学校を卒業した学生から我々に手紙を寄越すことがある。さういふ風に絶えず手紙を貰ふが、何時《いつ》もさういふものは同じ質問許《ばか》りでないけれども十本の内先づ七八本は同じ問題である。それを見て何時も私の癪《しゃく》に障《さわ》ること――叱かられるかも知れぬから――不愉快に感ずることは、私共の商売が繁昌しないやうな書面である。書面の趣きは何かといふと、大学に入つて政治科など、いふものをやると、何か天下国家といふやうな大きなことになつて、頭が雑駁になつて、後で社会に出てから役に立たないやうである。法律科に入つてこつ〳〵細かなことをやつて居ると頭が綿密になつて通じが良くなる。自分は従来政治科か経済科をやらうと思つた、けれども、先輩からさういふ勧告を受けるから、法律科に転じようと思ふが、意見如何と来る。私は政治科の教師である、そこに向つて、貴下の店はいかぬ、隣りの店に行かうと思ふがどうか、さういふ質問である。此頃は経済科も人数が多くなつて、私も偶《たま》に行つて見るが、試験の時などは学生が少くても宜《よ》いと思ふけれども、九月学校が始まつて、政治科の教場に行つて見ると、客が少い。寂れたなと思つて一種の哀愁を感ずる。さういふ風に十本の手紙の中七八本は、貴下の方へ行かうと思つたけれども、貴下は大きいこと許り云つて居つて頭がぼんやりするから、外の店へ行かうかといふ質問である。不愉快に感ずるけれども、どつちだつて同じこと、宜い加減の返事をして置かうと思つて、さういふ風にどつち附かずの返事を与へて居つたのである。それで綿密のことに堪へる資格のあるものは法律科に行き、我々の政治経済科には第二流の学生が来るのではないかと、さういふ感じがして、妙なことを考へられるものだと常に感じて居つたのである。

尤も考へて見ると、さういふ風なことは、我々が高等学校を卒業して大学に入らうといふ時にも云はれた。其の時は何方《どつち》に入るかといふ選択問題でなくして、君将来法科に入るなら、法科は非常に細かい学問であるから、大雑把に思つたら間違ひだ、数学見たいな一次方程式二次方程式とさういふ風な処から詰め込んで行つたら、法律科に成功しようといふことで、それでは数学をやれば成功すると思つて、高等学校の卒業後、夏休みの間にチヤールス・スミスの代数学を一生懸命に勉強したことを記憶する。それは格別法科に入つて役に立たなかつたけれども、さういふことを私は云はれたから、とも角も法科に来るには、数学的に小刻みに刻んで行く頭の働きが必要で、余り大雑把のことを考へない方が宜いといふことは、昔から伝統的に伝へられたものと見える。最近それが殊に劇《はげ》しく、頭の養ひの為めに政治科に入らず法律科に入りたいといふ、さういふ質問を能く高等学校の卒業生から受ける。さうするとそれ等が皆な大学の法律科に行くかといふと、実は法律科の人数が余つてさうはいれない。入る資格の無いものが政治科に来る。兎に角さういふ質問を絶えず受けたので、多少不愉快に思つて大にやらうと思つて居つたのである。

処が此の頃其の傾向が変つて来た。さういふ質問をするものは、一昨年頃から殆んど無くなつた。無くなつたのは質問しても仕やうがないと思つたのか知らないけれども、これまで毎年四五月からさういふ問合せの書面が沢山来たのである。或は先輩の学生を通じて参つたのであるけれども、それが一昨年頃から一通も無い。一昨年の記憶は判然《はっきり》しないけれども、昨年は慥《たし》かに一通もなく、却《かえ》つて全く反対のことを云つて来る書面がある。高等学校の諸君とは書面の往復がさつぱり無いから、其の方面はどう変つたか証拠が無いけれども、今度はさういふ問合せでなくして、愈々東京に来て大学に入つた今日の学生諸君を見ると、色々の機会で能く話を聴くこと〔も〕あるが、さうすると二三年前とは丸で反対で、民法の何条でどうするとか、斯うするとかさういふ細かいことは興味が無い、権利がどうしたとか債務関係がどうだとか、そんなことはどうでも宜いといつた風で、全く極端である。刑法がどうしたとか斯うしたとか、丸で興味が無くて嫌だといつて学校へ行かない。随分欠席して家に居つて本を読んで居るかといふと、政府に聞えては大変であるが、クロポトキンやマルクスを読んで居るのではないかと思ふ。何か大雑把なものを読んで、細かい民法、刑法、刑事訴訟法、民事訴訟法とかいふものは、高閣に束ねて置くのが法律科の諸君である。尤も弁護士目的の人などは格別であるけれども、兎に角優等の学生はさういふことに興味を有たない、或ものは反感を有つて居る形跡がある。

さういふ傾向と、もう一つ我々が試験をやつて見たり、或は何か学生諸君が論文を書いたものを見ると、大学に来てから始まつたものでない証拠には、一年生の時に既にさういふ傾向があつて、以前とは著しく違つて、哲学的素養が相当にある。此の著しき哲学上の素養といふもの――哲学に就いて余程相当に深い研究を遂げて居る人が学生の中に非常に多い。慥かに高等学校時代からやつて居つたに相違ない。そこで試験などで見たり或は論文などに書いたのを見ても、以前には此方から教へたノートを後生大事に能く記憶したらしく、時々教へる時に私の使つた文字を能く記憶して居るけれども、全体の聯絡《れんらく》が可怪《おか》しい。全体は分つて居ないけれども、兎に角ノートだけを読んで来たことは言葉で分る。これは試験の時大急ぎに読んで、全体は頭に入らないが、多分此の問題はノートのあの辺ではないかといふことが頭の中にぼんやり浮んで、それを書いたに相違ない。理解は全然して居ない、何を論じて居るか分らないけれども、成程《なるほど》、私の使つたやうな文句が二三行づゝある。ノートを明白に読んで居ることだけはそれで分る。けれども何のことか分らない。さういふのが全体に非常に多い。それが多くなるとも、少くともノートに依つて此方の教へたことをやつと覚えて居るといふ位である。甚しきに至つては、明白に誰かのノートの間違つた所を写して、借りて来たノート其の通りに間違つたといふ風なのがある。それから面白い間違ひは、七月が二月より後だといふことから、二月革命が七月革命より前だと思つて居るのがある。七月革命は一八三〇年で二月革命は一八四八年即ち十八年後である。其の二月革命を七月革命より前だと思つて、さういふ風に書いたのがある。けれども七月革命には何があつたといふことはちやんと書いてある、又二月革命にはどういふ変化があつたといふことはちやんと書いてある。唯だ七月革命が過ぎて仕まつて、十八年後に二月革命があつたといふ前後のことが一向頭《いつこう》にない。二月革命の変化と七月革命の変化とは慥かに書いて居るけれども、其の間に聯絡統一した知識が欠けて居る。さういつたやうな答案が非常に多い、先づ半分位さうである。さういふ風に余程成績の良いものでも、これがやつと後生大事にノートを忠実に見て居る人といふ位の所で、更に進んで独立研究をして居るものが無かつた。

処が毎年〳〵さういふ無味乾燥の答案許りの内に、四年前にたつた一つ始めて私の講義を批評的に書いた答案に接した。これは全然独立の見解を以て私の講義を批評的に書いたもので、非常に面白いと思つた。そこで此の学生が何処に居るかと思つて、事務所の小使をやつて捜させると、寄宿舎に討論会があつて其処に居るといふので、会つて見て非常に敬服した。将来大学教授になる為めに試験論文を書いてはどうかと勧めたけれども、嫌だといつて商売人になつて仕まつた、さういふ者があつた。処が昨年と今年になると、今云つたやうな――我々に取つては空前の例であつたけれども――さういふやうな或《あるい》はそれ以上の独立の見識を有つて居る学生が非常に殖《ふ》えた、不思議な程殖えた。而して私は現に一年生だけを受持つて居るから、其の学生は高等学校から来た許りの人々である。さういふ人々の間に、哲学的素養の深い者が非常に殖えたのを見て、どういふ訳《わけ》であるかと私は今日も非常に怪しんで居る。これは段々或方法に依つて世間に発表しようと思つて居るが、学生諸君の作つた論文に非常に優秀なものが少くない。二三年前までは、大学卒業の時の論文でも斯んな論文は一つも無かつたと思ふ。実に立派な論文を作る学生が非常に多くなつた。而して此等の人々は、多くは学校で教はつただけでなく、各自独立の研究に依つて、兎も角も一個人の見識を立てゝ居る。さういふ学生に限つて、学校の講義などには欠席が多く、家に居つて本を読んで居るやうである。欠席の多いといふことは、下らない講義をするからでもあらうが、余り褒《ほ》めたものでもないけれども、兎も角もさういふ学生が多くなつて、先生の方では恐慌を来して居る。余りさういふ方面に素養の無い先生は慥かに困つて居る、学生の質問〔に〕は慥かに辟易《へきえき》して居る、それに依つて先生方は大《おおい》に閉口して居るやうである。

さういふ風に最近の傾向であるが、唯だそれが最近学校で教はれないことを研究する許りでなく、全体として或は社会を観るとか或は国家を観るとか、実質的の知識を得ようとして独立的に研究するといふ研究心の勃興したことを語るものであるけれども、もう一つ他の方面に於て著しい例は、つまり法律とは何か、殊に法律を学ぶ方から見ると、ちやんと社会に秩序が保たれて、既に定められた制度法律を後生大事に守つて行くだけに満足せず、其の本になつて居るものを批評して行く、所謂《いわゆる》批判的になつて居る。而して法律制度などを批判的に観て、さういふ法律制度の実際的効果が何処《どこ》にあるかといふことを観るといふやうな傾向が非常に多いといふことを認めなければならぬのである。従来法律などを弄《いじ》くる人の風は、例へば民法第何条に斯うあるとか、此の規定がどう当るとかいふこと許り詮議して、規定其のもの、善悪を批評しない。又日本の法科大学には、一時法律を解釈する時に、立法論などは雑《まじ》へるものでない、可否如何《かひいかん》の如きは、言はゞ既に出来上つたものと見て、之を演繹的に観ることが随分流行《はや》つた時代もある。其の実際上の効果は兎に角、実際に適用する時はどうなるかといふことだけを考へる。随分裁判官のやることに了解の出来ないことがあるが、それはさういふ解釈に頭を養はれて居るからであつた。現に近頃の問題たる朝憲紊乱《びんらん》事件の如きも、唯ださういふ風に解釈して、法律的に朝憲紊乱であるから罰して行けといふのである。さうなつて居るのは、あの頭が変なのではなくして、実はさういふ風に養はれて居るからである。此の法律が善いか悪いかでなくして、此の法律を論理的に弄くつて、細かに分析して旨《うま》く実際に適用するのが法科大学の秀才である。一体法律といふものを考へて見ると、実際の社会に適用する時は明白のやうであるけれども、実は曖昧《あいまい》な好《い》い加減のものである。或点で観ると、私は能く其の例として引くのであるが、仮りに衛生上の規則として頭の禿げたものに帽子を被《かぶ》せる、夏の暑い時禿頭に帽子を被らないと衛生に害あるから、頭の禿げたものは必ず帽子を被るといふ警察令を極《き》める、而して被らないものは五十銭の罰金を取る。さういふことを仮りに極めたとする。けれどもさういふことを極めたとして、五十銭の罰金といふ制裁が無いと、犯す者があつても警察の小言《こごと》だけで済む訳であるが、苟《いやし》くも被らないものは五十銭の罰金を取るといふ法律的問題が起つた時には、禿頭とは何ぞやといふ問題が起る。其処に極めて明白な例は、頭の毛一本も無いといふことであるが、若《も》し僅《た》つた一本でもあると、其の人をどうするかゞ問題になる。何時でも法律にはさういふ問題が起る。そこで衛生上の必要からいふと、一本あつても二本あつても帽子を被らないといけないから、一本位のものは矢張り禿頭の中に入れる、或は二本でも三本でもさういふことにする。さういつては際限が無い、百本あつてもまだいけないとなる。そこで千本とする。千本と精密に算《かぞ》へる訳には行かないけれども、制裁のある以上、それを犯した時には、此処《ここ》までは罰金を取らない、此処からは罰金を取るといふ風に器械的に極めなければならない。そこで千本といふ所に極める。さうすると九百九十九本までは帽子を被らないと罰金である。けれども一千一本になると被らないでも可い。さういふ問題は実際絶えず起るのであるから、さういふ時は法律の解釈に自由を与へなければならない。併し行政官の手心《てごころ》に依つて、其処に多少の斟酌《しんしゃく》を加へることは出来るが、そこで又問題が起る。九百九十九本の毛の厚い人と千一本の毛の薄い人とがあると、それをどうするか。さうすると実際此の法律の要求する目的を達する為めには、毛の薄い千一本の人々は無理にも帽子を被らせて、毛の厚い九百九十九本の人は帽子を被らなくても宜いといふことにしなければならない。さういふ際どい所は行政官の手心に任せて、刑法の微罪不検挙で起訴しないことにする。つまり警察官の手心で、あの人は毛が厚いから、帽子を被らなくとも大目《おおめ》に見て行けといふことになる。けれども此の手心といふものは、実は宜い加減なもので其のやり方如何に依つては、実際上の必要或は法律に依つて達せらるゝ目的に反し、却つて法律の適用を裏切ることがある。

法律も際どい所へ行けば、はつきり極められないことがある。大体から云へば勝手に法律の適用を受ける虞《おそ》れがあつて、際どい所へ行けば宜い加減のもので、自分の心に悪いこと、覚えのないものが罪せられることがある。実際上の事実と法律の適用とがかち合はない。其処を旨くかち合せて行くには、司法官の常識を必要とし又行政官の手心を必要とする。それであるから法律の適用を窮屈にしてはいかぬ、又法律を余裕あるやうに解釈しなければならない。処が日本に於ては之に反して、法律を厳格に解釈する。法律家の議論に拠ると、今の九百九十九本、一千一本といふ僅《わず》かの差でも一生懸命に争つて飽《あ》くまで之を厳格に解釈しようとする。さういふ風に法律は大事なもので、法律を以て天下を治むれば無事泰平だ、九百九十九本がどうだの一千一本がどうだのといふ面倒臭いことも起らない、法律のいふ通りにやれば天下が治まるから、何処までも法律が大事だといふので、之を金科玉条として、其の適用がどうなるかといふこと許り考へて居つたけれども、最近はさういふ規則が善いか悪いか、さういふ規則の実際の適用、其の法律の目的が実際に効果を挙げるかどうかといふやうな、さういふ根本問題に疑ひを生ずるやうになつた。さうすると禿頭の定義がどうだとか斯うだとか、そんなことには全然興味が無くなる。そんな吟味は法律の解釈には必要もあらうが、社会に向つて本当の効果を奏しない。そこで社会の法律的秩序を其の通り守つて居れば、警察官や裁判官は楽であるけれども、それに依つて社会や個人が本当に健全なる発達を遂げるかどうか、其処に近頃疑ひを生じて来た。今までは法律其のものを金科玉条の如くに視て其の通り守つて来たけれども、今日は法律が社会全体を導いて居るやうに、沢山色々の原則を見て、一の現象に就いてどれだけは善良のものでないといふ風に観るやうになつて来たのである。

さういふ風に根本的に物を批評しようといふ立場になると、今日の社会組織に就いて色々の疑ひが生ずる。唯《た》だ治まれば可《よ》いといふのではない、唯だ楽に治まつて行くといふだけで、果して此の儘《まま》にやつて行つて社会が健全に進歩するかどうかを疑つて来たのであるから、此《ここ》に改造論を生ずるに至つたのである。即ち今日各方面に於て、改造論或は改造の要求が烈しくなつて来たのは、皆な此《これ》に基くものであらうと思ふ。そこにも色々の原因があり、色々の点から刺戟せられてさういふ風になつたのであらうが、一つには矢張り世界に於ける日本の地位といふことに目醒《めざ》めた結果でもあらう。世界と日本との交渉を切り離して唯だ日本が楽に治まりさへすれば可い、労働者も黙つて資本家のいふことを聴け、国家の政治も宜い加減にお茶を濁して置けといふならば、これ程楽なことはない。此頃学生が先生に向つて盛んに質問をすると怒る人がある。労働運動に対して資本家が憤慨するやうな態度で、学生の質問に対して怒る人がある。此の面倒臭いことを抑へつける為め、規定を設けて宜しくこれで抑へつけよう、法律の規定に従はせようといふならば、天下泰平であるけれども、それが世界に於ける日本の地位、日本現在の状態で治まりがつくかといふ問題になると、それではいかぬ。それにはどうしても改造をやつて、教育制度なり或は司法制度なり其の他色々の制度の根本に触れて見なければならぬ。素《も》と〳〵其の制度は、一体社会をどうしようといふ積りであるか、此の制度の設けに依つて根本的要素が果して達せられるかどうか。さうすると今までのものではいかぬといふ所から、今まで定めたものを金科玉条として認めて行くのでなくして、其の上に立つて今まで我々に与へられたものは、従来のやうな適用の仕方で以て本来の目的が達せられるかどうかといふことを考へるやうになつた。即ち社会の色々の制度の実際的効果を考へ、此の制度の適用に依つてどれだけの効果を及ぼすかといふことを考へるやうになつた。其の内でも最も著しいのは、斯ういふこ〔と〕をすれば一体金が儲かるとか、斯ういふ風にすれば国民の健康がどうだとか、色々の方面の効果を考へることである。更に著しい点は道徳的効果といふことを非常に高調することである。例へば今までの制度を其の儘にして置けば其の道徳的効果如何、改造すれば如何なる道徳的効果を齎《もた》らすかといふことに着眼する。さういふ風に現在の制度に根本的批判を加へて、其の目標とする効果を道徳的見地に置くといふことが、非常に著しい傾向である。私は試験の代りに能く論文を書いて出せといふことをいふが、前には二三人位しか論文を書かなかつたのが、今は非常に多くなつて、殊に今日最も著しい現象は、政治法律と道徳との関係を書いた論文が非常に多いことである。去年あたりの風潮は、社会主義とかサンヂカリズムとかマルクスの資本論といふやうなものが非常に多かつたのであるけれども、今年は既に五六十通集つて居る内、大部分は社会理想或は国家理想、或は国家社会に於ける色々の制度の道徳的効果、さういふ方面が非常に多くなつたのである。

けれどもさういふ風に根本的に考へると、先づ第一に現はれる現象は、現在の制度に対する不満、現在の制度の運用に対する不満である。現在の制度を今までのやうに運用しては、結局国家の為めにならない、それならどうするか、結局道徳的効果を伴ふやうに改造する。斯ういふ考で先づ第一着に現在制度に対する不満、其の運用に対する不満を以て始まるから、其の不満の点だけを見ると危険思想になる。尤も此の不満の陰には、労働と資本の関係を適当に解決するといふ道徳的動機があるのであるけれども、先づ現在の制度に対する不満から始まるからして、其の点で危険思想になる。それを一部の保守的の人々は、現代青年の思想の傾向は極めて危険である、現代青年の思想の動揺は憂ふべきことであるといふのである。勿論《もちろん》不満である、現在制度に対して大に不平を懐《いだ》いて居る。と見ると大に危険化して居るやうに見えるけれども、併しさういふ不満動揺の陰に一つの道徳的動機の存在することを看逃《みの》がしてはならぬと思ふ。さういふ風に私は最近青年の思想の傾向を認むるのである。

私は現に今日我が国の状態より観て、矢張り多くの青年諸君と共に不満であるけれども、併し私は此の場合に立つて悲観論者ではない、寧《むし》ろ大に楽観して居るものである。斯ういふ改造期に於ける思想界の動揺といふものは、如何なる時代にも他の多くの国にも見るのであるけれども、日本の今日は此等の他の例に比較して、先づ割合に早く道徳的といふ所に傾向を集中することを見るのである。思想の混乱を始めてから、斯う早く道徳的といふことに集中したといふことは、私は他国に於ても珍しい例であらうと思ふ。尤も之を健全なる方向に指導して行くといふことに就いては、先輩の大に努力奮闘を要すること、思ふけれども、兎も角少くとも我々はさういふ風に色々の意味に於ての代表的青年の思想の傾向は、決して悲観すべき状態でないと思ふ。一人々々研究心が非常に勃興して居る。其の研究も批判的態度を取つて居る。而して最後に終局の目標を道徳的の所に置いて居る。これは強《し》ひて誇張的にいふのでなくして、私は最近青年の手に書かれた論文或は答案等を見て、大に敬服して居る点である。斯ういふ点を適当に助長するといふことは、極めて肝要であると思ふけれども、偶々《たまたま》先輩の多くが之を誤解して、少しでも悪いことがあると悉《ことごと》く削つて抑へようとする。悪い所があるからといつて、善い所をも併せて削つて仕舞《しま》ふと、結局何にもなくなる。何もかも抑へて仕まうといふ態度は、青年の思想の傾向を非常に誤解して居るものと思ふのである。此の点に於て私は青年諸君を代表して、而して我々の今日の思想は此の如き地位にあるといふことを大に主張して、一部の狭偏なる人々の反省を求める必要があると考へるのである。

〔『新人』一九二〇年九月〕

夏休中の青年諸君に告ぐ

随分と長い夏の休みをどうして過したらいゝかとは、よく若い人々から聞く所の質問である。之に対していつも私の与ふる答は斯うだ。夏休みにでも無ければ出来ぬ様な異《かわ》つた経験を積むことに利用せよと。

何時《いつ》でも出来る様な事を、わざ〳〵夏休みにまで持ち越す程、馬鹿げたことはない。

都会に学んで居る学生が田舎に帰省し、田舎に居る学生が一寸《ちよつと》都会に出て見る底《てい》の転換は、別に問題とする程の事はない。避暑と称して閑地にブラ〳〵するは無意義の甚しいものであるが、やゝ篤志なものになると、この長い期間を利用して外国語を勉強して置かうとか、又は何々の学問を研究して試《み》やうとか云ふのもある。之も誠に結構には相違ないが、併《しか》し此種の研究は、少し時間の遣繰《やりくり》を工夫すれば平常《ふだん》でも出来ぬことはない。そこで私は、平常でも出来る程のことをわざ〳〵夏休みにやる必要はあるまいと云ふ。夏休みの最善の利用法としては、斯《こ》んな時にでもなければ一生の中《うち》二度と経験の出来ぬやうな事をやつて見るに限ると思ふ。

私は生来旅行が好きだ。学生時代よく山野を跋渉《ばつしよう》したものだ。其の中でも中学時代一二の友人と一ケ月足らずの徒歩旅行をしたことは、今でも最も楽しい思ひ出の一つである。其後段々年を取ると、色々俗用が多くなつて、かうした長期の旅行が許されなくなつた。旅行好きの生れ附きである癖に、今となつて見れば、あれが一生の中の唯一の楽しい思出かと考へると、どうして若い時分にもつと能《よ》く夏休みを利用しなかつたかと悔しくなる。

人生は複雑だ。我々の経験を豊富ならしむべき事象は我々の周囲に山程ある。迂《う》つかりして居ると、自分の本務に縁の遠い事柄は終《つい》に全《まる》で知らずに済んで了《しま》ふ。夏休みは実に此種の異つた事柄に些《いささか》でも触《ふ》るゝ機会を我々に提供するものではないか。

昨今学生界に登山熱が盛である。誠によろこぶべき現象だ。斯んなことも夏休みにでもなければ経験の出来ぬ事だ。閑居してゴロ〳〵して居るよりは遥によい事だが、併し青年に取つての夏休みの利用法は、決して之に尽きるのではない。

近頃は労働問題の攻究が盛だ。青年学生に取つても之は頗《すこぶ》る人気のある問題だが、併し机上の空論だけでは、折角《せっかく》の研究の結果も社会に活《い》きて来ない。一つ何処《どこ》かの工場に傭はれて自ら職工となつて働いて見てはどうか。夏休みは正《まさ》に斯んな事に利用すべきものである。

否《いな》、研究の為でなくともいゝ。或《あるい》は地主に雇はれて農作の手助けをやつて見たり、或は坑夫となり、或は漁師となり、又は客船のボーイとなつて遠洋に出航して見たり、いろ〳〵変つた経験を積む方面は幾らもある。研究など、云ふ目的が眼の先にブラついて居ると、却《かえっ》て普通の労働者と同じ気持になつて真剣に実際の経験を積み得ぬ恐れもあるから、私は寧《むし》ろ一つの定期的ビジネスとしてやつて見た方が善いやうにも思ふ。

兎《と》に角《かく》、夏休みは斯んな時にでも無ければ出来ぬ様な仕事をやるに限る。平常でも出来る様な仕事を為し続けるのは馬鹿気た話だ。平常の仕事を夏休みにまで持ち越さねばならぬ様な、徒《いたず》らに忙しい憐れむべき境遇の人は別として、夏休みをどうして暮さうかと思ひ廻らす丈《だけ》の余裕のある幸福な人は、須《すべか》らく此の幸福なる境遇を極度に利用すべきである。それには呉々《くれぐれ》も云つた通り、斯んな時に限りて為し得る様な異つた仕事をするに限る。

金のある人は金を使つて楽しく異つた経験を積むことが出来る。中にも海外の旅行などは最も他の人々をして羨《うらや》ましむるに足るものである。金のない人も此の楽みを目当《めあて》にして平素《へいそ》収入の一部を貯へて置くもよからう。併し金がなければ変つた経験は得られないと思ふならば大なる誤である。私は寧ろ金のある人も、金を使はずに変つた経験を積んだらどうかと考へる。変つた経験もいゝが、之を享楽気分でやることは余り面白くない。変つた経験を、真剣に。而《そ》して之《これ》に由《よつ》て我が生活内容を豊富にする様に。一言にして約すれば、広く人生を体験する様に。是《こ》れ我々の青年諸君にすゝむる最良の夏休み利用法である。

〔『中央公論』一九二二年八月「巻頭言」〕

『ローザ・ルクセンブルグの手紙』序

在外の井口君から本書の原稿を送りこされたのは二三年前のことだ。それから訂正だ追補だと色々修飾することがあつてやつと此頃出版する運びとなつたのである。夫《そ》れだけ本書は随分と訳者の一方ならぬみがきがかけられてゐる。読んでごらんになれば分るが中々うまく仕上げられて居ると思ふ。

併し私は二三年前に再度通読したきり近頃になつては一度も読まぬ。愈々《いよいよ》出版さるゝに当り序文をかく約束を果たすについては、モ一度読んで見るべきではあるが、病中のことゝてそれが許されぬ。この序文もやつとのことで書くのである。従てはじめて原稿を手にしたときの感想をおもひ出して書くの外はない。

私が訳文草稿をはじめて読んだ時強く感じたことは、男も及ばぬ極端社会党の闘士たるローザ・ルクセンブルグ嬢が意外にもこんな美しい情緒の持主であつたのかと云ふことである。尤《もつと》も後でよく考へて見ると、それは決して意外なことではない、さう云ふ美しい情緒の持主であつたればこそ社会改造の本当の熱がわくのであつて、寧《むし》ろ当然のことゝ謂《い》はねばならぬのである。が、当初はとにかく私は意外のことゝ感じたのであつた。

ローザ・ルクセンブルグの名は独逸《ドイツ》留学中私の屢々《しばしば》聞いた所である。毎年の年会に彼女はクララ・ツェトキンと共にいつも社会党幹部の生温い態度を攻撃するのであつた。新聞を通して私は、ひそかに彼女の姿を明治の初年民権運動に参加した某々女史のやうなものと想像した。大行《たいこう》は細瑾《さいきん》を顧《かえり》みずとやら云ふやうに、一私人としては相当荒々しい謂はゞ女らしくない人と想像して居つた。だから井口君の訳稿を見て意外の感に打たれざるを得なかつたのである。

単に意外の感に打たれたばかりではない。更に一歩を進めて之は是非日本の若い人々に伝ふる必要があると考へた。丁度《ちょうど》其頃のこと、私は精神に異常あるらしき一人の青年の孤独たすけなきに同情し、何とか力になつてやりたいと苦心し、差当《さしあた》り其の居る所もないので、社会運動に心身を捧げやうと云ふ特志の青年一団の合宿に数日の厄介《やっかい》を頼んだことがある。所が之等の青年は不幸なるこの青年の砕《くだ》けたる魂に同情するよりも寧ろ其の異常なる行動をもてあそんだらしく、遂には之を邪魔物視するやうになり、自分達は社会運動の聖業に従てゐるのにその邪魔になる斯《こ》んな代物を托さるゝとは君も随分ひどいといふ抗議を持ち込まれて、已《や》むなく自分はその不幸なる青年を引取つたのであつた。この青年は間もなく或る精神病院で死んだが、私は今以てこの青年に対し思ひやりの足りなかつたことを悔ゐてをる。そして他人をうらんでは済まないが、一つの砕けたる魂に同情することすら出来ない人々が、何を夢見て社会改造だの人類愛だのと叫び得るかを今以て怪《あやし》んで居る。所謂《いわゆる》社会運動家のうちには口舌《こうぜつ》の徒《と》多くして、本当の信念に動いて居る者極《きわ》めて少いのではあるまいかなど、も考へて居る。

斯《こ》んなことを考へて居つた際、丁度本書の訳稿が手に入つたのである。すなはち本当の社会運動家は一面こんな人でなければならぬと思はず案を叩いて感嘆したのであつた。是《こ》れ私が本書の如き是非とも之を江湖に推奨せねばならぬと考へた所以《ゆえん》である。

この序文を書く前に長谷川君の序文を一寸拝見した。長谷川君は本書の原著者が偉大な革命家であつたことを忘るゝなと警告して居る。如何にも本書を卒読して著者を感傷的な美文家位に了解されては困る。併し偉大なる革命家たるを知つて居る読者に向つては、一面あゝした繊細なる情操の持主であつたぞといふ私の警告も決して無駄ではあるまい。此の両面あつて始めてローザ・ルクセンブルグは偉大である。只一面をもつ丈《だ》けならそはまだ本当のものではない。

訳者井口君と私とは師弟の関係にある。大正二年私が欧米留学より帰つての始めての講壇に井口君は大学生として出席された。優れたる才能を有《も》つ篤実な青年として私は夙《つと》に同君に嘱望《しよくぼう》する所多く、従て卒業後も絶へず交際して居るが、遂に認められて九州帝国大学の教職に選ばる丶ことになつた。欧洲留学の期も満ちたが不幸病気になつてまだ帰らない。が、いづれ遠からず帰朝して更に大なる貢献をすることだらう。是は井口君を識《し》る者の斉《ひと》しく大《おおい》に期待して居る所である。

大正十四年六月　　帝大病院にて

〔井口孝親訳『ローザ・ルクセンブルグの手紙』一九二五年七月〕

『維新前後に於ける立憲思想』推薦の辞

本書の公刊を勧めたのはたしかに私だ。公刊を勧めたからとて序文を書かねばならぬ義理はない。著者尾佐竹君は私に何か書くべき義務あるかに決め込んでおさまつてござる。こツちも平気で知らん顔で居ると、印刷も段々功を進め遂に書肆《しょし》の方から序文はまだかと催促して来る。それでも知らん顔して済まして居ると、とう〳〵尾佐竹君がやつて来た。時は大正十四年十一月十二日の夜、退《の》ツ引《ぴき》ならず承諾を余儀なくさせられて今日の午後やうやく筆を取る。尾佐竹君は実は斯の方面の研究に於て私の先生格だ。だから序文などを書くに気がひける。けれども先生の懇嘱はまた拒《こば》み難い。だから恐る〳〵筆を執る次第である。

十二日の夜、尾佐竹君と入れ違ひに京都帝大の佐々木惣一君が来た。玄関先でお互を簡単に紹介し、尾佐竹君を送つて佐々木君を客間に迎へる。尾佐竹君テ未だ若いんだナと佐々木君がいふ。年は聞いたことはないが成程《なるほど》私共(佐々木君と私とは同年である)よりは若いやうだ。而して若いと不思議がられるのは、尾佐竹君は幕末から明治初年の古い所を永年丹念に研究して居られるからだ。あんな事をやつて居ると老人と間違《まちがえ》られて困るとは、尾佐竹君自身からも屢々《しばしば》聞く述懐である。

そこで問題は、幕末維新の研究は一体老人の閑事業たるべきものかどうかといふことになる。開き直つて斯う訊《き》くと、誰もハイ左様といふ人はないが、従来の世間は、尾佐竹と聞いてすぐ老人を連想する程、此種の研究をば老人の閑事業視して居た。之と同時に、尾佐竹君の維新研究も亦《また》よく知れ渡つた事柄である。斯《か》くして尾佐竹君のこの研究には少くとも次の二つの特色がある。第一は従来多く老人の閑事業として弄《もてあそ》ばれてゐた事柄を生気潑溂《はつらつ》たる若い頭で研究してゐるといふことで、第二は老人と思はれる程同君は青春の時代から永年この研究を継続されて居ることである。

斯うした研究を尾佐竹君は何年程やつて居るのか、之もまだ聞いた事はない。私が大正十年の秋から真剣に始め出した経験から推測すると、二十年は少くとも経過してゐる筈だと思はれる。幕末から明治の初年に亘《わた》つては勿論《もちろん》のこと、実は明治から大正にかけての出来事でも、何の問題を持て行つたつて同君で埒《らち》の明かぬ事はない。聞いても居られるだらうが読んでも居られる。殊に根本資料の蒐集に至つては驚くべき程豊富であつて、而もその範囲は普《あま》ねく文化各般の方面に亘つて居る。同君の如きこそ真に活き字引といふべきである。徳川文化に大槻如電あり明治文化に尾佐竹雨花子ありと謂《いつ》ても失当ではあるまい。私の先生格だから讃めるのではない。之だから私が先生として崇め奉つてゐる訳も分るだらう。大審院判事などにしておくには本当に惜しい代物である。

尾佐竹君を私が識《し》つたのは割合に新しい。『法学志林』などに明治初年のことを断片的によく書く雨花生の名は固《もと》より古くから知つて居た。『法学志林』は面白い老人を捉《とらま》へて居るナと永い間之を愛読して居つたが、之が壮年の尾佐竹君だとは実に意想の外であつた。先年穂積重遠君の紹介で大学の集会所で相見たのを始めとし、其後時々往つては珍本を見せて貰つたり御話を伺つたりして居る。此頃は驥尾《きび》に附して明治文化研究会を作つて居るので接する機会は一層多くなつた。そして相識ること深ければ深い程、同氏の蘊蓄《うんちく》の量《はか》るべからざることに驚歎せずには居られない。従て本書の如きは同氏の識学から云へば実はホンの片鱗に過ぎないのである。

尾佐竹君の本著は、著者の蘊蓄からいへばホンの片鱗に過ぎないが、学界に対する新提供としては、実に処女地に打建てられた一大標木と謂つていゝ。といふ意味は、第一に本書が取扱つた部門に於て我国は未だ一冊も学術的著書を有たないのである。有るものは多くは全然根本資料に触れざるお座なりの書きなぐりに過ぎぬ。第二に今後誰がこの方面の研究を嗣《つ》いでも一寸《ちよつと》本書だけのものゝ出来る見込はないと信ずる。尾佐竹君の有《も》つてる位の資料を集むる丈《だ》けでも十年位はかゝるからだ。加之《しかのみならず》斯種《このしゆ》の研究は疾《とく》に無かる可《べか》らずして永く無かつたものである。然らば本書の学界に於ける地位や多言を要せずして明であらう。

初め本書の草稿は雑誌『法律と政治』に載せられた。全部結了するまで二年余の歳月を費したかと思ふ。之を切り取つて私は立派に製本し、日夕参考して現に多大の益を得て居る。而して其のうち一冊の本になることと待つてゐたが一向そんな気色《けしき》もない。著者の無頓着は致し方がないが、之れ程の原稿に眼をとめぬ本屋の間抜けさ加減は一体どうしたものだ。著者も著者だが本屋も本屋だ、公益の為之は黙視してはおけぬと憤慨したのが、著者にすゝめ書肆に説いて遂に公刊を見るに至つた原因である。尾佐竹君が私に序文を求めたのは、産婆役たる私に花を持たす積りかも知れぬが、若《も》しそうならそは有《あ》り難《がた》迷惑の至りだ。が、それでも斯かる不朽の名著に序するの光栄を思ふと、心ひそかに満悦を覚へぬでもない。

此本の売れる売れぬは私の関する所ではない。只明白疑のない事は、苟《いやし》くも明治文化の研究に志す者、就中《なかんずく》明治憲政の発達に関する確実なる知識を得んとする者は、必ず本書一本を座右に具《そな》ふるに違ひない事である。本書を一度も読まずしては明治文化を語るの資格はなく、明治憲政史の正確なる知識は本書を看却〔閑〕する者には恐らく絶対に閉ざさるべきを以てゞある。此意味に於て本書は篤学の読書子から大に歓迎せらるべきは論を待たぬ。而して私のこゝに長々と敢て推薦の辞を列ぬる所以は、本書が少数の篤志家以外にも広く普及せんことを希望するからに外ならぬ。専門的の六《む》つかしい書き方を取つて居ないことも、此際附け加へて申しておく。

最後に私は篤学なる読書子を代表して著者に数ケ条の註文を述べておきたい。一は本書の外《ほか》従来発表せられた諸篇をも全部彙類《いるい》して近く刊行せられんことである。二は今後とも注意して本書の訂正増補を心掛けられんことである。三は漸次本書の続編に筆を染められ切《せ》めて日清戦争頃までゝもの明治文化史を大成せられん事である。之等みな著者を煩《わずらわ》さずしては容易に出来ぬ仕事だ。著者の健勝を真に心から祈つて熄《や》まない。

大正十四年十一月十五日

〔尾佐竹猛著『維新前後に於ける立憲思想』一九二五年一二月〕

『三十三年の夢』解題

一

此度《このたび》明治文化研究会から宮崎滔天著『三十三年の夢』が復刻される。初版の刊行が明治三十五年、当時非常の評判で版を重ぬること十たびにも及んだが、其後久しく絶版の儘《まま》で昨今漸く人に忘れられんとしたのを、今度私共の仲間で再刊することにしたのである。私が主としてその校訂の任に当つた関係上こゝに少しく本書再刻の理由を述べて見る。

二

本書は著者の自叙伝である。数奇風流の運命に身をまかせた人だけに、著者三十年の行事そのものが既に非常に面白い。それにその文章がまたすてきだ。単純な読みものとしても人をして巻を措《お》く能《あた》はざらしむるだけの魅力あることは私にも保証ができる。是れ創刊の当時大に洛陽の紙価を貴からしめた所以《ゆえん》であらう。併《しか》し私共が二十数年後の今日之を再び世上に活かすのは、単に読んで面白いからのみではない。其上《そのうえ》に本書は明治文化研究上の参考文献として実に大なる価値を有すると信ずるからである。

三

著者は明治初年に生れた。従《したがつ》て彼れは自由民権の叫びを聞きつゝ西洋文化心酔の雰囲気中にその青年時代を過した人である。思ふにこの当時の有為なる青年に取て、その行く途は大体二つあつた。一は官界に驥足《きそく》を伸ばさんとするもので、他は志を民間に布《し》かんとするものである。而《そ》してこの後者にもまた自《おのずか》ら二つの型があつた。藩閥専制に対する憤慨に動いて所謂《いわゆる》政治的革新運動に没頭するものが普通の型で、稀にまた志を当世にのぶるを諦め、友を隣邦に求めて先《ま》づ広く東洋全体の空気を一新し、由《よつ》て以《もつ》て徐《おもむ》ろに祖国の改進を庶幾《しょき》せんと欲する者もあつた。この方は数は少いが、或《あるい》は早く朝鮮に結び或は遠く支那に身を投じて、後年に於ける我国の大陸経営を陰に陽に資《たす》けて居る。わが宮崎滔天は実に斯《か》くして支那と我国とを結びつけた典型的志士の一人である。そこで彼れの自叙伝は我国の近代史と密接の関係をもつことになるのである。

一体明治の初年に生れた連中は如何なる教養を受けたものか。之を彼れの自叙伝は詳《つまびらか》に語つて居る。当時の有為なる青年は時勢を如何に観て居つたか。而してその見識の由来する源は何処《どこ》か。之を彼れの自叙伝は明白に語つて居る。直《ただち》に志を内地に布くを避け友を隣邦にたづねて東洋の大局に着眼せし者あるの事実はまた如何に之を説明すべきか。之にも彼れの自叙伝は明快なる解釈を与へてゐる。当時の青年を動かした思想の何であるか。時勢は之と如何の交渉を有《も》つて居つたか。是等の歴史研究上肝要なる諸問題も彼れが自らの過去を語ることのうちに事細かに説明されて居る。而《しか》もそれが彼れの行動の赤裸々の告白と共に、荒削りの巧妙な名文を以て書かれてあるのだから堪らない。読んでゆくうちに研究といふ厳粛な態度をいつとはなしに忘れしむる程に面白く書きこなされてある。而も虚飾のない在りの儘の記録である所に大なる歴史的価値あることを看逃《みのが》すことは出来ない。

四

かうした歴史的価値の中でも私の殊に高調したいのは、支那と日本との交渉に関する部分に就《つい》てのそれである。近代における支那と日本の内面的関係は、逸仙孫文の日本亡命からはじまる。斯く断ずる所以如何の説明は理窟になるから今はやめておく。兎《と》に角《かく》孫文が犬養毅氏等の厄介になり、それから多くの心友を日本人中に見出したことは、実に他日支那の運命を一変し、而してまた東洋の局面を一変した端緒《たんしょ》になる。そして日本人中最も早く孫文と相見《まみえ》また最も厚く彼れの信頼を得たものは、実に我が宮崎滔天である。これだけを云《いっ》ても彼れの自叙伝がそのまゝ日支交渉史の第一章を為すものなるの意味は明白であらう。加之《しかのみならず》『三十三年の夢』は著者と孫文との関係の叙述に多くの頁を捧げて居る。故に支那革命初期の歴史を語るものとしても、本書はまた実に貴重なる一資料たるべきものである。

五

『三十三年の夢』が文芸上の作品としてどれだけの価値あるかは私には分らない。唯曾《ただかつ》て人伝に内田魯庵翁が大に本書を推奨されたといふ話を聞いて居る。私としては徹頭徹尾《てっとうてつび》純学術的立場から批判するに止める外はないが、前述の如く、彼れの行動の正直なる記録といふだけでも大なる価値があるのだが、其外に私の敬服に堪《た》へないのは、彼れの態度の有《あら》ゆる方面に亙《わた》つて純真を極むることである。彼れは幾多の失敗をくり返し又幾多の道徳的罪悪をさへ犯して居る。それにも拘《かかわ》らず、我々は之に無限の同情を寄せ、時に却《かえっ》て多大の感激を覚えさせられ又数々の教訓をさへ与へられる。就中《なかんずく》支那の革命に対する終始一貫の純精の同情に至つては、その心境の公明正大なる、その犠牲的精神の熱烈なる、共に吾人をして遂に崇敬の情に堪へざらしむる。私はこゝに隠す所なく告白する。私は本書に由て啻《ただ》に支那革命の初期の史実を識つたばかりでなく、又実に支那革命の真精神を味ふを得たことを。人あり、若《も》し私にその愛読書十種を挙げよと問ふものあらば、私は必ずその一として本書を数へることを忘れぬであらう。

六

本書の右の如き性質が、自《おのず》から多数の愛読者を支那人のうちにも見出したことは怪しむに足らぬ。私が始めて本書の名を知つたのも、実は支那の友人から教はつたのである。お恥しい話だが、本書創刊の当時法科大学の一学生であつた私は、頓《とん》とこんな方面には意を留めなかつた。卒業後しばらく支那に遊んだけれども、日本人の多い天津《てんしん》に足を停めた為めか、支那の革命なんといふことには全く興味を有たなかつた。それで大正五年の暮第三革命の起つたときまで、支那のことは余り研究したこともなく、従て本書の存在さへ知らずに過したのであつた。私の支那研究は、実は第三革命の前後から始まる。細かい事は略するが、この革命勃発して数週の後、当時ひそかに南支の運動に同情を寄せて居つた頭山満翁寺尾亨先生の一派は、今次革命の精神の広く我国朝野に知られざるを慨し、之を明《あきらか》にする為めの用として簡単なる支那革命史の編纂を思ひ立たれ、その事を実は私に託されたのであつた。その頃すでに少しく眼を支那の事に向けて居た私は喜んで之を引受けた。そして最近の材料の供給者として寺尾先生は私に戴天仇《たいてんきゅう》君殷汝耕《いんじょこう》君等を紹介して来たのであるが、支那革命初期の歴史を知るに最もいゝ参考書として、『三十三年の夢』の名を聞かされたのは、実にこの両君からであつた。因《ちなみ》に言ふ、『三十三年の夢』は刊行後間もなく章士釗《しょうししょう》君に依て漢訳され、支那では非常に広く読まれたものなさうである。

此《これ》は後日聞いた話であるが、黄興が明治三十七年の革命陰謀に失敗し、上海の隠れ家を出でて日本に亡命するや、当時まだ無名の一青年であつた彼れは、東京に来て之といふ寄る辺もなく殆んど衣食にも窮したのであつたが、不図《ふと》曾て『三十三年の夢』を読んだ記憶を喚び起し、著者滔天の必ず歓《よろこ》んで自分を迎へ呉《く》れるべきを信じて突然身を投じたといふ。この話を私は最初故滔天君に聞き、後にまた直接黄興氏に確めた。之に依つても本書が支那の人の間に広く読まれて甚深の感化を与へたことが推察されよう。

七

『三十三年の夢』は支那では今日でも盛に読まれて居る。今度校訂復刻本を出すにつき、古い漢訳本を探したが見当らない。支那にはあるかも知れぬと、上海の友人内山書店主完造君に頼んでやつたら、古いのはないが新しい訳本ならあるとて、最近の訳本を送つて来た。これは章士釗君の訳とは違ふ。そのことは序文にも明かだが、兎に角支那では今猶《なお》広く読まれて居ることは明白だ。内山君の書信のうちにも、内のボーイが非常に面白いとて今現に読んでゐると書いてあつた。最も昨今は只面白い読みものとして賞玩されるに止まり、著者宮崎の名も漸く記憶から消去らんとしてゐるかに思はれる。が、併し『三十三年の夢』といふ書名だけは、孫文の名が不朽である限り、支那ではいやでも応でも不朽の生命をもつ運命におかれてあることは疑ない。

『三十三年の夢』は日本では版を重ぬること十回なるに拘らず、流布本《るふぼん》は極めて少い。昨今の様に明治中期の刊行物が潮の如く市場に出る時勢となつても、本書だけは滅多《めつた》に顔を見せない。大正六年始めて私が本書の名を知つて有斐閣の山野君を煩《わずらわ》したときも、やつと一冊見付けるに随分長い時を費したものだ。其後一年あまりの後、神田辺の古本屋でもう一冊見付かつた。昨今私は見付かり次第何冊でも買つておくことにして居るが、それでも其後今日まで手に入つたのはタツタ二冊に過ぎぬ。私の友人でどこかで本書を買つたといふ人はまだ二人しかない。事程左様に本書の流布は非常に乏しいのである。これ私をして故滔天の令嗣《れいし》竜介君に諮《はか》り、明治文化研究会同人諸君の諒解を得て、復刻公刊を決行せしめた一つの重《お》もなる理由である。

八

本書をひもとく人のために、簡単にその結構の大略を語つておかう。

本書は二十八章から成つて居るが、試みにこれを大別すると、次の四篇になる。

一、修養時代　「半生夢覚めて落花を懐ふ」の序曲から「思想の変遷と初恋」に至る七章
二、暹羅《シャム》活動時代　「大方針定まる」より「嗚呼二兄は死せり」に至る七章
三、南支南洋活動時代　「新生面開け来る」より「形勢急転」までの七章
四、恵州事件活躍時代　「大挙南征」より「唱はん哉落花の歌」の大詰に至る七章

九

一、修養時代

此は仮りに私の付けた名である。以下皆同じと御承知ありたい。さてこの修養時代の中に入れた七章に於て、我々は著者の思想行動の由来を詳知することが出来る。早く世を去つた父君は磊落《らいらく》にして情誼に厚い人であつたらしい。母君はまた女ながら子女の教育には非常に苦心された方の様だ。長兄八郎は夙《つと》に自由民権を唱へ西南戦争に西郷方に与《くみ》して死んだといふから、著者が早くから明治政府に対して反逆の児であつたのもさこそと肯れる。

学歴は中学から熊本の大江義塾に転じ、暫《しばら》く徳富蘇峰先生の厄介《やっかい》になつたが、軈《やが》て帝都に来て某私塾に入つたといふ。此間耶蘇《ヤソ》教に入り、小崎弘道先生から洗礼を受ける。蓋《けだ》し常に内心求むる所ありてやまざるの致す所であらう。これ著者の凡《およ》そ十五六歳のことである。併し彼れの耶蘇教は永く続かなかつた。或るものを求めて耶蘇教に入つた彼れは、教会に於てその求むる所を適確につかみ得なかつたからである。殊に彼れが信仰に動揺を感じ始めた青年時代に於て、イサク・アブラハムなる西洋の一虚無主義者に遇《あ》つたといふ話は、別の意味に於ても甚《はなは》だ面白いと思ふ。この西洋の変人については、著者は自らその別の著『狂人譚』で紹介して居るが、是《こ》れ亦《また》すてきに面白い本だ。之も折があつたら復刻しておきたいと考へておる。

　併し後年の彼れの思想行動に多大の影響を与へたものとしては、何と謂《いつ》ても彼れの所謂一兄と二兄とを挙げなければならない。先づ彼れの社会観は之を一兄民蔵に得たらしい。一兄は今日の言葉でいへばいゝ意味のアナアキストでないかと想像される。著者が耶蘇教を捨てたのも一つには一兄の感化であるが、耶蘇教をすてて而も博愛の大義を棄てなかつたのも是れ亦一兄の感化に外ならない。一兄の思想の何たるやは本書の二七頁に簡明に説いてあるが、此人にはまた別に『土地均亨人類の大権』(明治三十九年刊)といふ独立の著書があることをもこゝに附記しておく。次に彼れが活動の舞台を支那に択《えら》んだことが全然所謂二兄弥蔵に依ることもまた明白である。支那に関する二兄の思想は本書二三頁及び三九頁において最も能く之を知ることが出来る。即ち支那を興して白人の抑圧に対抗せしめ、力を我に養つて後《の》ち進んで大義を世界に布《し》かうといふのである。著者は始め布哇《ハワイ》に行つて米国游学の資を作らうとしたが、二兄に遮られて思ひとゞまり、遂に終生の方針を支那のために尽すことに決意したのだといふ。

　さて是等の話は勿論《もちろん》著者その人の俤《おもかげ》を伝ふるものとして極めて面白い。併し我々は又其外当年の時勢を明かに我々に見せて呉れるものとして一層の興味を覚えるのである。そは何かといふに、あの頃の青年で政府に志を得ない者又志をこゝに伸ばすを欲しない者は、自由民権運動に身を投ずるを普通とし、稀《まれ》に周囲の生活救済の為めに起《た》たんと志したものだが、その好個の代表は実に著者の所謂一兄である。そこで我々は一兄の思想を研究することに依てよく斯種一派の由来志向等を明にすることが出来るのである。之と同時にその頃の世間には、一つには幕府以来の排外思想の余習として、又一つには軍国的帝国主義の西洋における擡頭の自然的影響として、所謂弱肉強食の国際観がなか〳〵盛であつた。従て白人に対する黄色人種連盟策といふが如きは、容易に青年の血を沸騰せしむるに足るものがあつた。所謂二兄の支那論が実にこゝに胚胎せしものなることも大に注目するの価値はある。而して著者滔天其人の思想行動はこの二種の時代思想を一身に融合し且自ら進んで之を実行に移さんと試みたものである。こゝに彼れ自らが亦実に我々の史的研究の好対象たるの面目が存するのである。

一〇

二、暹羅《シャム》活動時代

著者が二兄と共に志を支那に立てたことはその自序にも明である。本書に記するところによれば、一兄をもこの計画に引つ張り込まうと、彼は二兄と相携へて郷里に帰つた。が、不幸にして一兄の賛同を得なかつた。一兄は単刀直入理想を日本で行ふべしといふのである。それでも著者は一兄の物質的援助を得たので、兎も角も支那に渡らうとて長崎まで行つた。そこで虎の子の旅費を友達に掠め取られる。幾多の悲喜劇を演じた後、上海まで往つては見たが、約束の送金がないのですぐ帰つた(これ著者二十二歳の時の事)。その後暫く郷里に足を停めたが、腕が鳴つてぢツとしてをれぬ。三年ばかり蟄伏した後、今度は金玉均に頼つて活動の新場面を開かうと東京に出て来る。芝浦海上の月夜の会談はなか〳〵面白く書かれてある。然るに金玉均が間もなく上海の客舎に殺され、著者の計画も自ら水泡に帰したことは、詳しくいふの必要もなからう。さうかうしてゐるうちに朝鮮に東学党の騒動が起り、風雲すこぶる急を告ぐるに際会する。乃ち今度こそ支那にゆかではと東京に出て来る。その途中神戸で岩本千綱といふ人に遇ふ。これが著者の暹羅行の端緒となるのである。

岩本といふは暹羅移民会社に関係のある人だ。病気で行けぬから君一つ代つて行つてくれぬかと頼まれる。著者の志は固よりこゝに在るのではない。けれども暹羅には支那人も非常に多い、将来のため何かの便宜もあらうと、遂に行つて見る気になる。之と同時に、二兄は既に支那商館に入り、支那服を着け、絶対に日本人との往来を避け、支那人になりすまして一意専心支那の研究に従てゐる。志は共に支那に在るのだけれども、一人は横浜一人は暹羅と、各々途を分つて進むことになつた。

暹羅に於いて日本人と相応じ移民の輸入に尽力したのは、時の農商務大臣スリサツク侯だといふ。白人の侵略に対抗するためには同病相あわれんで我々大《おおい》に結束する必要があるといふのが、この頃の東洋人に通有の思想だ。著者またスリサツク侯に訳もなく共鳴したところに、当年の気分を味はふことが出来ると思ふ。併し肝腎《かんじん》の事業の方はさツぱりうまくゆかない。そこで一旦帰国して別に画策《かくさく》するところがあつた。やがて再び征途に上つたが、此二度目の暹羅で彼は散々の目に遇つた。事業の失敗はいふまでもなく、虎疫《コレラ》の流行に友人を失ひ、自分もこれに伝染して万死のうち辛うじて一生を得た。ほう〳〵の体でまた日本に帰つて来る。

さきに暹羅から一時帰朝した際にも色々の出来事がある。中にも特筆すべきは、横浜に隠れてゐる二兄より、支那革命党の一人に遇つた旨の報道に接したことである。二度目に帰つた時は、二兄は既に病に倒れてこの世の人でなかつた。従つてこの支那人についても詳しく聞知するの機会はなかつたが、後にこれが孫派の一領袖陳白なることが分る。著者またやがて陳白と相知り、これに由て孫文と相許すに至つたのは、不思議の因縁と謂ふべきである。

一一

三、南支南洋活動時代

散々失敗の挙句《あげく》彼が帰国入京したのは、実は暹羅《シャム》の事業の再興をはかるがためであつた。東京に来て図《はか》らず可児長鋏に勧められて犬養木堂を訪ふ。これが彼をして暹羅をあきらめて直《ただち》に支那の活動にいらしめた端緒になる。犬養翁に識《し》られた結果、彼は外務省の命をうけ支那秘密結社の実状視察に派遣さるることになつたらしい。この時の政府は憲政党内閣で、外務大臣は総理大隈重信の兼任であつたことを知つておく必要がある。兎に角彼は可児長鋏、平山周の両名と相携へて南清地方に遊ぶことになつた。出発間際に彼は病を得て二友に遅れた。病も癒《い》えいよ〳〵出発の出来る時になつて、彼は小林樟雄を訪うた。座に偶々《たまたま》亡長兄の親友曾根俊虎あり、此人の紹介により、横浜に赴《おもむ》いてかの陳白と相知ることを得たのである。これが二兄の交《まじわ》つた支那人であることもすぐに分つた。陳を通じてまた孫文のことも聞いた。これ等の事柄によつて彼は大に知見を豊富にし、喜び勇んで香港に向つたのである。そして彼地において多数の革命党員と交を締したことは言ふまでもない。

著者が親しく孫逸仙に遇つたのは、香港から一旦帰つてからである。孫に遇つて彼は大に意気投合するものあるを感じ、誓つて彼の事業を助くべきを約した。そのうちに日本に政変あり(三十一年十一月)、内閣が変つて山県首相の下に外務の椅子には青木周蔵が拠《よ》ることになつた。かくて著者と外務省との関係も自然切れたが、たゞ犬養翁はどこからか金を持つて来ては引続き孫と著者との一味を助けたらしい。そのお蔭で著者はその後もしば

〳〵東京と香港との間を往来する。香港では一度比律賓《フイリピン》の志士にも遇つて居る。これも見逃してはならぬ出来事の一つだ。而してこれ皆明治三十一年夏秋の事に属する。

戊戌《ぼじゆつ》の政変(三十一年九月)で康有為は英国に保護されて一ト先まづ香港に逃げ、梁啓超は難を日本公使館に避け、それから日本にやつて来る。それと一日おくれて康も亦日本にやつて来る。梁を伴つたのは平山周であり、康を伴つたのが著者であることも不思議の因縁である。著者と康有為との交渉に関する叙述もなか〳〵面白い。

既にして比律賓独立戦争(三十二年二月)の報道が来る。孫の一派も自ら動かざるを得ない。まづ一味の人々を派してアギナルドを助け、余勢をもつて支那に攻めいらうといふのである。そのうちに比律賓の密使が来て軍器購入を孫文に頼む。孫文はこれを著者等にはかる。乃ち《すなわ》犬養翁の周旋に依て之をその政友中村某に託することになる。政府の密偵の監視厳しき中を、辛うじて必要の品々を購《か》ひ整へ、布引丸一艘に人と物とを満載して南方に送つたが、不幸にしてこれが上海沖で沈没した。著者は南清動揺の飛報に接しその内情を調査すべく孫文の秘命をうけて広東に航行する船中においてこれを聞いた。

著者の南清滞在中に哥老会、三合会、興中会のいはゆる三派連合が成つた。これがそも〳〵恵州事件の起る端緒となるのである。その外恵州事件の発生には、次の事柄がこれを助けてゐることを注意せねばならぬ。二度目に軍器を購ひに来た菲島の志士が、独立運動も失敗し、かつ日本政府の監視厳しきにあきらめ、再挙を断念してさて差当り不用となつた軍器弾丸をば全部孫文に提供したことが一つ。又一つは著者の帰国後一友人の紹介で遇つた実業家中野徳次郎が、孫派に対し巨額の財政的援助をなせしことこれ。

一二

四、恵州事件活躍時代

恵州事件は拳匪事件の動乱に乗じて企てられたものではない。この事件は彼等が大挙南征に決しその旅程に登つてから聞いたのだ。前段述ぶるが如き事情で、孫の一味《いちみ》は南方で事を挙ぐべき計画を立て、三十三年六月大挙して南方に向つたのである。向ふところは色々に分れたが、著者等一行の目ざす処は新嘉坡《シンガポール》であつた。こゝの華僑から金を集めること、これは跡から孫文が来てやる。著者はまづ日本を去つてこゝに悠遊してをつた康有為を動かし、この一派と孫文とを連絡提携せしめんと謀《はか》つた。

是より先き同地には、孫派の一味康有為暗殺のため日本より来るとの秘報が伝つてゐた。無論横浜に在《あ》る康の末派の打電したものである。その為に折角《せつかく》上陸した著者一行は、康に面会の出来なかつたばかりでなく、遂に警官の捕ふるところとなりて牢屋にぶち込まれる。この間の出来事についても詳細な面白い記事がある。

放免されてすぐ帰国の途につく。遅れて来た孫文その他の一味みな幸にして同船である。香港に立寄つたが、政庁は早くも彼等の革命陰謀を耳にはさんで上陸を許さない。その間内々で総督から、李鴻章にすゝめて両広の独立を宣言させるから孫に民政長官になつてくれぬかとの交渉があつたといふ。一寸注意すべき事件である。とにかく一旦帰国といふ事になつたが、いはゆる恵州事件の一般方略は、この時実に香港沖の船中で定められたのである。

（一）　恵州附近の三州田山寨《さんさい》にたてこもり、機を見て義兵を挙ぐること。挙兵のことは鄭弼臣を総大将とし、近藤五郎、楊飛鴻を参謀とする。

(二) 事成らば福本日南を民政総裁にあげ、其下に部局を分つて施政を掌らしめる。孫文の大統領たるは云ふまでもない。

(三) 孫文は日本に於て軍器弾薬其他必要な物資の調達輸送の任に当る。

かくて孫文は日本に帰つた。人あり台湾総督に紹介しようといふ。彼乃《すなわ》ち此方面からも有力なる援助を得べきを期待して台湾に行つた。併しこの期待は実現されなかつた。時の台湾総督は児玉源太郎で、民政長官は今の後藤子爵であつた。

既にして三州田挙兵の報到る。是れ実は東京の電命を待つに遑《いとま》なくして已《や》むなく兵を動したものである。幸にして連戦連勝であつたことは本書の記述に明である。併し日本内地の画策は尽《ことごと》く画餅に帰した。第一、金が思ふ様に集らない。第二、台湾方面の期待は全く空に帰した。第三、唯一の頼みであつたヒリッピン寄贈の弾薬(二十五万発代価六万五千円と称す)は、受託者の詐欺にかゝり、土塊同様のものといふことが分つた。そこで百計つき、孫は血涙を呑んで已むなく南清戦場の同志に随意解散の電命を発した。この事件に関する著者の「与孫文書」は、蓋《けだ》し本書中の圧巻である。

一三

斯くて彼は、為す事こと〴〵くいすかの嘴《はし》と喰ひ違ひ、不平を酒に紛らして江湖に流浪すること一二年、遂に意を決して桃中軒雲右衛門の弟子となる。この際における彼の悶々の情は自序の中にも明であるが、只漫然高座に扇子をたゝいて口を餬《のり》せるに非《あらざ》ることは、彼の好んで唱へる自作「落花の歌」に依つても明である。この歌のことは本文にも出てゐる。併し歌詞そのものは掲げて居ない。著者の旧稿を探りていま次にその全文を載せる。

一将功成万骨枯　国は強きに誇れども　下万民は膏《あぶら》の汗に血の涙　芋さへ飽かぬ餓鬼道を　たどり〳〵て地獄坂　世は文明じゃ開化じゃと　汽車や汽船や電車馬車　廻《めぐ》る軌《わだち》に上下は無いが　乗るに乗られぬ因縁《いんねん》のからみ〳〵て火の車　推《お》して弱肉強食の　剣《つるぎ》の山の修羅場裡《しゅらじょうり》　血汐をあびて戦ふは　文明開化の恩沢に　漏れて浮世に迷児《まよいご》の　死して余栄もあらばこそ　下士卒以下と一束《ひとつたば》　生きて帰れば飢に泣く　妻子や地頭にせめ立てられて　浮む瀬もなき細民の　其窮境を苦に病みて　天下の乞食に綿を衣せ　車夫や馬丁《ばてい》を馬車に乗せ　水飲み百姓を玉の輿《こし》　四海兄弟無我自由　万国平和の自由郷　此世に作り建てなんと　心を砕き〔し〕甲《か》斐《い》もなく　計画破れて一場の　夢の名残の浪花《なにわ》ぶし　刀は棄て、張扇《はりおうぎ》　叩けば響く入相の　鐘に且つ散る桜花

〔『帝国大学新聞』一九二六年五月三一日、六月七・一四日、
初出の表題「『三十三年の夢』——その再刻について」〕

岡田文相の社会主義研究

社会主義ハ本来平和静穏ノ主義ナリ……岡田良平

一

今日此際岡田文相を問題にするのは、何だか気がさして面白くない。世間で問題にするだけ黙つて居たいと云ふのが、私の性分《しょうぶん》である。それにも拘《かかわ》らず茲《ここ》に岡田文相を論ずるのは——殊に氏と社会主義との関係を論ずるのは、氏の為に聊《いささ》か弁疏《べんそ》の労を取らんと欲するからである。文相の発意と称せらるる所謂《いわゆる》社会科学研究の抑圧に付ては、昨今各方面に於て彼を難ずるの声は頗《すこぶ》る高い。私とても、其の抑圧の動機方策正《まさ》に道路伝ふる所の如くんば、亦《また》難者の一人に加つてその声に附和するを辞するものではない。併《しか》し乍《なが》ら私は、最近図《はか》らずも、岡田文相の思想問題に対する本来必しも爾《しか》く頑迷に非《あらざ》る事を信ずべき一個の証拠を発見した。換言すれば、社会主義の思想並《ならび》に運動に対し岡田文相は四十年来相当の理解と同情とを有せらるることを証明すべき文献を発見した。之に由て見ると、私共は文相昨今の措置に付ても、或《あるい》は別に考へ直さなければならないのかも知れないやうに思ふ。孰《いず》れにしてもこの事は文相の為め天下に之を疏明するの必要がある。之と共に亦私共も、この事を明《あきらか》にして冷静に当該問題を考へ直さねばならぬを感ずるのである。

然らばその新に発見した証拠とは何か。「社会主義ノ正否」と題する岡田良平氏の論文である。明治廿一年七月五日発行『哲学雑誌』第十八号の巻頭に出てゐる。同誌の記事を見るに、同氏は同年六月二十日帝国大学内で開かれた哲学会第三十九回例会に於て、同じ題で大雄弁を振はれたとある。前掲の論文は、多分その草稿に基いた力作であらうと察せられる。新進の文学士が先輩の碩学を前にして述べたものであるから、可なり自信ある研鑽であつたと観てよからう。尤《もつと》も今日から観れば、そは決して優れた論文ではない。仮りに大学初年級の試験答案としても、私が教師なら、職務上遺憾ながら落第点を附せねばならぬ程度のものではあるが、併し之が約四十年前のものだとすれば、亦一種卓抜の大論文たるを失はないのであらう。この事は、之と相前後して発表された外山正一・元良勇次郎諸先生の社会主義に関する研究を之と比較して見ればよくわかる。いづれにしても、この当時社会主義を研究の題目として選んだといふことだけで、岡田氏の当時如何に新進気鋭であつたかが想像されるのである。あの頃は自由だの進歩だのといふ文字を口にする丈《だ》けで遠慮なく牢屋にぶちこまれた時代だ。保安条例の発布に依て進歩的思想を有すと認められた六百の青年志士が一挙に皇城三里外に放逐されたのは、前年の十二月ではないか。政府当局に思想の自由なんどいふ問題に理解のないのは固《もと》より今日の比ではない。斯う云ふ時代に於て、仮令《たとえ》その正と否とを併せ論ずるのだとしても、世人の最も恐るる社会主義を論題として堂々の陣を張るのは、尋常一様の勇気を以てして出来る仕事ではない。之を岡田文相が一介の書生を以てやつてのけたのだ。以て同氏が当時いかに勇気にみち如何に学的良心に富んだ標本的青年学徒であつたかを想像することが出来る。他日もし明治の思想史を書くもの、其中に官権の不当なる圧迫に対抗し敢然として研究の自由を主張せる者の為に特別の一章を設けんとなら、何を措《お》いても第一の栄冠を四十年前のわが岡田良平氏に捧ぐるを忘れられない様にと私は希望する。

二

余談はさておき、私が岡田文相のこの研究を発見した由来を語らう。

昨今世間に、今度文部省では学生々徒に社会主義の研究を絶対に禁ずるさうだといふ噂がある。まさかと思ふけれども、伝ふる者の口振りは如何にも尤《もつと》もらしい。主義の宣伝がいけないと云ふのならまだ聞へる(之にも無条件に賛成は出来ないが)。研究そのものまでを不可とするのはちと乱暴だと思ふ。けれども当局の人達は、研究の結果は妄信に陥り、やがてその宣伝に浮身をやつすに至ると云ふさうだ。果して然るか。研究した結果一二狂熱な妄信者を出したからとて、之れだけでは研究そのものを絶対に禁ずる理由にはなるまい。それとも研究の自由を許すの結果は概して多数の妄信者を出すといふのなら、まだ多少問題とするの価値もあるが、之とても事実に当つて見ねば分らない。私などは、現に社会主義を研究した結果、その多くの謬《あやま》りを発見し、殊にその一派の運動に対しては可なりの反感をさへ有つてゐる(本誌創刊号拙稿論文参照)。私と同じ様な立場の人も世間には少くなからう。研究を許したつて直《ただち》に憂ふべき結果を生むとは限らない。併し之を一々事実に付て調べて見やうかとて、遂に私は先般来次の方針で簡単な調査を試みることにしたのである。(一)社会主義の研究が始めて青年学生の間に試みられたのは凡そ何時頃からか。(二)最も早くこの研究に指を染めた人はどんな人達か。(三)その研究の成績はどんなものであつたか。(四)その研究に依てその人達の将来は如何に影響されたか。(五)其等の人達の今日の経歴は如何。

右の調査はまだ終らない。唯之が調査を始めてすぐ驚いたことは、而して同時にまた頗る興味を感じたことは、現文相岡田良平氏が実に最も早く社会主義の研究に手を染めた青年学徒の一人であつたことである。之に付ては色々のことを考へさせられるのであるが、茲に一つ皮肉の様に聞えるかも知れぬが是非《ぜひ》とも言つておかねばならぬことは、岡田文相今日の立場が、実に青年時代に於ける社会主義の研究の如何に無害であるかを、何よりも雄弁に物語るものであることである。そこで私は考へた、文相も御自分の経験を反省されたら、社会主義の研究などは平気で放任しておかれてもよさそうなものだと。尤も私一己《いっこ》としては、折角《せっかく》真面目に研究し掛けても、結局あんな頭になるものなら、年は取りたくない、文部大臣には死んでもなりたくないとつく〴〵思ひ詰めては居る。

三

岡田文相の論文は、十三行三十字詰で十頁足らずの小論文だ。併し四十年前に在ては決して小論文ではなかつたらうと思ふ。量に於ても固よりだが、題目の新奇なる点に於て定めし学界の耳目を聳《そばだ》てしめたことと察する。無論今日の眼から観れば、内容は極めて貧弱だ。社会主義を説いて一言もマルクスに及んでゐないのを以ても、その価値の怪しげなものなることが分る。但し本論文に採るべきは、実は其着眼の公平穏健な点である。青年時代の岡田良平氏は、流石にまだ学的良心には富んで居つたものと見へ、社会主義に対する立場は徹頭徹尾穏健公平を極めて居るのである。

氏は冒頭に社会主義は十九世紀の哲学的・政治的・経済的大問題だと喝破し、だが其の思想は古くからあるとてプラトーのレパブリツクを引き、中世に至り一旦滅亡したが、十八世紀末の機械工芸の発明、之に促されたる所謂産業改革の結果に依り、近世また勃興し始めたものだと説き、其の思想的代表者として英のオーウエンと仏のサン・シモンとを挙げて居る。

氏はオーウエンとシモンのことを簡単に説いて居るが、社会主義をこの二人に代表させて、全然其他に言及しないのは少しく変だ。それは姑《しばら》く別問題として、氏は結論として社会主義を斯《こ》う解しておる。曰《いわ》く……或ハ甚ダシク極端ナルアリ或ハ然ラザルモノ有リト雖《いえど》モ、一己人ノ私有財産ニ干渉シ、自由競争ノ制ヲ変ジ、貧富相助ノ制ト為シテ多少貧者ヲ利益セント欲スルニ至リテハ全ク同一ナリ……と。此の定義も頗る明晰を欠くが、次の弁明に至ては、何としても氏の公平穏健なる態度を賞揚せないわけに行かない。曰く……世人ヤ、モスレバ又タ曰ク、社会主義ハ之レ破壊主義ナリ、無政府主義ナリ、暴力ヲ以テ社会現時ノ状態ヲ破棄セント欲スルモノナリ。而シテ其甚シキニ至リテハ、社会主義ヲ主張スルモノヲ以テ匕首《あいくち》ヲ懐ニシ「ダイナマイト」ヲ提ゲテ貴顕ノ通路ヲ待ツモノト同視シ、社会党ノ字ヲ以テ暗殺党ト同意味ナリト思考スルモノアリ。之レ畢竟《ひっきょう》社会主義ノ必有性ト偶有性トヲ混同スルノ罪ノミ。蓋《けだ》シ社会主義ハ新奇ノ運動ナルガ故ニ、其主義ヲ貫徹セント欲スル時ハ、或ハ多少暴力ヲ要スルコト無キニ非ザル可シト雖モ、之レ新奇ナル運動ニ多少通有ナル事情ニシテ、欧洲ノ宗教改革及ビ米国ノ廃奴論ノ如キ其適例ナリ。然レドモ之レ等ハ共ニ偶有ノ性質ニシテ、宗教改革未ダ必ズシモ流血ヲ要スルニ非ズ、廃奴未ダ必ズシモ米国南北州ノ戦争ヲ要スルニ非ルナリ。左レバ社会主義モ亦タ乱暴破壊ヲ必要トセズ。但社会主義ヲ主張スルモノハ、多クハ衣食ニ困《くるし》ムノ細民ニシテ平生乱暴破壊ヲ好ムノ人民ナレバ、此《この》偶有性ノ顕出スルコト或ハ少カラザルベシト雖モ、之ヲ以テ社会主義自己ヲ排斥スルハ不理ノ極《きわみ》ト云フベシ……と。斯くして氏は冒頭に掲出した如き「社会主義ハ本来平和静穏ノ主義ナリ」の一句を以てその項を結んで居る。論述の細目には多少の批議すべきもののなきに非るも、大体の観察は頗る当を得て居るではないか。而も多少の暴力を已《や》むを得ずと許すなどは、今日の私共の立場よりもヨリ寛容である。而して岡田現文相が四十年前社会主義に対して斯くも同情のある理解者であつ〔た〕といふことは、一面頗る人意を強うするに足るものだとも云へる。

併し岡田氏は当時すでに社会主義の妄信者ではなかつた。氏更に歩を進めて曰く……然リト雖モ社会主義ノ全体トシテ不条理千万ナルハ素《もと》ヨリ明々白々ニシテ毫《ごう》モ疑ヲ容レズ……と。即ち氏は一方に温き同情を示しつゝ、他方決してその理論上の欠陥に目を掩《おお》うものではなかつた。此点に於て氏の当年の態度には、今日の私共の立場と符節を合するが如きものがある。但し氏の社会主義の不条理を証明せんとせる議論は、爾《しか》く明々白々ではない。尤も氏自身は十分にその謬妄を論破した積りで居るらしいが、それでもまだ氏は社会主義に対する熱き好意を繰り返さずしては熄《や》み得なかつた。それ程氏は社会主義に深厚なる同情を寄せたのである。曰く……西哲曰《い》ヘルアリ、多数ノ人ノ信ズル所ハ徹頭徹尾不理無稽ナルモノニアラズ、必ズ多少ノ真理ヲ含有セリト。社会主義ハ中興以来歳月未ダ短ク、人ノ此主義ヲ奉ズルモノ未ダ僅少ナリト雖モ、日々威大ニ赴《おもむ》ク傾向アリト聞ク。社会主義豈《あ》ニ独リ多少ノ真理ヲ有セザランヤ……と。この断定を傍証する為めの細目の論述は、例に依て頗る足元のあぶないものではあるが、兎《と》に角《かく》あの当時これ程までの同情ある理解を寄せて居られたといふことは、大に注目すべきことではないか。

四

之を要するに、わが岡田文相は我国に於ける最初の社会主義研究家である。而して研究の当初は相当理解ある同情者であつた。少くとも氏は四十年前に於て社会主義に対しては頗る公平穏健なる批判者であつた。この事を我々は深く肝に銘して文相今日の行動を観察して見たい。

我々は今日までの文相の施設を皮相的に観て、文相は元来社会主義のことなど一向研究したことのない人だと想像して居つた。今やこの謬りは明白になつた。私は思ふ、不純の動機に出でざる限り、文相は自己の経験からしても、青年学生の社会科学研究——即ち研究そのもの——を濫《みだ》りに禁ずる筈はない。精密ではなかつたにしても、兎に角正しい研究的態度から、彼は一度極めて公平穏健な見解を社会主義に与へた人だ。学的良心が堕落せる役人生活に依て麻痺せられざる限り、彼は今日俄《にわか》に無暴な禁圧を青年の研究に加ふる道理はないと。斯《か》くて又私は思ふ、文相が常規を逸せる抑圧を発令せんとして居るといふ説は恐らく訛伝《かでん》であらう。訛伝でないとすれば、禁ずるものは実は研究そのものに非ず、他に何等か相当の理由あるものであらうと。尤も之には極めて明白なる理由を公表するの必要あるは言ふまでもない。孰《いず》れにしても、私は岡田氏の一公民としての良心と常識とを信ずるが故に容易に世上流布《るふ》の訛伝に与《くみ》し得ない。偶々《たまたま》氏の心事を忖度《そんたく》し得べき文献を発見し、敢《あえ》て一言の弁明を試みる所以である。

〔『反響』一九二六年六月〕

宮島資夫君の『金』を読む

未見の友宮島資夫君よりその著『金』の恵贈を受けたのは五月初旬のことだ。病後未だ充分に体力を恢復《かいふく》せず其《そ》の癖《くせ》可《か》なり忙しい生活を送つて居る私のこととて之を読み終るに二週間ばかり掛つた。大変面白かつたことをお礼代りに申しておく。併《しか》し私に取てこの本は単に面白いばかりでは済まされぬ。其外に本書のもつモ一つの価値が大《おお》いに私をひきつけたことを云はずには居れない。私のやうに現代を一歴史事実として研究せんとするものに取て本書は一つの重要なる参考文献を為すと考へたからである。この意味で私は読後之《これ》を其方の文庫の一に加へて鄭重に保存することにした。かくて私は宮島君に向つて二重に感謝する義務があるやうに思ふのである。

誤解を避くる為に予《あらかじ》めことはつて置くが、私が右の言を為すのは、近頃の作物中宮島君の本だけがとくにさうした特色を独占するといふ意味ではない。外にそんなのが沢山あるかも知れぬ。併しあるといふことも私に断言は出来ない。蓋《けだ》し小説などのことに就《つい》て私は全く門外漢だからである。一体私は文芸方面の作物などを金を出して買つたことは殆んどない。読むのは必ず只で頂戴したものに限る。それも寄贈本の大部分はそれぞれ私の専門に関するものなので、偶《たま》に小説などがあつても手が廻り兼ねるのである。専門関係のものですら、近頃は心に掛りながら他日に繰り延べてゐるものが多く、常に友人の好意に背《そむ》き勝《がち》なのを苦しとして居る。だから宮島君の本に就て云々するのも、実は偶然これだけを見てふと感じたことを其儘《そのまま》云ふに止まるので、多少でも斯の方面の消息を知つて居る者の言葉と取られては困るのである。

読んで一言の返礼を述べねばならぬ書物が机上に堆《うずたか》いのに、いつもなら一番後廻《あとまわ》しにすべき筈の小説『金』を一番先きに読んだのはどういふわけか。そは包を解いて見返しを見ると、特に私に宛てた著者の鄭寧《ていねい》な署名があつたからである。宮島君の名は疾《と》うから承知しては居つたが、固《もと》より従前斯うした交渉のあつた方ではない。それだのにわざ〳〵署名までして一本を賜つたとすれば、必ずや此中に特に私を誨《おし》ふべき何ものかを包蔵して居るからに相違ない。乃ち何事を差措《さしお》いても読まずんばある可らずと、ひまを見てはしきりに読み耽《ふけ》つた。宮島君はこの本に依つて必ずや或事を私に告げんとしたのだとは私の今以て信じて居る所である。而して私の此本に対する理解が果して著者の予期に中《あた》るや否やは分らないが、せめて私の解し得ただけの事を卒直に述べるのは、是亦《これまた》同君の好意に酬《むく》ゆる所以《ゆえん》でもあらうと考へつゝ、玆《ここ》に拙き筆を執《と》るに至つた次第である。

*

私の観る所では、著者の此書に依て世間に紹介せんとせるは、杉中なる一青年で、此の青年の短き一生に対する著者の解釈が実に一篇の眼目ではないかと考へる。私はこの点に本書の重点があり、又この点に本書が現代と交渉する社会的意義が存し、従て此の点で本書は私共の後々の研究にも大に参考になるものと思ふ。但し第三者たる読者にこの事を明《あきらか》にする為には、少しく話の筋を述べておく必要があるかも知れぬ。

*

磯部といふ株式仲買人がある。散々《さんざん》にやり損《そこな》つて破産に瀕してゐたのを、栗田といふ実業家が見つけて之を利用することになる。栗田の背後には安達といふて天下に誰知らぬ者なき大立物《おおだてもの》が控へて居る。安達は時の相場に乗ずるといふよりは、寧《むし》ろ我から相場を作つて大儲けをするので有名だ。たゞ世の怨府となるを恐れて滅多に表面へは現れない。それだけ悪辣《あくらつ》陰険を極めて居るといふ評判が高い。そこで彼はいつも困つてゐる奴をこつそり手なづけては大芝居を打つ。之が彼の常套手段だ。世間は之を万々《ばんばん》承知で居ながら毎時《いつも》彼にしてやられるのだから面白い。時は大正九年の春だ。戦後の空《から》景気に世間が陶酔し切つた潮時を見て、安達は栗田に策を授け、栗田は即ち磯部を物色し得て、突如《とつじょ》世上の期待に逆行し、猛然として売りに出た。其為《そのため》に相場は俄《にわか》に崩れた。やがて大恐慌が来る。すると安達は例の手を出し、其の管下の銀行網に発令して急に手を引き締めさす。貸出しが塞《ふさが》れば相場は益々下るばかりだ。斯くしてこの三人は大小の差こそあれ、みな一挙して巨額の富を作つたのである。

だが他方にはまた此の激変の犠牲となつて大傷を受けたものは非常に多い。大小の悲劇は到る処に演ぜられる。

その一つとして池田家の没落が点綴《てんてつ》される。病の床に臥《ふ》して最後のやまを張つた父は、百計尽き、さらでも迫れる死期を待ち得ずして遂に自殺する。一家は離散し、勝気の娘は自暴自棄の極、我から堕落の淵に我身を墜した。この娘は名を鈴子といふ。実は磯部の娘房子の親友で、其の兄茂のひそかに恋々の情を寄せた相手であつた。

磯部の長子茂に一人の親友がある。之が本書の主人公とも見るべき杉中だ。之がまた房子と相思の仲とある。やがて将来を契《ちぎ》るの約束が二人の間に成立する。

杉中は一つには茂の為に又一つには房子から頼まれて、一家没落後行衛《ゆくえ》不明になつた鈴子を探すべく奔走する。やがて鈴子を堕落の淵から見出す。捨て鉢の鈴子はあべこべに杉中を陥れようと挑《いど》む。杉中は何となく彼女の魅力を感じつゝも房子の手前一旦《いったん》厳しく之を刎《は》ねつける。其の為に彼は鈴子の為にはかられて一度事を以て警察に留置さるることになる。先是《これにさきだち》池田家の親族に長森といふ青年があつた。池田一家の破滅後感ずる所あり、身を本所深川方面に隠して労働生活をやつて居る。之を訪ねた杉中は、その純真無垢な行動に非常な感激を覚える。警察に於ける数日の拘留は、更に彼を促《うなが》して大に考を深めさせる。かくて彼はます〳〵長森のやうな生活様式に強き憧憬を感ずるに至つた。併し顧《かえりみ》るに彼の通《と》ほつて来た途《みち》は新しい時代の児《こ》長森のとは丸で違ふ。「要するに自分は亡ぶべき種類に属した人間である。然し亡ぶべき性質の者は、亡ぶべき物として為すべき事がある。さうしてそれはやがて単に亡ぶる事とはならない。それに依つて自分は生きた事になるであらう」と。彼は遂に安達を殺して社会の害毒を除くの決心をかためたのである。

杉中は磯部の紹介状を偽造して八十に近い老人の安達に会ふことが出来た。彼は静かに過去の数々の罪悪を数へて安達に死を命じた。匕首《あいくち》はやがて老人の胸を貫く。そして杉中自身も亦其場で直に立派な自殺を遂げたのである。

小説としての筋を辿れば、まだ色々のことを云はねばならぬが、私の目的からいへば、以上の話だけで沢山《たくさん》だ。そして読者は直にこの話から、先年安田善次郎翁を殺した一青年朝日平吾を連想するだらう。著者の真意の何に在りやは別問題として、私は兎に角あの異常なる事件の一解釈として、実は本書を歴史研究の一文献と見做《みな》して居るのである。

*

先年朝日平吾なる一青年が安田翁を殺したといふ報道を新聞で読んだとき、私には何となく之が普通の殺人でないやうに思はれた。寄附を求めて応ぜず怒りに任せて殺したといふ風に報じたのもあつたが、それにしては朝日の態度が立派過ぎる。事柄の善悪は別として、之には何か深い社会的乃至道義的の意義がなくてはならぬ。殊に安田翁が如何にしてかの暴富を作つたかを思ふとき、社会の一角に義憤を起すものあるも怪むに足らぬと平素考へて居た私には、どうしても朝日をば時代の産んだ一畸形児としか考へられなかつた。斯くて私は朝日といふ人物に就てはひそかに一個の勝手な解釈を有《も》つて居たのであつた。

其後朝日の遺書なるものが秘密の間に発表された。私も之を読んで私の解釈の甚しく見当を外れて居なかつたことに満足した。やがて又一部の人の間に朝日を激賞するの声があがるのを聞いた。併し其の言ふ所は、朝日の古武士的な犠牲的の精神を揚《あ》ぐるに偏し、その思想の社会的由来に関しては殆んど全く目を掩《おお》ふて居るかに思はれた。之では彼に封建時代の衣物《きもの》を着せて舞台に立たしめただけに止まり、断じて現代の活社会に彼を活《い》かす所以にはならない。この点に頗《すこぶ》る遺憾の情を懐《いだ》いて居つたのに、今宮島君の新解釈に接し、始めて私は快心の共鳴を感ずることを得た。是れ同君の好意に酬ゆる以外の意味に於て、別に又こゝに蛇足の紹介を試みるに至つた所以でもある。

改めて云ふ。『金』の主人公杉中が朝日平吾をモデルに取つたものなることは、安達殺害の光景の叙述から観《み》ても明了だ。更に篇中にちよい〳〵出る安達のやり口を見ると、之は永く世上の噂に上つた故安田翁のやり口そつくりではないか。田舎銀行の頭取であつた杉中の父親も安達にしてやられて悶死したといふ。之も杉中が安達を殺すに至つた一原因になつて居るが、さてどう云ふ風にして田舎銀行を乗つ取るのかといへば、先づ放漫な貸附に多額の資金を固定し四苦八苦に悩みあぐんで居る田舎銀行に向つて救済と出掛ける。即ち依頼に応じて若干の融通をするのである。期限が来る。ぐん〳〵解決を促す。此際一刻の猶予も与へず、冷酷を極めて一点の涙を示さぬは、普《あま》ねく人の知る所だ。而して困憊《こんぱい》の極に押し詰めた揚句《あげく》が、之を二束三文に買ひ潰《つぶ》すことになる。斯くしてその全権を握ると、今度は豊富なる資金にまかせて、緩《ゆ》つくり貸金の回収につとめる。力ある者の手に帰すれば、二束三文の証書もみな活《い》きあがる。元の株主が切歯《せつし》扼腕《やくわん》してももう追つ付かない。之が安田翁のやり口だと誰しもが云ふのである。此手で全国各地の小銀行は続々として彼に買ひ潰され、かくして所謂安田の銀行網が全国到る処に張り詰められる。彼が居ながらにして金融界の大覇王と仰がるるに至つた秘訣はこゝにあるといふことだ。

啻《ただ》に之ればかりでない。本書の冒頭に現れた株式市場の攪乱の如きも、正に是れ安田翁の常套手段と見做されて居る。私の聞知する所に依れば、無事平穏の際に在ては、彼は温顔を以てしきりに金を使つて呉れと頼み廻る。斯く諸方に資金をおろせば、自然株の値段が上つて来る。値段が上れば更にまた貸出をふやす。斯くて景気が進んで最高潮に達した頃、彼は担保に取つた株式を上手に売り始める。之と同時に全国各地の自家系統の銀行に号令一下して急に貸出を引き締めしむる。これ丈《だけ》でも反動安が来ねばならぬのに、売り始めた持株の数が馬鹿に多い。『金』にも書いてあるやうに、誇張していへば「売らう、売らう、いくらでも売つてやる」といふわけになる。そこで相場は、俄然《がぜん》として暴落せざるを得ない。貸出しを停止した銀行は、株式の暴落に乗じて増担保をせまる。ぐん〳〵押し詰めて敵を追究する手際は、宛《あたか》も勝に乗ぜるはやり男の無人の野を走るが如きものがある。斯の際彼が何人に対しても又如何なる情実にも断乎として耳を傾けざりしことは、亦《また》普ねく人の知る所である。とどのつまり、彼はかねて担保に取つた株式を(実は好景気の時高価で売り放して莫大の利益を収めたのだが)二束三文で引き取ることにする。之等の手管《てくだ》は無論上手に運ばるるのだから、人に尻尾《しつぽ》をつかまるやうなへまはせぬ。けれども変動のある度毎《たびごと》に、また安田かと財界の人は誰しも老翁を怨《うらみ》の的にしたものだといふ。只何分《ただなにぶん》財界に絶大の勢力があつたので迂《う》つかり之に楯突《たてつ》くことが出来なかつたまでのことだ。『金』の中に説いてある大正九年の大変動も、無論安田のいたづらからとはあの頃誰しも観て居つた所だが、消息通の推測する所に依れば、あの騒動に乗じた安田の活躍は、実に前後三回の多きに及び、海山千年(海千山千)の黒人《くろうと》筋もその変幻出没窮りなき怪腕には舌を捲いて驚いたものださうな。独りあの時ばかりではない。あの前欧洲大戦中にもすでに二度程大きな芝居を打つて居る。何せ勢力が大きいので、相場に乗ずるのではない、自分でおのづから相場を作ることになるのだから、百戦百勝は受合《うけあい》なわけだ。この点に於て彼は実に財界の神様であつた。加之《しかのみならず》彼は他のすべての実業家と違ひ、毫末《ごうまつ》も政府の保護に頼らない。真に独立独行であれ丈けの地歩を築き上げたのは、何と謂《い》つても一代の偉人である。其の代り金を以て人を助けるなどいふことは、爪《つめ》の垢《あか》ほどもしなかつた。金の為には親類縁者と絶つて毫も之を苦とせなかつた。彼から不思議に無理な金を借り出し得たものは跡《あと》にも先にも浅野総一郎翁たつた一人位のものだらうといふことである。

彼は実に金を作ることに於ては稀代の天才であつた。併し金を作らんが為に故意に人を陥れたといふ者あらば、そは少しく誣妄《ぶもう》の言たるを免れまい。彼の行為には法律上の犯罪を構成すべき底の要素はみじんもない。即ち常に正々堂々の方法に依つて儲けたのである。只彼の機を見るに敏なる、どこかに乗ずべき余地ありと観れば、彼の辣手《らつしゆ》はおのづからにして動く。彼の一挙一動は与へられた富を逐《お》うて衝動的に起るものと観るべきで、始めから株式市場を攪乱しやうの、商敵をつまづかせようとの策戦に基くものではないやうだ。世間を騒がし人に迷惑をかけ、その混雑に乗じて不義の金もうけをしようといふのでは断じてない。金を儲けよう、斯くすれば屹度《きつと》儲かると見込んでやつたことが、自然市場の攪乱ともなり、又之から迷惑を蒙る人も出て来るのである。損をするのはその人の不明の致す所。此方《こつち》の知つたことではない。人の事には構つて居れぬ。兎《と》に角《かく》自分は儲かりさへすればい丶といふのが、安田翁の処生〔世〕哲学であつたらしい。少くとも世人一般は彼の人柄をさう識《しつ》て居る。さうした処生哲学には、固より多くの異議を挿むべきものあるは云ふまでもないが、彼を以て富を作らんが為に識て人を傷けたものとするは、聊《いささか》失当であらうかと考へる。彼が彼のために直接損害を受けた人々からは極度に憎まれ乍《なが》ら、而も一般世人からは左までに悪声を浴せられなかつたのも、恐らくは斯うした所からであらうと思ふ。

併し考へて見れば、彼は決して世の風上における紳士的人物ではなかつた。法律上何の罪も構成せなかつたとしても、徳義上彼は果して良心に少しの愧《は》ぢるところがなかつたらうか。満洲の張作霖は、自ら濫発した紙幣に依て安い米を無理に買ひ上げ、濫発した紙幣の直段《ねだん》が下り物価の馬鹿に上つた頃合を見斗《みはから》つて、先き買つた米をい、値で売るとやら。斯くて莫大の富を作り而も人民の困苦を顧みなかつたとすれば、彼に民の愛慕を受くる資格なきは明だ。安田は実に財界の張作霖であつた。株の値段を百円にするも三十円にするもそは彼の意の儘であつたのだ。百円の値をもつ株を貸金の担保に取り、之を百円に売つて先づ儲ける。夫《それ》から無理やりに三十円に下げる。そして三十円のものとして之を自分に引渡さしめる。引渡してしまふとすぐにまた元の百円の値に復へす。もぎ取られた者の切歯扼腕するも尤である。法律上欠くる所なしとしても、斯の如きは一体黙認し得べきことかどうか。之を黙認して居た政府が抑も怠慢であつたと謂ふべきではなからうか。尤もあの時代は、まださうしたことどもを八釜《やかま》しく責むるやうな時代ではなかつたかも知れぬ。三越の売品の斤量が少いの、有田ドラックの広告が詐欺的だのと騒ぐ今日なら、無論安田翁のやり口の如きは到底《とうてい》官憲の目こぼしに安んじ得る代物ではない。それだけ彼の富は不義の富と謂はれても仕方はあるまい。この事に気付かなかつたのは、何としても故善次郎翁の不徳と云はざるを得ぬ。今更死屍《しし》に鞭《むちう》つつもりは毛頭ないが、冷静に考へれば、大学に講堂を寄附したり、市政調査会に巨額の金を提供したりした位で償へる罪ではないやうに思ふ。私が彼の後嗣《あとつ》ぎなら、少くとも財産の半分位を公共事業へでも投げ出さなくては、とても寝ざめがわるくて生きて居れぬ。一つには故翁の罪滅しのため又一つには一族の名誉の為め、安田家としても何とかせねば銘々の心も安んぜまいと察せらるる。安田家一族の方々は今果してどんな考で居らるるだらうか。

＊

斯くいへばとて私は、安田翁を殺したのを当然だなどといふのではない。朝日の行動には徹頭徹尾反対だ。ことに一安田翁を除くことに依て直に社会を救ふを得べしと考へた短見は憫笑《びんしょう》の至りに堪へぬ。けれどもあの時代に朝日平吾が生れたと云ふその社会的背景に至ては、深く我々を考へさせずには置かぬものがある。日本の青年には今日なほ幾分古武士的精神が残つて居る。不義を懲《こ》らす為には時に一命をすてゝ惜《おし》まない。加之《しかのみならず》一方には富の配分に関する新しき理想にも動いて居る。此時に当り社会の上流に金の為には何事を為すも辞せぬといふ貪慾な実業家があるとしたなら、この古武士的精神と新時代の理想との混血児たる今日の青年が、物に激して何事を仕出来すか分つたものでない。斯かる形勢は我々〔は〕よく之を理解しておくの必要がある。又世人をしてよく之を理解せしめておかなければならない。こゝに『金』の公刊が、今日の時代に方《あた》り、文芸的作品としての外に、更に一つの特殊なる使命をもつ所以があると考へるのである。

之を書いて居る中に、本書に対する高畠素之君の批評を東京日々新聞で見た。また下田将美君の批評を時事新報で読んだ。孰《いず》れも本書が芸術品として有つ価値を明にして居られたやうだ。私にも同感が出来るが、併し此の方面のことは私に本当には分らない。株式市場の内幕といふ常人の容易に窺知し難い方面を詳《つまびらか》に教へて呉れた点に、両君とも多くの興味を有たれたやうだが、このことにも私は同感だ。題材を変つた方面に取つた点でも、本書には意義あるものらしい。不得手《ふえて》な方面ながら其外《そのほか》更に私の感ずる所を有りの儘《まま》にいはしむれば、登場人物のすべての性格が無理も誇張もなく大体能《よ》く描かれて居ると思ふ。株屋の磯部もそこらに沢山ありさうな人物だ。其子茂が、一方には新時代の空気に触れて自らの家業を呪ひながら、他方断乎として之から脱け切れもせず、力の入らない煩悶にフラ〳〵して居る所、丁度斯んなのが私の知つてゐる金持の息子に沢山ある。妹の房子に至ては杉中から惚れられる程の資格が何処から来るのか一寸私には分り兼ねる。杉中が鈴子の誘惑に魅せられて心中ひそかに房子に不足を感ずる場面があるが、房子に杉中の全生命を抱き得るだけのものを有《も》つてゐないことは如《い》何《か》にも肯《うなずか》れる。鈴子の境遇に依る心境の変化も、心境の変化を外皮にして内面の本質に変らざる人間味を一貫してゐる点なども、実によく分る。長森のやうな青年も、此頃としては珍らしくない。十年前なら架空の人物としか受取れなかつたらう。斯くして此間から杉中の出て来る径路は当然の帰結となるのだが、強《しい》て難をいへば、この杉中の性格が少しく書き足りなくはないかと考へられる。あれ丈《だけ》の大事を決行する人間だ。而も一時の憤激に出づるのではない。然らばも少しそこに深い煩悶があつてい丶筈だと思ふ。殺さねばならぬ道理上の決心と益々之を実行に移すまでの間には、偉い人程、又本当の人間であればあるだけ、そこに深刻なる煩悶がなければならない。考へたことをすぐ実行するやうな者に碌《ろく》な奴はない。蓋《けだ》し不義を除いたといふことそれ自身に偉いものがあるのではなく、已《や》むに已まれずして不義を除いたその血涙滴《したた》るばかりの内面的争闘に貴いものがあるのである。斯く考へると、杉中に対する著者の解釈は少しく安価に過ぎはせぬか。別の言葉でいへば、大体の見当は誤らざるも、描写に深刻味が足りぬといふべきではないかと考へる。併し畢竟斯れ素人の世迷言《よまよいごと》、自ら敢て当れりと自信する程の言ひ立《たて》ではない。

いづれにしても私は、本書を朝日平吾一件の一解釈として私だけの価値づけをして満足して居る。固より本書を朝日平吾の心事の疏明を目的とせるものとは思つて居ない。あの事件をどんな風に観れば当時の社会は成程《なるほど》と首肯したであらうかの、謂《い》はゞ一社会的解釈といふのが主眼であらう。斯の立場から云へば、本書はよく当時の財界と社会状態と又青年の心理とを教へて呉れるものといふことが出来やう。尤も著者が果して朝日平吾を念頭において書いたのかどうかは、聞いて見ねばはつきりは分らぬ。事実さうでないと云はるれば、私の立言は丸《まる》で空になる。それでも本書が大正九年頃の浮薄な東京を描いた記録としての価値は全く消滅はすまい。況《いわ》んや外に芸術品としての値打もあるといふに於てをや。たゞ私としては、私の立言恐らく著者の承認を得べきを期待して、ひとり密《ひそか》に悦に入つて居る次第である。

〔『中央公論』一九二六年七月〕

解　題

〔標題の下の数字は本巻収録ページ〕

自分を語る

評論家としての自分並佐々政一先生のこと　3

雑誌『新人』一九一八(大正七)年一―三月号に「内外近時評論」の一節として三回に分けて連載された「自己のために弁ず」が原形。のち、一九二七(昭和二)年五月『講学余談―吉野作造著作集 主張と閑談 第六』の「回想」に収録されたとき、表記のように改題された。本篇は再録時にかなり細かく手が入って文章的にも整備されている『講学余談』版を底本とした。

　内容的な相違はほとんどないが、①「予は」という語り口が「私は」に改められ、また、②「且又殆ど全部速記若くは筆記によるので、多くの人の如く自ら筆を取るのではないから、之に由つて費す所の時間も人の想像する程多いものではない」(四頁)の傍線部分が削除され、同じ趣旨から、「最も予自身から云へば頼まれるのを好機会に書いて貰ふと云ふ事が必要でもある」が、「尤も私自身から云へば頼まれるのを好機会に書くと云ふ事が必要でもある」(四頁)と改められたことが、主たる改変である。

　日記の一九一七年一一月二九日の項に、「佐々政一先生の葬儀に列す」とあり、これと『大学評論』同年一二月号に吉野作造論(「学界人物月旦 政治学者としての吉野博士と大山氏」)が出たことが、この文章を書くきっかけとなったと推測される。後者の執筆者は、室伏高信、北昤吉、小山東助、鳩蛇評人、二宮清徳(本文中の「二宮氏」)である。『大学評論』は、吉野門下の星島二郎が中心となり、「社会と大学の連鎖」と銘打って同年一月に創刊された。主筆は小山東助。

　醒雪佐々政一は一八七二(明治五)年に京都に生れ、一八九六(明治二九)年東京帝国大学国文科卒。在学時に『帝国文学』に連載した『連俳小史』を二高在任中に上梓した。一八九九年に山口高校に転任、一九〇一年に退任して書肆金港堂に入り、雑誌『文芸界』を主宰した。〇六年以後、東京高師等で国語、国文の教授。一二年文学博士。著書に『うずら衣』『俳諧評論』『俳句大観』『俳諧史』『俗曲評釈』『近世国文学史』『新撰記事文講話』『新撰叙事文講話』等、多数。一七年一一月二五日没、年四六。

所謂「私共の理想郷」 12

『改造』一九二一（大正一〇）年七月の夏期臨時号。「変つた村」特集の冒頭に掲載。この特集の他の寄稿は、「哲人村としての信州神川」土田杏村、「伊豆大島の桃源郷」有島生馬、「私の見た新しき村」中村亮平、「貧民窟の夏」賀川豊彦、「新しき村についての対話」武者小路実篤。

これを書いたきっかけは、本文のなかにある通り、この年六月号の『国本』に、望月茂「畑毛理想郷の真相」という暴露もの風の記事がでたことにある。『国本』は国粋主義的な雑誌だが、この号には同時に、三井甲之と千葉亀雄による「福田・吉野・河上三博士の思想及人物」も掲載されている。畑毛のことは吉野日記にも頻出する。

村芝居の子役 20

『婦人公論』一九二三（大正一二）年一月号。諸名家に「幼年時代の思出」を一頁ずつのスペースで寄せることを求めたのにたいし、答えたもの。『講学余談』の「回想」に収録され、没後の『閑談の閑談』に再録。

予の一生を支配する程の大いなる影響を与へし人・事件及び思想 21

『中央公論』一九二三年二月号。この題で四一名にアンケート方式で問うたのに答えたもの。『斯く信じ斯く語る―主張と閑談 第三輯』（一九二四年）に収録の際、「「一生に大影響を与へし人・事件及び思想は何か」の問に答へて」と改題された。

文中、「僕の今の思想の基底となつて居るものを今古の聖賢に求むるなら、烏滸がましいがカントと云ひたい」（二一頁）の「カント」が、単行本所収時に「私の今の思想に大きな影響を与へたものを今古の聖賢に求むるなら、をこがましいが荘子と云ひたい」と改められた。没後の『古川余影』にも改編後の形で「一生に大影響を与へし人・事件及び思想」の題で再録。

新人運動の回顧 23

『新人』一九二三年四月号。吉野は本郷教会青年部の機関誌『新人』にたいしては、一九〇〇（明治三三）年七月の創刊から一九二六（大正一五）年一月の終刊まで同人として寄稿しつづけ、初期には編集にもたずさわった。（『新人』は一九九〇―九一年、竜渓書舎から復刻された。全五一巻）

一八九八（明治三一）年七月四日、吉野が栗原基の属する仙台北一番丁の浸礼教会で、内ケ崎作三郎、島地雷夢とともに牧師中島力三郎から洗礼を受けたときのことは、内ケ崎「吉野作造君と私」および栗原「仙台時代の吉野作造君」（いずれも赤松克麿編『故吉野博士を語る』一九三四年、所収）参照。

軽佻なる批議 29

『文化生活の基礎』一九二四（大正一三）年四月号。標題の

「軽佻」は、同誌の原題では「軽兆」となっていたが、本文中の用例にしたがって訂正した。『文化生活の基礎』は、森本厚吉が主宰し、有島武郎と吉野作造が協力して作っていた、文化生活研究会の機関誌。

文中の「我国憲政発達の歴史的背景」が話された朝日新聞社時局演説会の神戸での開催は、二月二五日。これを記録した三月二五日発行の朝日新聞社刊『時局問題批判』では、「現代政局の史的背景」という標題になっている。

悪者扱さるゝ私　33

『文化生活の基礎』一九二四年一一月号に掲載の「公人の常識」の冒頭の一節。この標題は、翌年一二月、「主張と閑談 第四輯」として刊行された『公人の常識』に収録されたさいに付けられた。のち『閑談の閑談』にも再録。

吉野先生のために妄をひらく　35

これまで公表されたことのない、吉野戯筆の自己紹介文である。増田道義に吉野が与えた肖像写真(本巻口絵参照)の裏に、ペン書きされたもの。古川市の吉野作造記念館所蔵。標題は本書収録にあたって仮に編者が付けたものである。原文にはなかった句読点と改行も、編者が補った。

増田道義は、一九〇二(明治三五)年、愛媛県今治市生れ。今治中学、松山高校を経て、一九二二年東京帝国大学法学部入学。二六年、警視庁に入り、二七年、関東庁に出仕して大連に赴く。金州民政署長等を経て、三二年、朝鮮総督府警察官講習所教授に転任。以後、京城法学専門学校校長など、朝鮮の高等教育にたずさわり、戦後は弁護士として活躍した。

東京の「吉野記念会」の第二回例会(一九五一年一月二九日)で増田自身が語ったところでは、大学に入ってすぐ吉野の講義を聴講、「自分の講義は日本、支那、ヨーロッパと年々変わるから毎年きくと丁度よい」という吉野の言葉に従って、三年間聴き、研究室でも一年間接した。

なお、本文末尾の執筆年月日、大正一四年六月一七日は、次項以下でもふれられるように、帝大病院に一月から入院していた吉野が、退院する一〇日前のことである。もはや面会謝絶も解けていたころ、増田が見舞いに訪れ、写真にサインでもと望んだのにたいし、吉野がこの戯文を書きあたえたという光景。「野古川生」は、吉野が用いたペンネームのひとつ。

転地先から(抄)　36

『文化の基礎』一九二五(大正一四)年九月号に掲載された「転地先から」の冒頭の三項を収録。文中の、木下尚江が指摘した『斯く信じ斯く語る』の一節とは、「生死を忘れて現在の生活を充実したい」(初出は『中央公論』一九二二年一一月号)の中の「若し私が病身であつたら少しは「死」といふ問題を考へたかも知れぬ。所が生れ付甚だ薄弱の質の癖に、物覚えして以来実は病気といふ程の経験をしたことがない。此頃は年のせいか若干倦怠を覚へることあり、従つて可なり用慎はしてゐるが、兎に角自分は活き物だから少し位の病気には勝てると自信してやつてゐる」云々を指すのだろう。

吉野は大学から大学院時代にかけて、小山東助とともにキリスト教社会主義者たちに接触し、とくに木下とは、雑誌『新人』と『直言』の誌上で論戦を交わし(本選集第一巻参照)、それを機に島田三郎の仲介で会ってもいる。

本屋との親しみ　40

『一誠堂古書籍目録』一九二五年一一月発行。『公人の常識』にも、「一誠堂古書目録序」のサブタイトルをつけて収録。内容上の変更はないが、初出には冒頭に「大正一四・八・一八」と執筆年月日が入っている。この日付は、ちょうど吉野が葉山の療養から帰り、自宅と大学研究室を往復する生活にもどった直後にあたる。したがって、大病後の吉野が、おそらく最初に書いた文章ということになろう。

「明治の文化、殊にその政治的方面、就中そが西洋文化に影響された方面」の研究が、一九二一(大正一〇)年の夏から始まったということについては、日記の一九二二年の一月一日の項に、前年の主要な出来事をふりかえった中で次のように記している。

夏の初めより、日本開国史の研究を思ひ立ち、資料の蒐集に着手す。半年の間に可なりの新所蔵を加ふ。予の学的経歴に於て之れ正に一紀元を開くものなり。

それが「古本道楽」の復活という形をとったことについて、このエッセイでは「どうしたはづみか十年の夏急に思ひ出した様にあさり始めたのであつた」と言っているわけだが、後年の「資料の蒐集――明治文化研究者として」(本巻所収)では、「六月の某日神田南明クラブの古書展覧会へ行つて一挙に数百冊を買つたのが病みつきの始まりといはばいへる」とある。

また、本文中の「小野塚法学博士のサゼツシヨン」に関しては、田中惣五郎『吉野作造』が、「吉野の研究が対社会的にかたむきすぎることを、先輩の小野塚喜平次総長らも懸念し、吉野みずからも反省した結果」、明治文化研究に向かった、という蠟山政道の「談話」を紹介している。

小学校時代の思ひ出　43

『新旧時代』一九二六(大正一五)年二月号(明治文化研究会の機関誌。のち『明治文化』と改題)。同号が「明治初期風俗研究号」だったため、自分の小学校時代の風俗に引き寄せて思い出を語ったもの。『講学余談』『閑談の閑談』にも収録。

投書家としての思ひ出　47　**少年時代の追憶**　53

『文芸春秋』一九二六年六月号、九月号。六月号では、標題が「投書家としての思ひ出(一)」となっていた。その(二)

にあたるものが、「少年時代の追憶」と改題されて、二号を隔てて出たのである。のち二篇とも、「少年時代の追憶」の題でまとめられて『講学余談』に収録され、さらにその形で『閑談の閑談』『古川余影』に再録された。

文中、「中学三年頃ちょい〳〵『文庫』や『学生筆戦場』に投書したことがある。『文庫』には多く匿名でやつた。お恥しいからその名は内証にしておく」とあるが、この「筆名」は、千葉亀雄の証言(「あの頃の吉野博士」赤松前掲書)などによれば、「松風琴」。これまでに判明しているところでは、一八九四(明治二七)年七月一五日発行の『少年文庫』第一一巻六号に「筧の雫」が、また同年一二月一五日発行の同第一二巻二号に「山内一豊夫人」が、「松風琴」の名で投稿されている。『学生筆戦場』の方では、本巻所収の「秋の月」(一〇月)、および「恵の露」(一)—(三)(九—一一月)、「戦国三傑の概論」(一〇月)、「漢高祖雍歯を封ずること」(一〇月)、「石割梅」(一一月)等が、こちらは本名で出ている。また、一九三二年四月二日の日記に、つぎのような記事がある。宮武外骨が関西から蒐集してきたものの中に、一八九五年発行の『青年文』があった。『文庫』の姉妹雑誌のやうなもの。二冊あつたが、一冊に予の寄稿あり。松風琴坊といふ署名で、林子平の事を書いてある。之はその頃中学に在りて、修身の時間に大槻文彦先生より承つた話也。」

初めて読んだ書物　59

『東京朝日新聞』一九二六年一一月一七日。『講学余談』『古川余影』に収録。底本としては、若干の手が加わっている『講学余談』所収のものを用いた。

青年学生の実際運動(抄)　62

『中央公論』一九二六年一二月号。『日本無産政党論』(一九二九年八月刊)に収録。ただし、全三節からなる最後の一節、「昨今の学生の実際運動に関係する者についての感想」は割愛した。

なお、文中の李殷徳のその後の消息について、『日本無産政党論』の「著者はしがき」において、「名古屋の旧友渡瀬常吉君と朝鮮大邱の未見の人奥山仙三君とから」来た書信が紹介されている。朝鮮に帰った李は、総督府の学務局勤務の後、水原の勧業模範場で働いていたが、一九一七年流行性感冒で死去した、というのである。

帝大青年会の寄宿舎に始めて這入つた頃の事ども　69

『開拓者』一九二七(昭和二)年二月号。吉野の東京帝国大学学生基督教青年会とのつきあいは深く、一九一七年には同会理事長にも就任している。

本文末尾近くの「天文学の故一戸《いちのへ》直蔵君」は、一九一五年、吉野、中沢臨川、佐々木惣一、三淵忠彦とともに「大学普及会」を作り、『国民講壇』を発行した人物。そのさいの事務局役。この『国民講壇』に吉野は「欧米に於ける憲政の発達及現状」（本選集第二巻所収）を書いて、彼の「民本主義」論の骨格を初めて明らかにした。反骨の民間天文学者、一戸については、中山茂『一戸直蔵——野に下りた人』（シリーズ民間日本学者、リブロポート）参照。また、大学普及会については、太田雅夫「大正初期のUNIVERSITY EXTENSION——大学普及会と『国民講壇』を中心として」（桃山学院大学教育研究所 研究紀要、一九九四年三月）が詳しい。

民本主義鼓吹時代の回顧 73

『社会科学』一九二八（昭和三）年二月号。『閑談の閑談』に収録。のち『枢府と内閣 他』（朝日文庫、一九五〇年）、『日本の名著 吉野作造』（三谷太一郎編、一九七二年）、『近代日本思想大系 吉野作造集』（松尾尊兊編、一九七六年）等に再録された。

末尾近くで言及されている欧米留学時の見聞のうち、「(二)墺都維納に於て生活必需品暴騰に激して起つた労働党の一大示威運動の行列に加」わった件については、日記の一九一一年九月一七日と翌日、さらに二一日に、詳細な記述がある。

資料の蒐集——明治文化研究者として 86

『帝国大学新聞』一九三一（昭和六）年六月二四日。『閑談の閑談』に収録。

日清戦争前後 90

『経済往来』一九三三（昭和八）年一月号。「時の流れを語る」という小特集で、「日露戦争前後」（小野武夫）、「欧州大戦前後」（石浜知行）、とならんで掲載。『閑談の閑談』に収録。

知友・先達を語る

僕の観た河上君 99

『中央公論』一九一九（大正八）年三月号。特集「社会問題研究の為めに起てる河上博士論」に寄稿したもの。（ほかに小泉信三、足立北鷗、堺利彦、瀬川秀雄、河津暹が寄稿。）

吉野は、早い時期、一九〇五（明治三八）年八月の『国家学会雑誌』に、「河上学士訳述『歴史之経済的説明 新史観』を読む」という書評を書いているが、これについては本巻月報の杉原四郎「吉野作造と河上肇」を参照。

小山《おやま》君の思ひ出 102

『新人』一九一九年一〇月号。吉野の小山にたいする追悼の文章としては、ほかに「小山鼎浦の友情」（『六合雑誌』一九一九年一〇月号）がある。また、最晩年の吉野が多数の項目を執筆した平凡社の『大百科事典』（ただし、ア行の「愛国公党」から始まって、サ行の「新律綱領」まで執筆したところで、入院↓死をむかえることになった）にも、「小山東助」

の項を書いている。

鼎浦小山東助は、一八七九(明治一二)年、宮城県気仙沼町に生れ、同町尋常高等小学校を経て宮城県立尋常中学校に入学。在校中、吉野らと回覧雑誌『桜』を編む。仙台第二高等学校でも、吉野と共に『尚志会雑誌』の委員となる。東京帝国大学文科哲学科に入学後、本郷教会に関係するとともに政治に関心をもち、島田三郎に私事。一九〇三年卒業後、ただちに毎日新聞に入る。〇九年退社、早稲田大学講師となり、一三年、関西学院文科長となる。この年の立憲同志会成立には国民党派五領袖の帷幄に参して献策、一五年大隈内閣下の選挙にさいし、学界に訣別して宮城県に立候補し、当選した。以後、一七年に再選したが、宿痾のため一九年八月、死去。四〇歳。著書に、『社会進化論』『久遠の基督教』『光を慕ひて』等。『鼎浦全集』全三巻(一九二五年)。

中沢臨川君を悼む　112

『中央公論』一九二〇(大正九)年九月。のち「中沢臨川君」の題で『講学余談』『閑談の閑談』に収録。

臨川中沢重雄は、一八七八(明治一一)年、長野県上伊那郡南向村に生れ、松本中学、二高を経て一九〇四年、東京帝国大学工科大学電気部を卒業。東京鉄道、京浜電気鉄道技師長等を務めたのち、松本市外に中沢電気工業会社を設立し、生れ故郷の伊那谷をはじめ信州の谷々に、中沢式モーターで電灯を灯そうとした。しかし、東大在学中に小山内薫らと雑誌『山比古』を創刊し、自らの詞華集『鬢華集』を公刊したのを始め、卒業後も柳田国男、田山花袋らと竜土会というサークルを作ってフランス文学の新しい動向を紹介したり、ゲオルグ・ブランデスの『露西亜印象記』を翻訳したり、さらには押川春浪(押川方義の子で、『海底軍艦』等の著者)らと天狗倶楽部というスポーツ・クラブを作り、押川の後を承けて雑誌『武俠世界』を主宰するなど、いわば新しいマルチタイプの知識人だった。大正初年から『中央公論』等を舞台にベルグソン、トルストイ、タゴール、ニーチェ、ロマン・ローラン、ナポレオン、世紀末思潮、等についての評論を発表。「自然主義」後の「新理想主義」の勃興を論じた。

やがて一九一五年一〇月から『中央公論』に常設された「思潮評論」欄を受け持ち(「内外時事評論」欄・吉野作造、「文芸評論」欄・正宗白鳥)、さらに一九年ごろから「社会改造」論議が盛んになると、サンディカリズム論やソリダリテ・ソシアル(社会連帯)論などを紹介・論評していたが、二〇年八月、喉頭結核で死去。四三歳。『ベルグソン』『トルストイ』『タゴールと生の実現』『旧き文明より新しき文明へ』『破壊と建設』『嵐の前』『正義と自由＝社会改造の基調＝』『新社会の基礎』『新しき科学』『近代思想十六講』(生田長江と共著)等がある。没後、島崎藤村、田山花袋、吉江喬松、三淵忠彦、吉野作造編で『臨川全集』(全四巻)が春陽堂から刊行を開始したが、二巻を出したのみで終った。

有島君の死 114　有島君の死に面して 117　有島君の死をどう観るか 119

それぞれ、『中央公論』、『文化生活の基礎』、『新人』に、いずれも一九二三(大正一二)年八月号に出たもの。なお、『中央公論』のものは「小題小言」の一節で無題だったが、本選集収録にあたって仮に命名した。吉野の有島にたいする追悼文としては、ほかに「死んで行く有島さんへ」(『中央公論』同号、巻頭言)、「生に成功した人」(『文化生活』同年九月号)がある。

なお、『文化生活の基礎』を主宰した森本厚吉については、『森本厚吉』(森本厚吉伝刊行会、一九五六年)参照。森本は、一八七七(明治一〇)年、京都府舞鶴に生れ、一九〇一年、札幌農学校を卒業。卒業前に有島武郎との共著『リビングストン伝』を出版。〇三年渡米、ジョンズ・ホプキンズ大学院で学び、〇六年帰国。〇七年、東北帝大予科教授。一五年、再渡米、ジョンズ・ホプキンズ大学院で博士の学位を得て一八年帰国し、新大学令による北海道帝国大学農科大学教授に就任。二〇年、「文化生活研究会」を組織、東京銀座の警醒社に事務所を置く。同会は米国式の University Extention Work をめざしたもので、吉野と有島が顧問となり、警醒社主人福永重勝が協力して、月刊の通信教育誌『文化生活研究』(一九二〇年五月―二三年一月)を刊行。吉野は「政治に及ぼす婦人の力」を講じ、「婦人と政治との交渉」から始まり、「政治と道徳の接近」、「英国に於ける婦人参政権運動」、「政治そのものの進化」と説き進んだ。さらに二一年五月、森本・吉野・有島は、関西での講演記録『私どもの主張』を共著で出版。吉野は「政治家のあたま」「誤られたる本分論」「社会主義の新旧二派」の三篇を寄稿。ついで、同年六月から、市販の月刊雑誌『文化生活』を刊行開始。これにも吉野は毎号のように執筆した。

二三年の有島の自殺に先立って、有島は所有の北海道狩太農場を解放したが、その経営を森本に委ねた。この前後の時期、森本は『生存より生活へ』『滅びゆく階級』『創造の生活』等を刊行。二六年一二月、御茶ノ水に、日本最初のアパートメント・ハウス「文化アパートメント」を開館。吉野も会合や会食にしばしば利用したが、三〇年一二月からは一室を借り、仕事場兼事務所として利用した。二八年に森本が理事長に就任した女子経済専門学校(現、東京文化短大)の講師に吉野もなるが、同校は文化アパートメントに隣接していて、その便宜ということもあった。

島田三郎先生を弔す　121　島田先生全集刊行紀念講演会――「島田三郎先生の追憶(私の日記から)」より　125

それぞれ、『中央公論』一九二三年一二月号、『文化生活の基礎』一九二四年七月号に掲載。いずれも『公人の常識』に収録。「島田三郎先生の追憶」には「島田先生「人生の目的」」が付されていたが、本選集では割愛した。

なお、一九二三年一一月一四日に永眠した島田三郎の葬儀は、一一月一七日に青山葬場でおこなわれ、吉野は島田の履歴を読んでいる。「沼南先生略歴」として『新人』一九二四年一月号、および『廓清』同三月号に掲げられているものは、その時のものである。

また、吉野は『島田三郎全集』全七巻の編輯委員の一人(他は山室軍平、木下尚江)にもなっている(一九九〇年、竜渓書舎より復刻)。

菅原伝氏と私　130

『新人』一九二四(大正一三)年九月号。『公人の常識』に収録。

参考までに、平凡社の『新撰大人名事典』(一九三八年)の「菅原伝」を写しておく。

「政治家。文久三年八月、菅原応輔の二男として陸前遠田郡涌谷村に生る。夙に帝国大学に学び、明治十九年渡米、パシフィック大学に入つたが、在米中自由党に加盟、桑港に於て愛国同盟会を起し、帰来、機関新聞『十九世紀』を発刊した。二十六年再び米国に遊学、二十八年帰朝し、同三十一年以来、宮城県より推されて衆議院議員に当選すること十六回、立憲政友会に属した。この間人民新聞を起して社長となり、大正十三年護憲三派内閣の時海軍参与官に任ぜられ、日独事件の功に依り勲三等瑞宝章を授けられた。また議院建築準備委員会、国有財産調査会、補償審査会各委員に任じ、殖民事業に従事した。昭和十二年五月九日歿、年七十五。」

外骨翁と私　137

初出不明。『公人の常識』に一九二五(大正一四)年一月執筆として収録。本選集はこれを底本とした。

外骨については日記の一九二四年七月二七日、二八年一一月一九日等に関係記事がある。また、宮武外骨の方から吉野作造について語ったものとして、「吉野作造先生の遠逝」(『公私月報』一九三三年四月、吉野孝雄編『宮武外骨 予は危険人物なり――宮武外骨自叙伝』一九八五年、所収)がある。

服部誠一翁の追憶　148

『新旧時代』一九二五年一一月号。『公人の常識』『閑談の閑談』に収録。

撫松服部誠一の伝は、三木愛花「服部撫松伝」(『早稲田文学』一九二六年四月、筑摩書房『明治文学全集4』に再録)

以下があるが、ここでは便宜のため平凡社『新撰大人名事典』の「服部誠一」を掲げておく。

「天保十三年奥州二本松城下に生る。父は同藩の儒臣で名は半十郎、洞城と号し禄百石を食む。明治三年家禄を奉還して東京に出で、撫松と号して文筆を以て立つ。同七年『東京新繁昌記』を著はすや、忽ちにして洛陽の紙価を高め、金四五千円を得、湯島妻恋坂に新邸を営み吸霞楼と号した。九年、九春社を興し週刊雑誌『東京新誌』を創刊、『団々珍聞』と並んで甚だ時好に投じたが、十六年二月、時の外相井上馨令嬢の私行を発いて発行禁止の厄に会ふ。尋いで『吾妻新誌』を発刊、約一ケ年これを主宰した。この間、社長若しくは主筆として民権拡張の政論新聞『広益問答新聞』『中外広問新報』『江湖新報』等を相次いで発行したが、何れも政府攻撃の故を以て発行禁止され永続しなかつた。明治二十九年三月宮城県尋常中学校(今の第一中学校)に作文教師として聘せられ、居ること十二年、四十一年八月上京して脳溢血に罹り、同月十八日歿す。年六十七。著作は『東京新繁昌記』以後、同後編、第二世夢想兵衛胡蝶物語、東京柳巷新史、京浜街誌、二十三年国会未来記、文明花園春告鳥、稚児桜等があり、またスコット原作の春窓綺語(湖上の美人)や第二十世紀等二三の翻訳物があるが之等は単に署名人たるに過ぎぬといふ。」

滝田君と私　153

『中央公論』一九二五年一二月号。『公人の常識』『閑談の閑談』に「亡友滝田哲太郎君と私」と改題されて収録。

文中、「日米問題に関する考察を寄せて其年の十二月号に載せたのが中央公論に於ける私の初陣である」(一五三頁)は、正確には、一九一四(大正三)年一月号の「学術上より観たる日米問題」である。

滝田樗陰と『中央公論』のことについては、木佐木勝『木佐木日記――滝田樗陰とその時代』(一九六五年)も参照。

穂積老先生の思ひ出　161

『反響』一九二六(大正一五)年五月号。『講学余談』『閑談の閑談』に収録。

吉野が穂積の法理学演習で報告した「ヘーゲル法律哲学の基礎」は、本選集第一巻に収録。

穂積陳重については、『学士会月報』一九二六年五月、第四五八号「故穂積男爵追悼録」のほか、穂積重行『明治一法学者の出発――穂積陳重をめぐって』(一九八八年)等参照。

新渡戸稲造先生と私　173

一九二六年一一月三日刊の『問題と解決』に「はしがき」として書かれたもの。のち『古川余影』に収録されたとき、編者(川原次吉郎ら)によって「新渡戸先生と私」の標題が付された。

新渡戸稲造は一八八一(明治一四)年札幌農学校卒業後、い

ったん開拓使御用掛を務めたのち、八四年渡米。ジョンズ・ホプキンズ大学を八七年卒業、札幌農学校助教授の辞令を受けてドイツ留学を命ぜられ、ボン、ベルリン、ハレの諸大学に学んで九一年帰国、札幌農学校教授に就任。九八年ふたたび外遊、一九〇一年帰国して台湾総督府技師となる。〇三年京都帝国大学法科大学教授に転じたが、〇六年九月、第一高等学校校長に就任。

本文中、吉野が「大学の学生であつた頃」一高校長室に新渡戸を訪ねたという話は、吉野の思い違いであろう。吉野の法科大学入学が一九〇〇年九月、卒業が〇四年七月、そして大学院にしばらく在籍ののち、〇六年一月には清国直隷総督の招聘に応じて天津に赴いているからである。他方、新渡戸が『実業之日本』誌上に毎月「修養談」を書きはじめるのは、〇八年頃からである。おそらく、まだ大学院生の身分だった吉野が清国から一時帰国した〇八年夏に、新渡戸が多忙のため健康を害していると聞いて、小山東助と相談のうえ一高校長室に会いに行ったということであろう。

志賀重昂先生　175

『中央公論』一九二七(昭和二)年五月号。『志賀重昂全集第八巻』(一九二九年三月二〇日発行)に収録。志賀重昂の事歴については、筑摩書房『明治文学全集37　政教社文学集』の「年譜」(佐藤能丸編)等を参照。

田口先生と私　179

『我等』一九二七年七月号。この年七月から『鼎軒田口卯吉全集』(全八巻、編輯　高野岩三郎・長谷川万次郎・森戸辰男・田口武次郎)の刊行が始まり、我等社の同人が総力をあげて協力したので、同誌ではこの号に「鼎軒田口卯吉博士——その人物と業績」特集を組んだ。寄稿者は他に、大内兵衛・福田徳三・河上肇・鳥居竜蔵・河津暹・木村毅・羽仁五郎。なお、吉野は同全集第五巻(「政治」、一九二八年一一月一五日刊)の「解説」を担当したが、その文中に、「語りたいことは沢山あるのだが、病中その意に任せず、匆卒の筆を行りて概略の説述に止めねばならなかつた」とある。

左右田博士を悼む　181

『中央公論』一九二七年一〇月号。「社会時評」欄。

左右田喜一郎は一八八一(明治一四)年、横浜に生れ、横浜小学校、横浜商業学校を経て、一九〇二年東京高等商業学校を卒業。同校専攻部に進み、福田徳三、佐野善作の指導を受け、卒業後直ちに私費留学。ケンブリッジ大学を経て、〇五年、ドイツのフライブルグ大学に入学、経済学でフックス、哲学でリッケルトの指導を受ける。フックスとともにテュービンゲン大学に移り、〇九年、論文“Geld und Wert”(貨幣と価値)によって経済学博士の学位を受けた。時に二八歳。その後、ベルリン大学、ハイデルベルグ大学、パリ大学、コレヂ・ド・フランス等にも学び、一三年、一〇年振りに帰国。母校の講師になるとともに、一五年、先代金作の亡き跡を受けて左右田銀行頭取に就任。倉庫、信託、保険など関係会社の重役を兼ねた。

吉野が福田徳三と始めた「黎明会」に参加、一九一九年一月の同会第一回講演会で『文化主義』の論理」を講演。傾倒したリッケルトの新カント派哲学をふまえ、理想主義と人格主義に基づいた「文化価値」実現へむけての形而上学的努力を提唱。同じ頃、桑木厳翼が、新カント派哲学を社会問題に応用しようとして、また、土田杏村が端的に「カントとマルクス」を架橋しようとして、それぞれ「文化主義」の立場を打ち出していた。吉野作造は、本巻所収の「理想主義の立場の鼓吹」に見られるように、こうした「文化主義」「人格主義」「理想主義」の立場に満腔の共感を示した。

左右田喜一郎も、「文化主義」提唱のかたわらで社会問題に熱心に取り組み、種々の「所謂新興文化運動」に多大な助成を行なっていたことは、本文で吉野も言及しているとおりである。左右田は一九二一年、神奈川県匡済会横浜社会館の館長に就任。これは米騒動に関連して設立された神奈川県匡済会が労働者の収容施設として改組されたものである。翌二二年、神奈川県匡済会「横浜社会問題研究所」開設、その所長に就任。同所刊行の「社会問題研究叢書」の一冊『新カント派の社会主義観』に、「文化哲学より観たる社会主義の協同体倫理」を寄稿。ラートブルフの『社会主義の文化学説』やナトルプの『社会教育学』の議論を、テンニースの「ゲマインシャフトとゲゼルシャフト」論にからめながら、「文化価値の社会的実現」や「協同体倫理」に包摂されえない、「創造者価値」をもつ「人間其のもの」の「淋しい独自の」「超個的個性」を論じた。一九二六年には、「西田哲学に就いて」を書いたが、西田幾多郎による反論「左右田博士に答ふ」に再応答することなく病に倒れ、二七年八月、金融恐慌によって左右田銀行が倒産の憂目を見る心痛の中で、不帰の人となる。『左右田喜一郎全集』(全五巻、一九三〇―三一年、岩波書店)。

中村敬宇　183

『文芸春秋』一九三一(昭和六)年二月号。冒頭に「今私は中村敬宇と福沢諭吉の事を書いて居る」とあるが、吉野による本格的な敬宇論も諭吉論も、結局完成の期を得なかったようである。なお、吉野は『明治文化全集第十五巻　思想篇』(一九二九年)の「敬宇先生上書是非解題」を書いている。敬宇先生中村正直については、大久保利謙編『明治文学全集3　明治啓蒙思想集』、高橋昌郎『中村敬宇』(吉川弘文館　人物叢書)等を参照。

鈴木文治君の素描——序文に代へて旧稿を録す　187

鈴木文治『労働運動二十年』(一九三一年五月二八日刊)の序文。この序文のサブタイトルに「序文に代へて旧稿を録す」とあるが、「旧稿」は目下のところ不明。

この吉野の文章の書かれた一九三〇年一一月に日本労働総同盟会長を辞任した鈴木文治は、三二年の無産政党合同で社会大衆党に所属。一九四〇年、反軍演説をおこなった斎藤隆夫の衆議院議員除名に反対して社会大衆党から除名された。戦後は日本社会党結成に参加したが、一九四六年三月に没した。

信条を語る

走る者非敗　197

『新人』一九〇五(明治三八)年六月号、時評欄。署名は「翔天生」。

個人的創意の抑圧　199

『新人』一九二〇(大正九)年八月号。

社会と宗教　204

『新人』一九二一(大正一〇)年七月号。

賢者ナータン　212

『文化生活』一九二一年九月号。『斯く信じ斯く語る』『閑談の閑談』に収録。単行本収録にさいし、一―五の分節が廃され、「僕」が「私」に代えられ、句読点の若干の乱れが正され、末尾から二つ前の文、「予は本誌に於て次号以下フリー・メーソンリーに関する研究を公にせんとするに当り、茲に『賢者ナータン』を紹介するは決して徒爾の業ではないと信ずる」が、「茲に私の之を紹介するのも決して徒爾の業ではあるまい」と書き改められた。本巻では、句読点の修正のほかは、初出のままとした。右の傍線部分にあるように、『文化生活』同年一〇月号に「フリー・メーソンリーの話」、ついで一一月号に「石工の技術から人類愛の訓育に」、一二月号に「フリー・メーソンリーと独逸皇帝」、二二年五月号に「人道の戦士に対する迫害」と、本格的な「研究」が展開された。

文中、「伯林滞在中シャーロッテンブルクのさる小劇場で或る日曜日の午後に」この芝居を観たとあるのは、日記によると、一九一三(大正二)年二月八日(土曜日)のことであった。パリからロンドンに移る途中、ベルリン、シュヴェールム、ブリュッセル等に一時滞在しながら旅行していた二度目のベルリン滞在時のことである。

魂の共感　221

『文化生活』一九二二(大正一一)年一月号、三月号が初出。「谷崎潤一郎氏の創作を読んで」という副題が付いていた。『斯く信じ斯く語る』収録のさいに、初出の「です」「であります」調が、「だ」「である」調に改められた。さらに、一月号所載分の結尾の一文、「孰れにしても私は谷崎氏に対して深甚の敬意を表明しつ、茲に筆を擱くものであります」は削除された。本巻ではこの『斯く信じ斯く語る』の本文を底本とした。なお、『閑談の閑談』に再録されたさいには、「谷崎潤一郎氏作の『或る調書の一節』の読後感」という副題が付された。

初出の三月号分は、「書斎より読者へ」という、当時吉野が『文化生活』に断続的に掲載していた欄の冒頭に置かれたものであったが、単行本収録時に「追記」とされた。

クルランボオ　228

『文化生活』一九二二年三月号。巻頭言として、波線で囲まれた一頁のコラムに書かれた。

ロマン・ロランの原著は"Clérambault".副題に「戦時の一人の自由な良心の物語」とある。訳者の野尻清彦とは後年の大仏次郎である。一八九七(明治三〇)年、横浜の生れ。本文中にあるように、吉野の講筵にも列した東京帝大法科政治科卒。このころ外務省条約局に勤務のかたわら、いろいろのペンネームで泰西の伝奇小説の抄訳を『新趣味』などに発表していた。『クルランボオ』は前年刊行のロマン・ロラン『戦争を越えて』に次いで、本名で公刊した二番目の翻訳書。震災後、『隼の源次』を発表して大仏次郎の筆名を用いはじめ、ついで『鬼面の老女』から「鞍馬天狗」の登場となる。一九二四年、外務省を辞して創作活動に専念する生活に入る。

『クルランボオ』は、息子を戦死させた主人公が、愛国心の虚偽に気づき、戦争を否定する行動に立ち上がって、ついには狂信的な国家主義者の銃弾に斃れる物語である。後年の『ドレフュス事件』や『パリ燃ゆ』に通ずる、こうした大仏のヒューマニスティックでインターナショナルな関心に、吉野が眼を留めたということになろう。

社会評論雑談(抄)　230

『中央公論』一九二二年八月号。「社会評論雑談」として掲げられた五項目のうち、一つながりになっている二番目と三番目の項目を本巻に収録した。五項目とも『斯く信じ斯く語る』に収録され、その内、最後の二項目はひとつにまとめられた上で、各項目に、「働かざるものは喰ふべからず」「各人の利益は各人最もよく之を知る」「自由主義の根拠」「社会運動家に対する忠告」という標題が付けられた。「自由主義の根拠」のみは『古川余影』にも再録。

理想主義の立場の鼓吹——阿部次郎君の『人格主義』を読みて　233

『文化生活』一九二二年九月号。サブタイトルをはずして『斯く信じ斯く語る』に収録。その際、「です」「あります」調が「である」調に改められたほか、若干の削除と書き換えがおこなわれた。本選集では、削除された記述、および、書き改められる前の記述に意義を認め初出を底本とした。

①二三五頁一一―一三行目の「理想主義の哲学に対する攻撃中最も真面目な最も周到な議論は、最近頃中央公論誌上に於て田中王堂氏から発表されました。僕は田中氏に対しては、実証主義哲学の巨擘としてよりも……」の傍線部分が、「田中王堂氏の論作に於て之を見るといふ人がある。私には能く分らないが、兎に角田中氏をば、実証主義哲学の巨擘としてよりも……」と改められている。『中央公論』に発表された田中王堂の理想主義哲学攻撃の議論とは、同年七月増刊号―八月号の同誌に掲載された長大な論文、「世界平和の理想に因みて諸家の文化主義を検討す」のこと。そこでは、土田杏村と左右田喜一郎の「文化主義」の中にあるカント的な「イデイ〔Idee〕宗」が、「歴史を作り出し、現にはたらいて居る人間の生活」への観点を欠いていることが批判され、ついで、大山郁夫と長谷川如是閑の「階級的」観点を導入した文化論が、「マアクス主義型の doctrinaires」の議論であると批判されていた。それにたいして吉野は、自分は土田杏村や阿部次郎の理想主義、文化主義に与することを公言したわけである。(杏村にたいする吉野の共感と援助につき、上木敏郎「土田杏村と吉野作造――吉野書簡を中心に」『信州白樺』一九八一年一〇月、参照。)

②削除された箇所は、同じパラグラフの末尾の、「只此傾向の思想家の中には長谷川如是閑大山郁夫両君の如き学徳兼備の先輩を有つ事を注意して置きます。」の一文である。そして、これを受けて、そのつぎのパラグラフの冒頭、「長谷川大山の両君や田中氏の思想を批判することは……」が、「理想主義と相容れざる立場の諸学者の思想を批判することは……」に改められている。つまり、「理想主義」哲学を「観念論」として攻撃している陣営に如是閑や大山もいるのだが、彼らを「唯物論的立場」そのものに包括してしまうことに吉野はためらいを感じて、二人の名前を出すことをやめてしまったのである。文中にあるように、「数年前までの様に、驚くべき程の頑説迷信が横行して居つた時代には」、「挙つて第一線に聯繫動作を共にした」デモクラシー陣営の仲間が、共通の「敵」の消滅――じつはそれは錯覚だったことがやがて明らかになるのだが――にともなって、「思想戦」において「細かに分化」を始め、「同志討」的「内訌」も始まっていた。そうした状況の中で、吉野は如是閑や大山を「敵」の陣営に回したくなかったのであろう。

阿部次郎の『人格主義』は、同年六月刊。一九一六年に阿部が縮訳した、新カント派の哲学者テオドル・リップスの『倫理学の根本問題』にたいする「補説として」書いた、と序にある。「理想主義のために」から始まり、「理想主義と現実生活」「人生批評の原理としての人格主義的見地」「社会生活の内面的根拠」「当来社会の根本原理」「国家主義の解剖」「人格と世界」等と展開されている。

人類の文化開展に於ける種子・地盤・光熱の三要因 238

『中央公論』一九二三(大正一二)年二月号、巻頭言。『斯く信じ斯く語る』に収録。

斯く行ひ斯く考へ斯く信ず 241

『中央公論』一九二一年の一〇月号に「予は斯く行ひ、斯く考へ、斯く信ず」の標題で掲載。

『斯く信じ斯く語る』一九二四(大正一三)年一一月刊に収録のさい、表記の題に改められ、巻頭に置かれた。『古川余影』に再録。

評論界に於ける浪曼主義の排斥 244

『中央公論』一九二六(大正一五)年八月号、時評欄。『問題と解決』に収録。

見聞を語る　その他

秋の月 255

『学生筆戦場』一八九四(明治二七)年一〇月。さきの「少年時代の追憶」にあったように、中学三年時の吉野が、さかんに投書雑誌に投稿したものの一つ。この一文は、詞藻欄の「第拾回懸賞文披露」で「記事」のトップに掲げられ、《甲》として賞品に『日本文学集覧』壱部を贈られている。「仙台市光禅寺通林方　吉野作蔵」とある。(「作蔵」が彼の本来の名だったが、父親が手習いの稽古をさせるにあたって、書きやすい「造」の字を教え、のち戸籍上も「作造」に変えたのである。)本文の後に、次のような「評」が付されている(句読点は編者)。「月に対して家郷を想ひ、更に亡姉の事に及び、極力悲哀の情を写し出す。末段広き世界には云々却て勝りけるの一言を以て一篇を収むる処、甚だ激越に過ぐるが如しと雖ども、其裏面却て無限の悲情を含む。洵に老手となす。敬々服々。」

「月夜の美感」や「悲哀の快感」を論ずるといったスタイルの美文を創めたのは高山樗牛だったが、少年吉野はそれに「亡き姉上」への思慕を具体的に重ねることで、たんなる感傷的な美文以上のものを目指したともいえる。「亡姉」は作蔵より四歳年長の長女でしめといい、養子をむかえ二人の母となって一九歳の秋に急死した。吉野家では一二月一日の彼女の祥月命日には、かならず馳走して冥福を祈った(田中前掲書の引く吉野信次の談話)。一九一〇年、ハイデルベルグでむかえた二十周忌の当日には、吉野は改めて亡姉を悼む記事を日記に記している。なお、養子和平の後添えには次女りえが入り、「吉野屋」は和平が継いだ。

劇界の新風潮　258

『新人』一九〇五(明治三八)年三月号、時評欄。署名は「翔天生」。吉野は仙台時代に一時、歌舞伎に通いつめたことがあった。前掲「少年時代の追憶」にあるように、二中の『如蘭会雑誌』の編輯を小山東助とともに三人でやっていた能勢三郎(のち若杉姓、名古屋八高教授)の手引きで、当時、尾上多賀之助・中村十昇・市川市孝などのいた仙台座で、一〇日毎に代る狂言を、時には二度見るということをして、数年間に「ともかくも古典的な芝居は大抵見つくした」というのである。後年になっても、とくに留学から帰って数年は、かなり足繁く市村座、新富座、歌舞伎座、本郷座、有楽座等に赴いている。彼には劇評とからめたエッセイも数篇あるが、本巻では、「人間精神の発達」の「三段の階梯」との関連で、「在来の権威典型」を「破壊」する「過渡期」として「新劇」を歓迎している若き日の一文を取った。

清国の夏　261

『新人』一九〇九(明治四二)年八月号。一九〇六(明治三九)年一月から一九〇九年一月まで、丸三年に及ぶ清国滞在時のことについては、「支那観光録」(『新人』一九〇六年四—五月号)、「清国婦人雑話」(『新女界』一九〇九年四月号)、「あの時あの人」(『経済往来』一九三三年一月号)等がある。

ハイデルベルグ大学——「滞徳日記」より　271

『新人』一九一一(明治四四)年三月号の「滞徳日記」から、冒頭の一項のみを収録した。省略した以下の項目は、「独逸の教育」「教会と学校」「新教と旧教」である。なお、「滞徳日記」は四月号にも続編が出た。また、同じ時期、『新女界』の三—四月号にも、「独逸見聞録」が連載されている。(その冒頭の一項を、本巻では次に収録。)いずれも、ドイツのリーデンハイムという、ヴュルツブルグ近くの寒村に吉野が長期滞在していたときに、書き送ったものである。一九一一年一月七日午後から書きはじめ、九日の夜になって書き終って「海老名先生に宛て送る」と日記にある。『新人』も『新女界』も、海老名が主宰する本郷教会で出していた雑誌だった。なお、留学時代の紀行文としては、ほかに「伯林より巴里へ」(『新人』一九一二年八月)がある。

日記には、一九一〇年一一月一二日にハイデルベルグ大学に提出した冬学期聴講登録表が張りつけてある。イェリネック「近代国家の政治」、オンケン「ドイツの大権力と対外政策」、ヤーゲマン「ビスマルクの国法論」、レヴィ「英国とドイツ」、フライナー「現代の国家と教会」のほか、ウェーバー「資本主義時代における文化問題」も登録している(ただし、ウェーバーの講義は一度しか聴講していない)。

独逸のクリスマス——「独逸見聞録」より　275

『新女界』一九一一年三月号に掲載された「独逸見聞録」

の最初の項を収めた。省略した以下の項目は、「独逸の新年」「三十年前の日本端書」「独逸の婦人」。

古いサロメ　281

『新女界』一九一四(大正三)年一月号。日記によれば、一九一三年一月二二日にパリで、リヒアルト・シュトラウス作曲の「サロメ」を、ついで三月二日、ケルンからブリュッセルに行く途中でリエージュで下車して入ったマティネーで、マスネー作曲の「ヘロデアード」を観ている。吉野はハイデルベルグ時代からオペラに足を運び、とくにワーグナーに傾倒した。

袁世凱及其遺族　284

『新女界』一九一六(大正五)年七月号。袁世凱の死を契機に書かれたものだが、前掲「清国の夏」および前引「清国婦人雑話」と内容的に重なるところがある。

青年思想の最近の傾向　289

『新人』一九二〇(大正九)年九月号。東京帝国大学法科の学生の思想傾向の変化について述べたもの。あわせて法科大学政治学科教授としての吉野の特色の片鱗も窺えよう。

夏休中の青年諸君に告ぐ　301

『中央公論』一九二二(大正一一)年八月号、巻頭言。『斯く信じ斯く語る』に「青年の銷夏法」と改題されて収録。

『ローザ・ルクセンブルグの手紙』序　304

井口孝親訳『ローザ・ルクセンブルグの手紙』(同人社書店、一九二五年七月二五日刊)の序文。原題は「此書をはじめて読んだときの感想」。のち『公人の常識』に収録の際、表記の題名に改題、本選集はこの題名を用いた。これを書いた当時、吉野は肋膜炎による最初の長期入院中で、やむをえず、「二三年前」にヨーロッパ留学中の井口から送られてきた原稿に接したときの感想を、「おもひ出して書」いたのである。

本文中にあるように、井口は吉野が大学で教えた最初の学生のひとり。一九一六年六月の『中央公論』に、井口は「大学講壇における吉野博士」を書いて、そのころの吉野の講義ぶりを伝えている(井口『未来は我等のものなり』所収)。井口は大学卒業後、いったん大阪朝日新聞社に入社したが、白虹事件で長谷川如是閑・大山郁夫らと連袂退社、一九一九年二月、長谷川・大山らの『我等』発刊に参加して手伝う。まもなく、九州帝国大学に就職が決まり、ヨーロッパ留学したが、ドイツ滞在中に難病にかかり、五年間をスイスの高山療養所ですごした。(その間、吉野は如是閑らと、その治療費・滞在費を捻出、送金するために苦労している。)一九二九年一月、帰国し教壇に立ったが、一九三二年一〇月二一日、病死した。同日の吉野日記に「此朝、福岡より井口孝親君死去の飛電あり。彼もとう〳〵逝つたか。愁傷にたへず」とある。

『維新前後に於ける立憲思想』推薦の辞　307

尾佐竹猛著『維新前後に於ける立憲思想』(一九二五年一二月一日、文化生活研究会発行)の序文。原題は、「本書推薦の辞」。『公人の常識』に、「尾佐竹猛君著『維新前後に於ける立憲思想』推薦の辞」と題して収録。

尾佐竹猛《たけき》は、一八八〇(明治一三)年一月、石川県に生れ、一八九九年明治法律学校卒業。判検事登用試験に合格して、一九〇二年判事に任ぜられ、各地裁、控訴院判事を歴任後、二四年、大審院判事に就任。著書には、ほかに、『日本憲政史大綱』『日本憲政史論集』『明治政治史点描』『明治文化叢説』『幕末維新の人物』『明治文化史としての日本陪審史』『明治警察裁判史』など。一九四六年一〇月没。

『三十三年の夢』解題　311

『帝国大学新聞』一九二六(大正一五)年五月三一日に「上」、六月七日に「中」、六月一四日に「下」が掲載された。その時の題は「『三十三年の夢』――その再刻について」。同年七月発行の『三十三年之夢』(明治文化研究会発行)に編者解題として収録。のち『講学余談』に収録、本選集はこれを底本とした。『三十三年之夢』に収録のさい、文節の区切りに初出で用いられていた×に代えて漢数字の節番号が付され、あらたに「一四」として、宮崎滔天の人と活動についての総括的評価を加えた一節と、「一五」として、「特志の研究家の為め」の数点の書誌的註記とが書き加えられたが、本巻では初出掲載分までを収めた。なお、宮崎滔天『三十三年の夢』は、現在は平凡社東洋文庫版および岩波文庫版で見ることができる。

岡田文相の社会主義研究　325

『反響』一九二六年六月号。のち『講学余談』および『閑談の閑談』に収録。『反響』は同年四月から文化生活研究会より刊行された『文化生活』の後継誌。編輯人は木村毅。創刊号に吉野は「青年学生の社会科学研究に就て」を寄稿。

「岡田文相」は岡田良平。一八六四(元治元)年、遠江掛川藩士の長男に生まれる。吉野が学生時代に傾倒した一木喜徳郎の実兄。父の家塾で学んだのち上京、第一高等学校、大学予備門を経て、東京大学に入り哲学科を専攻、一八八七(明治二〇)年、帝国大学文科大学を卒え、大学院入学。本文中の「社会主義ノ正否」は、この大学院時代の「研究」である。一八九〇年、第一高等中学校教授となり、九三年文部省に入って視学官となる。以後、官職を歴任し、一九〇七年京都帝国大学総長、一六年寺内内閣で文部大臣、二四年、加藤内閣で再び文相に就任した。

文相就任後まもなく、一九二二年以来あった学生連合会(FS)が、学生社会科学連合会(学連)と改称し、二四年一一月、高等学校長会議は各高校の社研の解散措置を申合せた。

同年一二月、京都府警が社研関係学生検挙のために京都帝大寄宿舎に無断立入して問題化し、「京都学連事件」に発展。翌二五年一月一五日、京大だけでなく全国の社研学生が検挙され、最初の治安維持法適用事件となる。ついで五月、岡田文相による学生・生徒の社会科学研究禁止が高校・高専に通達された。吉野のこの一文は、その直前の「噂」の段階で書かれ、何らかの事情で一年余の後に公表されたものと推測される。

宮島資夫君の『金』を読む 332

『中央公論』一九二六年七月号、時評欄。『講学余談』『閑談の閑談』に収録。そのさいに「=朝日平吾論」という副題が付された。朝日平吾については、奥野貫『嗚呼朝日平吾』(一九二二年)参照。

宮島資夫は、一八八六(明治一九)年東京四谷に生れ、小学校を出たあと砂糖問屋や三越呉服店に奉公したあと、職を転々として放浪生活を送るうち、一九一四年大杉栄のサンヂカリズム研究会に入り、『近代思想』の発行人となり、一六年小説『坑夫』を出版、発禁となった。二二年評論集『第四階級の文学』を出版。二六年にこの『金』を刊行したあと、一時、小川未明らと雑誌『矛盾』を創刊したが、三〇年出家して天竜寺に入る。戦後は浄土真宗に帰依し、一九五一年没。

(飯田泰三)

略年譜

一八七八(明治一一)年一月二九日　宮城県志田郡古川町字大柿九六番地に生る
一八八四(明治一七)年三月　宮城県古川尋常小学校に入学　九二年卒業
一八九二(明治二五)年五月　宮城県尋常中学校に入学　九七年三月、卒業
一八九七(明治三〇)年九月　第二高等学校に入学　一九〇〇年七月、卒業
一八九八(明治三一)年七月三日　仙台浸礼教会で受洗
一八九九(明治三二)年五月　阿部たまのと結婚
一九〇〇(明治三三)年九月　東京帝国大学法科大学に入学　〇四年七月、卒業
一九〇四(明治三七)年七月　政治史研究の目的で東京帝国大学大学院に入る
一九〇五(明治三八)年一月　『ヘーゲルの法律哲学の基礎』
一九〇六(明治三九)年一月　清国直隷総督の招聘に応じ天津に赴く　当初北洋督練処翻訳官を兼ぬ　〇七年九月より北洋法政学堂教習に転ず
一九〇九(明治四二)年二月五日　東京帝国大学法科大学助教授に任ぜらる
一九一〇(明治四三)年一月二〇日　政治史及政治学研究のため満三ケ年間独国英国及米国へ留学を命ぜらる　三月三〇日、出発　一三年七月三日、帰朝
一九一四(大正三)年四月　「民衆的示威運動を論ず」
七月一七日　東京帝国大学法科大学教授に任ぜらる　政治史講座担任
一九一五(大正四)年九月八日　法学博士の学位を授けらる
同年　『日支交渉論』『欧洲動乱史論』『現代の政治』
一九一六(大正五)年一月　「憲政の本義を説いて其有終の美を済すの途を論ず」
六月　「満韓を視察して」
同年　『欧洲戦局の現在及将来』
一九一七(大正六)年三月一四日　東京帝国大学学生基督教青年会理事長に就任
同年　『支那革命小史』『戦前の欧洲』
一九一八(大正七)年三月二四日　賛育会の設立に参画、理事に就任
四月　「所謂出兵論に何の合理的根拠ありや」
一一月二三日　神田南明倶楽部で浪人会と立会演説会
一二月二三日　黎明会結成
一九一九(大正八)年四月　「対外的良心の発揮」
六月　「北京学生団の行動を漫罵する勿れ」

九月一一日　政治学講座兼担を命ぜらる　二〇年六月四日まで
一二月二七日　有限責任家庭購買組合を設立、理事長に就任
同年　『普通選挙論』
一九二〇(大正九)年一月三〇日　森戸事件特別弁護人として東京地裁に出廷
五月　文化生活研究会に参加
同年　『社会改造運動に於ける新人の使命』
一九二一(大正一〇)年　『第三革命後の支那』
一九二二(大正一一)年　『二重政府と帷幄上奏』
一九二三(大正一二)年一一月　「朝鮮人虐殺事件に就いて」
一九二四(大正一三)年二月七日　朝日新聞社入社
二月二五日　神戸で「我国憲政発達の歴史的背景」講演
三月五日、東京帝国大学法学部講師を嘱託さる
三月二八日　「枢府と内閣」を大阪朝日新聞に連載開始
四月三日、完結
六月二六日　朝日新聞社退社
一一月　明治文化研究会を創立
同年　『新井白石とヨワン・シローテ』『露国帰還の漂流民幸太夫』『斯く信じ斯く語る』
一九二五(大正一四)年一月一〇日　肋膜炎のため入院　六月二七日まで
同年　『公人の常識』
一九二六(大正一五)年九月一〇日　財団法人賛育会理事長に就任
一一―一二月　社会民衆党結党のために尽力
同年　『現代政治講話』『問題と解決』
一九二七(昭和二)年一月　「我が国無産政党の辿るべき途」
一〇月　『明治文化全集』二四巻、刊行開始
同年　『古い政治の新しい観方』『講学余談』
一九二八(昭和三)年二月　第一回普通選挙に宮城県より立候補した女婿赤松克麿を応援
二月二三日　赤松落選　この日より三月末まで肋膜炎再発で臥床
一九二九(昭和四)年九月　肺結核の初期らしいと判明
一二月　この月一杯臥床
同年　『日本無産政党論』『近代政治の根本問題』
一九三〇(昭和五)年　『現代憲政の運用』『現代政局の展望』『対支問題』
一九三二(昭和七)年一月　「民族と階級と戦争」
七月　社会大衆党結成を裏面で援助、顧問に就任
一九三三(昭和八)年一月一八日　賛育会病院に入院
三月一八日　逗子小坪の湘南サナトリウム病院で死去
同年　木村毅他編『閑談の閑談』　川原次吉郎編『古川余影』

〈解説〉吉野作造の哲学と生き方

飯田泰三

本巻には吉野作造の随筆を、「自分を語る」「知友・先達を語る」「信条を語る」「見聞を語る その他」の各項目に分類したうえで、項目ごとに執筆年代順に配列した。吉野の書き遺した文章のなかで、広義の随筆に分類できるものは、おそらくこの数倍の分量にのぼると思われる。その中の最良のものを、なんらの選定基準なしに本巻に網羅しようとするのは難しい。のみならず、本選集のジャンル別編集の他の各巻からハミ出したミセレイニアスな諸篇、たとえば女性、教育、宗教、生活、文化一般、社会一般などについて吉野が論じたものから、エッセンスを収容することも本巻に期待されている役割分担であった。しかしながら、なにぶんにも一巻分という収容分量の制約からして、そうした期待に十分に応える編集は不可能に近い。

そこで本巻の収容基準を、吉野作造という人の生き方と思想の骨格を、いわば本人の肉声によってうかがい知る材料として役立ち、かつ随筆としてリーダブルなもの、というところに絞ることとした。そのうえで、吉野の多面的な側面をなるべく示そうとした。なお、「自分を語る」「信条を語る」等の項目を立てるアイディアは、吉野が一九二四年一一月に発行した随筆集「主張と閑談」シリーズ第三輯を、『斯く信じ斯く語る』と名づけていることから思いついたものである。以下で論ずる吉野の生き方に関する、具体的な彼の事歴については、前掲の略年譜、および「解題」を参照されたい。（詳細な年譜は別巻に掲載される。）

一　海老名神学の影響とヘーゲル論

吉野作造は、自分の「哲学」を正面切って語るというようなことは、あまりしなかった。それだけではなく、本巻の冒頭に収めた「評論家としての自分並佐々政一先生のこと」では、自分の政治上の議論には、「基督教によりて養はれた人生観、社会観」から流露するものはあっても、「広き社会学上の根底もなければ、また深き哲学上の基礎もない」とさえ言っている。

しかしながら、彼の学生時代の演習報告『ヘーゲルの法律哲学の基礎』（一九〇五年一月刊。本選集第一巻所収）からはじまって、本巻の「信条を語る」の項に収めた諸文章、そして晩年の「現代政治思潮」（一九二九年、岩波講座『世界思潮』所収。本選集第一巻所収）にいたるまでを通観するとき、そこには一貫した「哲学」を見出だすことが不可能ではないと思われる。その哲学は、たんに彼の社会思想・政治思想の基礎をなしていたにとどまらず、本巻所収の「理想主義の立場の鼓吹」で言及されている阿部次郎『人格主義』（「理想主義のために」）の表現を借りれば、吉野の生を貫く「規制原理《レギュラティヴ・プリンシプル》」となっていたと言ってよい。つまり、彼の「生活の全体を律」し、「あらゆる思想とあらゆる実行とを、この原理をもつて貫かむとする……操持と情熱」を伴った「生活原理としての主義」となって、彼の生き方を一貫していたのである。

吉野が穂積陳重の法理学演習でヘーゲル法哲学を担当したのは、たまたま穂積が指名したというような事情だったかもしれないが、吉野の側にも内発的なヘーゲルへの関心がすでにあり、それは三谷太一郎（『大正デモクラシー論』）が指摘したように、吉野が当時傾倒していた本郷教会牧師、海老名弾正の影響によるものだったと見られる。いわゆる海老名の「新神学」「自由神学」に色濃く刻印されている歴史主義について、それがどこまでへーゲル歴史哲学に由来したものであるかは、議論のあるところである。しかし海老名が早くからヘーゲルに触れていたことは事実であり、すくなくとも吉野はその認識のもとにヘーゲルにたいする関心を抱いたと思われるのである。(ヘーゲルと海老名の両者に共通する、いわば歴史化された汎神論の性格――普遍にして永遠の真理(絶対者)が歴史の進行過程そのもののうちに姿をあらわすという概念――の問題性については今は立ち入らない。参照、ハナ・アーレント「歴史の概念」、『過去と未来の間』所収。)

吉野の『ヘーゲルの法律哲学の基礎』が法哲学の本論以前の、緒論的な「基礎」づけで終始しているのも、むしろ彼の関心が、「万物は唯一の道理《ロゴス》の発現なり」とするヘーゲルの「主理的汎神論」から出発して、「抽象的理念」「天然」「心霊《ガイスト》」の「三位一体のロゴス」を「本体」とする宇宙の森羅万象を、「ロゴス開展の必然の理法」である「弁証法」によって、いかに合理的に説明しつくすことができるかという、いわば神学的関心にあったことを窺わせる。海老名の神学においても(いわゆる「正統派」神学の立場に立つ植村正久との論争の渦中で書かれた「三位一体の教義と予が宗教意識」『新人』一九〇二年一月、ほか)、ユダヤ教と異教を結びつけて世界宗教としてのキリスト教を成立させ、神・人・精霊の「三位一体の教義」を可能にしたものとして、ヘレニズム哲学に由来するクレメント、オリゲネス、アタナシウスらの「ロゴス論」が強調されていたのである。(なお、吉野の同書の後半部は、「自由意志」論を中心とした実践哲学に関するヘーゲル解説だが、その最終節の主題である、個人的「自由」と「有機体的」国家の関係に関する吉野の理解の問題性については――いわゆる海老名の「日本的キリスト教」と結びつく「日本魂」論を承けた吉野の「国家魂」論の問題性ともども――、拙稿「吉野作造――ナショナル・デモクラットと「社会の発見」――」小松茂夫他編『日本の国家思想(下)』所収[以下、拙稿Aと略記]、で若干触れておいた。)

この吉野の処女著作のなかで最も印象的な一句は、「俗塵の裡に在りて神と接せざるべからざるなり」というフレーズである。現象界に現れた森羅万象は唯一のロゴスの発現形態なのだから、逆に、永遠なる絶対的本体は、相対・差別・有限の相のうちにある現象界の中から認識していくしかない、というヘーゲル的命題を、おそらく即興的に吉野が言い換えたものだが、これは彼の神観念と信仰の特質を良くあらわした表現になっている。そこにはむしろ、現象界における偶然的出会いを通じてしか絶対者は姿をあらわさない、というニュアンスさえ、あるように思われる。(なお、吉野の神観念において、「不条理ゆえに我信ず」というごとき非合理的・超絶的な絶対神の性格が弱く、そのことが彼の——および海老名の——人間観における「原罪」観念の希薄さと関連していることは、武田清子、三谷太一郎等の指摘する通りである。ここでは、内在性、連続性、合理性の強いヘーゲル的絶対者観から彼が出発していることを確認しておけば足りる。)

一九〇五(明治三八)年六月の短文「走る者非歟」(本巻所収)では、「煩悶に労れたる浮世の旅人が、最高の真善美——神——に対して、当に採るべきの態度は如何」と問うて、「暫く足を停めて、神の御姿を天の一方に望み、すゞろに其の高く、清く、大なるに酔ふ」というごとき、「詩人」的な美的観照の低徊趣味に陥る「消極的福音」の立場を排して、「真理の光明を望んで敢て疾走奮進之を獲取せんと試み」る「奮闘主義」こそが「我が党年来の主張」だと述べている。「近きが故に愈々遠く、遠きが故に益々近きは、我が基督教の真理に非ずや。近きを以て満足すべからず。遠きを以て失望すべからず。之れ吾人が内に本心をひらきて自ら省ると同時に、また神の遠き御光に向つて疾走奮進せざるべからざる所以」というのである。マックス・ウェーバー風に言えば、「神の容器」として神秘的合一に向かう「世俗逃避的神秘主義」の静観性を排して、「神の道具」として与えられた場所で働きつづける「世俗内禁欲主義」のイメージが、この「俗塵の裡に」光を求めて疾走しつづける「奮闘主義」＝「積極的福音」の立場と重なって見えてくる。さらに言えば、「ロゴスは必然に自己を発展せざれば已まざるものなるが故に「合理は即ち現実なり」」（吉野、前掲ヘーゲル論）というヘーゲルの命題に関連させるなら、その立場は、「現実は即ち合理なり」として現実を追認しつつ合理化する保守主義的・観照的なヘーゲルの側面を排して、「理性的なものは現実的であるべきである」という、若きヘーゲルにあった規範主義的理想主義の側面を、ヨリ主体的・実践的な方向――いわばカント・フィヒテ的方向――において取ろうとするものだった、ともいえよう。（なお、後述するように、第一次大戦後の〝転回〟以後の吉野は、ヘーゲルの現実＝合理主義よりもカント的な規範主義・理想主義への共鳴を、ヨリ明確に表明するにいたる。）

二 「煩悶」の世代とキリスト教

ところで、ここで使われた「煩悶に労れたる浮世の旅人」という表現は、当時のいわゆる「煩悶青年」たちの存在を思い起させる。短文「走る者非歟」が「翔天生」名で掲載された雑誌『新人』は本郷教会の機関誌であったが、たまたまこの号は、日本海海戦でのバルチック艦隊に対する捷報が伝えられた直後の刊行だったこととて、この吉野の一文が掲載された「時評」欄の後に入っている「編輯局だより」の欄では、「編輯子」は、「……東郷（平八郎）は神に在らず、されども神は東郷の上に在り、日本国の上に在り。国民よ、歓び祝へ、舞へ、狂へ、而して惶懼感謝せよ、神明爾の頭上に在り」と狂喜し、「感極つて涙流る」と誌している。そして他方で、――これも偶然だが――「時評」欄の「翔天生」執筆の項の直前に入っていたのは、「鴿の子」というペンネームの筆者による「所謂青年の煩悶につきて」だった。「人生終に如何」（高山樗牛）と煩悶し始めた哲学青年、文学青年、宗教青年たちの「憂欝なグループは、明治の歴史が真昼の太陽のように輝いていた日露戦争前後が、量的にも質的にも絶頂だった」(長谷川如是閑『ある心の自叙伝』)のである(拙稿「明治末年の或る精神風景――『現代国家批判』以前の長谷川如是閑――」『みすず』第二四五号[以下、拙稿Bと略記]、参照)。

吉野作造が物ごころついた明治二十年代は、ナショナリズムの時代であった(本巻所収「日清戦争前後」参照)。そして日露戦争前後に明確になる吉野の初期の政治思想が、「明治の健康なナショナリズム」(丸山眞男「明治国家の思想」『戦中と戦後の間』所収)を継承した、「ナショナル・デモクラット」としてのそれから出発していたことは、前掲拙稿Aで詳論したとおりである。しかしながら、一八九七年、彼が仙台の二高に入学してまもなくミス・ブゼルのバイブル・クラスに参加し、翌年には仙台バプテスト教会牧師中島力三郎から洗礼を受けるに至ったについては、彼にもなんらかの人生観上の「煩悶」を経験した一時期があったのではないかという推測が成り立とう。本巻所収の「秋の月」は、一八九四年、吉野が中学三年のときに『学生筆戦場』に投稿して第一席に入選したものだが、その四年前に長姉しめが一九歳で死んだおりのことを記事にしたものである。おそらく少年吉野は、この姉の死によって初めて人生の悲哀と無常に直面したのである。幸福の真っ只中で、突然、理不尽に断ち切られた生。これもウェーバー風に言えば、このとき吉野は「苦難の神義論」の前に立たされて、それまで順調過ぎるほど順調に生い育ってきて、無疑問的に優等生的勉学に励んできた彼が、「生きること」総体の「意味」について、深刻な疑問符を突きつけられたのではなかったか。

「評論家としての自分並佐々政一先生のこと」の最後の第四節で、彼が高等学校一年のとき、鴨長明の『方丈記』について長大な作文を書き、それを佐々醒雪によって二度にわたって書き直させられたという事件のことを回顧している。この一件で吉野は、たんなる「作文」の技巧を越えた、「自分の思想」「人生観」を「表現」する文章のあり方について教えられたというのが一文の趣意だが、三谷前掲論文が指摘するように、このとき吉野は、

「基督教の楽天的な積極的な人生観にかぶれて居」た立場から、長明の仏教的無常観、厭世観に反駁しようとしたのであった。「新人運動の回顧」(本巻所収)によれば、「私の始めて基督教に接したのは明治廿八年」ということだから、「秋の月」の書かれた翌年、中学四年の時ということになる。さらにその翌々年、作文「方丈記を読む」の書き直し事件があり、同じ頃、ミス・ブゼルの会に出席し始める。そして翌年に受洗、という順序である。姉の死に始まる吉野の人生観上の煩悶が、ゆっくりと時間をかけて、キリスト教へのコミットメントによる人生の「積極的」肯定にまで、熟成していった様子がうかがえるように思う。

日露戦争前後に「煩悶青年」の存在が顕在化した事情については前掲拙稿Bに詳述したので、もはや繰り返さないが、吉野の場合にも、上述の「普遍宗教」意識の覚醒につらなる「苦難の神義論」への直面という個人的事情に加えて、明治天皇制国家の確立と全社会的な制度化による、石川啄木のいわゆる「時代閉塞」の開始が影を落としていよう。おそらく、社会的な制度化・機構化が進展していく中で、自我の内面的空虚感が増大していたのである。啄木によれば、「我々青年を囲繞する空気は、今やもう少しも流動しなくなつた。強権の勢力は普く国内に行亘てゐる。現代社会組織は其隅々まで発達してゐる」。そして、「我々明治の青年が、全く其父兄の手によつて造り出された明治新社会の完成の為に有用な人物となるべく教育されて来た間に」、青年たち自身は、その「父兄」たちの「明治の健康なナショナリズム」から逃亡を開始する。「国家てふ問題が我々の脳裏に入つて来るのは、たゞそれが我々の個人的利害に関係する時だけ」であり、それ以上は「お手伝いするのは御免だ！」という国家「没交渉」タイプだけでなく、「国家は帝国主義で以て日に増して強大になつて行く。誠に結構な事だ。だから我々もよろしくその真似をしなければならぬ。正義だの人道だのといふ事にはお構ひなしに一生懸命儲けなければならぬ。国の為なんて考へる暇があるものか！」と、国家の帝国主義的膨張と自我の膨張欲求を重ね合わせて、居直り的「自己主張」のエゴイズムに突進する「実業青年」「成功青年」の一群さえ登場している。その一方で、「日本には今「遊民」といふ不思議な階級が漸次其数を増しつつある」。都下に「職を得かねて下宿屋にごろ〳〵してゐる」何百という「官私大卒業生」や、地方の僻村で「父兄の財産を食い減らす事と無駄話をする事だけ」を仕事にしている「中学卒業者」たちの群れである。彼らは「理想を失ひ、方向を失ひ、出口を失つた」状態のなかで「自己主張の強烈な欲求」を持て余し、「内訌的、自滅的傾向」に陥っている。その内の「最も急進的な」ものたちが、「彼等の入れられてゐる箱の最も板の薄い処、若しくは空隙（現代社会組織の欠陥）に向つて」、盲目的に突入し沈淪して展開しているのが、「女郎買、淫売買、乃至野合、姦通」の世界を舞台とした「自然主義」文学なるものである（「時代閉塞の現状」一九一〇年）。

これは吉野より一〇年後の世代の精神風景である。吉野自身は、大日本帝国の教育体系が整備され、いわゆる「制度通過型インテリゲンチャ」が産出され始める（学校秀才がそのままエリートになる）、その第一世代と言えるものに属する。この世代はまだ「立国の時代」の健康なナショナリズムの感覚を残しているとともに、「天皇制社会」の成立（藤田省三『天皇制国家の支配原理』参照）による疎外を、深刻にはこうむっていなかった。したがって、「天下国家の為に尽して金が儲かる」（漱石『それから』一九〇九年）という天皇制的偽善にたいする反抗の心情も、さほど明確には芽生えていなかった。にもかかわらず、少年吉野がキリスト教に惹かれ、一時、文学に耽溺し、二高進学時にはいったん哲学に進もうとしたこと（本巻所収「少年時代の追憶」）、さらには大学時代、社会主義に関心をもち、木下尚江らに進んで接触をもったこと（本巻所収「民本主義鼓吹時代の回顧」等参照）には、この「閉塞」状況下での「煩悶青年」たちの精神風景に通底する、世界観的危機状況があったことが推測される。国家の命運への一体化と、そこへの献身を自己実現と重ね合わせたアスピレーション（立国＝立志。「御国の為」＝「身を立て名を挙げ」)が自明でなくなり、伝統的な共同体からも投げ出され、もはや儒教倫理とか武士道といった伝統的モラルも自分の体内に持たない世代が、アイデンティティーの所在を求めて精神的彷徨を開始したのである。吉野のキリスト教への入信やヘーゲル哲学への接近は、その意味での絶対者探求と世界観欲求の産物でもあったに違いない。

三 「客観的規範」の必要とカント的理想主義

吉野の最晩年の理論的著述「現代政治思潮」(一九二九年、岩波講座『世界思潮』、三木清編、第五冊。本選集第一巻所収)は、同年の『近代政治の根本問題』(クララ社、社会大衆党政治教育用テキスト「民衆政治講座」第24。本選集第二巻所収)とならんで、その一〇年前、吉野が一九一九年九月—二〇年六月に東大法学部でおこなった「政治学」講義(小野塚喜平次がパリの万国政治学会出席のため外遊したときの代講)のさいのノートにもとづくものだったと推定される(前掲拙稿A、参照)。その政治学理論としての意義については、本選集第一巻解説で詳論されるはずだが、その基礎「哲学」部分にも、本稿の観点からして注目すべきものがある。

その講義の第二章「客観的支配の心理的基礎」において、政治に不可欠の「支配する支配されると云ふ事実」——「客観的支配と云ふ現象」にたいして、「自由」ということに目を開かれ、「外部よりの支配」に盲目的に従うことができなくなったはずの「近代人」が、何故にそれを「甘受せざるべからざるか」を「心理的」に説明しようと試みている。「客観的支配と云ふ現象を我々の生活に離るべからざるものたらしむる本質的要求は、一体何処に在るのか。之がきまらないと実は政治現象の人生的意義が分らない」というのである。そして「客観的規範」の必要性を、卑近な例をあげて説いている。

「私共が学生時代によくやつたことだが、試験期に入つて段々緊張して来ると、毎時《いつも》の様に惰眠を貪つては居れぬと云ふわけで、「朝は必ず五時に起きること」などと白紙に書きつけてよく唐紙や障子の上に貼り付けたものだ。併し考へて見ると、朝早く起きねばならぬと云ふは他人の利害に関する事柄ではない、従てまた五時に起きると云ふは緊急の必要に迫られて自分みづから決めたことなのである。そんなら翌朝目が覚めるが早いか独り手に飛び起くべき筈だのに、事実却々《なかなか》さうは行かぬ。起きなくては準備が出来ないと万々承知であり乍ら、生暖い床に未練が残つて容易に之を離れようとしないのである。斯う云ふ場合に若し図らず枕の上に、「朝は必ず五時に起きる事」と書いた貼り紙でも見ると、遽然として深刻の刺戟を感じ、ツイ我れ知らず奮然として床から跳ねあがるのである。」

つまり、「各人の内面的の決意は、一旦之を客観的規範の形にかへて来ないと、実践的指導原理にはなりにくい」、あるいは、「自己の決意を客観的命令の形に眺むるといふことは、我々の実践的生活に在つては必然やみ難い心理的要求である」というのである。そして、そうした「客観的規範」は、「近き将来に期待さるる自己のよりよき姿」=「本質的自己」の「低迷的自己に対する警醒的の呼び掛け」とも言いうるのだという。

さらに、第三章「客観的規範の本質」では、そのような「客観的規範」が意味をもつのは、「人類の絶えず進歩向上する動物なることを前提する」という。その「進歩向上」とは、「古いものから新しいものに移ること」を意味し、そこでは「古い己れ」=「過去の経験に依つて作られたる自我」と、「新しい己れ」=「将来に発揚開展せらるるを期待さるる隠れたる自我」との「争闘」がある。「自然的存在としての要素の勝つた己れ」と「霊的存在の要素の勝つた己れ」との間の闘争といってもよい。結局、「真実の自我」が「古き己れを制し」、「実生活を陶冶して、その本質的なるものに向上せしむる」ことを「可能ならしむるものが客観的支配」なのだという。

その意味の「客観的支配」は、「単純なる強制の現象」ではなく、「我々の生活を引き上げる為の強制」である。したがって、それは「経験的な自我から観れば強制だけれども、理想的自我の立場に立てば、自己に還ることであり、即ち自由の恢復である」。

このあたりは、ルソー＝ヘーゲル的な言い方になっているが、基調にある発想はむしろカント的な規範的理想主義である。一九二三年二月に「僕の今の思想の基底となつて居るものを今古の聖賢に求むるなら、烏滸がましいがカントと云ひたい」と語ったことが思い合わされる（「予の一生を支配する程の大いなる影響を与へし人・事件及び思想」本巻所収）。「理想主義の立場の鼓吹」（一九二一年九月。本巻所収）で阿部次郎の「人格主義」や土田杏村の「文化主義」に満腔の共感を表明しているのも、同様の立場からである。晩年の吉野に研究室で親炙した南原繁が、一九五五年三月二六日の吉野博士記念会例会で語ったように、その日常的言行における「ゾルレンとザインが……一体となったナツーア」として、吉野のキリスト教信仰は現われていたのである（同会記録）。明治末〜大正期におけるドイツ観念論の受容の意義については、別に論ずる必要があるが、吉野の場合、要するに、明治中〜後期の「煩悶の時代」をくぐった世代の世界観欲求が、もはや儒教倫理や武士道等の伝統的倫理では飽き足らない〝内面的主体化〟動向を辿り、キリスト教の絶対者・普遍者との出会いを通じて、規範主義的「理想主義」の立場に到達したものであろう。

四 「人格」無限成長観と「相愛互助」の「アナーキズム」

仙台二高時代の吉野が「基督教の楽天的な積極的な人生観」の立場から鴨長明の『方丈記』を批判した作文を書いたことは前に触れたが、彼が晩年にいたるまで繰り返し語った「人性に対する無限の信頼」（「社会評論雑談

〔抄〕」一九二二年。本巻所収）とか「人格を信認すると云ふ観念」（「社会と宗教」一九二一年。本巻所収）も、彼によれば、いずれもキリスト教に由来するものである。たとえば、労働問題に目覚め、社会運動に挺身していく人たちの人間観の底にある、人間は「適当な境遇に置かるれば無限の進歩が遂げられる」、「人間は大体に於て信じてい〻、折角の善い人も疑へば悪い人になる……信じてか〻れば遂に善いものになつて来る」という観念は、「人間を等しく神の子だと見」る「基督教的精神、四海同胞の気分」に由来するのだ（「社会と宗教」）し、「現代政治」が「支配者の方便」としての政治を脱して「デモクラシー」を基調とするにいたったのも、「国家は徒らに個人の自由を干渉しては好けない……適当な境遇の下に自由の開発を許せば、人は凡て立派な事をやるものだと云ふ人生観」からする「全的に人格を信ずる」という根本思想に立脚するもので、これも「ヒユウマニテイの中にデイビニテイを認むる」という基督教的信念の産物である（「現代政治と宗教の交渉」『新人』一九二一年一一月）。代議制の根拠もこの「人格」観にある。「選挙とは将来に期待せらるべき自己の発達せる態度を他の人格に求むることである。他人の人格の内容にヨリよき己れを見出すことである。……人性の発達に対する無限の信頼といふことを外にして、自由主義の倚るべき基礎はない。」（「社会評論雑談〔抄〕」）

「……兎に角、自分としては基督教によつてすべての人を同胞同類と見るの気分に深く沁み込まれて居ることを満足に思ふものである。……自分は人類社会の前途に常に光明を望み、従てまた常に歓喜の情に溢る〻ものである。……終局の差異は、人類を相愛し相援くるものと観るか、又は相離れ相闘ふものと観るかの点である。相離れ相闘ふものと観ずれば、合ふ筈のものまでが相闘ふやうになり、相和し相援くるものと観る信念で押し通せば、離るべかりしものまでが和合して来るやうに思はれる……それは議論からも確め得るが、自分に取つてはもはや議論ではない。動かすべからざる一個の確信だ。而して此確信は何によつて造られたかと省れば、即ち宗教的

信念である。」(「斯く行ひ斯く考へ斯く信ず」一九二四年一一月、本巻所収)

こうした吉野のオプティミスティックな人間観=「人間成長」観と「相愛互助」の共同社会観が彼の政治理論においてもつ意味については、かって論じたことがある(前掲拙稿A)。そこで見たように、人間性のうちに「利己的衝動」のみを認めて「生存欲の為め」の「殺伐なる競争」世界を描きだすダーウィン流の「悲観的人生観」――それはホッブズ的な「権力一元的国家観」を帰結する――を吉野は排して、人間の「創造本能」と「相愛互助の本能」を重視する「楽天的人生観」に立つクロポトキンの「相互扶助説」(→「アナーキズム」)を支持した。(「クロポトキンの思想の研究」『東京朝日新聞』一九二〇年一月一六―一九日、「アナーキズムに対する新解釈」『中央公論』一九二〇年二月、「言論の自由と国家の干渉」『我等』一九二〇年三月、「国家的精神とは何ぞや」『中央公論』一九二〇年三月、「東洋に於けるアナーキズム」『国家学会雑誌』一九二〇年三月、「危険思想の弁」『黎明講演集』一九二〇年四月、「所謂国家思想の動揺に就て」『思想問題講演集』帝国教育会、一九二〇年六月、「現代通有の誤れる国家観を正す」『中央公論』一九二一年一月、等。なお、「東洋に於けるアナーキズム」は荘子論だが、おそらくこの関連で、一九二四年一一月刊の『斯く信じ斯く語る』所収の「一生に大影響を与へし人・事件及び思想は何か」の問に答へて」の中で、「私の今の思想に大きな影響を与へたものを今古の聖賢に求むるなら、をこがましいが荘子と云ひたい」と言われるにいたる。これは、その前年の『中央公論』一九二三年二月号の初出(本巻所収)では「荘子」ではなく「カント」となっていたものである。)それは直接的には、森戸事件の弁護のために構築された理論という性格をもったものだったが、このアナーキズム論の登場によって吉野の国家観に画期的ともいえる〝転回〟が、一九一九―二〇年に生じたことは、同稿で論証した通りである。

しかし実は、このアナーキズム論の登場の背景にも、彼のキリスト教観の深化があった。一九一九年九月号の

『新人』に発表した「国家と教会」（本選集第一巻所収）において示された「神の国」の観念がそれである（田沢晴子「「民本主義」から「デモクラシー」へ――キリスト教精神が及ぼした影響から――」『民衆史研究』第四六号、一九九三年、参照）。「国家生活」と区別された「宗教生活」において、現実には永久に達せられないが「どうしても之を目標として努力奮闘しなければならないといふ熱情」の対象となる「理想郷」が与えられている。「是れ実に神の我々に先天的に与へ給ふ所にして、即ち人格建設の宗教的理想が是れである」。それは、「我々の団体生活が強制組織に依つて統制せらるゝ方面」をいう「国家生活」とは異なって、「無強制の生活でなければならない」。「此の絶対的状態に於ては支配服従の関係を認めない」のである。「斯ういふ考は、耶蘇教の発達に於ても昔は分らなかつた。即ち旧約の時代に於ては、神を正義の神となし、正義に依つて我々を支配し我々を命令する、所謂万軍の主である。即ち旧約時代に於ては、万軍を指揮する大将軍を想像して神を考へ、極端なる命令服従である、専制主義である。けれども基督出づるに及んで、神は即ち愛の神となつた。万軍の主でない、カイゼルでもない。即ち我等の人情の源である所の父となつた。新約時代に於ては最早エホバとは云はない。アバ父よと神を呼ぶ。即ち曩きの命令者は今や父として、之を愛慕するといふことに変つた。」

この「神の国」のイメージを吉野は「人道主義的無政府主義（ヒューマニテリアン・アナーキズム）」とも呼んだ。バクーニン流の「瞑想的無政府主義（ユートピアン・アナーキズム）」、およびクロポトキン流の「科学的無政府主義（サイエンティフィック・アナーキズム）」と区別された、第三段階のアナーキズムという位置付けである（前掲「危険思想の弁」）。

五　「人性の不完全な現状」とリベラリズム、多元主義

しかしながら、こうしたオプティミスティックな人間観にもとづくアナーキズムは、あくまでも「遠い先の理想状態」において「道理」のみが支配して強制権力が不要となった世の中を想定しての議論である。現実の社会を構成しているのは、性善説でも性悪説でも片付かない、まずは「い丶加減な所」にある人間である。たしかに人間は「無限に成長する可能性」をもっているが、現実にはいつも完成への途上にあって「不完全」な存在である。だから、「人性の不完全なる所から、結局に於て道理が世界を支配するやうになる為めに、権力の行使によつて人類の生活を訓練する必要」も当分なくならない。「国家の死滅」は当分は望めないのである。むしろ吉野からすれば、「権力の価値」は「権力無くして完全に治まるやうな社会生活に導く為」の「手段」たることにのみあるからこそ、それが「濫用」されることのないようコントロールしてゆく「政治」が必要なのである。そこにも「現代民主政治の要求」が出てくるゆえんがある(「現代通有の誤れる国家観を正す」および「社会と宗教」)。

こうして、「自律的進化の過程を無視し、理想境の飛躍的実現を空恃みする美しい夢想」から「政治否認説」や「国家無用説」にゆくアナーキズムとも、性悪説的人間観から権力万能説にゆく「デイクテーターシツプ」論とも袂を分かって、「人性の不完全な現状」にたいするリアリズムに立脚した「自由主義的」政治論や「立憲主義的」制度論が、吉野において可能になるのである(「現代政治思潮」)。「理想主義」的信念と政治的「現実主義」との美事な結合がそこに実現した。(たとえば、「自由主義の政党観」に立ちつつ「現実主義と急進主義」や「政治の現実的性質」等の項目を立てて論じている「我国無産政党の辿るべき途」『中央公論』一九二七年一月、本選集第二巻所収、参照。)「評論界に於ける浪曼主義の排斥」(『中央公論』一九二六年八月、本巻所収)も、こうした吉野の〝相対主義的オプティミズム〟ないし〝モデレートな懐疑主義〟というべき態度から生まれたリアリズムによる。

「現代政治思潮」の第五章「政治組織の根本問題」は、その冒頭、「客観的支配が人性完成の役目を完うするは、それが全体として人生に於ける最高の道徳的価値を表現すると考へらるる場合に限る」のに、「人生に於ける最高の道徳的価値の何であるかは容易に分らない」という命題から説き起こされている。いわば、ジョン・ロックのリベラリズムを支えていた不可知論に通ずる感覚である。吉野の代議政治論を中心とした政治制度論は、絶対的な真理とか絶対的に正しい立場というものは前提できないということを出発点として、相対的な真理をかわるがわる取って、「自由なる新陳代謝の途」を開き、「修訂の機会を豊富にし」て、「結局に於て最高価値の実現を、全体として保障する制度」を追究するものであった。「各種の提説に正々堂々相競ふの機会」を与える政権交替と、その際の有権者民衆の自由な主体的判断、「大衆の自由判断」が決定的に重要になるのである。

また、吉野の「自由主義」を支えるものとして、価値の「多元性」を容認する視点がある。前述のクロポトキン論において、人間性についての悲観説に立つ国家主義者の「権力一元説」、他方、楽観説に立つ無政府主義者の「道徳一元説」に対して、「団体生活の統制原理」としては「多元説」に立つ、と述べる。また、「現代政治思潮」の第一章「政治と国家」においては、政治的多元主義――いわゆる「多元的国家論」的な観点を打ち出しているいることが注目される。「我々人類の社会的生活が客観的支配の関係に依つて統制せらるる現象」を総括していう「広義の政治現象」としては、「苟くも人類の社会的生活の営まるる処には何処にも存在するのであつて、家庭の中にもあれば学校の中にもあり、農工商の職業的組合の中にもある」。もちろん、ローマ法王庁をはじめとしたヨーロッパの教会がもつ「国家」からの独立性への言及も忘れていない。

この吉野の多元主義的感覚を最も象徴的にあらわしているものが、彼がヨーロッパ留学時代に出会った「フリー・メーソン」に示した持続的関心である(本巻所収「賢者ナータン」、およびそれへの「解題」(本巻三五五頁)、参照)。

キリスト教内部での異端への寛容を超えて、「神様はすべての人類の神様」だとして、ユダヤ教やイスラム教の異教徒までも包摂した人類愛を説くレッシングに共感し、そこから「フリー・メーソンリー」の研究を開始しているのである。吉野が示した朝鮮人の独立運動や中国人の革命運動への熱い共感も、異民族や異文化にたいする徹底的な偏見のなさと不可分であろう。(一九二一年六—八月、『文化生活』に連載された一連の東学党および天道教の研究、「亡国の予言=鄭鑑録」「東学及び天道教」「小弱者の意気」も参照。)

六　偶然的出会いへの開かれた姿勢と無際限の「親切」

こうした吉野の、異質な他者にたいする徹底した開かれた姿勢は、先に述べた彼の「ロゴス」観と根底のところで関わっていると思われる。「俗塵の裡に在りて神と接せざるべからざるなり」という彼のヘーゲル論にあらわれていた発想は、本質を把捉したのちに演繹的に個別具体的なものに対応するという発想の否定であった。(絶対的真理をパーフェクトに体現している立場などありえない。あるとしたら、それが「全体主義」なのだ。)むしろ相対・差別・有限の相のうちに現象している森羅万象を通してしか、永遠なる絶対的本体は認識しえないとしたら——逆に言えば、あらゆる出会いが「真理」との遭遇であるかもしれないとしたら、現象界における偶然的出会いにたいして全身全霊でもって対応しなければならない。そこに秘められているかもしれないメッセージ——本質開示の可能性にたいし、全注意力でもって感受し、そこに示唆された未知の可能性にむかって素直に真っ直ぐに突き進むべきである。こうして、絶対的真理を体現した立場に容易には立ち得ないという、自己の不完全性の自覚があり、しかも自己の無限の成長、完成可能性への信頼があるとき、偶然的出会いにたいする無私のキュリオシティーが生まれるのである。

「自分は平素現在在るがまゝの自分の生活を充実したいと心掛けて居る。……自分の常に心掛けて居ることは、行く所に於て自分が常に欠くべからざる一分子たらんとすることである。居ても居なくてもいゝと云ふやうな無責任な地位に居りたくないと云ふのが、若し野心と云ふべくんば野心と云はれてもいゝ。」――これは、『斯く信じ斯く語る』の巻頭の一文、「斯く行ひ斯く考へ斯く信ず」の、そのまた巻頭の一節である。偶然的な現象との出会いへの開かれた姿勢と、その出会いにたいする誠実な対応に、自分の存在理由ないし使命を賭けているといった趣きがうかがえるように思うが、どうだろうか。

日記にあらわれる吉野の人との付き合いの広さも、未知のものに出会って新鮮に驚き、学んでいこうという彼の開かれた姿勢とキュリオシティー、使命感のあらわれだったに違いない。――吉野の世話で東大法学部研究室の用務員となり、戦後も長く法研にいた武田常吉が、吉野博士記念会例会で語ったように、「先生の研究室には、じつにいろいろな人が訪れて来ました。新聞雑誌の記者、苦学生、卒業生の他、朝鮮人、支那人まで来ました。金を貰いに来る人が多いのですが、羽織袴の右翼やヤクザみたいな人や左翼の運動家や、いろいろな人が出入りしていました。……或る時陸軍大尉が先生を殺しに来ましたが、その時の先生の態度が実によく、諄々として話されたので、おとなしく帰りました。」――

彼の研究室の同僚としては最も親しかったひとりである牧野英一が「親切と楽天」と題して吉野の追悼文を書いている(本選集別巻所収)。たしかに吉野の生涯には、無条件、無際限に近い無償の「親切」が一貫している。――たとえば、朝鮮人、中国人の留学生や日本人の優秀な苦学生にたいする学資の提供のため、自分のポケット・マネーでは足らず、第一次大戦後の「成金」たちのうちの心ある人たちの援助をあおいでいたが、関東大震災でその成金たちの中心のひとりだった「某富豪」の助成が途絶えたので、彼は高給で迎えてくれる朝日新聞社に東大教授を辞して入社した。しかし、筆禍事件によって五ヵ月弱で朝日退社を余儀なくされるのである(本選集第九巻解説、松尾尊兊「吉野作造の朝鮮論」参照)。——その無限の「親切」は、いわば宗教的と形容するしかないものだった。

また、大正デモクラシー運動において吉野の盟友のひとりだった長谷川如是閑は、追悼文「吉野作造博士と彼れの時代」(『中央公論』一九三三年五月)において書いている。「大正年代に於ける日本のデモクラットの政治的役割は、現実の政治形態に即して、その発展過程を刺衝することにあつた。……吉野氏等にとつては、政治の「観念」よりは、政治の現実がその関心であつた。一言何か言つても、それが現実政治に反響しなければならないといふ責任を感じてゐたのであつた。」そのように、現象との出会いに対する誠実な対応の中に、「神との出会い」と自己確証を求め続けて、一九三三年、ファシズムとの戦いのさなか、五十五歳で燃えつきたのが吉野作造の生涯であった。

■岩波オンデマンドブックス■

吉野作造選集 12　随筆

1995年5月10日　第1刷発行
2016年6月10日　オンデマンド版発行

著　者　吉野作造《よしのさくぞう》

発行者　岡本　厚

発行所　株式会社　岩波書店
〒101-8002　東京都千代田区一ツ橋2-5-5
電話案内　03-5210-4000
http://www.iwanami.co.jp/

印刷／製本・法令印刷

ISBN 978-4-00-730430-9　　Printed in Japan